ROSETTA ZORDAN

AUTORI e LETTORI *più*

MITO ED EPICA

FABBRI
EDITORI

A Marisa

Coordinamento editoriale: Gioia Spina
Coordinamento redazionale: Tiziana M. Dutoit
Redazione: Laura Sartore, Colibrì Milano, Nicoletta Lattuada
Ricerca iconografica: Cristina Gatelli, Laura Camanzi
Progetto grafico di copertina: zampediverse, apotema+
Progetto grafico ed elaborazione digitale del testo, immagini e impaginazione: apotema+
Illustrazioni: Paolo Domeniconi, Giorgio Bacchin, Studio Balbo-Gozzellino
Illustrazione di copertina: Henri J.F. Rousseau, The Banks of the Oise, 1905, © Bridgeman Images/ Mondadori Portfolio
Cartografia: Studio 2C di Claudia Ciuffetti, Bologna

Altri linguaggi: Cinema a cura di Marina Visentin
Per la tua biblioteca a cura di Daniela Campagna
Altri linguaggi: Arte a cura di Danila Faenza
Viaggi e società nel mondo epico classico e *Il letterato e la corte rinascimentale* a cura di Lucia Floridi

La sezione Didattica inclusiva è stata realizzata con il carattere EasyReading®
Font ad alta leggibilità: strumento compensativo per i lettori con dislessia e facilitante per tutte le categorie di lettori. www.easyreading.it

Referenze iconografiche: © Archivio Rizzoli; © akg-images/ Mondadori Portfolio; © Art Resource/ Scala, Firenze; © Camerapho-to/ Scala, Firenze; © DeAgostini Picture Library/ Scala, Firenze; © Erich Lessing Culture & Fine Arts Archives/ Contrasto; © Fototeca Storica Nazionale Ando Gilardi; © Getty Images; © Heritage Images/ Scala, Firenze; © Jos van der Heijden; © Leemage/ Mondadori Portfolio; © Mary Evans/ Scala, Firenze; © Musee Municipal, Soissons, France/ Getty Images; © Picture Desk Images/ Mondadori Portfolio; © Scala, Firenze; © The Bridgeman Art Library/ Archivi Alinari; © White Images/ Scala, Firenze

L'Autrice rivolge un sentito ringraziamento ai colleghi insegnanti per i loro preziosi suggerimenti.

La realizzazione di un libro presenta aspetti complessi e richiede particolare attenzione nei controlli: per questo è molto difficile evitare completamente inesattezze e imprecisioni. L'Editore ringrazia sin da ora chi vorrà segnalarle alle redazioni.

Per segnalazioni o suggerimenti relativi al presente volume scrivere a: supporto@rizzolieducation.it

L'Editore è presente su Internet all'indirizzo: **http://www.rizzolieducation.it**

ISBN 978-88-915-3435-4
© 2014 RCS Libri S.p.A., Milano
© 2018 Rizzoli Libri S.p.A.
Tutti i diritti riservati
Prima edizione: gennaio 2018
Ristampe
2018   2019   2020   2021   1   2   3   4   5   6
Stampato presso L.E.G.O. S.p.A., Lavis (TN)

Indice

Testi Audio

Materiali digitali integrativi:
- **VOGLIA DI LEGGERE**: ulteriori testi con presentazione, note ed esercizi
- **ARTE**: ulteriori opere d'arte
- **CINEMA**: schede di approfondimento

Mappa interattiva e personalizzabile

Versione interattiva della verifica formativa autovalutativa

Pagine accessibili:
lettura automatica di tutti i testi e possibilità di personalizzare la visualizzazione del testo e le impostazioni di lettura

Mito ed Epica
DIDATTICA INCLUSIVA

 pag. 270

L'epica classica 68

MITO ED EPICA – DIDATTICA INCLUSIVA

CONOSCENZE

- Le caratteristiche del mito.
- Le caratteristiche dei vari tipi di mito:
  i miti della creazione e del diluvio,
  i miti dei fenomeni naturali,
  i miti degli uomini: società
  e condizioni esistenziali,
  i miti delle metamorfosi,
  i miti degli dei e degli eroi.

ABILITÀ

- Comprendere la vicenda narrata.
- Riconoscere i ruoli dei personaggi.
- Riconoscere le caratteristiche comportamentali
  e morali del protagonista.
- Riconoscere le caratteristiche
  dell'ambientazione (tempo e luogo).
- Distinguere gli elementi reali
  da quelli fantastici.
- Ricavare dal mito informazioni
  storico-geografiche, sociali, culturali,
  religiose relativamente al popolo
  che lo ha elaborato.
- Riconoscere la funzione del mito,
  che cosa intende spiegare.
- Riconoscere le caratteristiche del linguaggio.
- Interiorizzare che il mito, pur presentando
  elementi fantastici, è una narrazione
  che anticamente, quando nacque,
  assunse valore di verità e significato
  religioso.

COMPETENZE

- **Leggere**, comprendere e analizzare
  vari tipi di mito.
- **Leggere** un mito in modo espressivo
  «a più voci».
- **Ascoltare** e comprendere un mito
  adottando tecniche, strategie
  da mettere in atto prima, durante
  e dopo l'ascolto.
- Utilizzare le conoscenze e le abilità
  apprese per **parlare** di miti di ieri
  e di oggi e per **scrivere** un mito
  seguendo le indicazioni date.
- Consolidare e potenziare il **lessico**.

IL MITO

- ● **IL GENERE: IL MITO**

- ● **LEGGERE MITI** per:
  - ▶ comprendere
  - ▶ analizzare
  - ▶ potenziare il lessico
  - ▶ produrre: scrivere e parlare

- ● **APPROFONDIMENTI**
  - ▶ Gli dei dell'Olimpo

- ● **ALTRI LINGUAGGI: ARTE E CINEMA**
- ● **PER LA TUA BIBLIOTECA**
- ● **PRIMA DELLA VERIFICA:**
  MAPPA DELLE CONOSCENZE
- ● **VERIFICA FORMATIVA**
  AUTOVALUTATIVA

hub LIBRO

- ▶ **TESTI AUDIO:** per il piacere di ascoltare
  o per il potenziamento dell'abilità di ascolto
- ▶ **VOGLIA DI LEGGERE:** ulteriori miti,
  da leggere in piena libertà
- ▶ **ARTE:** ulteriori opere relative ai miti
- ▶ **CINEFORUM E PER LA TUA BIBLIOTECA:** ulteriori
  proposte di film e libri sui miti
- ▶ **VERSIONE INTERATTIVA:** mappa delle
  conoscenze, verifica formativa

IL GENERE

Il mito

CHE COS'È IL MITO

La parola mito deriva dal termine greco *mythos* che significa «racconto». **Il mito è una particolare forma di narrazione che, attraverso contenuti fantastici, cerca di dare una spiegazione all'origine del mondo e dell'umanità e ai diversi aspetti della realtà.**

Il mito riflette il modo di vivere e di pensare, le convinzioni religiose e i valori morali del popolo che l'ha prodotto, pertanto non va considerato come una creazione fantastica, senza rapporti con il mondo reale, in quanto ha una **sua «verità»** da dire, spesso profonda.

LA FUNZIONE DEL MITO

L'uomo, fin dai tempi più antichi, ha cercato di scoprire il «segreto» del mondo circostante e ha cominciato a porsi delle domande sull'origine dell'universo, sul significato della vita e della morte, sull'origine del sole, della luna, dei vari fenomeni naturali. Da qui, ogni comunità primitiva, priva di quelle conoscenze e di quegli strumenti scientifici di cui noi oggi disponiamo, ricorse a delle proprie interpretazioni considerate «vere» e quindi «sacre».

Il racconto mitico, pertanto, svolge una **funzione di «conoscenza» della realtà** e nasce dall'esigenza dell'uomo di dare una spiegazione a ciò che esiste e accade intorno a sé.

LA TRADIZIONE ORALE DEL MITO

I miti dei popoli che non conoscevano la scrittura sono stati tramandati **oralmente**, di generazione in generazione, e solo in epoca recente sono stati raccolti dalla viva voce di capi tribù o stregoni e trascritti da antropologi ed etnologi, gli studiosi che si occupano delle società primitive e delle loro tradizioni.

Altri miti, invece, in particolar modo quelli **greci** e **romani**, ci sono stati **tramandati in forma scritta da poeti e cantori**.

LE DIVERSE VERSIONI SCRITTE DI UNO STESSO MITO

Nel corso dei secoli uno stesso mito può essere stato trascritto molte volte, subendo variazioni o arricchendosi di dettagli e aggiunte.

Ecco perché di uno stesso mito si trovano più versioni anche con finali diversi.

Inoltre, di molti miti antichi esistono numerose versioni, scritte da autori diversi, i quali, pur raccontando la stessa vicenda, l'hanno personalizzata, cioè l'hanno resa differente grazie al proprio personale stile narrativo.

MITI SIMILI IN POPOLI DIVERSI

Molti miti, pur appartenendo a popoli di epoche diverse e lontani geograficamente, presentano **somiglianze** straordinarie.

È il caso, ad esempio, del mito del diluvio universale che è presente in numerosissimi miti.

Un altro esempio ci viene dal mito della nascita dell'uomo. Mentre la Bibbia racconta che Dio lo ha creato a sua immagine e somiglianza utilizzando il fango e i Greci credevano che il creatore, usando sempre il fango, fosse stato Prometeo, il mito dei Polinesiani è incredibilmente affine, anche se introduce una variante: per questo popolo, l'uomo è nato grazie a un essere superiore che ha impastato l'argilla con il sangue di diversi animali.

In alcuni casi è possibile ipotizzare che tali somiglianze siano riconducibili a un unico racconto, che si è poi diffuso in luoghi anche molto lontani e diversi grazie a viaggiatori o mercanti.

Probabilmente, però, tali somiglianze sono dovute alla presenza di **temi costanti**, ricorrenti nelle culture di tutte le civiltà: quelli legati ai grandi interrogativi esistenziali, al bisogno di capire, interpretare il «mistero» del mondo.

PRINCIPALI CARATTERISTICHE

La struttura narrativa

La struttura narrativa di un mito è simile a quella degli altri tipi di narrazione e, pertanto, prevede:

- una **situazione iniziale**;
- una parte centrale o **sviluppo**, in cui si narrano gli eventi principali e agiscono i personaggi;
- una **situazione finale** o **conclusione**.

I personaggi

I personaggi possono essere:

- **uomini comuni**;
- uomini straordinari, **eroi** dotati di poteri eccezionali, a volte figli di una divinità e di una creatura mortale;
- **esseri soprannaturali**, divinità o spiriti potenti con poteri eccezionali;
- **creature fantastiche o mostruose**, come animali parlanti o giganti dai poteri fuori dall'ordinario.

Il tempo e il luogo

Il **tempo** è quasi sempre **indeterminato**, molto lontano. Tale indeterminatezza temporale conferisce alla narrazione un valore perenne, di eternità.
I **luoghi** sono quasi sempre **aperti** e **fantastici**, **immaginari**, quindi **indeterminati** e generici. Anche quando sono reali e descritti in modo preciso, dettagliato, sono immersi in un'atmosfera fantastica.

Il linguaggio

I miti erano racconti fatti più per essere ascoltati che per essere letti; di conseguenza, chi li narrava doveva ricordarli facilmente e chi li ascoltava doveva comprenderli senza difficoltà. Ecco perché il linguaggio del mito è caratterizzato da **frasi brevi e semplici** con prevalenza di nomi e verbi. Inoltre, è ricco di **ripetizioni**, cioè di **parole ed espressioni che si ripetono** così da permettere a chi ascoltava la narrazione di impararla facilmente a memoria. Frequenti sono anche le **similitudini** che, per mezzo di paragoni, chiariscono concetti complessi.

IL MITO, FONTE DI INFORMAZIONI

Dalla lettura di un mito possiamo ricavare molte informazioni circa il popolo che lo ha elaborato. Ad esempio, informazioni relative a:

- **tipo di ambiente** (favorevole o insidioso, ostile alla vita di quel popolo);
- **tipo di civiltà** (pastorale o agricola);
- **tipo di società** (nomade, sedentaria, guerriera, pacifica, governata da un re...);
- **tipo di coltivazioni** e **specie animali**;
- **religione**, **usi**, **costumi**, **valori** e **princìpi morali** su cui si basava la civiltà di quel popolo.

TIPI DI MITO

I miti possono essere suddivisi in:

- miti che spiegano l'origine del mondo e degli uomini;
- miti che spiegano l'origine di fenomeni naturali, elementi del paesaggio ecc.;
- miti che spiegano l'origine di determinati modi di produzione o di certe istituzioni sociali (matrimonio, pratiche di culto ecc.);
- miti che spiegano i motivi per cui si verificano determinate condizioni esistenziali dell'uomo, come ad esempio la morte;
- miti che descrivono la nascita e le imprese di dei ed eroi.

Per **mitologia** si intende il complesso, la raccolta più o meno ampia di miti di un determinato popolo, ma anche lo studio scientifico dei miti, nei loro rapporti con le caratteristiche culturali di un'epoca o di una civiltà.

Esistono tante mitologie quanti sono i popoli della terra. Quella, però, che ha influenzato maggiormente la civiltà latina e quindi la nostra cultura è senza dubbio la **mitologia greca**.

I MITI DELLA CREAZIONE

Molti popoli antichi hanno elaborato racconti che parlano della creazione del mondo, cercando così di spiegare, naturalmente sulla base del proprio livello culturale e della propria esperienza di vita, quell'evento straordinario e remoto che ha determinato la creazione dell'universo e dell'uomo.

Questi racconti, detti **miti cosmogonici** (dalle parole greche *kósmos* = mondo, universo, e *gonía* = nascita, origine), pur appartenendo a popoli diversi, vissuti in epoche differenti e in luoghi geograficamente molto lontani, presentano parecchie somiglianze tra loro.

Ti accorgerai infatti, leggendoli, che il mondo prima della creazione appare come qualcosa di confuso, di indistinto, è *Chaos* (= disordine) e solo grazie all'intervento di un Essere Superiore, una divinità, diventa ordine, compostezza, armonia, in cui ogni elemento e ogni essere vivente, compreso l'uomo, trovano una loro precisa collocazione e distinzione.

Mito greco

In principio era il *Chaos*

Secondo la cultura greca, la creazione del mondo avviene per opera di un dio che dal *Chaos*, ossia dal disordine, dalla confusione, riesce a far nascere il *Kósmos*, ossia l'ordine, la compostezza, la bellezza.

In principio era il *Chaos*[1], un'immensa voragine nella quale si trovavano incompostamente mescolati fra loro tutti gli elementi, da cui poi dovevano sorgere il mondo e svilupparsi gli uomini.

Dal *Chaos* prima si formarono la Terra (Gea), vasta sede sicura di tutte le cose, il Tàrtaro caliginoso[2], che fu collocato sotto la terra, e l'Amore, il più bello di tutti gli dei; poi ne uscirono l'Èrebo[3] e la Notte che, unitisi in matrimonio, generarono l'Aria e il Giorno.

La Terra dette vita al Cielo (Ùrano), che la ricoprì da ogni parte e fu sede eterna di tutti gli dei, e ai Titàni[4], fra cui furono i primi e più importanti Rea e Saturno.

Fino ad allora non v'era un dio che illuminasse il mondo con il suo raggio, né la Luna cambiava forma, né la dea del mare, Anfitríte, abbracciava la terra con l'umido margine delle sue acque. La terra era instabile; il mare non era corso da navi; l'aria era priva di luce, né v'era oggetto che avesse forma costante. Gli elementi freddi andavano a cozzare contro quelli caldi; gli umidi contro i secchi; i teneri contro i duri; i pesanti contro i leggeri. Occorreva l'opera di una divinità per regolare tutto ciò; ed ecco, un dio separò la terra dal cielo, l'acqua dalla terra, il cielo dall'aria. Così egli poté legare in ferma e concorde alleanza tutto quanto era stato fino ad allora separato o discorde; così il cielo assunse la sua forma convessa[5], ponendosi al di sopra di tutto il creato, e vicino a esso venne a collocarsi l'aria, e più giù la terra, mentre l'acqua circondò il mondo, abbracciandolo con un tenace giro.

1. *Chaos*: originario stato di disordine, prima della creazione del mondo.

2. il Tàrtaro caliginoso: la parte inferiore, buia dell'Oltretomba, quella destinata ai dannati.

3. Èrebo: regno sotterraneo dei morti.

4. Titàni: dei giganti figli del Cielo e della Terra.

5. convessa: piegata ad arco verso l'esterno.

Questa fu la prima opera del dio. Ma egli, non contento di quanto aveva fatto fino ad allora, separò e distinse tutte le parti del mondo. Anzitutto diede a questo forma rotonda; poi diffuse le acque in mari, in fonti, in stagni, in laghi, e assegnò le rive ai fiumi, i quali andarono a finire nel mare. Creò i campi e le vallate, ricoprì le selve di fronde verdeggianti, innalzò le montagne. Divise il mondo in cinque zone, una mediana calda e non abitabile, due estreme coperte di alta neve, altre due intermedie piacevoli e temperate di caldo e di freddo. Su di esse stese l'aria e vi collocò le nebbie, le nubi, i tuoni, che colpiscono l'immaginazione degli uomini e ne suscitano i timori, e le folgori[6]. Anche ai venti assegnò una stabile sede: l'Èuro fu da lui collocato in Oriente, lo Zèfiro in Occidente, il Bòrea a settentrione, l'Ostro o Noto, umido e piovoso, a mezzogiorno.

Era appena compiuto tutto questo lavoro, quando le stelle cominciarono a brillare in ogni plaga[7] celeste, mentre nelle acque guizzarono i lucidi pesci, sulla terra si sparsero gli animali e l'aria fu smossa dalle ali degli uccelli.

Mancava però ancora un animale, migliore, più bello, più forte, più intelligente degli altri, capace di dominare su tutto il mondo: fu creato l'uomo a immagine degli dei. E, mentre gli altri animali, proni[8] e rivolti alla terra, guardano sempre in basso, l'uomo ebbe un volto adatto a mirare il cielo e gli astri. Così quella che fino ad allora era stata una massa rude[9] e informe, ora divenne l'abitazione degli uomini e la culla della loro civiltà.

E così dal *Chaos*, che denota[10] mescolanza, confusione e disordine, nacque quello che i Greci chiamarono «Kósmos» e i Latini «Mundus», due parole che indicano l'ordine, la compostezza e, per conseguenza, la bellezza.

(da N. Terzaghi, *Miti e leggende del mondo greco-romano*,
G. D'Anna, Firenze, 1986, adatt.)

6. folgori: fulmini, saette.

7. plaga: regione, zona.

8. proni: piegati in giù, volti verso terra.

9. rude: rozza, grossolana.

10. denota: indica.

Evelyn de Morgan, *La notte e il sonno*, 1878, The de Morgan Center, Londra.

DAL TESTO ALLE COMPETENZE

COMPRENDERE

1. «In principio», prima della creazione, esiste il *Chaos*. Quali caratteristiche presenta?

2. Dal *Chaos* si formano diversi elementi. Riferendoti al testo, completa il seguente schema.

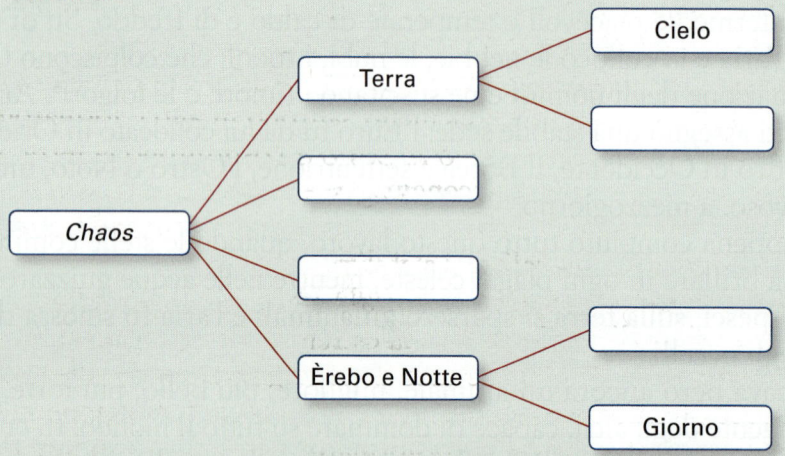

3. Perché si rende necessaria l'opera di una divinità?

4. Collega ciascun intervento del dio alla corrispondente opera di creazione.

1.	Primo intervento	a.	Crea l'uomo.
2.	Secondo intervento	b.	Separa la terra dal cielo, l'acqua dalla terra, il cielo dall'aria.
3.	Terzo intervento	c.	Separa e distingue tutte le parti del mondo.

ANALIZZARE

5. Dio crea l'uomo. Rispetto agli altri esseri viventi, quali particolari doti gli attribuisce? Di conseguenza, in quale posizione si trova l'uomo rispetto al resto della creazione?

6. L'opera creatrice del dio avviene: (indica con una crocetta la risposta esatta)

   a) per mezzo di incantesimi e formule magiche

   b) attraverso la parola, il comando

   c) mediante precisi interventi di separazione, distinzione dei vari elementi e di creazione dei vari esseri viventi

7. «In principio era il *Chaos*.» L'espressione «in principio» fa riferimento a un tempo preciso, determinato, oppure vago, impreciso?

8. Le parole «Kósmos» e «Mundus» che cosa indicano?

Mito cinese

P'an-Ku e Nu-Kua

In questo mito cinese, la creazione del mondo avviene per opera di un immenso gigante, mentre gli uomini e le donne vengono creati da una dea.

1. Chaos: originario stato di disordine, prima della creazione del mondo.

Nei tempi dei tempi il mare, la terra, i cieli, la luna, le stelle, il sole erano un Chaos[1] simile a un uovo, nel quale nacque P'an-Ku. Era un immenso gigante che visse nell'uovo per diciottomila anni.

Quando si destò si guardò intorno e, con un gran colpo, mise in movimento tutte le cose: i puri elementi salirono in alto e formarono il cielo e quelli grossolani scesero in basso e costituirono la terra. Poi, affinché cielo e terra non si ricongiungessero, resse con il capo il cielo per altri diciottomila anni, finché la massa celeste, che nel frattempo aveva continuato la sua salita, si stabilizzò.

P'an-Ku, che aveva ormai trentaseimila anni, si adagiò sulla terra e morì, ma prima di morire, nella sua estrema bontà, regalò al mondo anche il suo corpo. Così il suo fiato dette origine ai venti e alle nuvole, la sua voce diventò un roboante tuono, i suoi occhi si mutarono in sole e luna, i capelli e la barba si trasformarono in stelle, il sudore della fronte divenne pioggia; il suo corpo si mutò in montagne e le mani e i piedi indicarono le direzioni del Nord, del Sud, dell'Est e dell'Ovest; e ancora: il sangue formò fiumi e le vene le strade, le sue carni assunsero il colore dei campi e i suoi peli diventarono lussureggianti fiori e rigogliosi alberi.

P'an-Ku aveva, così, dato origine allo splendore della natura terrestre.

Una litografia raffigurante P'an-Ku.

Gli dei, abbagliati da tanta bellezza, utilizzarono la terra per passeggiare, però... dopo un po' si stancarono, perché non c'era nessuno con cui scambiare quattro chiacchiere.

Fu a questo punto che la dea Nu-Kua, dal corpo di drago e dal volto umano, raccolse una zolla di fango e la modellò formando una nuova creatura che aveva in comune con lei solo la testa; il corpo era diverso, perché possedeva due braccia e due gambe.

Subito l'essere cominciò a muoversi e a parlare: com'era felice la dea! Ne modellò molti altri e, quando ebbero vita, tutti insieme iniziarono a danzare. Il mondo non era più triste perché uomini e donne lo avevano popolato!

(da M. Botto, M. Fortunato, D. Versace,
Nettare per gli dei, spade per gli eroi,
Il Capitello, Torino, 1989, adatt.)

DAL TESTO ALLE COMPETENZE

COMPRENDERE

1. Chi è P'an-Ku e dove vive per diciottomila anni?

2. P'an-Ku si sveglia e si guarda intorno: in che modo crea il cielo e la terra?

3. P'an-Ku che cosa fa per evitare che il cielo e la terra si uniscano?

4. P'an-Ku, prima di morire, regala al mondo il suo corpo. Di conseguenza, le varie parti del suo corpo che cosa generano? Indicalo nella tabella.

Fiato	vento e nuvole	Mani e piedi	
Voce	il Tuono	Sangue	fiumi
Occhi	il sole e la luna	Vene	le vie
Capelli e barba	stelle	Carni	campi
Sudore della fronte	pioggia	Peli	fiori e alberi

5. Chi è Nu-Kua e qual è il suo aspetto?

6. Soprattutto perché Nu-Kua crea gli uomini e le donne? E in che modo li crea?

ANALIZZARE

7. Quale caratteristica morale di P'an-Ku viene evidenziata?

8. Quali caratteristiche presenta questo mito? (Indica con una crocetta le risposte esatte)

   ⓐ Narra una vicenda reale.

   ⓑ La vicenda è ambientata in un tempo lontano e indeterminato.

   ⓒ Spiega l'origine del mondo e degli uomini.

   ⓓ Utilizza un linguaggio difficile, ricercato.

LESSICO

9. Per ciascuna parola evidenziata, scrivi un sinonimo.

   a. «... roboante tuono»: rimbombante   c. «... rigogliosi alberi»: frondosi

   b. «... lussureggianti fiori»: rigogliosi   d. «... abbagliati da tanta bellezza»: stupiti - incantati

10. Con le parole cielo e terra si possano formare alcune espressioni figurate o modi di dire. Collega ciascuna espressione figurata al corrispondente significato.

1. Essere a terra.	3	a.	Agire tenendo ben presente la realtà.
2. Cascasse il cielo.	1	b.	Essere molto triste, stanco o debole.
3. Restare con i piedi per terra.	4	c.	Si dice di una cosa incredibile, inverosimile.
4. Non stare né in cielo né in terra.	2	d.	A ogni costo.

Mito degli Indiani d'America

Il Grande Capo Lassù

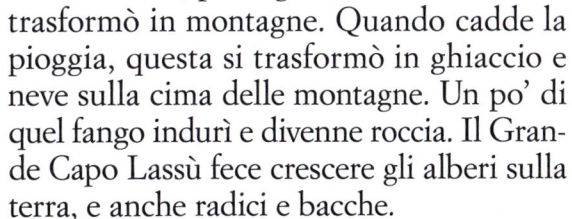

Dall'acqua, unico elemento presente alle origini del mondo, il Grande Capo Lassù estrae grandi manciate di fango e con queste crea la terraferma e gli uomini.

Agli inizi del mondo c'era solo acqua. Whee-me-me-owan, il Grande Capo Lassù, viveva su nel cielo tutto solo. Quando decise di fare il mondo, venne giù in luoghi dove l'acqua è poco profonda e cominciò a tirar su grandi manciate di fango, che divennero la terraferma. Fece un mucchio di fango altissimo che, per il gelo, divenne duro e si trasformò in montagne. Quando cadde la pioggia, questa si trasformò in ghiaccio e neve sulla cima delle montagne. Un po' di quel fango indurì e divenne roccia. Il Grande Capo Lassù fece crescere gli alberi sulla terra, e anche radici e bacche.

Con una palla di fango fece un uomo e gli disse di prendere i pesci nell'acqua, i daini e l'altra selvaggina nelle foreste.

Quando l'uomo divenne malinconico, il Grande Capo Lassù fece una donna affinché fosse la sua compagna e le insegnò a preparare le pelli, a lavorare cortecce e radici e a fare cesti con quelle. Le insegnò quali bacche usare per cibo e come raccoglierle e seccarle. Le insegnò come cucinare il salmone e la cacciagione che l'uomo portava.

(da *Miti e leggende degli Indiani del Nordamerica*,
Demetra, Bussolengo, 1996)

DAL TESTO ALLE COMPETENZE

COMPRENDERE

1. Il Grande Capo Lassù dove e come vive?

2. Con il fango, il Grande Capo Lassù che cosa crea?

3. Per quali motivi il Grande Capo Lassù crea una donna?

ANALIZZARE

4. In questo mito, il Grande Capo Lassù non solo crea l'uomo e la donna, ma dà loro anche degli insegnamenti da cui si ricava il differente ruolo dell'uomo e della donna presso gli Indiani d'America. Infatti, mentre l'uomo è cacciatore e pescatore, la donna quali attività svolge?

La creazione biblica nel racconto e nell'arte

La Bibbia

In principio Dio creò il cielo e la terra

Bibbia, dal sostantivo greco *biblía*, significa «libri». L'opera, infatti, suddivisa in Antico e Nuovo Testamento, risulta composta di settantatré libri o scritti sacri. L'Antico Testamento costituisce il fondamento della religione ebraica, mentre il Nuovo Testamento è il testo sacro per eccellenza della religione cristiana. La loro composizione si estende dal XIII secolo a.C. al I secolo d.C. Il brano che ti presentiamo è tratto dal libro della *Genesi* (parola greca che significa «origine»), che costituisce la prima parte della Bibbia, cioè quella in cui viene raccontata la creazione del cielo, della terra, delle piante, degli esseri viventi in un ordine crescente di dignità. L'ultimo atto di creazione, infatti, è l'uomo che Dio crea a sua immagine e somiglianza.

In principio Dio creò il cielo e la terra. Ora la terra era informe[1] e deserta e le tenebre ricoprivano l'abisso e lo spirito di Dio aleggiava[2] sulle acque.

Dio disse: «Sia la luce!». E la luce fu. Dio vide che la luce era cosa buona e separò la luce dalle tenebre e chiamò la luce giorno e le tenebre notte. E fu sera e fu mattina: primo giorno.

Dio disse: «Sia il firmamento in mezzo alle acque per separare le acque dalle acque». Dio fece il firmamento e separò le acque, che sono sotto il firmamento, dalle acque che son sopra il firmamento. E così avvenne. Dio chiamò il firmamento cielo. E fu sera e fu mattina: secondo giorno.

Dio disse: «Le acque che sono sotto il cielo si raccolgano in un solo luogo e appaia l'asciutto». E così avvenne. Dio chiamò l'asciutto terra e la massa delle acque mare. E Dio vide che era cosa buona. E Dio disse: «La terra produca germogli, erbe che producono seme e alberi da frutto, che facciano sulla terra frutto con il seme, ciascuno secondo la sua specie». E così avvenne: la terra produsse germogli, erbe che producono seme, ciascuna secondo la propria specie, e alberi che fanno ciascuno frutto con il seme, secondo la propria specie. Dio vide che era cosa buona. E fu sera e fu mattina: terzo giorno.

Dio disse: «Ci siano luci nel firmamento del cielo, per distinguere il giorno dalla notte; servano da segni per le stagioni, per i giorni e per gli anni e servano da luci nel firmamento del cielo per illuminare la terra». E così avvenne: Dio fece le due luci grandi, la luce maggiore per regolare il giorno e la luce minore per regolare la notte, e le stelle. Dio le pose nel firmamento del cielo per illuminare la terra e per regolare giorno e notte e per separare la luce dalle tenebre. E Dio vide che era cosa buona. E fu sera e fu mattina: quarto giorno.

Dio disse: «Le acque brulichino[3] di esseri viventi e uccelli volino sopra la terra, davanti al firmamento del cielo». Dio creò i grandi mostri

1. informe: priva di una forma precisa, definita.
2. aleggiava: volava, volteggiava.
3. brulichino: si riempiano di esseri che si muovono.

marini e tutti gli esseri viventi che guizzano e brulicano nelle acque, secondo la loro specie, e tutti gli uccelli alati secondo la loro specie. E Dio vide che era cosa buona. Dio li benedisse: «Siate fecondi[4] e moltiplicatevi e riempite le acque dei mari; gli uccelli si moltiplichino sulla terra». E fu sera e fu mattina: quinto giorno.

Dio disse: «La terra produca esseri viventi secondo la loro specie: bestiame, rettili e bestie selvatiche secondo la loro specie». E così avvenne: Dio fece le bestie selvatiche secondo la loro specie e il bestiame secondo la propria specie e tutti i rettili del suolo secondo la loro specie. E Dio vide che era cosa buona.

E Dio disse: «Facciamo l'uomo a nostra immagine, a nostra somiglianza, e domini sui pesci del mare e sugli uccelli del cielo, sul bestiame, su tutte le bestie selvatiche e su tutti i rettili che strisciano sulla terra». Dio creò l'uomo a sua immagine; *a immagine di Dio lo creò; maschio e femmina li creò.* Dio li benedisse e disse loro:

> «Siate fecondi e moltiplicatevi,
> riempite la terra;
> soggiogatela[5] e dominate
> sui pesci del mare
> e sugli uccelli del cielo
> e su ogni essere vivente,
> che striscia sulla terra».

Poi Dio disse: «Ecco, io vi do ogni erba che produce seme e che è su tutta la terra e ogni albero in cui è il frutto, che produce seme: saranno il vostro cibo. A tutte le bestie selvatiche, a tutti gli uccelli del cielo e a tutti gli esseri che strisciano sulla terra e nei quali è alito di vita, io do in cibo ogni erba verde». E così avvenne. Dio vide quanto aveva fatto ed, ecco, era cosa molto buona. E fu sera e fu mattina: sesto giorno.

Così furono portati a compimento il cielo e la terra e tutte le loro schiere[6]. Allora Dio nel settimo giorno portò a termine il lavoro che aveva fatto e cessò nel settimo giorno da ogni suo lavoro. Dio benedisse il settimo giorno e lo consacrò, perché in esso aveva cessato da ogni lavoro che egli creando aveva fatto. Queste le origini del cielo e della terra, quando vennero creati.

(da *La Bibbia di Gerusalemme*, © per il testo sacro Conferenza Episcopale Italiana, 1974)

4. Siate fecondi: Siate fertili, procreate.

5. soggiogatela: dominatela.

6. tutte le loro schiere: tutti gli elementi che si trovano nel cielo e nella terra.

---

1. Come si presenta la terra prima della creazione?

2. La creazione si compie nell'arco di sei giorni. In corrispondenza di ciascun giorno, che cosa viene creato da Dio?

3. Che cosa fa Dio nel settimo giorno?

4. Qual è l'unico essere vivente che Dio crea a sua immagine, a sua somiglianza? Di conseguenza, questo essere vivente, rispetto a tutto il resto della creazione, gode di una posizione di parità, superiorità o inferiorità?

La creazione biblica nell'arte

Raffaello Sanzio, Creazione degli animali, *(1518-1519), Palazzo Apostolico, Città del Vaticano.*

🔶 **Raffaello Sanzio** (1483-1520), noto come Raffaello, fu una delle personalità artistiche più notevoli del Rinascimento italiano. L'affresco riprodotto rappresenta la creazione degli animali, uno dei quattro episodi biblici dedicati alla Genesi.

Dio è raffigurato in posizione centrale, dominante rispetto alla scena, come a sottolinearne il ruolo da protagonista. La luce divina circonda il suo capo; le braccia aperte e le mani volte al cielo sembrano, da un lato, mostrare ciò che ha già creato, dall'altro, fare emergere dalla terra altre creature. Infatti, alcuni animali stanno uscendo dal sottosuolo, come il cavallo e la tigre sul lato destro, dei quali vediamo soltanto le teste.

Nella moltitudine degli animali spicca in primo piano il leone, proprio accanto al Creatore. L'espressione dell'animale è mansueta, tanto che pare sorridere, a dimostrazione che anche una delle belve considerate tra le più feroci ha in sé i tratti di quella bontà che Dio ha voluto infondere a tutti gli esseri del creato.

🔴 L'inglese **William Blake** (1757-1827), oltre a essere pittore, fu anche poeta, incisore e grande studioso ed estimatore della Bibbia.

Il dipinto sotto riportato, *Elohim crea Adamo*, fa parte di una serie di stampe a colori che l'artista iniziò a produrre nel 1795. Il Dio rappresentato da Blake (*Elohim*, in ebraico) appare come una figura potentissima che sovrasta Adamo; la grandezza divina è accentuata dalle ampie ali che rendono la figura del Creatore ancora più incombente sull'uomo.

La mano di Dio tesa sul capo di Adamo simboleggia il dono della vita, che però è evocata come dolore: il volto di Adamo è sofferente, quasi piangente, e il suo corpo è debole rispetto a quello del Creatore.

Inoltre, intorno alla gamba dell'uomo si è attorcigliato un serpente, come ad alludere che

William Blake, Elohim crea Adamo, *1795, Tate Britain, Londra.*

la tentazione, e quindi il peccato, sia inseparabile dalla natura umana, tanto da essere connaturata a essa fin dalla sua nascita. I colori cupi accentuano l'angosciosa drammaticità dell'opera.

🔴 Il pittore olandese **Hieronymus Bosch** (1453-1516) fu uno dei più estrosi e visionari artisti del Quattrocento. Le sue opere, infatti, contengono spesso oggetti bizzarri, figure grottesche, volti mostruosi.
L'opera riprodotta a lato non fa eccezione: si tratta di un pannello del trittico *Il Giardino delle delizie*, intitolato *Il giardino dell'Eden*.
La scena è ambientata nel Paradiso Terrestre e, in primo piano, mostra Dio che presenta Eva ad Adamo. L'uomo, seduto, ha un'espressione stupita: sembra che si sia appena svegliato da un lungo sonno e che si trovi improvvisamente al cospetto dell'Onnipotente e di una creatura sconosciuta, simile a lui ma, allo stesso tempo, diversa.
Dio, raffigurato giovane e più somigliante all'iconografia di Gesù, stringe il polso di Eva, quasi volesse udire il battito del suo cuore. La donna tiene lo sguardo basso, come se provasse vergogna o imbarazzo.
Dietro alle tre figure spiccano gli elementi più bizzarri: sulla destra del laghetto, la roccia antropomorfa ricorda un volto umano, mentre l'oggetto misterioso al centro del laghetto è stato identificato come la Fontana della Vita. Tra i numerosi animali rappresentati, la giraffa, il leone e l'elefante sono una presenza inconsueta per gli uomini dell'epoca.
L'aspetto cromatico dell'opera è vivace nell'insieme. Nota come la veste di Dio e la Fontana della Vita siano dello stesso colore e siano allineati sullo stesso asse in modo da concentrare l'attenzione sulla parte centrale del dipinto.

Hieronymus Bosch, Il giardino dell'Eden, *dal trittico* Il giardino delle delizie, *1480-1490 circa, Museo del Prado, Madrid.*

1. Confronta i tre dipinti: secondo te, che cosa rende le atmosfere così diverse tra loro?

2. In *Elohim crea Adamo*, intorno a Dio e al primo uomo, compare una sorta di mezzaluna dorata. Di che cosa si tratta?

3. *Il giardino dell'Eden* presenta vari elementi bizzarri: riesci a individuarne alcuni, oltre a quelli già citati? Secondo te, che cosa rappresentano?

4. Quale delle tre opere suscita in te maggiori emozioni? Motiva la tua risposta.

📱 ULTERIORI OPERE D'ARTE

I MITI DEL DILUVIO

In quasi tutti i popoli della terra è presente il ricordo di un diluvio universale che in tempi remotissimi si abbatté sul genere umano provocando morte e distruzione. I miti del diluvio, più di quattrocento in tutto il mondo, sono fra loro molto simili, anche se i popoli che li hanno elaborati appartengono a epoche e a luoghi diversi. Ma quali sono gli elementi di somiglianza?

Gli uomini col passare del tempo divennero malvagi, irrispettosi nei confronti della divinità, abbandonarono la via del bene e scelsero la via del male. Da qui si resero colpevoli agli occhi della divinità che, in preda all'ira, li punì mandando sulla terra una terrificante inondazione. Si salvarono solo pochi uomini, quelli buoni, giusti, pii, scelti dalla divinità per dare origine a un nuovo genere umano.

Il diluvio, dunque, va inserito in una visione religiosa del mondo come manifestazione della volontà divina in relazione a uno stato di colpa degli uomini.

Mito greco

Deucalione e Pirra

 pag. 270

È questo il mito greco di Deucalione e Pirra, unici superstiti del diluvio mandato da Zeus, re di tutti gli dei dell'Olimpo, per punire gli uomini divenuti malvagi e corrotti.

Zeus sentiva ira per gli uomini, i quali non erano più saggi, né prestavano onori agli dei, né si curavano delle cerimonie religiose, né provavano affetto gli uni per gli altri.

Perciò deliberò di distruggerli e, radunati gli dei nel suo palazzo celeste, così parlò a essi: «Temo per il mio regno, poiché gli uomini disprezzano le divinità e sono avidi e violenti. Ora giuro di distruggerli tutti quanti. Lascerò sulla terra, perché la abitino, le divinità dei fiumi e dei boschi e dei monti; ma è necessario distruggere gli esseri umani, i quali non ci permettono di vivere sicuri».

Così parlò, e scosse la chioma, e tremarono la terra, il mare e il cielo. Fremendo, tutti gli dei approvarono le parole di Zeus. Ma si domandavano se mai più nessun uomo avrebbe abitato il mondo e quale sarebbe stata la forma della terra, e chi avrebbe posto incensi sugli altari e dato onore agli dei. Né si quietarono, finché Zeus non ebbe promesso che avrebbe procreato una nuova stirpe mortale dandole una meravigliosa origine.

Il sommo dio pensò un momento. Fu incerto se dovesse bruciare il mondo con la fiamma del fulmine; ma non gli parve il modo migliore per ottenere il suo scopo, poiché col mondo avrebbe potuto incendiarsi anche il cielo. Meditò quindi un'altra via di distruzione.

Rinchiuse i venti da cui viene rasserenato il cielo e lasciò liberi quelli che recano nubi e piogge, e specialmente il Noto, il quale spira caldo

*Luigi Ademollo,
Deucalione e Pirra
dopo il diluvio,
1832.*

e umido da Mezzogiorno. Questi volò via con le umide ali, coperto nel volto di nera foschia, e recò immense piogge, da cui vennero subito rovinate le messi e distrutto il lavoro degli agricoltori. Poi Zeus chiamò a sé i fiumi e ordinò loro di inondare i campi.

In breve non vi fu più differenza fra la terra e il mare; tutto era ricoperto dall'acqua; gli uomini si rifugiavano sulle cime dei monti e passavano sulle barche là dove poco prima avevano arato. Le ancore si posavano talvolta sui prati; le foche nuotavano là dove un tempo avevano pascolato le capre; i delfini si posavano sui rami degli alberi; i lupi nuotavano fra le greggi, insieme con i leoni e le tigri. Tutta la natura pareva dovesse perire; anche coloro i quali riuscivano a salvarsi dall'inondazione morivano, perché non trovavano più cibo.

Era rimasta scoperta dalle acque la cima del monte Parnàso[1] e su di essa si era rifugiato l'uomo più giusto e religioso che fosse in terra, Deucalione, insieme con la sua consorte, Pirra. Quando Zeus ebbe visto che tutto il mondo era ormai divenuto un lago e che di tutti gli uomini era sopravvissuto quello solo, mentre di tutte le donne rimaneva in vita la sola Pirra, ambedue buoni e pieni di religione, allora separò le nubi, fece allontanare i venti e abbassare il livello delle acque. Il mare si calmò e rientrò nei suoi confini; i fiumi tornarono nei loro letti; i colli mostrarono le loro cime al di sopra delle pianure e gli alberi le loro chiome verdeggianti in mezzo alla desolazione del fango che tutto copriva. Deucalione vide allora il mondo deserto e, rivoltosi a Pirra, piangendo le disse: «O tu, sola superstite fra le donne, ormai noi due siamo il genere umano. Il mare ha inghiottito tutte le altre creature. Neppure noi possiamo essere ben sicuri di vivere ancora, giacché le nubi minacciose m'incutono[2] grande spavento. Oh! Se potessi creare nuovi popoli, formando immagini di creta, dentro le quali fosse lecito infondere l'anima! Ma ecco, noi due soli rimaniamo: così vollero gli dei».

Pirra piangeva alle parole di lui. Per avere un aiuto nella loro sventura, stabilirono di rivolgersi agli dei e si diressero al santuario di Tèmide, dea della giustizia. Quando vi furono giunti, si gettarono a terra e baciarono il suolo invocando la protezione della divinità. Alle preghiere loro così una voce divina rispose: «Uscite da questo santuario e gettate dietro le vostre spalle le ossa della Grande Madre[3]».

Deucalione e Pirra rimasero lungo tempo attoniti[4] a questo comando, e Pirra fu la prima a parlare supplicando la dea di perdonarla, se non le avesse ubbidito, perché ella temeva di recare offesa all'ombra di sua madre, scagliandone le ossa dietro le proprie spalle. Ma Deucalione la riprese e disse: «O io non intendo bene, o gli oracoli[5] sono santi e non possono suggerire cose empie[6]. La Grande Madre è la terra e le sue ossa sono le pietre, e a noi fu ordinato di gettare le pietre dietro le nostre spalle».

1. Parnàso: monte della Grecia sacro al dio Apollo e considerato sede delle Muse, divinità protettrici delle arti e della scienza.

2. m'incutono: mi suscitano, mi infondono.

3. le ossa della Grande Madre: le pietre della Terra, come sarà spiegato più avanti.

4. attoniti: sbigottiti, sconcertati.

5. oracoli: responsi dati dagli dei, spesso in forma breve e ambigua, non chiara.

6. empie: non religiose, non pie.

Sua moglie era incerta; pure convenne che non avrebbe nociuto il tentare, cosicché ambedue si accinsero a fare quello che, secondo l'interpretazione di Deucalione, Tèmide aveva prescritto. Così fecero: si misero a camminare e, mentre andavano, gettavano le pietre dietro di loro. Fu vista allora una cosa mirabile: le pietre cessarono di essere dure e cominciarono a prendere forma umana; quelle parti di esse che divenivano molli, si cambiarono in carne; quelle che rimanevano dure si mutarono in ossa; le venature divennero le vene. In breve, per volontà degli dei, i sassi si trasformarono in uomini e furono maschi quelli scagliati da Deucalione, femmine quelli lanciati da Pirra.

Poi la terra, quando fu completamente asciugata per opera dei raggi del sole, generò i nuovi animali, di forme diverse da quelle che avevano avuto prima, e divennero più piccoli e più facili da essere domati, rendendosi utili nei lavori degli uomini. Non si videro più quelli che nel dilagare delle acque erano stati sommersi, i bestioni di enorme altezza, di mole così grande da incutere spavento al solo vederli, di crudeltà resa feroce da una forza immane. Ma, accanto ad animali ancora grandi e possenti, ora nacquero quelli più piccoli, che potevano essere compagni degli uomini e diminuire i loro sforzi per divenire sempre migliori, in possesso di una sempre più grande civiltà.

(da N. Terzaghi, *Miti e leggende del mondo greco-romano*, G. D'Anna, Firenze, 1986, rid. e adatt.)

Pieter Paul Rubens, Deucalione e Pirra ripopolano il mondo, *1636 circa, Museo del Prado, Madrid.*

DAL TESTO ALLE COMPETENZE

COMPRENDERE

1. Perché Zeus decide di distruggere gli uomini? Di conseguenza, che cosa fa?

2. Quando e perché Zeus fa cessare il diluvio?

3. Perché Deucalione e Pirra si recano al santuario di Tèmide, dea della giustizia? Che cosa viene detto loro di fare?

4. Deucalione e Pirra ubbidiscono al volere divino e avviene una «cosa mirabile». Che cosa?

5. Infine, la terra completamente asciugata che cosa genera?

ANALIZZARE

6. La potenza di Zeus si manifesta attraverso i suoi comportamenti e le sue parole. Trascrivi qualche frase del testo che conferma ciò.

· Il sommo Dio pensò un momento. Fu incerto se dovesse bruciare il mondo

· Rinchiuse i venti da cui viene prosciugato il cielo e lasciò liberi quelli che recano pioggia.

· Poi Zeus chiama i fiumi e ordinò loro di inondare i campi.

7. Perché Deucalione e Pirra si salvano dal diluvio? Quali sono le loro qualità morali?

8. Il mito dimostra che presso i Greci gli oracoli erano tenuti in grande o in scarsa considerazione?

9. Individua nel testo la sequenza in cui viene descritto il diluvio. Come definiresti questa descrizione? (Indica con una crocetta la risposta esatta)

a Sommaria, approssimativa

b Particolareggiata

LESSICO

10. Nelle seguenti frasi, tratte dal testo, scrivi in parentesi un sinonimo di ciascun termine evidenziato:

a. Sua moglie era incerta; pure **convenne** (_riconobbe_) che non avrebbe nociuto tentare, cosicché ambedue **si accinsero** (_prepararono_) a fare quello che, secondo l'interpretazione di Deucalione, Tèmide **aveva prescritto** (_stabilito_).

b. Non si videro più i bestioni di enorme altezza, di **mole** (_dimensione_) così grande da **incutere** (_da suscitare_) spavento al solo vederli, di crudeltà resa feroce da una forza **immane** (_enorme – immensa_).

Il diluvio biblico nel racconto e nell'arte

La Bibbia

L'arca di Noè

Il racconto biblico del diluvio si trova nel libro della *Genesi*: la terra viene inondata e sommersa totalmente per volontà di Dio, che così punisce la malvagità degli uomini.
Si salvano Noè e la sua famiglia che hanno preso posto, insieme con esemplari di ogni specie animale, nell'arca costruita per ordine divino.

Il Signore vide che la malvagità degli uomini era grande sulla terra e che ogni disegno[1] concepito dal loro cuore non era altro che male. E il Signore si pentì di aver fatto l'uomo sulla terra e se ne addolorò in cuor suo. Il Signore disse: «Sterminerò dalla terra l'uomo che ho creato: con l'uomo anche il bestiame e i rettili e gli uccelli del cielo, perché sono pentito d'averli fatti». Ma Noè trovò grazia[2] agli occhi del Signore.

Questa è la storia di Noè. Noè era uomo giusto e integro tra i suoi contemporanei e camminava con Dio[3].

Allora Dio disse a Noè: «È venuta per me la fine di ogni uomo, perché la terra, per causa loro, è piena di violenza; ecco, io li distruggerò insieme con la terra. Fatti un'arca[4] di legno di cipresso; dividerai l'arca in scompartimenti e la spalmerai di bitume[5] dentro e fuori. Ecco come devi farla: l'arca avrà trecento cubiti[6] di lunghezza, cinquanta di larghezza e trenta di altezza. Farai nell'arca un tetto e a un cubito più sopra la terminerai; da un lato metterai la porta dell'arca. La farai a piani: inferiore, medio e superiore.

«Ecco io manderò il diluvio, cioè le acque, sulla terra, per distruggere sotto il cielo ogni carne, in cui è alito di vita[7], quanto è sulla terra perirà. Ma con te io stabilisco la mia alleanza. Entrerai nell'arca tu e con te i tuoi figli, tua moglie e le mogli dei tuoi figli. Di quanto vive, di ogni carne, introdurrai nell'arca due di ogni specie, per conservarli in vita con te: siano maschio e femmina. Degli uccelli secondo la loro specie, del bestiame secondo la propria specie e di tutti i rettili della terra secondo la loro specie, due d'ognuna verranno con te, per essere conservati in vita. Quanto a te, prenditi ogni sorta di cibo da mangiare e raccoglilo presso di te: sarà di nutrimento per te e per loro».

Noè eseguì tutto; come Dio gli aveva comandato, così egli fece.

Il Signore disse a Noè: «Entra nell'arca tu con tutta la tua famiglia, perché ti ho visto giusto dinanzi a me in questa generazione».

Noè aveva seicento anni[8] quando venne il diluvio, cioè le acque sulla terra. Noè entrò nell'arca e con lui i suoi figli, sua moglie e le mogli dei suoi figli, per sottrarsi alle acque del diluvio.

Dopo sette giorni, le acque del diluvio furono sopra la terra, nell'anno

1. disegno: intenzione, proposito.

2. grazia: comprensione.

3. camminava con Dio: dimostrava a Dio rispetto e obbedienza.

4. arca: imbarcazione coperta a forma di cassa.

5. bitume: miscela di catrame.

6. cubiti: il cubito è un'antica unità di misura di lunghezza, corrispondente a circa mezzo metro.

7. alito di vita: spirito di vita, forza vitale.

8. seicento anni: in realtà questi seicento anni si riferiscono alla durata dell'intera dinastia di cui Noè era capostipite.

9. eruppero: strariparono.

10. le sorgenti del grande abisso: le acque del mare profondo.

11. le cateratte del cielo si aprirono: cominciò a piovere a dirotto.

12. brulicano: si muovono in continuazione.

13. Ararat: monte che si trova nella Turchia orientale, in una regione chiamata Armenia.

seicentesimo della vita di Noè, nel secondo mese, il diciassette del mese, proprio in quello stesso giorno, eruppero[9] tutte le sorgenti del grande abisso[10] e le cateratte del cielo si aprirono[11].

Il diluvio durò sulla terra quaranta giorni: le acque crebbero e sollevarono l'arca che si innalzò sulla terra. Le acque divennero poderose e crebbero molto sopra la terra e l'arca galleggiava sulle acque.

Perì ogni essere vivente che si muove sulla terra, uccelli, bestiame e fiere e tutti gli esseri che brulicano[12] sulla terra e tutti gli uomini.

Così fu sterminato ogni essere che era sulla terra: con gli uomini, gli animali domestici, i rettili e gli uccelli del cielo; essi furono sterminati dalla terra e rimase solo Noè e chi stava con lui nell'arca.

Le acque restarono alte sopra la terra centocinquanta giorni.

Dio si ricordò di Noè, di tutte le fiere e di tutti gli animali domestici che erano con lui nell'arca. Dio fece passare un vento sulla terra e le acque si abbassarono. Le fonti dell'abisso e le cateratte del cielo furono chiuse e fu trattenuta la pioggia dal cielo; le acque andarono via via ritirandosi dalla terra e calarono dopo centocinquanta giorni. Nel settimo mese, il diciassette del mese, l'arca si posò sui monti dell'Ararat[13]. Le acque andarono via via diminuendo fino al decimo mese. Nel decimo mese, il primo giorno del mese, apparvero le cime dei monti.

Trascorsi quaranta giorni, Noè aprì la finestra che aveva fatta nell'arca e fece uscire un corvo per vedere se le acque si fossero ritirate. Esso uscì andando e tornando finché si prosciugarono le acque sulla terra. Noè poi fece uscire una colomba, per vedere se le acque si fossero ritirate dal suolo; ma la colomba, non trovando dove posare la pianta del piede, tornò a lui nell'arca, perché c'era ancora l'acqua su tutta la terra. Egli stese la mano, la prese e la fece rientrare presso di sé nell'arca. Attese altri sette giorni e di nuovo fece uscire la colomba dall'arca e la colomba tornò a lui sul far della sera; ecco, essa aveva nel becco un ramoscello di ulivo. Noè comprese che le acque si erano ritirate dalla terra. Aspettò altri sette giorni, poi lasciò andare la colomba; essa non tornò più da lui.

La costruzione dell'arca e il diluvio in una Bibbia del Duecento.

L'anno seicentouno della vita di Noè, il primo mese, il primo giorno del mese, le acque si erano prosciugate sulla terra; Noè tolse la copertura dell'arca ed ecco la superficie del suolo era asciutta. Nel secondo mese, il ventisette del mese, tutta la terra fu asciutta.

Dio ordinò a Noè: «Esci dall'arca tu e tua moglie, i tuoi figli e le mogli dei tuoi figli con te. Tutti gli animali d'ogni specie che hai con te, uccelli, bestiame e tutti i rettili che strisciano sulla terra, falli uscire con te, perché possano diffondersi sulla terra, siano fecondi e si moltiplichino su di essa».

Noè uscì con i figli, la moglie e le mogli dei figli. Tutti i viventi e tutto il bestiame e tutti gli uccelli e tutti i rettili che strisciano sulla terra, secondo la loro specie, uscirono dall'arca.

Allora Noè edificò un altare al Signore; prese ogni sorta di animali mondi[14] e di uccelli mondi e offrì olocausti[15] sull'altare. Il Signore ne odorò la soave fragranza e pensò: «Non maledirò più il suolo a causa dell'uomo, perché l'istinto del cuore umano è incline al male[16] fin dalla adolescenza; né colpirò più ogni essere vivente come ho fatto.

Finché durerà la terra,
seme e messe,
freddo e caldo,
estate e inverno,
giorno e notte
non cesseranno».

14. mondi: puri.

15. olocausti: nella liturgia ebraica antica, l'olocausto era un sacrificio nel quale la vittima veniva completamente arsa.

16. è incline al male: è propenso, tende al male.

(da *La Bibbia di Gerusalemme*, © per il testo sacro Conferenza Episcopale Italiana, 1974)

---

1. Perché Dio si pente di aver creato l'uomo? Di conseguenza, che cosa fa?

2. Dio dà a Noè delle indicazioni ben precise. Quali?

3. Riferendoti al testo, completa le seguenti frasi.

   a. Noè, quando avviene il diluvio, ha _____ anni.

   b. Il diluvio dura _____ giorni durante i quali ogni essere vivente _____ .

   Si salvano solo _____ e coloro che _____ nell'arca.

   c. Solo dopo _____ giorni le acque cominciano a calare.

   Nel _____ mese l'arca giunge _____ .

4. In che modo Noè comprende che le acque si sono ritirate dalla terra?

5. Cessato il diluvio, Noè esce dall'arca. Che cosa fa immediatamente?

6. Dopo il diluvio, Dio che cosa decide di fare?

7. Il Dio degli ebrei presenta caratteristiche umane. Infatti quali passioni, sentimenti, del tutto simili a quelli degli esseri umani da lui stesso creati, egli prova?

8. Sottolinea nel testo i termini o le espressioni che dimostrano l'ubbidienza di Noè a Dio.

9. Secondo te, il ramoscello d'ulivo che la colomba ha nel becco che cosa simboleggia? Ancor oggi, nella liturgia cristiana, l'ulivo di che cosa è simbolo?

Il diluvio biblico nell'arte

Ivan Aivazovsky, Il diluvio, *1864, The State Russian Museum, San Pietroburgo.*

🔴 Il pittore russo **Ivan Aivazovsky** (1817-1900), autore di più di seimila quadri, ha dedicato moltissimi dipinti a paesaggi marini e scene navali. In quest'opera, che rappresenta il diluvio, il mare si mescola alla pioggia torrenziale generando un'enorme massa d'acqua che travolge con violenza uomini e animali. La scena è altamente drammatica: gruppi più o meno folti di persone si aggrappano alle rocce nel disperato tentativo di resistere all'avanzare delle acque; altri, ormai vinti dalla forza della pioggia, vengono trascinati dalle correnti; qualcuno, disperato, alza le braccia come per invocare pietà o per imprecare contro il cielo, mentre altri uomini si abbracciano in un gesto istintivo di protezione e solidarietà. L'umanità non ha via di salvezza contro la forza spietata della natura o di Dio: un'entità sovrasta il mondo con la sua potenza distruttiva e nulla potrà fermarla. L'aspetto cromatico dell'opera, oltre che quello dinamico, è fortemente drammatico: da una parte, a destra, i toni sono più cupi e scuri, mentre a sinistra una luce più forte, ma livida, giunge dal cielo, come a voler rappresentare il riflesso del giudizio severo di Dio.

1. Quale sensazione suscita in te questa scena?

2. Ci sono dei particolari della composizione che, secondo te, rendono meglio di altri la drammaticità dell'evento?

3. Quale parte del dipinto attira di più la tua attenzione? Perché?

I MITI DEI FENOMENI NATURALI

Moltissimi sono i **miti naturalistici**, quelli cioè che forniscono una spiegazione fantastica ai fenomeni naturali.

I popoli primitivi, infatti, osservando il sole che ogni giorno illumina e riscalda la terra e ogni notte scompare; osservando la pioggia o i venti che possono essere ora benefici ora ostili; osservando i fulmini che squarciano il cielo o le stelle che brillano in cielo o l'alternarsi delle stagioni, non potevano che rimanere meravigliati o turbati e porsi quindi delle domande sull'origine e il significato di tali fenomeni.

Privi dell'aiuto della scienza, che oggi, almeno in parte, fornisce le spiegazioni dei fenomeni naturali, i popoli primitivi cercarono di dare una spiegazione a questi loro grandi interrogativi immaginando che tutto avvenisse per la volontà misteriosa di dei o esseri soprannaturali oppure ricorrendo a interpretazioni fantastiche davvero interessanti e originali.

Mito greco

Demetra e le stagioni

Nella mitologia greca, Demetra è la dea della terra coltivata, protettrice delle messi e in particolare del grano. La sua figura è strettamente collegata alle vicende della figlia Persefone rapita da Ade, il dio degli Inferi, e costretta a diventare sua sposa.

Secondo il mito, Demetra permette alla vegetazione di rifiorire solo durante i sei mesi dell'anno nei quali la figlia le viene restituita. Negli altri sei mesi la terra è nuda e spoglia.

La vicenda di Demetra e Persefone è un'evidente spiegazione dell'origine dell'alternarsi delle stagioni.

Ade era stanco di vedersi respingere dalle creature celesti alle quali chiedeva di sposarlo. Era un dio ricco e potente, anzi uno dei più potenti e temuti, dato che era il Signore dell'Oltretomba, il tenebroso mondo sotterraneo popolato dalle ombre dei morti. Proprio per questo, però, ogni fanciulla inorridiva all'idea di diventare sovrana di un regno in cui il sole non brillava mai e da dove, una volta entrati, non si poteva più uscire.

Quel giorno Ade era salito sulla terra deciso a non tornare negli Inferi fino a quando non avesse trovato moglie. Aveva girovagato per monti e valli ed era finito nella Sicilia orientale, in un boschetto lungo il pendìo di una collina che scendeva fino alla costa.

Ebbe l'impressione di udire delle risate argentine[1]. Tese l'orecchio e ascoltò meglio, cercando di capire da dove provenissero. Scrutò verso il torrente che scorreva nella valletta sottostante e scorse un gruppo di bellissime fanciulle che giocavano nell'acqua cristallina. Le giovani si lanciavano una palla facendo schizzare l'acqua in alti spruzzi; si chia-

1. **argentine:** squillanti.

mavano, ridevano, si rincorrevano. L'aria era piena di chiassosa allegria. A un tratto sulla riva sembrò che un soffio di vento facesse ondeggiare i rami dei mirti e degli oleandri: era Ade che si era reso invisibile e scendeva per la ripida china della collinetta.

Il dio degli Inferi si fermò a osservare quelle splendide ragazze. Una lo attrasse in modo particolare: aveva una grazia così squisita e movimenti così armoniosi che pensò che fosse senz'altro la figlia di una dea.

Proprio in quell'istante, le fanciulle cessarono di giocare. Si tuffarono tutte insieme e guizzarono via veloci; poco dopo erano già scomparse. Ade comprese che si trattava di ninfe[2] che vivevano nei fiumi e lungo le coste di quell'angolo della Sicilia. Una di loro, però, era rimasta: era Persefone, proprio quella che aveva attirato la sua attenzione. Ade si rese conto della splendida occasione che gli si presentava ed escogitò un piano. Fece spuntare un meraviglioso fiore e rimase in attesa.

Persefone si asciugò e si avvolse nel telo di prezioso lino bianco che aveva lasciato sul prato. Mentre si chinava per allacciarsi i sandali, scorse tra l'erba un fiore che non aveva notato prima. Sull'alto stelo spiccava un grappolo di piccoli gigli bianchi; alcune gocce di rugiada brillavano come diamanti fra i petali stellati e rotolavano sulle foglie lunghe e sottili. Tese la mano per coglierlo. Prese lo stelo fra le dita, tirò e sotto di lei si spalancò una voragine. Lanciò un grido di terrore, cercando disperatamente di aggrapparsi per non precipitare, ma il cratere buio la inghiottì inesorabilmente in un turbinìo che sembrava senza fine. A poco a poco, la caduta si fece più lenta e Persefone si sentì afferrare da braccia possenti. Aprì gli occhi e vide vicinissimo al suo il volto scuro di Ade. Gridò di nuovo per il terrore.

«Lasciami! Lasciami!» urlava la fanciulla.

«Non posso. Io sono Ade. Ascoltami» disse il rapitore. «Il Fato[3] vuole che io prenda moglie e il Fato vuole che io scelga te.»

Detto questo, la depositò sul trono e la lasciò. La ninfa comprese che non aveva via di scampo e scoppiò in un pianto accorato.

Demetra, la madre di Persefone, stava tornando alla sua reggia in Sicilia. Per tutto il giorno aveva svolto con impegno il suo compito di rendere le terre ricche di grano e di frumento, perché gli uomini potessero sfamarsi. Era impaziente di riabbracciare la figliola adorata e andò a cercarla nel meraviglioso giardino, ma non la trovò.

2. ninfe: nella mitologia greca, divinità femminili delle fonti, dei fiumi e dei laghi (Naiadi), delle piante (Driadi) e dei monti (Oreadi).

3. Fato: entità misteriosa che domina il mondo e gli uomini e al cui volere nessuno può opporsi, nemmeno gli dei.

Walter Crane, Il destino di Persefone, 1877.

«Dov'è?» chiese alla nutrice[4].

«È andata al torrente. Probabilmente si è messa a giocare con le amiche e non si è accorta che si è fatto tardi.»

Demetra scese al torrente, ma non trovò nessuno. Osservò le rive, scrutò nei cespugli, si addentrò nel bosco, ma non trovò traccia della figlia.

Tornò quindi al palazzo e convocò i servi, le guardie, le ancelle, le schiave, i cuochi, i musicanti, i pastori e le tessitrici.

«Persefone è scomparsa. Cercatela dappertutto! Frugate ogni angolo del palazzo; andate in ogni casa, in ogni villaggio. Perlustrate i boschi e le montagne; tuffatevi nei fiumi e nei laghi; chiedete a chiunque vi capiterà di incontrare.»

A un suo cenno i servitori sciamarono[5] in tutte le direzioni. Demetra, rimasta sola, per un istante fu sopraffatta dall'angoscia, ma subito reagì e spiccò il volo, cercando Persefone in ogni dove.

Di giorno in giorno, Demetra continuò le sue ricerche, attraversando tutta l'isola, passando da un paese all'altro, e chiedendo inutilmente a chiunque incontrasse.

Per la verità qualcuno aveva visto Ade aggirarsi nella zona ma, per timore di incorrere nelle ire del dio dell'Oltretomba, si guardava bene dal dire ciò che sapeva.

Demetra, tutta presa dalle sue ricerche, aveva completamente dimenticato le sue incombenze[6]. I rampicanti, non più strappati ogni giorno, soffocarono gli alberi da frutta; le erbacce invasero gli orti; i vènti leggeri cedettero all'ozio e trascurarono di spargere i semi.

Demetra piangeva, piangeva, piangeva... Le sue lacrime cadevano dal cielo, scivolando lungo i fianchi delle montagne, e si raccoglievano nelle valli. Ben presto i torrenti si gonfiarono, le acque uscirono dal greto[7] e allagarono i prati e i campi. Le terre vennero sommerse; i raccolti marcirono; nessuno trovò più da mangiare. La disperazione di Demetra generava la disperazione di tutte le creature della terra.

Soltanto molti giorni dopo, sulla cima di una collina che spuntava come un'isola nella valle allagata, la dea incontrò un pastore che si era rifugiato lassù. Si chiamava Trittolemo.

«Sì, per la verità qualcosa di strano l'ho visto...» ricordò Trittolemo. «Una fanciulla si è chinata sul greto del torrente per cogliere un fiore e a un tratto è scomparsa come

4. **nutrice:** donna che allatta il proprio bambino o anche i figli altrui.

5. **sciamarono:** si allontanarono in massa.

6. **incombenze:** compiti, incarichi.

7. **greto:** parte del letto di un fiume non ricoperta dalle acque nella quale abbondano ciottoli e ghiaia.

Evelyn de Morgan, Demetra piange Persefone, *1906, The de Morgan Center, Londra.*

se fosse stata inghiottita dalla terra. Sono subito accorso, ma non c'era alcun segno. Forse avevo sognato.»

Grazie ai suoi poteri, la dea fece materializzare nella sua mente l'immagine del fiore che Trittolemo aveva nominato. Era un asfodelo, il fiore sacro al dio degli Inferi! Dalle sue labbra sfuggì un grido di rabbia: la madre di Persefone aveva immediatamente intuito l'accaduto. Senza neppure ringraziare il pastore, sfrecciò verso l'Olimpo e irruppe come un ciclone nella reggia degli dei.

«Quale altra nefandezza hai escogitato?» si avventò contro Zeus. «Perché hai permesso ad Ade di prendersi la mia Persefone?»

«È il Fato che lo ha voluto» replicò il re degli dei.

Intervenne Era, la moglie di Zeus, palesemente[8] irritata.

«E il Fato» aggiunse «voleva anche che la terra fosse allagata, i raccolti distrutti, gli uomini ridotti alla fame?»

«Demetra esagera. Non sa controllarsi. Una dea deve sempre essere consapevole delle sue responsabilità verso i mortali» rispose Zeus.

«È giusto che Ade abbia una moglie, ma bisogna anche capire Demetra» affermò Atena[9], nella sua infinita saggezza. «Che cosa cambierebbe se dividessimo il male a metà?»

«Quale sarebbe la tua idea?» la sollecitò Era.

«Persefone potrebbe restare sei mesi negli Inferi con il marito e tornare per il resto dell'anno sulla terra con sua madre.»

Zeus rifletté un istante e convenne che era una buona scappatoia.

«Per te andrebbe bene?» chiese a Demetra.

«Se non si può avere di più...» sospirò lei. «Piuttosto, Ade accetterà?»

«Non può disubbidire a un mio ordine» affermò Zeus. «Ermes[10], vai da lui.» Il messaggero degli dei si fissò le ali ai piedi e dalla cima dell'Olimpo si tuffò nelle profondità dell'Oltretomba.

I raggi del sole filtravano fra i rami degli alberi e accarezzavano le foglie tenere del sottobosco, facendo brillare la rugiada sul soffice tappeto di muschio e solleticando le ali delle farfalle notturne in cerca di un po' d'ombra. A un tratto, una folata vorticosa di vento sollevò in un turbine di polvere le foglie della radura sotto la grande quercia. Le foglie si ridepositarono e la polvere si dileguò, lasciando apparire la splendida Persefone, avvolta in un telo di prezioso lino bianco. Il bosco venne attraversato da un fremito; le gemme si dischiusero sui rami in foglie di verde tenero; i fiori sbocciarono mostrando le loro corolle colorate, gli insetti presero a volare ronzando come ubriacati dall'intensità dei profumi.

Demetra si accorse immediatamente che i suoni, i profumi, i colori, all'improvviso erano diventati più vivi e capì. D'istinto si precipitò verso il bosco e finalmente vide la figlia.

«Persefone!» gridò, scendendo a terra a pochi metri da lei.

La fanciulla si gettò fra le braccia della madre; le due donne si tennero strette a lungo e piansero di gioia. Fu gioia anche per tutte le creature viventi che vedevano la terra nuovamente ricca di frutti.

8. palesemente: chiaramente, evidentemente.

9. Atena: dea della saggezza e protettrice delle arti e dei mestieri.

10. Ermes: con i suoi magici calzari alati svolge il compito di messaggero degli dei; è anche il protettore dei viandanti, dei mercanti e dei ladri.

Walter Crane, Demetra si rallegra perché si ricongiunge alla figlia, *1913, collezione privata.*

Il ricordo dei momenti tristi andava quasi scomparendo, ma i mesi passavano inesorabili. Un brutto mattino, Ermes si presentò a palazzo per riaccompagnare Persefone dallo sposo, secondo i patti. Incapaci di sopportare una vista tanto crudele, i fiori si richiusero e appassirono; gli alberi si strapparono le chiome ingiallite; tassi e marmotte si nascosero nelle loro tane sotterranee.

Demetra pianse tanto che le sue lacrime allagarono i campi e, nel gelo doloroso dei sentimenti, divennero cristalli di neve; i campi, i prati e i fiori scomparvero sotto una coltre bianca. Ma un giorno la neve si sarebbe sciolta, il tappeto che copriva la terra sarebbe tornato verde e ricamato di fiori e le messi sarebbero tornate d'oro: da allora in poi i trasferimenti di Persefone sopra e sotto la terra avrebbero determinato l'alternarsi delle stagioni.

(da D. Padoan, *Miti e leggende del mondo antico*, Sansoni per la scuola, Milano, 1996, rid. e adatt.)

DAL TESTO ALLE COMPETENZE

COMPRENDERE

1. Chi è Ade? Perché non riesce a sposarsi? *DIO DEGLI INFERI NON RIESCE PER L'ASPETTO TENEBROSO*

2. Chi è Persefone? In che modo viene rapita da Ade? *FIGLIA DI DEMETRA, LEI È UN UN FA RACCOLSE IL FIORE E CADDE NNE*

3. Demetra, presa dalla ricerca di sua figlia, dimentica «le sue incombenze». Quali? Di conseguenza, che cosa succede agli alberi, ai campi e alle creature viventi?

4. Demetra come capisce dov'è sua figlia? Di conseguenza, da chi si reca e perché?

5. Come si conclude la vicenda di Demetra e Persefone?

ANALIZZARE

6. In quali luoghi avvengono i fatti narrati?

7. Quali personaggi assumono il ruolo di aiutanti di Demetra?

8. Questo mito che cosa intende spiegare?

Mito africano

La pioggia

Un re della terra chiede a un potente re del cielo di concedergli in moglie la figlia Ara. Il re del cielo acconsente, pensando che il re della terra sia buono e in grado di rendere felice l'amata figlia. Invece Ara, sulla terra, è ben presto costretta a vivere una condizione che non si addice di certo al suo rango e a subire maltrattamenti e umiliazioni da parte del malvagio e prepotente marito.

LETTURA ESPRESSIVA A PIÙ VOCI

Vi invitiamo a leggere il mito in modo espressivo «a più voci».
- ▶ Dividetevi in gruppi di 7, quanti sono i personaggi della vicenda, compreso il narratore.
- ▶ Distribuite le parti all'interno del gruppo, ricordando di affidare a uno di voi la parte del narratore, cioè di chi leggerà tutte le frasi che non sono state evidenziate in colore.
- ▶ Procedete nella lettura stando attenti, naturalmente, alle pause e al tono di voce da usare.

Narratore	Schiavo di Obassi Nsi
Obassi Osaw	Sentinella del cielo
Obassi Nsi	Figlio di Obassi Nsi
Ara	

Obassi Osaw era un potente re del cielo, e Obassi Nsi un re della terra. Obassi Osaw aveva una figlia e Obassi Nsi un figlio.
«Tua figlia mi piace molto» disse un giorno Obassi Nsi al re del cielo «e ho giusto bisogno di una quarta moglie; perché non mi concedi la sua mano? In cambio ti manderò mio figlio, al quale darai una delle tue figlie in età da marito. In questo modo diventeremo parenti.»
Obassi Osaw accettò e chiamò sua figlia Ara.
«Andrai a stare sulla terra» le disse «e sarai sposa di un buon re che avrà cura di farti felice. Ti darò sette schiavi e sette schiave perché tu non abbia da faticare.»
Ara partì e, contemporaneamente, si presentò in cielo il figlio di Nsi, colmo di regali per la sua sposa.
Passarono alcuni giorni, in cui tutto andò nel migliore dei modi, poi Obassi Nsi chiamò Ara e, in tono brusco, le disse:
«Basta oziare come una giovenca[1]! Vai alla mia fattoria e datti da fare!».
«Ma come? Ho portato con me quattordici schiavi, possono lavorare loro al mio posto.»
«Non se ne parla nemmeno. Non voglio avere una moglie che passa le giornate con le mani in mano. Va' e mungi le capre. Te lo ordino.»
Ara ubbidì malvolentieri. Quando tornò, il marito le disse:
«Ora vai a tagliare il fieno».

1. giovenca: vacca giovane che non ha ancora partorito.

La ragazza provò a protestare, ma anche questa volta dovette sottostare alla volontà dello sposo. Tornò all'imbrunire[2], stanca da non reggersi in piedi, con le mani piagate[3] e gli occhi gonfi di lacrime. Fece per sedersi, quando Obassi Nsi le disse:

«Va' subito al fiume e portami una brocca d'acqua fresca».

«Chiedilo a uno dei miei schiavi» replicò Ara. «Io ho bisogno di riposarmi.»

Nsi si infuriò e la spinse fuori di casa.

«Andrai cento volte al fiume» gridò «fino a quando avrai riempito il grande orcio[4] che si trova nel cortile.»

Quando calò la notte, la ragazza non aveva ancora finito.

La mattina dopo, Nsi le ordinò di cucinare, di rigovernare la casa, di accendere il fuoco e di seminare il campo di patate. Anche quella notte Ara andò a coricarsi con la schiena a pezzi e le mani sanguinanti.

All'alba del giorno successivo, il marito la svegliò bruscamente e le intimò:

«Vai a raccogliere la legna: dovrai riempire un'intera stanza di fastelli[5] ben legati».

A mezzogiorno Ara tornava con il suo quarto carico. Grosse lacrime le scendevano dagli occhi e ormai non faceva nulla per trattenerle. Il marito la squadrò ingiurioso, poi la afferrò per un braccio e la trascinò davanti al Consiglio della tribù.

«Voglio che tu sia svergognata davanti a tutta la mia gente» disse. «Tutti devono vederti frignare[6] senza ritegno e capire che sventura ho avuto prendendoti in moglie.»

Ara pianse ancora più amaramente; le era stato vietato di mangiare fino al giorno dopo, ma era talmente afflitta che non avrebbe comunque potuto toccare cibo.

A mezzogiorno dell'indomani, Nsi le portò del pane e del latte e, quando ebbe finito di mangiare, le disse:

«Va' nella foresta e raccogli dell'erba medica[7]».

La ragazza vagò tutto il giorno e a un certo punto si ferì il piede con una spina. Tornò a casa zoppicando e soffrendo terribilmente. Quando la vide, il marito sbottò:

«Dov'è l'erba? Sei stata fuori tutto il giorno a bighellonare[8], disgraziata! Questa notte dormirai con le capre».

Ara passò la notte nell'ovile, mentre il piede le pulsava dandole fitte atroci. Il mattino seguente, Nsi le ordinò di andare a prendere dell'acqua. Ara si trascinò fino al fiume e si mise a sedere sulla riva, con il piede immerso nell'acqua fresca. Finalmente ebbe un po' di sollievo.

«Perché devo vivere in questo modo?» si disse. «Non tornerò mai più da Nsi; meglio restare qui e lasciarmi morire.»

Calò la sera e, vedendo che la moglie non era di ritorno, Nsi mandò uno schiavo a cercarla. Quando l'uomo la vide, le disse:

«Tuo marito ti sta aspettando. Perché non sei tornata a casa?».

«Non tornerò mai più. Dillo pure al tuo padrone.»

Passarono le ore e la donna cominciò a temere che il suo gesto di ri-

bellione le avrebbe portato altri e più terribili supplizi. Facendo forza su se stessa, riprese la via di casa, non senza aver riempito la brocca ed essersela messa in bilico sul capo. Fece alcuni passi, ma la brocca era talmente pesante e il piede le faceva così male che perse l'equilibrio e cadde. La brocca andò in mille pezzi, ferendola a una mano.

Mentre il sangue le sgorgava copioso[9] dalla ferita, Ara scoppiò in lacrime. D'un tratto, però, attraverso la più cupa disperazione, si fece largo un pensiero che le restituì la speranza: «Ho pur sempre una madre e un padre» rifletté. «Perché sto qui a farmi maltrattare da Obassi Nsi? Tornerò a casa mia nel cielo».

Ara cercò di ricordare da dove fosse venuta quando, ancora ignara di ciò che l'attendeva, si era messa in viaggio con il cuore pieno di trepidazione per le imminenti nozze, ma si rese conto di non saper ritrovare la via di casa. D'un tratto, vide una fune pendere da un albero.

«È da lì che sono scesa!» esclamò.

Senza esitare un istante, si arrampicò sulla fune e prese a issarsi[10] su nel cielo, sempre più in alto, nonostante le palme delle mani le bruciassero come fuoco. Non era ancora a metà strada quando, presa dallo sconforto, cominciò a piangere e a sospirare. Si fermò a riposare un poco, poi, con tutta la forza d'animo di cui era capace, ricominciò la scalata. Era ai confini del paese di suo padre, quando le parve di essere sul punto di svenire. Le sue mani facevano fatica a stringersi attorno alla corda e la sua testa vacillava.

«Povera me! È la fine!» esclamò. «Ma, se non altro, non dovrò più subire le angherie[11] di Obassi Nsi.» I suoi lamenti vennero uditi da una sentinella del cielo, che subito si precipitò ad avvisare Obassi Osaw.

9. **copioso:** abbondante.

10. **issarsi:** sollevarsi con sforzo.

11. **angherie:** prepotenze, soprusi.

12. **corroborante:** che rinvigorisce e tonifica il fisico.

«Ho sentito la voce di Ara» riferì. «Sta piangendo a non molta distanza da qui.» «È impossibile!» esclamò Obassi Osaw. «Cosa ci farebbe qui la mia diletta figlia? Prendi comunque dodici schiavi e, se la trovi, conducila da me.»

Ara venne raccolta quasi priva di sensi, e portata al palazzo di suo padre, dove venne curata amorevolmente. Sua madre le fasciò le mani e le fece bere del tè corroborante[12], un medico fu chiamato d'urgenza a medicarle il piede e la mano feriti.

Obassi Osaw, senza chiederle nulla, attese che si fosse ripresa, quindi la invitò a un sontuoso banchetto e le fece portare un grande scrigno. La ragazza lo aprì e ne prese dodici anelli d'oro per le caviglie, quattro vestiti di seta ricamati di perle, due specchi, due paia di sandali e otto collane di conchiglie.

Quando Ara si fu sontuosamente rivestita, suo padre le disse:
«Ti ho preparato una casa, dove regnerai da padrona. Avrai i tuoi schiavi e non dovrai preoccuparti che di essere felice. Quanto a Obassi Nsi non ti potrà più fare del male e sarà punito come merita».
Obassi Osaw diede ordine ai suoi soldati di andare a prendere il figlio di Nsi, che fino ad allora aveva vissuto in cielo circondato da ogni attenzione, riverito da decine di servitori e rispettato e amato dalla moglie e da tutta la sua famiglia. Lo fece frustare e, di persona, lo spintonò sulla strada che portava giù, fino alla terra.
«Dirai a tuo padre» ruggì «che io avevo costruito uno splendido palazzo per te, qui, nel mio regno; ti avevo accolto come un figlio e ti avevo trattato con ogni gentilezza, e così hanno fatto mia figlia e tutte le mie mogli. Ora che so le pene patite dalla mia piccola Ara per colpa di Obassi Nsi, voglio che tu te ne vada per sempre. Via, non voglio vederti mai più!»
Così dicendo, Obassi Osaw fece un gesto col quale ordinò al vento di alzarsi e di trascinare il ragazzo verso la terra. Il vento portò con sé tutte le lacrime che Ara aveva versato per la crudeltà di Obassi Nsi.
Il ragazzo arrancava[13], inciampava e si rialzava, accecato dalla pioggia, e intanto pensava: «Non ho diritto di lamentarmi. Obassi Osaw è stato giusto e buono con me: è solo per colpa di mio padre se ora sono stato allontanato dalla mia cara moglie e dalla mia casa. È Obassi Nsi che devo ringraziare per aver perduto tutto ciò che di buono ho avuto dalla vita!».
Il dolore per la perdita della diletta sposa, l'umiliazione e la vergogna, lo fecero scoppiare in lacrime, che andarono a mischiarsi a quelle di Ara. Fu così che sulla terra, dove fino a quel momento non era mai piovuto, si abbatté un torrente d'acqua.

13. **arrancava:** avanzava con fatica.

(da D. Padoan, *Miti e leggende dei popoli del mondo*, Sansoni per la scuola, Milano, 1998, adatt.)

DAL TESTO ALLE COMPETENZE

COMPRENDERE

1. Chi sono, rispettivamente, Obassi Osaw e Obassi Nsi?

2. In seguito a quale «scambio» Obassi Osaw e Obassi Nsi diventano parenti?

3. Come si comporta Obassi Nsi con la moglie Ara? Quali lavori faticosi, non certo adatti alla figlia di un re, le impone di fare?

4. Soprattutto in seguito a quale fatto Ara decide di tornare a casa sua, nel cielo?

5. In che modo e con l'aiuto di chi Ara raggiunge il cielo?

6. Al palazzo del padre, Ara come viene accolta?

7. Perché Obassi Osaw scaccia dal cielo il figlio di Obassi Nsi?

ANALIZZARE

8. Questo mito africano che cosa intende spiegare?

9. Sulla base degli indicatori temporali presenti nel mito, qual è la durata complessiva dei fatti narrati? (Indica con una crocetta la risposta esatta)

ⓐ Alcuni anni _No_

ⓑ Alcuni giorni

ⓒ Poche ore

10. Da questo mito quali informazioni di carattere sociale si possono ricavare circa il popolo africano che lo ha elaborato? (Indica con una crocetta le risposte esatte)

ⓐ Un uomo può avere più mogli.

ⓑ Non esistono gli schiavi.

ⓒ La moglie è sottomessa alla volontà del marito.

ⓓ Il popolo è suddiviso in tribù presiedute da un Consiglio.

LESSICO

11. Per ciascuna delle seguenti frasi, tratte dal testo, spiega il significato dei termini evidenziati.

a. «... il marito la svegliò bruscamente e le **intimò**»: _obbligò_

b. «Quando la vide, il marito **sbottò**»: _scoppiò_

c. «... ancora **ignara** di ciò che l'attendeva»: _inconsapevole_

d. «... con il cuore pieno di **trepidazione** per le imminenti nozze»: _pena_

e. «... e la sua testa **vacillava**»: _oscillava_

PRODURRE

12. PARLARE. Se tu fossi... Immagina di essere Ara e racconta a tuo padre, il re Obassi Osaw, i maltrattamenti che hai dovuto subire da parte di Obassi Nsi, esprimendo, di volta in volta, i tuoi sentimenti, i tuoi stati d'animo.

13. SCRIVERE un mito. Ti proponiamo di scrivere un mito che spieghi l'origine di uno dei seguenti fenomeni della natura: grandine, arcobaleno, eruzione di un vulcano. Segui le indicazioni.

▶ Decidi, innanzitutto, **quale fenomeno naturale vuole spiegare il mito**.

▶ Stabilisci il motivo, la **causa che determina l'origine del fenomeno**. Ad esempio, il comportamento superbo, irrispettoso di un personaggio potrebbe scatenare l'ira di una divinità che provoca l'eruzione di un vulcano.

▶ Scegli i **personaggi** e, di ciascuno, stabilisci il **ruolo** (protagonista, eventuale aiutante, eventuale antagonista, eventuali personaggi secondari).

▶ Stabilisci il **tempo** e il **luogo** in cui si svolgono i fatti.

▶ Scrivi, infine, la **trama** del tuo mito (situazione iniziale, sviluppo, conclusione) e ricorda di attribuirgli un titolo adeguato.

I MITI DEGLI UOMINI: SOCIETÀ E CONDIZIONI ESISTENZIALI

Molti miti pongono al centro delle vicende le istituzioni sociali o religiose, le consuetudini che regolano le relazioni fra gli uomini (rapporto uomo e donna, matrimonio, leggi); gli ideali e i modi di comportarsi socialmente apprezzati; le condizioni esistenziali dell'uomo (la morte, la rinascita, la vita eterna).

Mito africano

L'origine del matrimonio

Perché a un certo punto uomini e donne si unirono dando così origine al matrimonio? In questo mito i Boscimani, una popolazione del Kalahari nell'Africa Meridionale, ce lo spiegano offrendoci una versione davvero originale e affascinante.

Tanto, tanto tempo fa, sulla terra non c'erano molte donne e molti uomini. A quel tempo gli uomini e le donne vivevano divisi. Gli uomini cacciavano gli animali, che allora pullulavano[1] in tutto il paese, e le donne raccoglievano i semi dalle erbe. Gli uomini vivevano nelle caverne delle montagne e le donne vivevano vicino al fiume in casette d'erba. Gli uomini e le donne non si frequentavano.

Un giorno gli uomini andarono a caccia e, con le loro frecce avvelenate, uccisero un'antilope[2], lasciarono però spegnere il fuoco e perciò non poterono cuocere l'antilope. Gli uomini non erano come le donne che facevano bene le loro cose e tenevano sempre un po' di fuoco. Gli uomini avevano tanta fame che mandarono uno di loro a cercare un po' di fuoco dalle donne. Gli uomini, in tutto, erano cinque.

Così l'uomo scese al fiume, l'attraversò, vide tra i giunchi[3] una donna che raccoglieva semi d'erba e le chiese un po' di fuoco. Allora lei disse: «Vieni al mio villaggio e ti darò un po' di fuoco». Egli andò con lei. Quando giunsero alla capanna della donna, ella disse: «Tu hai molta fame, aspetta e io bollirò questi semi e te li darò». L'uomo si sedette in attesa. La donna pestò i semi con un pestello di pietra, li mise in un vaso e fece una polenta. Quando la polenta fu cotta, ne diede un po' all'uomo e un poco ne prese anche per sé. L'uomo chiese cos'era e la donna rispose che era polenta. Allora l'uomo disse: «Bene, io rimarrò con te poiché mi piaci». Egli non tornò dai compagni a portare il fuoco. Gli uomini rimasti attesero tanto tempo, ma, avendo sempre più fame, mandarono uno di loro a prendere un po' di fuoco in prestito al villaggio delle donne. L'uomo partì e, anche lui, incontrò una donna che raccoglieva semi d'erba sul fiume; le disse che era venuto per chiedere

1. pullulavano: erano molto numerosi.

2. antilope: animale dei paesi caldi, snello e molto veloce con corna presenti solo nei maschi.

3. giunchi: erbe alte che crescono lungo paludi e fiumi.

in prestito un po' di fuoco e la donna lo invitò nella sua capanna promettendo che gli avrebbe dato un po' di fuoco. Egli andò con lei, ma invece di dargli il fuoco essa gli diede della polenta così che egli la trovò molto buona e disse che sarebbe rimasto con lei. L'uomo non pensò più di tornare dai compagni con il fuoco.

Gli uomini, rimasti in tre, avevano una terribile fame, perciò mandarono un altro di loro al villaggio delle donne per chiedere in prestito un po' di fuoco. Anche il terzo uomo trovò una donna che raccoglieva semi d'erba tra i giunchi e le disse che era venuto per chiedere un po' di fuoco poiché egli e i suoi compagni dovevano arrostire un'antilope e il loro fuoco si era spento. Egli disse che erano affamati, ma non parlò degli uomini scomparsi perché aveva paura, molta paura. Anche questa donna disse: «Se vieni nella mia capanna, io ti darò del fuoco». Egli andò con lei, essa pestò dei semi, ne fece una polenta e ne dette all'uomo. L'uomo trovò che era buona e disse di voler restare con lei. L'uomo dimenticò di portare il fuoco ai compagni.

Gli uomini rimasti, due soltanto, erano terrorizzati e si chiedevano perché gli altri non fossero ritornati con il fuoco. Gettarono in aria gli ossi, gli ossi risposero che tutto andava per il meglio[4]. Ma gli uomini erano molto atterriti. Allora, tanto tempo fa, c'erano molti spiriti e gli uomini rimasti pensarono che i compagni fossero stati uccisi. I due uomini esitarono a lungo, poi decisero che uno di loro sarebbe partito alla ricerca del fuoco. Gettarono in aria gli ossi per vedere chi di loro due sarebbe partito e l'uomo rimasto si fece promettere dal compagno che sarebbe tornato malgrado qualsiasi incidente. E il quarto uomo partì. Giunse al fiume e trovò una donna che raccoglieva semi d'erba. Le disse che era venuto in cerca di fuoco ed essa lo invitò nella sua capanna dove – assicurò – gliene avrebbe dato un poco. Anche lei però cucinò dei semi d'erba, ne dette all'uomo che rimase e si dimenticò di tornare dal compagno.

I giorni trascorrevano e l'antilope cominciava a putrefarsi[5] per il grande caldo. L'uomo rimasto era tormentato dalla fame e con molta fatica si tratteneva dal mangiare la carne dell'antilope; malgrado tutto rimase ancora ad attendere il ritorno del compagno che doveva portare il fuoco. Attese tanto tempo, ma alla fine fu tanto spaventato che, preso il suo arco e le sue frecce, fuggì lontano e si perse del tutto.

Fu così che ebbe origine il matrimonio tra gli uomini e le donne.

4. Gettarono … per il meglio: si fa qui riferimento a un rito magico. Il modo in cui gli ossi lanciati in aria si disponevano sul terreno permetteva di prevedere il futuro.

5. putrefarsi: marcire.

(da E. Maggi, *Civiltà africane*, Zibetti, Milano, 1958)

DAL TESTO ALLE COMPETENZE

COMPRENDERE

1. Il mito inizia col presentarti un'epoca molto lontana in cui gli uomini e le donne sono molti o pochi? Vivono insieme o divisi?

2. Un giorno, gli uomini vanno a caccia e uccidono un'antilope. Perché non possono cuocerla? Di conseguenza, che cosa decidono di fare?

3. Parte il primo uomo. Chi incontra? Perché non torna dai compagni?

4. Che cosa succede al secondo e al terzo uomo?

5. I due uomini rimasti, non vedendo tornare i loro compagni, sono terrorizzati. Perché? Che cosa decidono di fare?

6. Che cosa succede al quarto e al quinto uomo?

ANALIZZARE

7. L'iterazione è una tecnica narrativa che consiste nella ripetizione di una parola, di un'espressione, di un'intera frase o anche di una stessa situazione nel corso di una narrazione. In questo mito l'iterazione consiste nel riproporre più volte la stessa situazione. Quale?

8. Sulla base delle espressioni temporali presenti nel mito, qual è la durata complessiva dei fatti narrati? (Indica con una crocetta la risposta esatta)

   a) Un giorno
   b) Pochi giorni
   c) Tanto tempo
   d) Alcune ore

9. Da questo mito si ricavano numerose informazioni riguardo al modo di vivere e di pensare del popolo dei Boscimani. Innanzitutto, emerge una differenza sostanziale tra gli uomini e le donne. Riferendoti al testo, compila la seguente tabella. (L'esercizio è avviato.)

	Uomini	Donne
a. Si dedicano alla caccia.	x	
b. Si dedicano alla raccolta di semi d'erba.		x
c. Vivono vicino al fiume.		x
d. Vivono tra le montagne.	x	
e. Abitano in caverne.	x	
f. Abitano in casette d'erba.		x
g. Possiedono il fuoco.		x
h. Sono previdenti e svolgono bene il loro lavoro.		x

10. Il popolo dei Boscimani attribuisce qualità magiche agli oggetti? Crede nella presenza di spiriti maligni?

Mito africano

L'origine della morte

Moltissimi sono i miti sull'origine della morte e sono diffusi in tutto il mondo. Il grande interrogativo è perché l'uomo deve morire, mentre il sole, la luna e le stelle vivono eternamente?
Ecco la spiegazione, secondo questo breve mito africano.

Dopo aver fatto il mondo, Dio radunò il sole, la luna, le stelle e l'uomo affinché mangiassero della pianta della vita e vivessero eternamente. Vennero il sole, la luna e le stelle, e tutti si sedettero in attesa dell'uomo. Dopo aver aspettato alquanto, Dio mandò qualcuno in cerca dell'uomo, e questi tornò dicendo che l'uomo si era messo in cammino appena allora, e che era per la strada senza alcuna fretta. Perciò Dio si adirò, e diede tutto l'albero della vita al sole, alla luna e alle stelle, cosicché quando l'uomo giunse non c'era più nulla per lui.
E questo è il motivo per cui il sole, la luna e le stelle vivono eternamente, mentre l'uomo deve morire.

(da R. Pettazzoni, *Miti e leggende*, UTET, Torino, 1963)

I MITI DELLE METAMORFOSI

Metamorfosi è una parola di origine greca che significa «**trasformazione**». Nella mitologia tale termine indica l'evento straordinario in seguito al quale un essere, umano o divino, subisce una trasformazione, ossia diventa un animale, una pianta, un fiore, un fenomeno naturale.

Nei miti delle metamorfosi il rapporto che lega l'uomo alla divinità assume un ruolo di primo piano. Se l'uomo è rispettoso, buono, pio, la trasformazione, per opera della divinità, assume il significato di premio; invece, se l'uomo è irrispettoso, arrogante, superbo, la trasformazione assume il significato di castigo.

I miti delle metamorfosi, pertanto, possono essere considerati «**educativi**», perché, attraverso una narrazione fantastica, educano al rispetto degli dei e all'assunzione di comportamenti socialmente corretti.

Mito greco

Apollo e Dafne

Dafne è una giovane ninfa che vive libera e felice nei boschi. Un giorno, il dio Apollo, colpito dalla «freccia dell'amore non corrisposto» dal dio Eros, si innamora perdutamente di Dafne, ma la fanciulla rifiuta il suo amore e, agile e leggera, fugge attraverso il bosco. Apollo la insegue, ma la ninfa continua a correre finché, sfinita, chiede alla Madre Terra di aiutarla. Dafne subirà allora una metamorfosi, che la farà vivere «di una nuova vita».

L'orso si slanciò fuori dal cespuglio con tutta la velocità che gli permetteva la sua grossa mole. Dafne lo fronteggiava impassibile, l'arco appoggiato a terra e i capelli spettinati davanti al viso. Quando il bestione fu a pochi passi da lei, si fermò di colpo, alzò le zampe anteriori e gliele appoggiò delicatamente sulle spalle. Dafne fece altrettanto e i due rotolarono sul terreno avvinghiati l'uno all'altra.

«No, non così!» rideva Dafne. «Mi fai il solletico sulla pancia!»

«Smettila, Dafne!» La voce scrosciante di Peneo, il dio del fiume, interruppe bruscamente il gioco. «Vergognati! Sei una ninfa[1] o un animale?»

Dafne si staccò a malincuore dall'abbraccio peloso del suo amico.

«Sono una ninfa, papà!» sbuffò. «Ma non dire "animale" in quel tono offensivo. Gli animali sono creature divine come noi.»

Peneo si sollevò dalla superficie del fiume e le andò incontro. Era una figura d'acqua gigantesca, alta quanto gli alberi. A ogni passo, rivoli d'acqua si staccavano dalla sua figura tremolante e tornavano al fiume.

«Dafne cara» iniziò Peneo, «cresci selvaggia e solitaria come gli animali di cui ti circondi! Non è bene per una ragazza, credimi! Perché non cerchi la compagnia delle altre ninfe?»

«Perché non le sopporto. Sempre a inghirlandarsi, cantare e ballare! Io so dove vuoi arrivare, papà! Al solito discorso sul matrimonio. Ma io non mi sposerò mai. Non mi interessa l'amore. Io sono felicissima così!»

1. ninfa: Dafne era una ninfa, divinità femminile dei boschi, e sacerdotessa di Gea, la Madre Terra.

2. **Eros:** dio dell'amore.

Peneo stava perdendo la pazienza. «Stupidaggini!» borbottò. «E non credere che mi dia per vinto!» Si immerse nel fiume, perse la sua forma visibile e diventò acqua nell'acqua.

Al riparo degli alberi, il dio Apollo aveva visto tutto. Dafne gli piaceva e da un po' la teneva d'occhio. Decise che era venuto il momento di mostrarsi in tutto il suo splendore e così le andò incontro.
Ma Eros², con cui aveva appena finito di litigare, incoccò la freccia dell'amore non corrisposto, prese la mira e tirò. Apollo sentì una fitta lancinante al petto e si piegò in due dal dolore. Quando si riprese, la prima cosa che vide furono le lunghe gambe abbronzate di Dafne.
«Cosa succede? Sei ferito?» gli chiese la ninfa, chiaramente infastidita dalla sua presenza.
Apollo ci rimase male. Nessuna donna aveva mai usato un tono così duro con lui. Era pur sempre il dio più bello dell'Olimpo e le dee cadevano ai suoi piedi una dopo l'altra.
«N... non credo...» borbottò.
Poi i suoi occhi incrociarono quelli scuri e tempestosi della ninfa e il mondo si capovolse. L'Amore lo scosse come una tempesta. Dolcissimo e doloroso. La freccia di Eros era arrivata a segno.
«Ss... sono Apollo!» cercò di presentarsi.
Il dio non si era mai innamorato. Mai, prima di quel momento. Sentiva il cuore in gola, le guance in fiamme e la testa confusa.
«L'ho capito» rispose Dafne. «Sei così luminoso che non ti si può guardare. Se non sei ferito, allora me ne vado.»
«Aspetta!» disse Apollo prendendola per un braccio. Sapeva che nessuno poteva resistere al suo tocco, ma Dafne reagì male. Non sopportava le mani degli uomini.

Gian Lorenzo Bernini, Apollo e Dafne, *1623-1625, Galleria Borghese, Roma.*

«Lasciami andare!» gli intimò e spiccò la corsa attraverso il bosco, agile e leggera. Apollo la vide sparire tra gli alberi e la paura di non vederla più fu così insopportabile che si mise a rincorrerla.
«Dafne! Fermati!» gridava. «Non voglio farti del male!»
La ninfa non si voltò neppure. Filava via velocissima, silenziosa come un soffio di vento. Era una cacciatrice e non lasciava tracce, ma Apollo era un dio e non era così facile seminarlo.
Corsero tutto il giorno e tutta la notte. L'alone di luce che circondava Apollo si faceva sempre più tenue, perché il dio era esausto. Ma l'amore che lo bruciava non gli dava sosta. Prima o poi Dafne sarebbe crollata e allora lui l'avrebbe presa tra le braccia, cullata, rassicurata.

Dafne non ce la faceva più. Scappava da troppo tempo, senza riposare, mangiare o bere. Al tramonto del secondo giorno, rallentò così tanto l'andatura che Apollo le fu quasi addosso. Capì che era finita, che presto l'avrebbe raggiunta. Così implorò la Madre Terra di aiutarla.
«Gea, ti supplico» pregò. «Non lasciare che Apollo mi catturi!»
Dafne non ebbe bisogno di pregare e supplicare a lungo. Gea era una dea e capiva le donne. Non perse tempo.
«La tua fuga è finita» mormorò dalle profondità della Terra.

E Dafne sentì il corpo bloccarsi all'improvviso, ancorarsi al terreno contro la sua volontà. Non più il vento tra i capelli. E neppure il sole sul viso. Non riusciva a muovere un passo, né ad aprir bocca.

Sotto gli occhi inorriditi di Apollo, Dafne iniziò a trasformarsi in un albero. Un muro di corteccia le salì rapidamente intorno al corpo. Cercò di toccarsi i capelli, ma le braccia erano diventate rami e i capelli erano fronde che frusciavano al vento, e le gambe, le sue belle gambe, erano radici nodose che si insinuavano nelle profondità del terreno.

«Ora sei un albero di alloro» disse Gea «e nessun uomo ti importunerà più!» Dafne non rispose: la sua bocca era sigillata per sempre.

Apollo chiamava disperato il suo nome. «Dafne! No! Perché? Io ti amo!» La ninfa sentì con fastidio le braccia del dio che si avvinghiavano al tronco. «Presto finirà!» pensò.

«Non sarai mai più mia, ma io ti ricorderò per sempre» singhiozzava Apollo. «Mi circonderò il capo con una corona di foglie di alloro e così faranno per sempre poeti, cantori, attori e chiunque ami le arti come me. Sarà il mio modo per ricordarti... amore...»

«Questo non è amore» pensò Dafne lentamente. Il suo cuore batteva sempre più piano e dolcemente, poco a poco, si fermò. La linfa cominciò a circolare nel tronco. Piccole foglie verdi spuntarono sui rami, uno scoiattolo si arrampicò sul tronco, una famigliola di uccelli iniziò a cercare il posto ideale per il nido. Dafne era rinata. Viva, di una nuova vita.

(da S. Colloredo, *Il tempo dei miti greci*, Edizioni EL, San Dorligo della Valle, 2012, rid. e adatt.)

DAL TESTO ALLE COMPETENZE

COMPRENDERE

1. Chi è Dafne e di chi è figlia? Perché non vuole sposarsi?

2. Come avviene l'incontro tra Dafne e il dio Apollo?

3. Qual è la causa per cui Apollo ama Dafne di un amore non corrisposto?

4. Quando e perché Dafne implora Gea? Dafne in che cosa viene trasformata?

5. Che cosa farà Apollo per ricordarsi per sempre di Dafne?

ANALIZZARE

6. Eros quale ruolo assume nei confronti di Apollo?

7. Gea quale ruolo assume nei confronti di Dafne?

8. In che senso la metamorfosi di Dafne provoca in lei una rinascita?

PRODURRE

9. PARLARE. È amore? Secondo Dafne, l'amore che Apollo prova nei suoi confronti «non è amore». Come interpreti l'opinione di Dafne? Motiva la tua risposta.

Mito greco

Eco e Narciso

 pag. 276

In questo mito s'intrecciano due storie: la storia della ninfa Eco, trasformata nel fenomeno dell'eco, e la storia del bellissimo Narciso, trasformato nel fiore che da lui prese il nome.

Narciso era nato nella città di Tèspie, in Beozia[1], ma si capiva che non era figlio di comuni mortali: armonico nel corpo e bellissimo in volto, aveva la pelle morbida e chiara come le limpide acque del padre, il sacro fiume Cèfiso, mentre i suoi occhi splendevano dell'azzurro intenso della madre Lirìope, la più azzurra fra tutte le ninfe[2].

Quando ancora il bambino era in fasce, il veggente[3] Tirèsia aveva detto a Lirìope: «Bada soprattutto che non abbia a farsi del male con le proprie mani. Narciso potrà vivere a lungo, a patto che non conosca se stesso». Parole sibilline[4] che la ninfa aveva ascoltato distrattamente e di cui non aveva inteso il significato nascosto.

A sedici anni, Narciso era un giovane libero e indipendente: andava a caccia con gli amici, suonava il flauto, danzava con garbo e, fino a notte alta, gironzolava per le strade di Tèspie in cerca di svaghi e di avventure. Bello com'era, aggraziato e gentile nei modi, in nessun luogo passava mai inosservato.

Gli uomini dicevano di lui: «Ha il corpo d'atleta e un giorno diventerà un campione dell'Ellade».

Le donne poi, giovani e meno giovani, se lo divoravano con gli occhi e sospiravano: «Com'è bello! Non c'è notte che non me lo sogni!». Tali sussurri e sospiri giungevano spesso all'orecchio di Narciso, che però non li ascoltava. Qualche volta, infastidito, si diceva: «Io soltanto deciderò quando sarà giunto il tempo di amare e di essere amato».

Un giorno, mentre si trovava con degli amici nel bosco a tendere reti per cervi, Narciso udì un rumore di passi leggeri sul fogliame e si incuriosì. Acquattato[5] dietro un cespo di eriche[6], girò attorno lo sguardo e, al riparo di un pino, vide una ninfa leggiadra che lo stava spiando. Era Eco, la misera Eco, figlia dell'Aria e della Terra. La ninfa si era resa colpevole di aver coperto una scappatella del focoso[7] Zeus, così che Era, moglie gelosa e vendicativa, l'aveva punita severamente: da quel momento Eco non avrebbe più potuto parlare, se non per ripetere l'ultima parola pronunciata da altri subito prima.

Narciso non sapeva del fatto e dunque si stupì quando, chiamando i compagni, udì la ninfa che ripeteva le sue frasi, smozzicandole[8].

«Amici, dove vi siete cacciati?»

«... cacciati?»

«Per favore, fatemi un segnale.»

«... segnale.»

Narciso, credendo di essere canzonato[9], sbucò fuori dal suo nascondiglio e apostrofò[10] la ninfa in tono duro: «Perché ti prendi gioco di me?».

«... me?»

1. Beozia: regione della Grecia.

2. ninfe: nella mitologia greca, divinità femminili delle fonti, dei fiumi e dei laghi (Naiadi), delle piante (Driadi) e dei monti (Oreadi).

3. veggente: indovino.

4. sibilline: di significato oscuro, misterioso.

5. Acquattato: Accovacciato, rannicchiato.

6. un cespo di eriche: un cespuglio di eriche, piante con rami fitti e sottili, foglie aghiformi e fiori piccoli solitamente riuniti in grappoli.

7. focoso: ardente, appassionato.

8. smozzicandole: abbreviandole.

9. canzonato: deriso.

10. apostrofò: aggredì a parole.

11. interdetto: stupito, sconcertato.

Ma Eco non aveva lo sguardo canzonatorio. Anche il sorriso che le increspava le labbra era dolce e invitante. Narciso rimase interdetto[11], poi si strinse nelle spalle e alla fine, rabbonito, sorrise alla ninfa.

Questa, allora, gli si avvicinò e gli tese tremante le braccia.

«Oh no! Ma che fai? Sei impazzita?» esclamò Narciso.

«... impazzita?»

Eco piangeva e lacrime di dolore le solcavano le guance. Ma Narciso non si commosse. Impietoso, gridò: «Lasciami in pace e va'».

«... va'» ripeté lamentosamente la ninfa. E poiché la fanciulla non si muoveva e sembrava impietrita, fu lo stesso Narciso a decidersi. Furioso, si allontanò e scomparve nell'ombra fitta degli alberi.

Eco rimase a lungo lacrimosa nel bosco, fino a notte alta gemendo e ripetendo: «Narcisooo... Narcisooo...». Poi la ninfa si dissolse al calore del sole del primo mattino e di lei rimase soltanto la voce: l'eco.

Artemide, la fiera dea della caccia, quando seppe ciò che era accaduto alla misera Eco e per colpa di chi, giurò di vendicarla e, un passo dopo l'altro, guidò Narciso a una fonte di acque chiarissime.

Faceva caldo e il giovane era stanco e assetato, sicché si piegò sull'acqua trasparente e si mirò e rimirò specchiandosi.

«Oh, bello!» si disse Narciso, incantato dalla sua immagine.

Non credeva ai propri occhi, mentre il cuore gli si inteneriva nel petto. «Oh, bello!» ripeté più e più volte incapace di staccarsi dal liquido ritratto che le acque della fonte gli rimandavano in mille colori.

Ormai egli amava follemente il volto che l'acqua gli rimandava e non poteva più staccarsene. Giorni e giorni Narciso rimase alla fonte a specchiarsi, senza mangiare e senza il ristoro del sonno. Finché, esausto e sfinito, stramazzò per terra in un flebile e disperato: «Ahimè!».

La profezia del veggente Tirèsia si era avverata: conoscendo se stesso, Narciso si era irrimediabilmente perduto. Ma gli dei generosi non lo lasciarono solo e insepolto: dal suo corpo, per ordine di Zeus, nacque uno splendido fiore dalla bianca corolla. Il narciso, appunto.

(da S. Bitossi, *Leggende dell'Ellade Antica*, Fabbri Editori, Milano, 1990, rid. e adatt.)

John William Waterhouse, Eco e Narciso, *1903, Liverpool, Walker Art Gallery.*

DAL TESTO ALLE COMPETENZE

COMPRENDERE

1. Narciso di chi è figlio?

2. A sedici anni, Narciso che tipo di giovane è?

3. Un giorno Narciso, mentre si trova in un bosco, incontra Eco. Perché il giovane pensa di essere deriso dalla ninfa?

4. Narciso accetta o rifiuta l'amore di Eco? Di conseguenza, che cosa succede a Eco?

5. Narciso giunge a una fonte di acque chiarissime. Per opera di chi e perché? Che cosa succede a Narciso?

ANALIZZARE

6. Individua nel mito la vicenda di Eco da quando inizia a quando si conclude e contrassegnala con una linea a margine del testo. Secondo te, la vicenda di Eco, nell'ambito della narrazione complessiva del mito, si configura come «la storia principale» oppure come «una storia nella storia di Narciso»?

7. In che senso la morte di Narciso conferma la profezia del veggente Tirèsia?

8. Eco e Narciso presentano caratteristiche simili. Infatti, entrambi: (indica con una crocetta le risposte esatte)

    a vengono puniti da una divinità

    b si trasformano in un fiore

    c si consumano, muoiono per un amore infelice

    d sono mortali

9. Questo mito greco ha una funzione educativa in quanto educa al rispetto di alcune virtù e condanna certi difetti umani. Quali, rispettivamente?

10. I Greci hanno creato questo mito con lo scopo di: (indica con una crocetta la risposta esatta)

    a spiegare l'origine della sofferenza

    b raccontare una storia d'amore tra un giovane e una ninfa

    c far capire quanto siano vendicativi gli dei

    d spiegare l'origine del narciso e dell'eco

LESSICO

11. Oggi la parola *narcisismo*, che deriva appunto da Narciso, significa:

    a *adorazione, amore eccessivo nei confronti di se stessi e delle proprie qualità*

    b *insensibilità nei confronti dei problemi altrui*

    c *amore smisurato verso il prossimo*

    d *scarsa considerazione, disprezzo, nei confronti di se stessi e delle proprie capacità*

I MITI DEGLI DEI

Il mondo mitologico, in particolare i miti classici appartenenti all'antica civiltà greca, è popolato di uomini e di dei che spesso intrecciano le loro esistenze.

La potenza divina sovrasta e governa ogni cosa; è limitata solo dal **Fato**, una forza misteriosa e imperscrutabile, al cui volere devono sottostare tutti, anche il grande Zeus, padre degli dei e degli uomini.

Gli **dei** celebrati dagli antichi miti vivono nella serena sede dell'Olimpo o nelle profondità terrestri, marine e fluviali e, se da un lato sono immaginati come esseri immortali, dotati di poteri straordinari, dall'altro riflettono gli ideali, i sentimenti e le passioni degli uomini. Come gli uomini, infatti, anche gli dei amano, soffrono, gioiscono, sperano, sono gelosi, vendicativi. Per l'uomo antico è estremamente importante essere pio e rispettoso nei confronti della divinità per ottenere aiuto e protezione attraverso feste, sacrifici, riti sacri.

Nei confronti di coloro che osano sfidarli o eguagliarli, gli dei, infatti, si dimostrano intolleranti e implacabili; non esitano a punirli con morti orribili, supplizi atroci, metamorfosi crudeli.

Mito greco

Eros e Psiche

Psiche, una giovane e bellissima principessa, si vanta di essere più affascinante di Afrodite, la dea della bellezza. Allora la dea, accecata dalla gelosia, ordina a Eros, il dio dell'amore, di trafiggere la fanciulla con una delle sue frecce e di fare in modo che si innamori di un essere mostruoso, repellente. Ma Eros, involontariamente, sbaglia la mira: la freccia colpisce proprio lui e così si innamora perdutamente di Psiche.

Eros era un giovanetto di bellezza divina, accentuata da un paio di piccole ali d'oro, grazie alle quali svolazzava in aria come una farfalla, invisibile a tutti. Giocava con un arco d'oro, con cui scagliava a capriccio le sue frecce d'argento; e chiunque ne venisse colpito, si innamorava perdutamente della prima persona che vedeva. Proprio per questo Eros era ritenuto il dio dell'amore, ma molto impropriamente, in quanto il suo compito, e nello stesso tempo il suo destino, era non tanto far innamorare i mortali per unirli con teneri sentimenti, quanto farli bruciare di improvvise passioni e desideri, senza curarsi se in tal modo spargeva più sofferenze che gioie.

Di Eros, un giorno, si servì Afrodite, la permalosa e irascibile dea della bellezza, quando venne a sapere che una terrestre, Psiche, la più giovane delle tre figlie di un re, si vantava di essere più affascinante di lei. In effetti, la principessa possedeva una bellezza sovrumana, tale che i Greci venivano da ogni regione dell'Ellade per ammirarla.

Accecata dalla gelosia, Afrodite ordinò a Eros di andare a trafiggere con le sue frecce l'immodesta fanciulla, e di far sì che la prima persona

Antoine Coypel,
Amore e Psiche,
XVIII secolo,
San Pietroburgo,
Museo
dell'Ermitage.

che vedesse fosse un essere mostruoso e repellente, come un maiale o un rospo, di modo che Psiche se ne innamorasse senza scampo.

Eros svolse il suo compito con la consueta competenza. Trovò Psiche addormentata in un prato; si avvicinò silenziosamente per prendere meglio la mira ed essere certo di non sbagliare il colpo, ma inciampò in uno sterpo[1] e cadde. Fatalità volle che la freccia pungesse proprio lui: e all'istante il dio dell'amore perse la testa per la bella Psiche.

Un bel guaio! Se qualcuno fosse venuto a saperlo, Eros avrebbe fatto una ben meschina figura. E come avrebbe reagito Afrodite se fosse stata informata che il suo fedele servitore si era innamorato proprio della rivale che più detestava? Ma non c'era modo di resistere: Eros, perdutamente innamorato, non poteva neanche concepire di vivere senza l'amata!

Ma come poteva fidarsi di una terrestre che non aveva saputo tenere a freno la lingua neppure in merito alle sue opinioni su una dea tra le più potenti dell'Olimpo? Psiche non sarebbe corsa a vantarsi con le sue sorelle e le sue amiche di aver fatto innamorare di sé nientemeno che il dio dell'amore? Eros meditò a lungo. L'unica possibilità per non rinunciare a tutto ciò che la sua passione pretendeva, era fare in modo che la stessa Psiche ignorasse la vera identità del suo innamorato.

La principessa era ancora addormentata nell'erba del prato. Eros diede incarico a Zèfiro – il primaverile vento di ponente[2] – di trasportarla in un grande palazzo nascosto agli occhi dei mortali. Il vento la sollevò e la sostenne dolcemente, facendola volare fino al cuore di una verde vallata cinta da altissime montagne. Quando Psiche si svegliò, si trovò nel giardino di un meraviglioso palazzo di marmo bianco. Si alzò e, piena di stupore, udì delle voci che le parlavano da ogni dove, rivelandole di essere invisibili schiave al suo servizio. Le voci guidarono la fanciulla all'interno del palazzo, e lì Psiche trovò un delizioso banchetto imbandito solo per lei, stoffe e ori con cui ornarsi, fontane nelle quali bagnarsi, profumi, incensi e suppellettili di avorio e di ambra[3].

1. **sterpo:** arbusto o ramo secco, ancora radicato nel terreno o sradicato.

2. **ponente:** occidente, ovest.

3. **ambra:** resina di colore giallo bruno o rossiccio usata per oggetti ornamentali.

La giornata trascorse di meraviglia in meraviglia e, quando giunse la sera, Eros si avvicinò alla sua amata, nascosto dalle tenebre, e le dichiarò il suo amore. Psiche lo corrispose e accettò il patto che Eros le proponeva: non avrebbe mai dovuto fare domande sulla sua reale identità e avrebbe potuto incontrarsi con lui solo di notte, nel buio più profondo, in modo che non potesse mai scoprire chi fosse il suo amante; altrimenti lo avrebbe perso per sempre.

Questa situazione si protrasse per alcune settimane, durante le quali Psiche visse una piena felicità. Il suo misterioso innamorato, sempre ardente di passione, trovava ogni giorno nuove poesie e nuove canzoni da dedicarle, la circondava di delicate premure e la copriva di splendidi doni. Un giorno, però, Psiche cominciò a rimpiangere la famiglia e a darsi pena per il padre e la madre che certo dovevano crederla morta, e chiese a Eros il permesso di tornare dai suoi per qualche giorno. Il dio acconsentì e ordinò a Zèfiro di portare la sua amata nella reggia del padre. La principessa venne accolta con grande gioia e tutti ascoltarono lo straordinario racconto della sua avventura amorosa. Era così raggiante e felice che le sorelle non riuscirono a soffocare l'invidia, e presero a insinuarle dei dubbi tormentosi: non la metteva in allarme il fatto che il suo amante non volesse mostrarsi? Forse era deforme, o si era macchiato di qualche grave colpa... Che cosa si nascondeva dietro un così incomprensibile comportamento?

Tutte quelle insinuazioni finirono per avere effetto. Psiche, tornata al palazzo, ogni volta che l'innamorato andava a trovarla, non poteva fare a meno di chiedersi chi fosse, come era fatto, che volto avesse... Voleva conoscere come stavano le cose. Cominciò a ragionare sulla sua insolita situazione, a ragionare, a ragionare... tanto che il suo nome è rimasto ancora oggi a indicare le complesse funzioni della mente. E una notte, incapace di resistere ancora alle domande che la tormentavano, dopo che Eros si fu addormentato, si alzò e andò a prendere una lampada a olio. Alla luce tremolante della fiammella, intravide il volto più bello che avesse anche soltanto potuto immaginare. Fu presa da tanta ammirazione, tanta gioia, tanta passione che, sopraffatta dai sentimenti che provava, si chinò su di lui per baciarlo. Ma, inavvertitamente, inclinò la lampada, e una goccia d'olio bollente scivolò sul braccio del dio addormentato, che si svegliò di colpo.

Non appena Eros si rese conto di essere stato scoperto, si dileguò. Da quel momento patì ogni tormento, perché gli costava molto rinunciare alla donna che amava e che lo aveva tradito.

Anche Psiche non poteva più vivere. Lo cercò ovunque, per mesi e mesi: invano. Alla fine, disperata, si decise a chiedere aiuto alla stessa Afrodite. La dea, dalla descrizione minuziosa che la principessa le fece del suo giovane amante scomparso, comprese immediatamente di chi si trattava. Il cuore le si riempì di una gioia maligna all'idea di potersi prendere una duplice vendetta contro l'incauta che, dopo essersi vantata di essere più bella di lei, aveva osato rubarle l'amore del giovane dio. Afrodite disse che accettava di aiutarla, ma solo a patto che Psiche si

mostrasse degna del suo favore, sottoponendosi ad alcune prove. Psiche accettò e venne condotta in un enorme fienile, sul cui pavimento erano sparsi a migliaia chicchi di grano, di segale[4] e di riso, tutti mescolati assieme.

La dea della bellezza ordinò alla principessa di dividere i chicchi in tre mucchi e di tornare da lei solo quando avesse terminato. Era certa che l'impudente[5] fanciulla sarebbe morta molto prima di aver terminato l'impresa che, anche a un uomo tra i più robusti, sarebbe costata giorni e giorni di durissimo lavoro. Invece, il mattino dopo, si trovò davanti la giovane che, terminata la prima prova, andava a chiedere di essere sottoposta alla seconda. La dea non volle crederle e andò a verificare lei stessa. I tre mucchi di cereali erano stati realmente formati, grazie a milioni di formiche che, impietosite dalle lacrime della fanciulla innamorata, erano accorse ad aiutarla.

Afrodite allora le assegnò una prova che andava oltre l'impossibile: scendere negli Inferi, farsi consegnare da Persefone, la regina dell'Oltretomba, un certo cofanetto e portarglielo nell'Olimpo.

4. segale: pianta erbacea con foglie simili a quelle del grano, ma più lunghe e strette, e con frutti da cui si ricava una farina più scura di quella del frumento e meno pregiata.

5. impudente: sfrontata, sfacciata, priva di pudore.

Fu così che Psiche partì senza la minima esitazione e non si lasciò impaurire da tutti gli orrori che incontrò lungo la strada. Persefone le affidò il cofanetto, con l'avvertenza che per nessuna ragione avrebbe dovuto vederne il contenuto prima di averlo consegnato alla destinataria.

Ma anche quella volta Psiche fu vinta dalla curiosità. Aprì il cofanetto e scoprì a suo danno che conteneva il sonno eterno. Fu per questo che, secondo molti, Psiche non poté mai più rivedere il suo innamorato. Secondo altri, invece, Zeus fu scosso dai sospiri di Eros e talmente indignato dalla perfidia di Afrodite, che decise di intervenire lui stesso per sistemare le cose: assunse in cielo la sventurata principessa, addormentata nel sonno della morte. Psiche, liberata dalle sue spoglie mortali e divenuta semidea, poté sposare Eros e restare per sempre al suo fianco.

(da D. Padoan, *Miti e leggende del mondo antico*, Sansoni per la scuola, Milano, 1996, rid. e adatt.)

DAL TESTO ALLE COMPETENZE

COMPRENDERE

1. Perché Eros è ritenuto, «ma molto impropriamente», il dio dell'amore?

2. Chi è Psiche e di che cosa si vanta? Di conseguenza, Afrodite che cosa ordina a Eros?

3. Quale guaio succede a Eros?

4. Per quali motivi Eros vuole che Psiche ignori la sua vera identità?

5. Psiche dove viene trasportata e da chi? Qui, solamente quando può incontrare il suo misterioso innamorato?

6. Perché Psiche chiede a Eros il permesso di tornare alla reggia del padre?

7. Le sorelle invidiose quali «dubbi tormentosi» insinuano nella mente di Psiche?

8. Psiche torna da Eros ma, una notte, che cosa fa e perché? Quali le conseguenze?

9. La dea Afrodite accetta di aiutare Psiche a patto che la ragazza superi delle prove. Di quali prove si tratta? Psiche riesce a superarle?

10. Perché, secondo molti, Psiche non ha mai più potuto rivedere Eros?

11. Secondo altri, invece, nella vicenda di Psiche è stato decisivo l'intervento di Zeus. In che senso?

ANALIZZARE

12. Quali sono le caratteristiche fisiche e comportamentali di Eros?

13. Come viene descritta Afrodite? Quali sentimenti tipicamente umani prova?

14. Psiche è una ragazza: (indica con una crocetta le risposte esatte)

- a) bellissima
- b) umile
- c) sfrontata
- d) curiosa
- e) timorosa
- f) coraggiosa

15. Oggi la parola «psiche» che cosa significa? Questo significato da quale fatto trae origine?

LINGUA E STILE

16. Nella prima frase del mito individua la similitudine e indica il primo e il secondo termine di paragone.

LESSICO

17. Sostituisci le seguenti parole, tratte dal testo, con altre di significato opposto, contrario.

- a. Irascibile: _____
- b. Immodesta: _____
- c. Reale: _____
- d. Misterioso: _____
- e. Bollente: _____
- f. Maligna: _____

Mito greco

Prometeo e Pandora

Il mito di Prometeo e Pandora è uno dei più significativi di tutta la mitologia greca. In esso il Titano Prometeo, presentato come creatore e benefattore dell'umanità, non esita a sfidare e ingannare il potente Zeus che, per vendetta, lo condanna a un supplizio atroce.
Zeus, però, non soddisfatto della sua vendetta, fa plasmare Pandora, una fanciulla che procurerà grandi sofferenze al genere umano.

Secondo i primissimi Greci, i creatori dell'uomo furono Zeus e Prometeo, uno dei Titani. Fu Prometeo che modellò i primi uomini dalla creta, conferendo loro la posizione eretta perché guardassero verso gli dei. Zeus diede loro il soffio della vita.

Questi primi uomini erano ancora esseri primitivi che non conoscevano il fuoco, cosicché mangiavano la carne cruda e si avvolgevano in grosse pelli per ripararsi dal freddo. Non erano in grado di fare vasi o ciotole e non sapevano lavorare i metalli per ricavarne utensili utili e armi.

Zeus era contento che vivessero in quello stato perché temeva che qualcuno potesse crescere per rivaleggiare con lui. Ma Prometeo aveva imparato ad amare il genere umano e sapeva che con il suo aiuto gli uomini potevano progredire.

«Dobbiamo insegnare loro il segreto del fuoco» disse a Zeus «altrimenti resteranno come bambini indifesi.»

«Sono felici di quello che hanno» rispose Zeus. «Perché dovremmo preoccuparci?»

Prometeo capì che non sarebbe riuscito a convincere Zeus e allora salì segretamente all'Olimpo, dove il fuoco ardeva giorno e notte, e accese una fiaccola. Con questa infuocò un pezzo di carbone di legna fino a farlo diventare un tizzone, che nascose tra gli steli di una pianta di finocchio e lo portò agli uomini. Da questo primo tizzone gli uomini ebbero il fuoco e Prometeo insegnò loro come usarlo.

Con l'aiuto di Prometeo, l'uomo fece rapidi progressi. Imparò a modellare vasi e ciotole, a costruirsi case con blocchi di argilla cotta e

I TITANI

Secondo la mitologia greca, i Titani, sei maschi e sei femmine, erano i figli di Gea (la Terra) e di Urano (il Cielo). Il più giovane di essi, Crono, liberò i fratelli che il padre Urano teneva nascosti nelle viscere della terra e lo costrinse a cedergli il dominio del mondo. A sua volta Crono fu spodestato dal figlio più giovane, Zeus. Ebbe così luogo la lotta decennale fra gli dei, capeggiati da Zeus, e i Titani che vennero sconfitti e imprigionati nel Tartaro, la parte più profonda degli Inferi, situata agli esatti antipodi del cielo.

PROMETEO

Prometeo, figlio del Titano Giapeto e della ninfa Climene, è una delle figure più celebri della mitologia greca. Secondo il mito, Prometeo si recò nell'Olimpo per rubare il fuoco agli dei e donarlo agli uomini. L'eroica impresa, portata a termine grazie all'aiuto di Atena, dea della saggezza, scatenò l'ira di Zeus, che fece incatenare Prometeo a una roccia del Caucaso e ordinò che un'aquila gli divorasse per l'eternità il fegato.
Dopo moltissimo tempo, Ercole, uccise l'aquila e liberò lo sfortunato eroe.

con il tetto di mattoni, e imparò a lavorare il metallo per difendersi e cacciare. Ma una notte Zeus, guardando dal cielo, vide un fuoco che bruciava sulla terra e capì che era stato ingannato. Mandò allora a chiamare Prometeo.

«Non ti avevo proibito di far conoscere all'uomo il segreto del fuoco?» chiese. «Si dice che tu sia saggio, ma non capisci che con il tuo aiuto l'uomo un giorno sfiderà gli dei?»

«Non accadrà, se lo amiamo e gli diamo buoni insegnamenti» rispose Prometeo.

Ma Zeus andò su tutte le furie e non volle ascoltare spiegazioni. Ordinò che Prometeo fosse portato sulle montagne dell'est e incatenato a una roccia. Un'aquila feroce si nutriva ogni giorno del suo fegato, e il fegato ricresceva durante la notte perché la tortura potesse ricominciare.

Zeus comunque non era soddisfatto della sua vendetta e fece soffrire anche il genere umano. Per suo volere il figlio Efesto, dio del fuoco e fabbro degli dei, modellò una fanciulla con un impasto di creta e acqua. Atena, dea della saggezza, le diede il soffio della vita e la istruì nelle arti femminili del cucito e della cucina; Ermes, il dio alato, messaggero degli dei, le insegnò l'astuzia e l'inganno e Afrodite, dea della bellezza e dell'amore, le mostrò come farsi desiderare da tutti gli uomini. Altre dee la vestirono d'argento e le cinsero il capo con una ghirlanda di fiori; poi la portarono davanti a Zeus.

«Prendi questo cofanetto» le disse Zeus, porgendole una scatola di rame. «È tuo, tienilo sempre con te, ma non aprirlo per nessuna ragione e sii felice perché gli dei ti hanno dato ciò che ogni donna desidera.»

Pandora, questo era il nome della fanciulla, sorrise. Pensava che il cofanetto fosse pieno di gioielli e pietre preziose.

«Ora dobbiamo trovarti un marito che ti ami e io conosco l'uomo giusto, Epimeteo, che ti farà felice.»

*Nicolas Régnier,
Pandora,
Ca' Rezzonico,
Venezia.*

Epimeteo era fratello di Prometeo, ma non era saggio. Prometeo lo aveva avvertito di non accettare doni da Zeus, ma egli, un po' lusingato e forse timoroso di rifiutare, accettò Pandora come moglie. Ermes accompagnò la fanciulla dal nuovo marito nel mondo degli uomini. «Ricorda, buon Epimeteo» gli disse «Pandora ha con sé uno scrigno che non deve essere aperto per nessuna ragione.»

Epimeteo prese lo scrigno e lo mise in un posto sicuro. Dapprima Pandora fu felice di vivere con lui e si dimenticò dello scrigno, poi cominciò a essere rosa dalla curiosità. Un giorno, mentre Epimeteo dormiva, aprì il cofanetto e, veloci come il vento, uscirono tutti i mali che da allora ci affliggono: la fatica, la povertà, la vecchiaia, la malattia, la gelosia, il vizio, la passione, il sospetto. Disperata, Pandora cercò di richiudere il cofanetto, ma era troppo tardi. Il contenuto si era sparso dappertutto. La vendetta di Zeus si era compiuta: la razza umana non poteva essere nobile come aveva desiderato Prometeo.

La vita doveva essere una lotta costante contro difficoltà di ogni genere. C'era poca probabilità ora che l'uomo potesse aspirare al trono di Zeus.

(da M. Gibson, *Dei ed eroi della mitologia greca*, trad. di G. Malesani, A. Mondadori, Milano, 1981, rid. e adatt.)

DAL TESTO ALLE COMPETENZE

COMPRENDERE

1. Secondo gli antichi Greci, Zeus e Prometeo hanno creato l'uomo. Come, rispettivamente?

2. Perché Prometeo vuole insegnare agli uomini il segreto del fuoco? Perché, invece, Zeus non vuole?

3. In che modo Prometeo riesce a portare il fuoco agli uomini?

4. Gli uomini, grazie al fuoco e con l'aiuto di Prometeo, fanno rapidi progressi. Quali?

5. In che modo Zeus punisce Prometeo per aver disubbidito ai suoi ordini?

6. Per volere di chi e a quale scopo viene creata Pandora?

7. Perché, per colpa di Pandora, il genere umano viene afflitto da tutti i mali?

8. Grazie a che cosa il genere umano riesce a sopravvivere, pur fra tanti mali?

ANALIZZARE

9. Spiega perché nel mito greco Prometeo è un eroe benefattore dell'umanità.

10. Zeus ha poteri divini ma anche caratteristiche umane. In questo mito, infatti, quali sentimenti tipicamente umani prova?

11. Secondo te, che cosa intende spiegare questo mito?

Gli dei dell'Olimpo

Gli antichi Greci erano **politeisti**, cioè adoravano molti dei. Questi erano concepiti come esseri simili agli uomini, ma a loro molto superiori per potenza e qualità fisiche. Tutti gli dei hanno il dono dell'invisibilità e dell'immortalità ma, come i mortali, sono soggetti alle passioni e ai sentimenti. Inoltre, come gli uomini, dormono e mangiano: il loro cibo è il nettare e la loro bevanda è l'ambrosia. Secondo gli antichi Greci, gli dei vivono insieme sulla vetta, coperta di nubi perenni, dell'Olimpo, un alto massiccio montuoso della Grecia tra la Tessaglia e la Macedonia.

Zeus

È la massima divinità dell'Olimpo greco. **Padre degli dei e degli uomini. Signore del Cielo e della Terra**, comanda i tuoni e i fulmini e, quando scuote l'ègida, il suo scudo, dà origine a grandi tempeste. Protegge la famiglia e le istituzioni; è il custode della giustizia, della lealtà dei patti e dell'ospitalità.

È sempre rappresentato con barba folta e chioma abbondante, spesso ornata con una corona di quercia, albero a lui sacro, e vicino gli sono posti l'ègida, lo scettro (simbolo del potere) e il fulmine.

Ha come moglie la sorella Era, ma è famoso per i suoi tradimenti. Più di cento sono le donne, dee o mortali, amate da Zeus, da cui ha avuto moltissimi figli.

Era

Sorella e moglie di Zeus, è la **regina degli dei**. Nonostante i numerosi tradimenti subiti, è l'unica sposa legittima di Zeus da cui ha avuto quattro figli: Efesto, Ares, Ebe (coppiera degli dei) e Ilizia (protettrice delle partorienti).

Il potere di Era è grandissimo: può comandare i fenomeni atmosferici e scatenare tempeste, paurose quasi come quelle provocate da Zeus. Protettrice del matrimonio, dell'amore coniugale e del parto, è famosa per la sua gelosia e il suo carattere vendicativo.

Atena

Nata dalla testa di Zeus, armata di elmo, lancia e scudo, è rappresentata come una **dea guerriera**.

Dea della forza regolata dall'intelligenza, insegna agli eroi l'arte per conseguire la vittoria suggerendo sapienti operazioni e ingegnosi stratagemmi.

La bellissima figlia di Zeus dagli occhi verdeazzurri, alla quale è sacra la civetta, è anche dea della saggezza e protettrice delle arti e dei mestieri, in particolare la tessitura e il ricamo.

È anche la dea protettrice della città di Atene, che da lei prende il nome.

Apollo

Figlio di Zeus e di Latona, fratello gemello di Artemide, Apollo **incarna l'ideale greco della giovinezza e della bellezza**.

Oltre che **dio del Sole**, Apollo è il **dio della musica, delle arti, della poesia, della medicina**. Protegge inoltre viandanti e marinai ed esprime attraverso i suoi oracoli (il più noto è quello di Delfi) facoltà divinatorie e profetiche.

È raffigurato bellissimo e splendente su un cocchio dorato che percorre il cielo. L'alloro è la pianta sacra al dio, e di alloro si incoronavano i poeti, pure a lui sacri.

Artemide

Sorella gemella di Apollo, come lui nata da Zeus e Latona, è la **dea della Luna**, ma anche **della caccia**. Armata di arco e frecce, protegge le foreste e gli animali selvatici.

Ad Artemide è sacro il cervo e, durante le feste in suo onore, le vengono offerte grosse focacce in forma di cervo. Quando, invece, si vuole onorare nella dea il simbolo della benefica luce lunare, durante il plenilunio le si offrono focacce tonde circondate da candele accese.

Afrodite

Nata dalla spuma del mare, è la **dea dell'amore, della bellezza e della fertilità**.

Moglie di Efesto, è però innamorata di Ares da cui ha avuto il figlio Eros (Amore), fanciullo alato e bellissimo, sempre armato di un piccolo arco da cui partono frecce infallibili che suscitano l'amore in chiunque ne sia colpito, mortale o dio. Invece, dall'unione di Afrodite con il mortale Anchise, principe troiano, è nato Enea, l'eroe protagonista dell'*Eneide*.

Ares

Figlio di Zeus e di Era, è il **dio della guerra**. Violento e feroce si aggira fra le schiere, a piedi o su un carro tirato da quattro cavalli: Ardente, Divampante, Strepito, Orrore. Lo segue un corteo che incute paura: vi sono la Discordia, le Keres, dee della morte violenta, i figli Terrore e Spavento, il Tumulto.

La forza brutale di Ares terrorizza gli uomini. Neppure gli dei lo ammirano: Zeus stesso non ama questo figlio assetato di sangue.

Zeus circondato da Ermes e Atena in un vaso a figure rosse.

Poseidone

Fratello di Zeus, è il **dio del mare, dei maremoti e dei terremoti**. È rappresentato con il tridente, con il quale provoca onde e terremoti. Di corporatura immensa, sempre avvolto in un largo mantello, con il volto spesso corrucciato, la chioma scura e folta, gli occhi verdi, vive in un maestoso palazzo in fondo al mare. Gli sono sacri il cavallo e il toro. Poseidone ha molti figli, esseri per lo più strani, come Pegaso, il cavallo alato, e il Ciclope Polifemo, gigante con un occhio solo in mezzo alla fronte.

Ermes

Figlio di Zeus e della ninfa Maia, è il **messaggero degli dei**. Indossa calzari alati e il suo simbolo è il caduceo, un bastone d'oro con due serpenti intrecciati e due ali alla sommità. Di carattere vivace e allegro, Ermes di giorno porta i messaggi degli dei, di notte porta i sogni agli uomini o accompagna nell'Ade i morti e, a volte, i vivi, quando ricercano una persona morta. Ermes è anche il **dio dell'eloquenza e protettore dei viandanti, dei mercanti e dei ladri**. Velocissimo, è anche il **dio protettore delle palestre** e degli stadi.

Efesto

Figlio di Zeus e di Era, è il **dio del fuoco** e **fabbro degli dei**. Zoppo e deforme, è tuttavia abilissimo nell'arte di fondere e forgiare i metalli. La sua officina è situata dentro il vulcano Etna e i Ciclopi sono i suoi aiutanti.

Realizza vere e proprie opere d'arte, come l'ègida e lo scettro di Zeus, il tridente di Poseidone, lo scudo di Atena, le armi di Achille. Perfeziona talmente la sua abilità che riesce a dare un'anima agli oggetti di metallo.

Ade

Fratello di Zeus e di Poseidone, è il **dio degli Inferi**, dell'Oltretomba. Cupo e triste, è sempre chiuso nei suoi oscuri regni dai quali è uscito solo per rapire Persefone, la bella figlia di Demetra, divenuta poi sua sposa.

Gli uomini lo detestano ed evitano di nominarlo. Gli antichi Greci, infatti, preferiscono chiamarlo con il nome di **Plutone** (il ricco) alludendo alle ricchezze del sottosuolo.

I MITI DEGLI EROI

Accanto agli dei, il mito celebra anche gli eroi, esseri dalle qualità straordinarie che compiono imprese eccezionali.

Gli eroi sono forti, coraggiosi, audaci, decisi, intraprendenti. Amano l'avventura, il rischio, le imprese difficili, piene di ostacoli, che riescono a superare grazie alla loro forza prodigiosa che li rende superiori a qualsiasi mortale. Spesso gli eroi sono «semidei», hanno cioè caratteristiche sia umane sia divine: Ercole, ad esempio, l'eroe più famoso della mitologia greca, è figlio del dio Zeus e della mortale Alcmena.

Nei miti l'eroe deve spesso affrontare un «mostro», un essere estremamente pericoloso che incute terrore e ripugnanza. Tuttavia l'eroe, grazie alla sua astuzia e abilità, e grazie anche all'intervento della divinità che lo protegge, riesce a sconfiggerlo. È il caso, ad esempio, del mitico eroe greco Teseo che riesce a penetrare nel Labirinto di Creta e a uccidere il Minotauro, un mostro dalla testa taurina e dal corpo umano, cui gli Ateniesi dovevano tutti gli anni offrire un tributo in vite umane.

Anche gli eroi romani compiono imprese prodigiose, ma dettate sempre dall'amor di patria e da alti valori morali, come l'onestà e la lealtà. Proprio per questo rappresentano dei «modelli» da imitare.

Quale importanza dunque possiamo attribuire ai miti degli eroi? Quella, in particolare, di indurre l'uomo comune a vincere le proprie debolezze e fragilità, così da poter affrontare e superare le difficili «prove» della vita con le virtù tipiche degli eroi.

In alto, anfora a figure nere con Teseo che uccide il Minotauro; sopra, particolare di un vaso greco con Ercole in lotta con Cicno.

Eroe greco

Ercole

Ercole è l'eroe più famoso della mitologia greca. Figlio di Zeus e della mortale Alcmena, suscita l'ira di Era (moglie di Zeus) che tenta in tutti i modi di ucciderlo. Implacabile nel suo odio, Era fa impazzire Ercole e gli fa compiere un'azione terribile: l'uccisione della moglie Megara e dei figli avuti da lei. Recuperata la ragione, Ercole, per ordine dell'oracolo di Delfi, si reca da Eurísteo, re di Tirinto, per mettersi al suo servizio ed espiare così la sua grave colpa. Eurísteo lo obbliga a compiere dodici imprese, note come «le dodici fatiche di Ercole».

Ercole per ordine dell'oracolo si recò a Tirinto[1], dove abitava Eurísteo, per sapere da lui quale fosse la prima impresa che doveva compiere. Ed Eurísteo gli disse: «Rècati a Nèmea[2]. Là si trova un leone invulnerabile[3], mostro ribelle agli dei e spirante fuoco dalle sue cento teste. Di questo leone tu devi portarmi la pelle». Ed Ercole si mise in cammino. Dopo essere passato per vari luoghi e città, giunse a Nèmea e ricercò la fiera. Prima di tutto tentò di colpirla con i dardi[4], ma si accorse subito di non poterla uccidere e nemmeno ferire. Allora la inseguì armato della sola clava[5]. Ma quella fuggì verso una spelonca, che aveva due entrate opposte. Ercole ne chiuse una, ed entrato per l'altra assalì l'animale e, premendo la mano sul suo collo, tanto lo strinse che finalmente lo soffocò. Quindi se lo gettò sulle spalle e lo recò a Micene[6] per offrirlo a Eurísteo, che ammirò la grande forza dell'eroe.

Eurísteo poi disse a Ercole: «Tu compiesti già la tua prima fatica. Va' dunque, e compi la seconda. Nella palude di Lerna sta un mostro, un'Idra, che esce spesso sulla terra e rovina i bestiami e le semine. Ha un grande corpo e nove teste, otto mortali e una immortale. Tu devi ucciderla».

Ercole ubbidì e, salito su un cocchio, si avviò verso Lerna. Qui scagliò dardi infocati per costringere il mostro a uscire dal suo nascondiglio; quando ne fu uscito, tentò di colpirne le teste con la clava. Ma non poté raggiungere subito il suo scopo, poiché, per ogni testa che egli troncava, dal corpo enorme della bestia ne usciva un'altra. Allora ricorse a un'astuzia: bruciò dei ceppi tolti a una vicina foresta e con il fuoco impedì alla testa tagliata di rinascere. Tagliò poi la testa immortale e la depose sotto una grossa pietra. Così vinse anche l'Idra di Lerna.

Allora Eurísteo gli ordinò di recare viva a Micene la cerva Cerinítide. Ercole, per non ucciderla, la inseguì per un anno intero, dal momento che essa era velocissima e nessuno poteva raggiungerla. Ma finalmente, stanco di correrle appresso, la colpì con un dardo del suo arco e, presala in spalla, la condusse ancora viva a Eurísteo.

Questi non era però ancora contento. Voleva avere vivo il cinghiale che, sceso dal monte di Erimanto[7], faceva strage e rovina nei luoghi vicini. Ercole partì di nuovo. Riuscì a prendere il cinghiale e a portarlo a Eurísteo. V'era nell'Èlide[8] un re, Augèa, che possedeva numerosissime greggi, le quali, da lungo tempo, avevano insozzato le sue stalle, della cui pulizia nessuno si prendeva cura. Eurísteo comandò a Ercole di ripulire quelle

1. Tirinto: città greca dell'Argolide nel Peloponneso.

2. Nèmea: località dell'Argolide.

3. invulnerabile: che non può essere ferito.

4. dardi: frecce.

5. clava: bastone grosso e corto usato come arma.

6. Micene: città dell'Argolide.

7. Erimanto: monte dell'Arcadia, in Grecia.

8. Èlide: regione del Peloponneso occidentale.

stalle in un solo giorno. Ercole si recò da Augèa, deviò un fiume che scorreva lì presso e, facendone passare la corrente attraverso le stalle, immediatamente le pulì.

Presso la città di Stínfalo[9] v'era una palude circondata da boschi densi di alberi e di ombra. Qui si rifugiavano numerosissimi uccelli, per evitare i lupi che infestavano i dintorni. Eurísteo ordinò a Ercole di scacciare tutti gli uccelli da quel luogo. E l'eroe, servendosi di cròtali[10] di bronzo, fece tanto rumore che spaventò gli uccelli e li costrinse a uscire dai boschi. Quando poi ne vennero fuori, con le frecce li uccise tutti. Questa era stata la sesta fatica di Ercole.

La settima fu di altro genere. A Creta, isola sacra a Giove, regnava Minosse, re giusto e saggio, il quale aveva promesso di sacrificare a Nettuno tutto quanto dal mare venisse a posarsi sulla terra. Nettuno aveva fatto approdare nell'isola un toro di mirabile bellezza, che Minosse non volle sacrificare, per l'ammirazione che ne provava. Allora il dio si vendicò rendendo feroce quel toro. Ercole, inviato da Eurísteo a domarlo, vi riuscì e anzi poté condurlo vivo in Grecia.

L'ottava fatica fu quella di domare e prendere i feroci cavalli di Diomède, re della Tracia; e dopo di essa Eurísteo ordinò a Ercole di recargli la cintura di Ippolita. Essa era regina delle Amàzzoni, popolo di donne fortissime, abituate solo alla battaglia, pronte a salire su veloci cavalli, abili nel maneggiare le armi. Ippolita aveva ricevuto in dono da Marte[11] una cintura, come simbolo del suo dominio. Per compiere questa impresa, Ercole dovette unirsi con alcuni volenterosi compagni e, salpato su di una nave, giunse presso le Amàzzoni. Qui richiese la cintura alla regina, ma ella e le sue compagne assalirono la nave, sicché Ercole, per impossessarsi dell'oggetto che cercava, fu costretto a combattere e a uccidere la regina.

Eurísteo comandò allora a Ercole di eseguire una nuova fatica. In un'isola presso l'Oceano abitava il feroce e violento Gerìone, il cui corpo mostruoso era composto di tre corpi umani riuniti insieme. Egli possedeva una mandria di rossi buoi, custoditi da un cane a due teste; Ercole ricevette l'ordine di condurli in Grecia. L'eroe partì e dovette girare a lungo prima di giungere alla meta. Come vi giunse, riuscì nel suo intento dopo aver combattuto e vinto Gerìone.

9. Stínfalo: città greca dell'Arcadia.

10. cròtali: specie di nacchere che accompagnavano canti e danze di carattere sacro e profano.

11. Marte: dio della guerra.

Eurísteo, non ancora soddisfatto, comandò che Ercole gli recasse i pomi delle Espèridi[12]. Nell'estremo confine del mondo, presso il popolo degli Iperbòrei, in un vasto e fiorente giardino si trovavano questi aurei pomi, custoditi da un serpente fornito di cento teste.

Dopo varie avventure finalmente Ercole giunse presso gli Iperbòrei, e vi trovò Atlante[13], fratello di Prometeo[14], costretto dagli altri dei a reggere il mondo sulle spalle. Ercole pregò Atlante di prendere i pomi delle Espèridi e, avendo questi accolto la preghiera, Ercole stesso resse il mondo per breve tempo. Quando poi Atlante tornò dal fiorito giardino, recando tre pomi, l'eroe li prese e li portò a Eurístco.

Da lui gli venne imposta l'ultima fatica, quella di recare sulla terra Cèrbero, cane con tre teste, feroce animale, cui era affidata la custodia del mondo dei morti. Il suo aspetto era spaventoso poiché, oltre alla mostruosità delle teste, aveva la coda di drago e sulle spalle gli si muovevano infinite teste di serpenti velenosi. Ercole giunse alle porte del mondo sotterraneo e qui, senza armi, con la sola forza delle sue mani, strinse fortemente la gola del cane. Questo rimase senza respiro e senza possibilità di fare resistenza, cadendo così in potere dell'eroe, che lo trascinò nel mondo dei vivi e poté mostrarlo a Eurísteo.

(da N. Terzaghi, *Miti e leggende del mondo greco-romano*, G. D'Anna, Firenze, 1986, rid. e adatt.)

12. Espèridi: erano tre ninfe figlie della Notte, dette anche «ninfe del tramonto». La parola Espèridi, infatti, nel greco antico, significa «occidente».

13. Atlante: uno dei Titani, fratello di Prometeo. Lottò contro Zeus e fu condannato a reggere il cielo.

14. Prometeo: uno dei Titani, benevolo agli uomini ai quali dette in dono il fuoco.

DAL TESTO ALLE COMPETENZE

COMPRENDERE

1. Attribuisci un titolo a ciascuna delle dodici imprese di Ercole. Poi descrivi brevemente ciascuna impresa evidenziando la forza e l'astuzia dell'eroe greco.

1. ERCOLE UCCIDE IL LEONE
2. ERCOLE UCCIDE L'IDRA DI LERNA
3. ERCOLE RIPORTA IL CINGHIALE
4. LA VELOCE CERINITIDE
5. ERCOLE PULISCE LE STALLE
6. ERCOLE CACCIÓ GLI UCCELLI DA STINFALO
7. IL MINOTAURO DI CRETA
8. I FEROCI CAVALLI DI DIOMEDE
9. LA CINTURA DELLA REGINA
10. I BUOI CONDOTTI IN GRECIA
11. I POMI DELLE ESPERIDI
12. ERCOLE CONDUCE CERBERO SULLA TERRA

ANALIZZARE

2. In Ercole i Greci videro la realizzazione eroica di certi ideali. Quali, secondo te? (Indica con una crocetta le risposte esatte)

a) La passione per l'avventura individuale

b) La volontà di lotta e di superamento

c) Il desiderio di superare gli dei in forza e potenza

LESSICO

3. Quando noi oggi diciamo «quell'uomo è un Ercole», intendiamo dire che si tratta di un uomo eccezionalmente: (indica con una crocetta la risposta esatta)

a) astuto

b) forte

c) saggio

ASCOLTARE | UN MITO DI UN EROE GRECO

Giasone e la conquista del Vello d'Oro

«Nel lontanissimo regno della Colchide, viveva una bella principessa di nome Medea…»

PRIMA DELL'ASCOLTO

Per una migliore comprensione di quanto stai per ascoltare, leggi attentamente questa breve presentazione.

> Giasone è il figlio più bello e coraggioso di Esone, re di Iolco in Tessaglia. Lo zio Pelia ha usurpato il regno a Esone e allora Giasone reclama il proprio diritto di salire al trono. Lo zio Pelia si impegna a restituirgli il trono, ma pone una condizione: Giasone dovrà conquistare il Vello d'Oro, il manto d'oro di un ariete sacro a Zeus e che si trova nella lontanissima Colchide, una regione del Mar Nero tra il Caucaso e l'Armenia.
> Giasone accetta la sfida e parte con la nave Argo e con una schiera di uomini detti Argonauti dal nome della nave. Dopo varie avventure e peripezie, gli Argonauti giungono nella Colchide, dove si trova il Vello d'Oro.

Leggi le richieste di tutti gli esercizi che dovrai svolgere dopo l'ascolto, in modo da concentrare meglio la tua attenzione **durante l'ascolto**.

DOPO L'ASCOLTO

1. Perché la principessa Medea desidera fuggire dalla Colchide? (Indica con una crocetta la risposta esatta)

   a) Nella Colchide i suoi poteri magici non sono apprezzati.

   b) Non sopporta il re, suo padre.

   c) Si annoia e vuole visitare altri luoghi dove poter vivere una vita migliore.

2. Perché Giasone deve trovare il Vello d'Oro e portarlo con sé in Grecia?

   _____

   _____

3. Perché, secondo Medea, suo padre, il re, non permetterà a Giasone di portare via il Vello d'Oro?

   _____

   _____

4. Il re impone a Giasone di seminare dei semi in un campo. In realtà, questi semi che cosa sono?

....

5. In che modo Giasone riesce a superare la prova dei semi?

....

....

....

6. Indica con una crocetta se le seguenti affermazioni, relative al Vello d'Oro, sono vere o false.

a. Si trova in un campo. Ⓥ Ⓕ

b. È collocato ai piedi di un grande albero. ⓋⒻ

c. La sua lana dorata brilla al sole. ⓋⒻ

d. Molti uomini coraggiosi hanno tentato di portarlo via, ma sono morti tutti senza riuscirci. ⓋⒻ

e. Gli fa da guardia un serpente che dorme solo pochi minuti al giorno. ⓋⒻ

7. Medea è disposta ad aiutare Giasone a conquistare il Vello d'Oro, ma pone una condizione. Quale?

ⓐ Giasone dovrà portarla con sé in Grecia.

ⓑ Giasone dovrà sposarla.

ⓒ Giasone dovrà tornare in Grecia da solo, senza gli Argonauti.

8. Grazie a quale elemento magico e in che modo Giasone riesce a conquistare il Vello d'Oro?

....

....

9. Come reagisce il padre di Medea quando vede la nave Argo partire dalla Colchide?

....

....

10. A quale magia ricorre Medea per nascondere la nave Argo?

....

....

11. Indica con una crocetta se le seguenti affermazioni, relative a Giasone, sono vere o false.

a. È l'eroe protagonista. ⓋⒻ

b. È un principe bellissimo. ⓋⒻ

c. Ha caratteristiche sia umane sia divine. ⓋⒻ

d. È protetto da una divinità. ⓋⒻ

e. Come gli eroi delle fiabe, supera delle prove con l'aiuto di mezzi magici, fornitigli da un personaggio che assume il ruolo di aiutante. ⓋⒻ

f. I suoi antagonisti sono il re della Colchide e il gigantesco serpente. ⓋⒻ

Eroe romano

Muzio Scevola

Nel 508 a.C., durante l'assedio di Roma da parte degli Etruschi, Caio Muzio, un giovane nobile romano, propone al Senato di uccidere di persona il re etrusco Porsenna.
Ottenuto il permesso, Muzio si infiltra nell'accampamento nemico, ma commette un errore. Anziché pugnalare Porsenna, uccide il segretario del re etrusco. Per punire la mano destra che ha sbagliato persona, Muzio non esita a stenderla sopra un braciere e a farla ardere. Caio Muzio assumerà in seguito il nome di Muzio Scevola, cioè «il mancino», per aver perso la mano destra.

Muzio Scevola, un giovane nobile romano, provò il desiderio di fare qualcosa per la libertà della patria, anche a costo della vita. Si presentò ai consoli e chiese loro di adunare il Senato, perché voleva esporre davanti ai capi della città un suo progetto per liberare Roma dall'assedio: «Cercherò di penetrare nell'accampamento etrusco sul Gianicolo[1]. Il mio scopo è di uccidere Porsenna[2] con la speranza che gli Etruschi, privati del loro capo, si decidano a togliere l'assedio. Se riuscirò nel mio intento, sarò certo preso e condannato a morte dagli Etruschi, ma penso che valga la pena di offrire la vita per la salvezza della patria».
I consoli e i senatori diedero il loro assenso al progetto di Muzio e questi, con un pugnale nascosto sotto le vesti, si diresse verso l'accampamento di Porsenna. Gli fu facile arrivare sino alla tenda dove Porsenna di solito amministrava la giustizia. Nessuno si insospettì della sua presenza considerandolo un Romano disertore[3].
Muzio non conosceva Porsenna e quando vide un uomo dalla statura imponente, vestito di porpora[4], seduto sul seggio reale e circondato da una folla di soldati, fu certo di trovarsi davanti al re in persona. Si avvicinò alla tribuna reale e, con il pugnale, trafisse mortalmente l'uomo. Muzio non aveva però ucciso il re, ma il suo segretario, che si era accomodato sul seggio reale per preparare le paghe dei soldati.
Muzio si accorse del suo errore quando il capo delle guardie si mise a gridare: «Quest'uomo è un traditore, portatelo davanti al re perché sia giudicato».
Alle domande di Porsenna, Muzio rispose con la sicurezza di chi, pronto a morire per un ideale, non teme più nulla e nessuno:
«Mi chiamo Caio Muzio e sono un Romano, un tuo nemico. Sì, volevo ucciderti per liberare Roma dalla guerra. Così come ho ucciso sono pronto a morire, ma prima voglio darti un avvertimento: una schiera di trecento giovani romani come me incuranti della loro vita per amore della patria, sono pronti, uno dopo l'altro, a ripetere il mio gesto. Tu puoi uccidermi, ma la tua vita, d'ora in avanti, non sarà mai più sicura».
Nella tenda, vicino a Muzio, ardeva un grande braciere. Il gio-

1. Gianicolo: colle romano, situato sulla riva destra del Tevere, in territorio originariamente etrusco.

2. Porsenna: re degli Etruschi.

3. disertore: traditore, che ha abbandonato la città di Roma per passare dalla parte degli Etruschi.

4. di porpora: di color rosso-violaceo.

Giovanni Pellegrini, Muzio Scevola e Porsenna.

vane romano, esaltato dal desiderio di mostrare agli Etruschi quanto poco temesse il dolore, pose la mano destra sulle braci ardenti e la lasciò bruciare mentre diceva: «Guarda, Porsenna, di che cosa sono capaci i Romani!».

Il re stupefatto da tanto coraggio, senza più dubitare che dopo Muzio molti altri avrebbero attentato alla sua vita, ordinò che il giovane fosse rimesso in libertà: «Vattene» gli disse «torna tra la tua gente. Meriti di vivere perché hai dimostrato di non temere la morte e di sopportare il dolore in un modo che ritengo prodigioso. Vorrei che molti, tra i miei uomini, avessero il tuo coraggio e come te amassero la loro patria».

(da P. Rosci, *Si racconta che Romolo...*, B. Mondadori, Milano, 1988, rid. e adatt.)

DAL TESTO ALLE COMPETENZE

COMPRENDERE

1. Chi è Muzio Scevola e qual è il suo progetto per liberare Roma dall'assedio etrusco?

2. Perché, nell'accampamento etrusco, nessuno si insospettisce della presenza di Muzio?

3. Muzio chi uccide per errore?

4. Muzio quale «avvertimento» dà al re Porsenna?

5. Che cosa fa Muzio per dimostrare il proprio coraggio? Di conseguenza, qual è la reazione di Porsenna?

6. Porsenna quale desiderio esprime riguardo ai suoi soldati?

ANALIZZARE

7. In quale periodo storico avvengono i fatti narrati?

8. Individua e sottolinea nel testo le espressioni o le frasi che evidenziano il coraggio di Muzio e il suo amore per la patria.

LESSICO

9. Da questo mito romano deriva l'espressione «mettere la mano sul fuoco riguardo a qualcosa»: qual è il suo significato? scommettere

PRODURRE

10. PARLARE. I miti di oggi. I miti di oggi, del mondo moderno, salvo eccezioni, hanno una durata limitata e vengono soprattutto identificati in uomini e donne che, in un determinato campo, sono simbolo di successo. Quali personaggi dello spettacolo, dello sport, della moda, della cultura, dell'arte, della scienza o dell'impegno sociale sono per te dei «miti» e perché? Confronta la tua risposta con quella dei compagni.

Percy Jackson e gli dei dell'Olimpo: il mare dei mostri

LA TRAMA La barriera magica che protegge Campo Mezzosangue, rifugio di Percy Jackson e di altri giovani semidei, si è indebolita a causa di una malattia misteriosa che ha colpito il pino che vigila sul confine del campo. Per curare l'albero e ripristinare la protezione, non c'è che un mezzo: recuperare il Vello d'Oro, ovvero un mantello dorato che ha il potere di guarire ogni ferita. Un'impresa tutt'altro che facile per Percy e i suoi amici, Annabeth e Tyson, perché il Vello d'Oro si trova nelle mani dei feroci Ciclopi.

IL PROTAGONISTA Percy Jackson, un adolescente alle prese con le insicurezze tipiche dell'età, nel primo episodio della saga, *Il ladro di fulmini*, aveva scoperto di essere figlio del dio Poseidone e aveva salvato il mondo. Questa consapevolezza lo aiuterà nella nuova missione, quando si riaffacceranno dubbi e incertezze.

IL LINGUAGGIO CINEMATOGRAFICO La struttura della sceneggiatura segue lo schema della narrazione di avventura, con una prima parte dedicata alla definizione dei personaggi e dei conflitti e una seconda parte concentrata sull'azione, nella quale il protagonista deve superare una lunga serie di ostacoli.
Gli effetti speciali sono efficaci e alcune sequenze d'azione particolarmente movimentate sono memorabili, come quella che vede Percy e i suoi amici a bordo di una minuscola imbarcazione inghiottita all'interno di un immenso apparato digerente, il tutto ricostruito con un effetto stereoscopico impressionante.
La particolarità del film è la capacità di mescolare gli elementi mitologici con situazioni e personaggi contemporanei. A questo proposito, una delle scene più divertenti del film è la folle corsa in taxi lungo le strade di New York con un atterrito Percy in balia delle tre Parche,

Paese e anno di produzione: USA, 2012
Durata: 106 min.   **Genere:** fantastico
Regia: Thor Freudenthal

le divinità che presiedono al destino degli uomini. Altrettanto suggestiva è la ricostruzione dell'isola-lunapark dove si aggira il Ciclope Polifemo in attesa delle sue vittime.

PERCHÉ QUESTO FILM Rick Riordan, autore dei romanzi che hanno ispirato i film di questa saga, ha insegnato per molti anni mitologia greca e ha inventato il personaggio di Percy Jackson basandosi proprio sulla sua esperienza di docente. Il suo obiettivo fondamentale è stato quello di rendere accessibili le complesse vicende di dei e semidei ai ragazzi di oggi, ambientandole nel mondo contemporaneo. Inoltre, i miti offrono lo spunto per affrontare importanti tematiche adolescenziali, legate alle difficoltà del crescere e al rapporto spesso conflittuale con i genitori.

COMPRENDERE

1. Il film si apre con un *flashback,* un «salto all'indietro nel tempo». Descrivilo e spiega perché è importante per comprendere il resto della vicenda.

2. Chi è Tyson e quale legame lo unisce a Percy?

3. Con quale magico accorgimento Annabeth aiuta Tyson a tenere nascosta la sua vera natura?

4. Che cos'è il Vello d'Oro e dove si trova?

5. Perché Percy e i suoi amici devono a ogni costo recuperare il Vello d'Oro?

6. Chi è Crono, da chi era stato sconfitto e perché ora qualcuno vuole riportarlo in vita?

7. Come si conclude la sfida mortale fra Luke e Percy?

INTERPRETARE E VALUTARE

8. Il Campo Mezzosangue appare come un luogo paradisiaco, dove i semidei vivono al riparo da rischi e pericoli. Descrivi questo ambiente con particolare attenzione agli elementi ricostruiti con l'aiuto della computer grafica.

9. Molte creature mitologiche presenti nel film sono state realizzate con l'ausilio di tecnologie di animazione tridimensionale. Scegline una e descrivila in modo dettagliato.

10. Percy Jackson, come il suo nemico Luke, è in una situazione di conflitto con il patrigno. Ma i due ragazzi affrontano la questione in modo diverso. Tu come giudichi il loro opposto comportamento?

Dei ed eroi dell'Olimpo

Roberto Piumini, Mondadori

Le fatiche di Ercole, il pianto di Aracne sconfitta da Atena, il viaggio di Teseo e gli Argonauti, la vista della terribile Medusa, il volo e la caduta di Icaro: hai mai immaginato te stesso nei panni di un dio o di un eroe? Se fosse possibile, per una volta, ascoltare dalla viva voce di un vecchio aedo le storie dell'Olimpo, sogneresti di divenire l'astuto Ulisse o il divino Apollo? Nel racconto di Roberto Piumini, poesia e avventura si fondono, trasportandoti nel cuore del mito greco.

Una mitologia africana

Claude Helft, Motta Junior

In tutti i continenti e paesi, i popoli possiedono il proprio serbatoio di miti, specchio delle loro civiltà e delle loro tradizioni più antiche. I Dogon abitano il Mali, in Africa: la loro mitologia è ricca di storie e immagini, a tratti comuni a quelle di altri popoli africani, a tratti diverse. Come in un viaggio lontano nel tempo e nello spazio, il libro ci accompagna alla scoperta dei miti che hanno dato vita a tradizioni ancora vive. Per esempio, qual è l'origine delle maschere di antilope o di altri animali intagliate nel legno? Chi o che cosa è il misterioso Kanaga? E Yurubu, la volpe che sa prevedere il futuro?

ALTRI LINGUAGGI – PER LA TUA BIBLIOTECA

CHE COS'È

È una particolare forma di narrazione che, attraverso contenuti fantastici, cerca di dare una spiegazione all'origine del mondo e dell'umanità e ai diversi aspetti della realtà.

Miti antichi tramandati oralmente e poi trascritti

Miti greci e romani tramandati in forma scritta

STRUTTURA NARRATIVA

- Situazione iniziale
- Sviluppo
- Situazione finale o conclusione

IL MITO

FONTE DI INFORMAZIONI

Del popolo che lo ha elaborato fornisce informazioni relative a:
- tipo di ambiente
- tipo di civiltà
- tipo di società
- tipo di coltivazioni e specie animali
- religione, usi, costumi, valori e principi morali

PERSONAGGI

- Uomini comuni
- Eroi con poteri eccezionali
- Esseri soprannaturali
- Creature fantastiche o mostruose

TEMPO

Indeterminato, molto lontano

TIPI DI MITO

Miti che spiegano:
- l'origine del mondo e degli uomini
- l'origine dei fenomeni naturali
- l'origine di modi di produzione o di istituzioni sociali
- i motivi per cui si verificano certe condizioni esistenziali dell'uomo (come la morte)
- la nascita e le imprese di dei ed eroi

LUOGO

- Aperto
- Fantastico, immaginario
- Indeterminato e generico
- Reale, ma immerso in un'atmosfera fantastica

LINGUAGGIO

- Frasi brevi e semplici
- Frequenti ripetizioni
- Similitudini

Mito cinese

Come vennero le stelle

Il Signore dell'eternità aveva creato il giorno e la notte. E la notte era tenebrosa, nessuno osava avventurarsi nel suo buio spaventevole.

Una volta un bimbo si svegliò prima dell'alba. Nell'ombra densa cercò sua madre che dormiva con lui nel povero giaciglio della capanna solitaria. La cercò annaspando con le manine, balbettando un'amorevole invocazione. Non sentì il corpo tiepido accanto al suo, non udì la risposta della dolce voce. L'ansia e il dolore lo gettarono giù dal lettuccio. Fece qualche passo nella capanna, riuscì a trovare la porticina e uscì. All'aperto, le tenebre gli parvero più fitte. Avanzò pieno di paura.

Il Genio[1] dell'aria, che vede la Terra anche quando è immersa nelle tenebre, volle aiutare il piccolo innocente. Si recò dal Fuoco.

«Un bimbo cerca la sua mamma. E cammina nel buio. Accendi un lume per la povera creatura, affinché non si perda.»

«Che farebbe un lume solo in tutto quel buio?» meditò il Fuoco. Diede quindi una lampada a ciascuno dei suoi molti figli e poi disse loro: «Recatevi a passeggiare in cielo».

I ragazzi ubbidirono felicissimi della novità.

Il povero bimbo della Terra vide tanti lumicini in cielo: le stelle. E gli fu possibile scorgere la mamma che, oppressa dal caldo, era andata a sedersi sotto un albero, in cerca di un po' di frescura.

La notte seguente un uomo cattivo uscì di casa con la malvagia intenzione di uccidere un suo nemico.

I figli del Fuoco, che ormai provavano un gusto matto a correre per il cielo, agitavano le loro lanterne con le fiammelline rosse, verdi, gialle.

E il perfido uomo, agevolato dalla luce, procedeva con crudele soddisfazione verso l'odiatissimo nemico.

Il Genio dell'aria che tutto vede corse da Mu-Ta, la Regina delle nubi, e le disse: «Ti prego, avvolgi con le tue nubi brune i figli del Fuoco, nascondi le lampade lucenti che essi portano, fai che sopra la Terra la notte ridiventi la severissima Signora delle tenebre».

E subito le nubi avvolsero le stelle. Nel buio improvviso che s'era fatto in cielo, il viandante assassino smarrì la strada e cadde in un baratro.

«Nessun delitto è possibile, con il mio aiuto» andò a proclamare la Regina delle nubi al Genio dell'aria.

E il Genio dell'aria sentenziò: «La notte, dunque, ti appartiene».

Anche il Fuoco andò a dire la sua: «Senza i miei figli che illuminano i cieli, come potrebbero salvarsi le creaturine deboli e innocenti, costrette a camminare nelle ore notturne?».

«Giusto, giustissimo» ammise il Genio dell'aria.

Da quel tempo le stelle e le nubi si contendono il cielo della notte. Qualche volta la moglie del Fuoco esce a sorvegliare i suoi figlioli con una grossa lampada tonda, la Luna.

---

1. Genio: per gli antichi, uno spirito che poteva essere benefico o malefico.

Nella notte illuminata dalla Luna e dalle stelle o nel buio camminano sempre molti uomini. Qualcuno ha il cuore limpido, altri hanno dentro il veleno dell'odio. E il Genio dell'aria lascia ormai che le stelle e le nubi si divertano a loro piacere. Ha deciso di non guardare più la Terra.

(da R. Pettazzoni, *Miti e leggende*, UTET, Torino, 1963, rid. e adatt.)

COMPRENDERE

 VERSIONE INTERATTIVA

1. La frase «E la notte era tenebrosa, nessuno osava avventurarsi nel suo buio spaventevole» con quale delle seguenti frasi può essere sostituita? (1 punto se la risposta è esatta)

a) E la notte era tenebrosa perché nessuno osava avventurarsi nel suo buio spaventevole.

b) E la notte era tenebrosa, cosicché nessuno osava avventurarsi nel suo buio spaventevole.

c) E la notte era tenebrosa anche se nessuno osava avventurarsi nel suo buio spaventevole.

PUNTI .... /1

2. Nella frase «La cercò annaspando con le manine», a chi si riferisce il pronome «La»? (1 punto se la risposta è esatta)

PUNTI .... /1

3. Perché il bimbo esce di notte dalla capanna? (1 punto se la risposta è esatta)

PUNTI .... /1

4. Perché il Genio dell'aria si reca dal Fuoco? (1 punto se la risposta è esatta)

PUNTI .... /1

5. Le stelle che il bimbo vede nel cielo, chi sono in realtà? (1 punto se la risposta è esatta)

PUNTI .... /1

6. In seguito a quale fatto e perché il Genio dell'aria si reca dalla Regina delle nubi? (2 punti se la risposta è esatta)

PUNTI .... /2

7. Perché l'uomo cattivo cade in un baratro? (1 punto se la risposta è esatta)

a) Perché è accecato dalla luce delle stelle.

b) Perché la moglie del Fuoco vuole impedire che commetta un delitto.

c) Perché, grazie alle nubi che hanno avvolto le stelle, la notte è ritornata buia.

PUNTI .... /1

ANALIZZARE

8. Quali personaggi assumono il ruolo di aiutanti del bimbo? (1 punto per ogni risposta esatta)

- a Il Genio dell'aria
- b Il Fuoco
- c I figli del Fuoco
- d La Regina delle nubi
- e La moglie del Fuoco

PUNTI .... /3

9. Che cosa intende spiegare questo mito? (3 punti se la risposta è esatta)

PUNTI .... /3

10. Quale significato si può attribuire alla parte finale del mito? (1 punto se la risposta è esatta)

- a Oggi, come nei tempi antichi, esistono uomini buoni e uomini cattivi.
- b Mentre nei tempi antichi gli esseri celesti aiutavano chi era buono e punivano chi era cattivo, oggi non si curano più degli uomini.
- c È inevitabile l'esistenza del bene e del male sulla Terra perché gli uomini sono liberi di scegliere come comportarsi.

PUNTI .... /1

LESSICO

11. Per ciascun termine evidenziato, scrivi un sinonimo. (1 punto per ogni risposta esatta)

a. «La cercò **annaspando** con le manine...»:

b. «... cadde in un **baratro**»:

c. «E il Genio dell'aria **sentenziò**»:

PUNTI .... /3

AUTOVALUTAZIONE

PUNTEGGIO TOTALE .... /18

▶ Il testo mi è sembrato:

☐ facile ☐ di media difficoltà ☐ difficile

▶ Gli esercizi mi sono sembrati complessivamente:

☐ facili ☐ di media difficoltà ☐ difficili

▶ Ho avuto difficoltà nel rispondere alle domande relative a:

☐ comprendere ☐ analizzare ☐ lessico

In base alla correzione dell'insegnante, se hai ottenuto un punteggio inferiore a 11, ripassa ed esercitati ancora.

VERIFICA FORMATIVA

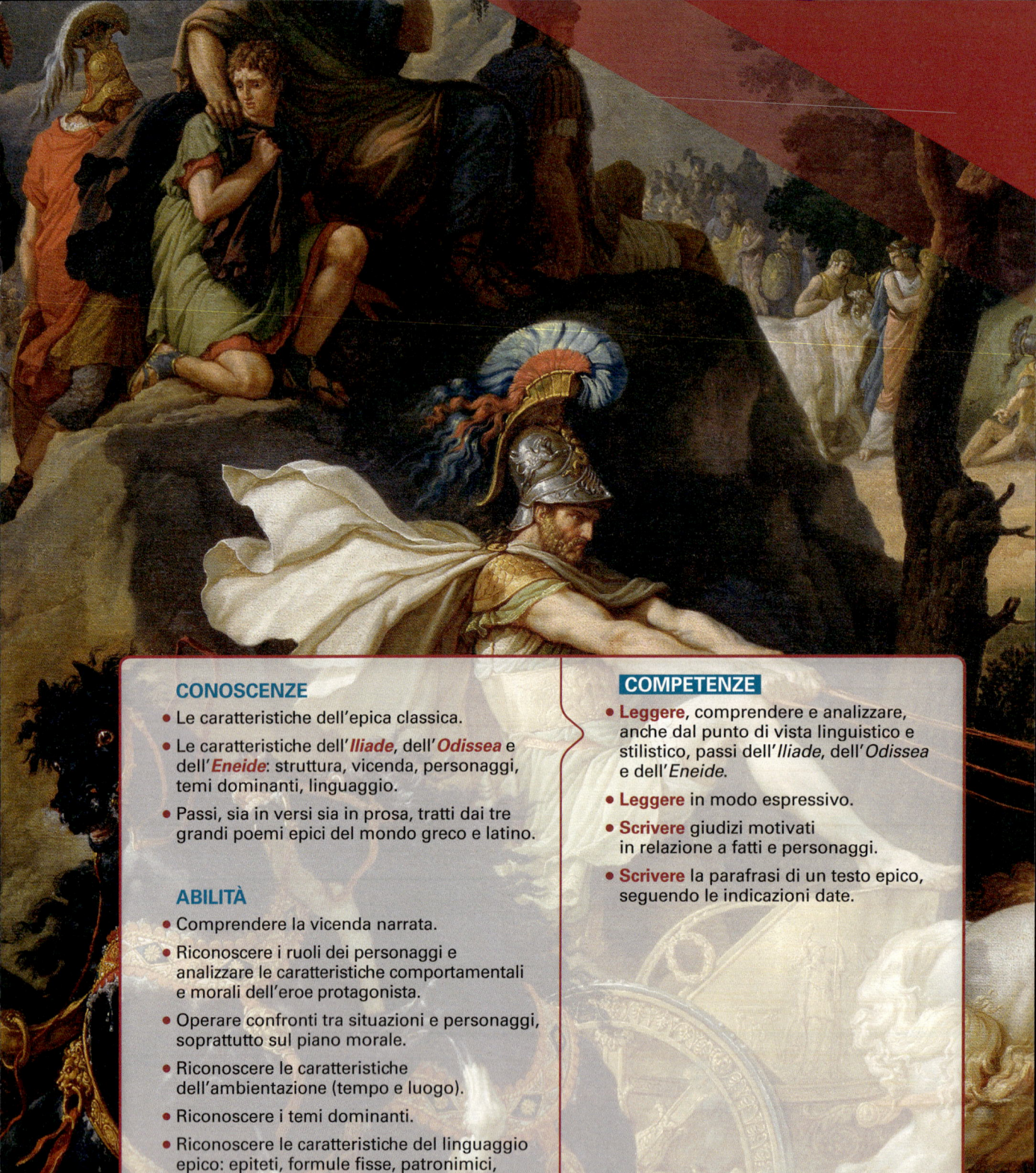

CONOSCENZE

- Le caratteristiche dell'epica classica.
- Le caratteristiche dell'*Iliade*, dell'*Odissea* e dell'*Eneide*: struttura, vicenda, personaggi, temi dominanti, linguaggio.
- Passi, sia in versi sia in prosa, tratti dai tre grandi poemi epici del mondo greco e latino.

ABILITÀ

- Comprendere la vicenda narrata.
- Riconoscere i ruoli dei personaggi e analizzare le caratteristiche comportamentali e morali dell'eroe protagonista.
- Operare confronti tra situazioni e personaggi, soprattutto sul piano morale.
- Riconoscere le caratteristiche dell'ambientazione (tempo e luogo).
- Riconoscere i temi dominanti.
- Riconoscere le caratteristiche del linguaggio epico: epiteti, formule fisse, patronimici, similitudini, metafore.
- Ricavare informazioni relative alle civiltà greca e romana.
- Riconoscere che i tre poemi epici del mondo greco e latino sono opere di altissimo valore letterario e culturale, ma anche e soprattutto morale, in quanto insistono sui valori forti del vivere comunitario, in particolare sull'importanza dell'onore, della lealtà, dell'amicizia, degli affetti familiari.

COMPETENZE

- **Leggere**, comprendere e analizzare, anche dal punto di vista linguistico e stilistico, passi dell'*Iliade*, dell'*Odissea* e dell'*Eneide*.
- **Leggere** in modo espressivo.
- **Scrivere** giudizi motivati in relazione a fatti e personaggi.
- **Scrivere** la parafrasi di un testo epico, seguendo le indicazioni date.

L'EPICA CLASSICA

hub LIBRO

► **TESTI AUDIO:** per il piacere di ascoltare o per il potenziamento dell'abilità di ascolto

► **VOGLIA DI LEGGERE:** ulteriori testi di epica classica, da leggere in piena libertà

► **ARTE:** ulteriori opere relative all'epica classica

► **CINEFORUM E PER LA TUA BIBLIOTECA:** ulteriori proposte di film e libri di epica classica

► **VERSIONE INTERATTIVA:** verifiche formative

► **CARTE ANIMATE:** Il mondo degli Achei e l'*Iliade*, il viaggio di Ulisse, il viaggio di Enea

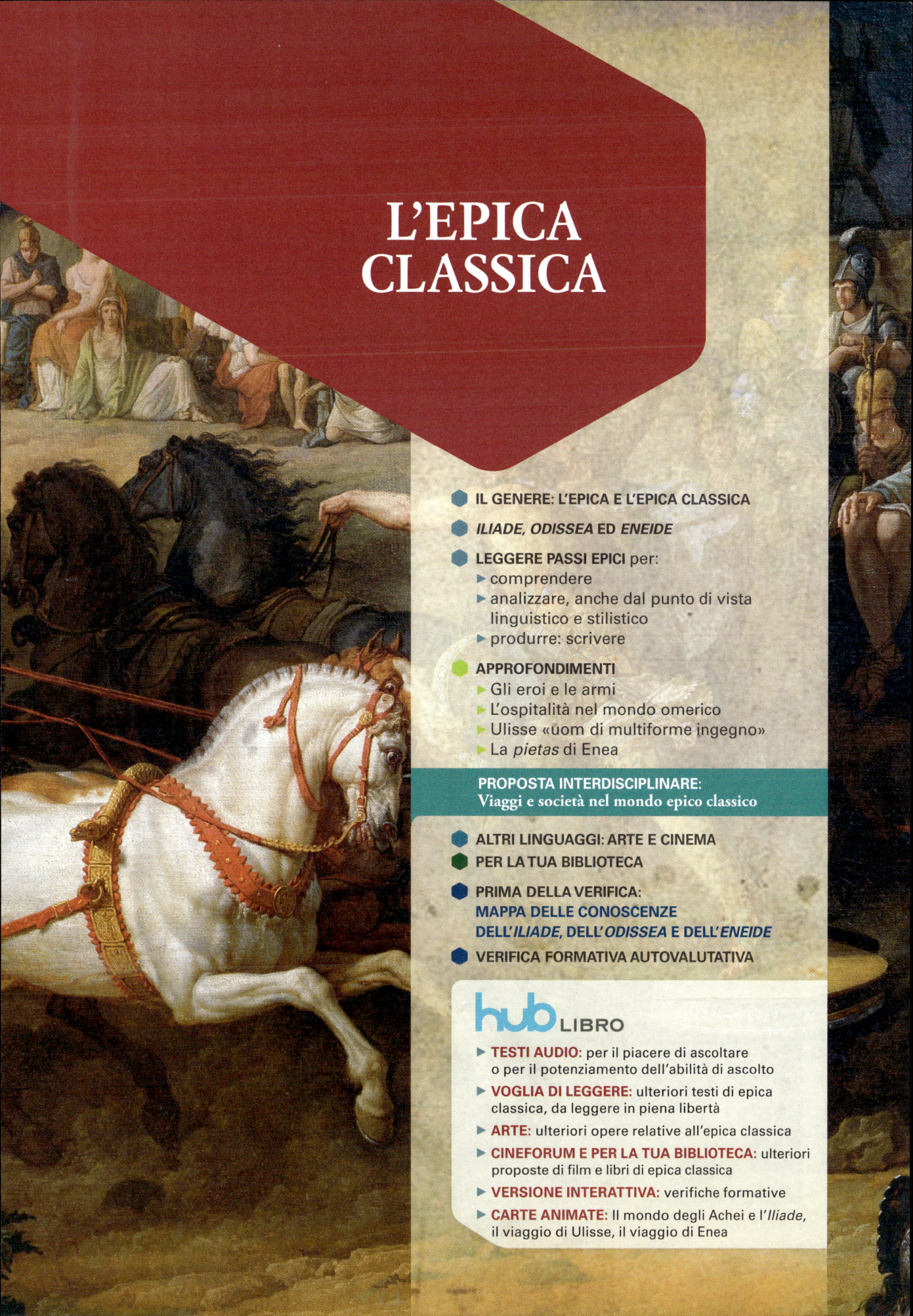

IL GENERE

L'epica

CHE COS'È L'EPICA

L'epica (dal termine greco *épos*: parola, discorso, racconto) **è la narrazione poetica, in versi, delle imprese gloriose, straordinarie di un popolo, dei suoi eroi, dei suoi dei**.

► Tutti i popoli antichi hanno sentito l'esigenza di tramandare ai posteri le memorie del proprio passato riguardanti le vicende della patria e le gesta gloriose degli eroi locali. Questi canti di tipo epico, pur presentando una realtà spesso trasfigurata, idealizzata dalla fantasia poetica e popolare, costituiscono un vero e proprio «**fatto culturale**» in quanto rispecchiano gli ideali e i valori (religiosi, morali, civili, sociali, politici) del gruppo sociale o del popolo cui appartengono.

► I canti celebrativi nei tempi antichi venivano trasmessi **oralmente** di generazione in generazione da **poeti-cantori**, detti «aèdi» o «rapsodi», che nelle corti, nelle piazze, nei villaggi e nelle città recitavano le loro composizioni accompagnandosi con strumenti musicali quali la cetra o la lira. Solo più tardi questi canti, che costituirono l'**antichissima tradizione epica popolare**, si unificarono, per opera di grandi poeti, in veri e propri poemi come nel caso dell'*Iliade* e dell'*Odissea*, poemi greci attribuiti a **Omero**.

Antoine Félix Boisselier, Omero canta con la sua lira, *inizi del XIX secolo, collezione privata.*

DALL'EPICA OMERICA ALL'EPICA RINASCIMENTALE

I poemi epici più antichi risalgono quindi alla civiltà greca e sono l'*Iliade* e l'*Odissea*.

Nei secoli successivi, il poeta latino Virgilio, nel suo poema *Eneide*, si ispirerà ai testi omerici, seppur introducendovi elementi diversi e originali.

In età medievale (XII secolo), i poemi epici ebbero vasta diffusione, in particolare quelli del «ciclo carolingio», nei quali si celebrano le imprese di Carlo Magno e dei suoi valorosi paladini, e quelli del «ciclo bretone», che narrano le avventure di re Artù e dei cavalieri della Tavola Rotonda.

Anche nell'età del Rinascimento (XVI secolo), i poemi epici ebbero grande sviluppo, come l'*Orlando Furioso* di Ludovico Ariosto e la *Gerusalemme Liberata* di Torquato Tasso, frutto dell'invenzione di autori affascinati dal mondo della tradizione cavalleresca.

I TEMI DELL'EPICA

I principali temi dell'epica sono:

► **il viaggio dell'eroe protagonista**, inteso come desiderio di avventura, di nuove conoscenze o come missione da compiere;

► **la guerra** per la conquista di un nuovo territorio o per la difesa della propria patria. Al tema della guerra si collegano altri temi secondari come il coraggio in battaglia, il desiderio di gloria, il disprezzo per la vigliaccheria, il dovere di vendicare i compagni morti e di rendere onore ai caduti;

► **l'amore**, inteso sia come fedeltà coniugale sia come seduzione cui l'eroe protagonista non riesce a sottrarsi, dimenticando così i propri doveri sociali. Amore che può recare felicità, benessere, ma anche tormento e dolore;

► **il magico**, **il soprannaturale**, rappresentato da esseri dotati di poteri magici che possono ostacolare o aiutare l'eroe protagonista.

L'epica classica

CHE COS'È L'EPICA CLASSICA

Quando parliamo di «epica classica» ci riferiamo ai poemi epici del mondo classico, cioè **greco** e **latino**, nello specifico all'*Iliade*, all'*Odissea*, all'*Eneide*.

Le principali caratteristiche di un poema classico sono:

▶ il **carattere celebrativo** della poesia: in tali poemi vengono infatti celebrate le imprese gloriose di eroi, esseri eccezionali di origine umana o divina o semidivina; *→ celebra la vita degli eroi*

▶ la presenza di **tre parti fondamentali**:
  – il **proemio**, ossia una premessa al racconto vero e proprio, contenente l'invocazione alla Musa ispiratrice e l'esposizione sintetica dell'argomento che verrà trattato nell'opera; *come un prologo — premessa*
  – lo **svolgimento** o narrazione dei fatti;
  – la **catarsi**, che si riferisce alla conclusione della vicenda; *catarsi → rito magico e purificatore del cuore che del corpo*

▶ la presenza di un **eroe protagonista**, ossia di un personaggio principale, dalle caratteristiche fisiche e morali ben delineate, che si distingue da tutti gli altri per la grandiosità delle sue azioni e dei suoi comportamenti. È il caso di **Achille** nell'*Iliade*, di **Ulisse** nell'*Odissea*, di **Enea** nell'*Eneide*;

▶ la presenza di un **antagonista**, ossia di un avversario, un personaggio di ostacolo, contro il quale il protagonista deve inevitabilmente scontrarsi per affermare la propria superiorità e quindi celebrare il proprio trionfo. Così Achille dovrà combattere contro Ettore, Ulisse contro i Proci, Enea contro Turno;

▶ la presenza degli **dei**, che giocano un ruolo determinante nelle vicende. Dominati da sentimenti e passioni umane, ora aiutano gli eroi ora li ostacolano; ora impediscono che certi avvenimenti accadano ora, invece, ne favoriscono il compimento.

L'EPICA GRECA: *ILIADE* E *ODISSEA*

L'*Iliade* e l'*Odissea* sono i più antichi poemi del mondo classico e senz'altro i poemi epici più famosi della Grecia antica. Sono due opere di altissima poesia, caratterizzata da un particolare tipo di verso molto musicale, detto «esametro», che rievoca il ritmo dei canti orali da cui questi poemi hanno avuto origine. L'*Iliade* (il poema della guerra di Ilio, città chiamata anche Troia) e l'*Odissea* (il poema delle avventure di Ulisse, chiamato dai Greci Odisseo) costituiscono degli importanti **documenti della società greca antica**, in particolare della civiltà micenea, fiorita in Grecia fra il 1300 e il 1000 a.C. per opera degli Achei.

L'*Iliade* e l'*Odissea* furono considerate fin dall'antichità opere di altissimo **valore non solo letterario**, ma anche e soprattutto **culturale e morale**. I temi dominanti relativi ai vari aspetti della vita umana (l'amore e l'odio, il coraggio e la viltà, la pietà e la ferocia, la gioia e il dolore, il senso della famiglia, l'amore coniugale e filiale, l'ansia di conoscere, il desiderio del ritorno in patria), se da un lato hanno avuto un'enorme importanza per l'educazione e la formazione dell'uomo greco, dall'altro rappresentano degli ideali di vita universali ed eterni. Da qui la straordinaria attualità dei poemi omerici.

ESPUGNARE ⇩ DISTRUGGERE

Giulio Romano, Teti dà le armi ad Achille, *XVI secolo, Palazzo Ducale, Mantova.*

IL GENERE

Omero e la «questione omerica»

La tradizione attribuisce a Omero l'*Iliade* e l'*Odissea*. Ecco che cosa scrive a proposito di Omero uno studioso contemporaneo: «Che alcuni abbiano negato la persona di Omero, pur dovendo accettare la realtà dei poemi che portano il suo nome, è fatto risaputo. Tuttavia dobbiamo ammettere l'esistenza di Omero, perché ce lo impone l'innegabile realtà della sua poesia. Si suol dire che di lui non sappiamo nulla, ma è il più bugiardo modo di esprimersi che si possa immaginare. Di Omero non sappiamo la nascita, solo perché undici città si contesero fin dai tempi remotissimi l'onore di avergli dato i natali e poco conta che egli abbia visto la luce a Smirne o a Rodi, a Chio o a Colofone, ad Argo o nella stessa Atene. Lo si disse ben presto orfano di entrambi i genitori e poverissimo e infelice. Aprì una scuola nella sua città dove si insegnavano lettere e musica. Un mercante, Mente di Leucade, lo portò con sé per fargli conoscere il mondo e Omero vide molti Paesi e fu anche a Itaca, dove lo afflisse una prima malattia agli occhi. Ristabilitosi, in un viaggio a Colofone ebbe una ricaduta e fu cieco per sempre. Ma, perduta la vista, egli non cessò di vagabondare, ottenendo spesso più gloria che pane, finché nell'isola di Jos si fermò del tutto e morì. Egli di certo visse molto tempo dopo la guerra di Troia; non si sbaglierà di molto, quindi, ponendolo tra l'XI e l'VIII secolo a.C.». (A. Sivieri)

Ma l'*Iliade* e l'*Odissea* sono da attribuirsi a un **unico autore**, Omero, oppure ad **autori diversi**?
È questo il grande interrogativo della **questione omerica**.

Nei tempi antichi e più vicini a Omero, nessuno si sognò di avanzare dei dubbi; fu nel III secolo a.C. che i grammatici e gli studiosi delle opere attribuite a Omero, osservando che l'*Iliade* e l'*Odissea* presentavano notevoli differenze di lingua, di stile, di contenuto e di ambientazione storica, pensarono che i due poemi fossero di autori diversi. Ma ben presto giunsero alla conclusione che l'*Iliade* era opera di Omero giovane, mentre l'*Odissea*, che rivela una maggiore maturità, era opera dello stesso Omero in età più avanzata.

A partire dal XVII secolo, però, i due poemi omerici suscitarono tra gli studiosi un vivace dibattito: si giunse a dubitare di tutto, perfino della stessa esistenza di Omero. Emersero sostanzialmente le seguenti posizioni:

▶ l'*Iliade* e l'*Odissea* sono opere di **un unico autore**, Omero;

▶ l'*Iliade* e l'*Odissea* sono opera di **due autori distinti**: Omero compose solo l'*Iliade*, mentre un altro grande poeta in un'epoca successiva compose l'*Odissea*;

▶ l'*Iliade* e l'*Odissea* sono opere di **parecchi autori**, che composero separatamente canti epici tramandati oralmente per molto tempo e messi insieme in un secondo tempo da un anonimo raccoglitore.

Oggi comunque la critica è concorde nel riconoscere nella originalità di impostazione dell'*Iliade* e dell'*Odissea*, nella loro coerenza e nella loro efficacia poetica la sicura mano di un artista geniale, che nulla vieta di continuare a chiamare, secondo la tradizione, Omero.

Il linguaggio dell'*Iliade* e dell'*Odissea*

L'*Iliade* e l'*Odissea* sono due poemi greci in versi che conservano parecchie caratteristiche della poesia epica orale, come modi di dire particolari, ripetizioni, aggettivi o espressioni attribuiti stabilmente ai vari personaggi, che se da un lato permettevano al cantore di memorizzare meglio il contenuto del suo canto, dall'altro avevano lo scopo di tener viva l'attenzione dell'ascoltatore e di fargli riconoscere con estrema facilità fatti, situazioni, protagonisti. Nei poemi omerici, pertanto, troviamo molto spesso la presenza di:

Busto di Omero conservato al Musée du Louvre, a Parigi.

▶ **epiteti**: aggettivi ed espressioni «fissi», ripetuti con frequenza, sempre riferiti a determinati personaggi o animali, oggetti, elementi naturali.
Ad esempio: Achille **piede rapido** o **piè veloce**; Ulisse **accorto** o **ingegnoso**; Ettore **elmo abbagliante** o **massacratore**; Andromaca **braccio bianco**; asta **ombra lunga**; dardo **amaro**; mare **color del vino**;

▶ formule **fisse**, **ricorrenti** nella narrazione, che possono occupare un intero verso.
Ad esempio: l'arrivo di un nuovo giorno viene annunciato con il verso «Ma quando figlia di luce brillò l'Aurora dita rosate»; il tramonto viene richiamato con il verso «Quando il sole discese e venne giù l'ombra»; la morte di un guerriero è evocata con il verso «e sugli occhi buia notte l'avvolse» oppure «la vita volò via dalle membra e scese nell'Ade»;

▶ **patronimici**: spesso i nomi dei personaggi sono accompagnati dal nome del padre trasformato in aggettivo col suffisso -*ide*.
Ad esempio: Achille **Pelìde** (figlio di Peleo); Agamennone **Atrìde** (figlio di Atreo);

▶ **similitudini**: ossia paragoni più o meno complessi, più o meno ricchi di particolari che servono a caratterizzare, a rappresentare in modo più efficace e suggestivo azioni, situazioni e personaggi.
Ad esempio: «Patroclo si slanciò per tre volte **simile a** Ares ardente»; «**Come** quando un leone vince in battaglia un cinghiale indomabile – essi superbamente han combattuto sui monti per una piccola polla: volevano bere entrambi – e infine con la sua forza il leone vince l'altro che rantola; **così** il Meneziade, che già molti ammazzò, Ettore figlio di Priamo privò della vita con l'asta».

Poi delle belle armi li spogliò in fretta,
e li conobbe, ché presso le rapide navi
li vide, quando dall'Ida li portò Achille piede veloce.   **EPITETO**
Come leone i teneri nati di rapida cerva   **SIMILITUDINE**
facilmente dilania d'un colpo coi denti forti afferrandoli,
entrato nel covo, e strappa loro il tenero cuore;
e quella, pur trovandosi molto vicina, non può
portare soccorso, la prende terribile tremito,
fugge via rapida, traverso le macchie dense e la selva,
ansante, sudante, sotto l'assalto della belva gagliarda;
appunto così nessuno a quelli poté evitare la morte
fra i Teucri, ma essi pure fuggivano sotto gli Argivi.
Ecco, e Písandro e Ippòloco furia di guerra,   **EPITETO**
figli del saggio Antímaco – il quale grandissimo
oro, splendidi doni s'ebbe da Alessandro,
e s'era opposto a rendere Elena al biondo Menelao –
i suoi due figli uccise il potente Agamennone:
ritti su un carro solo, reggevano insieme i veloci cavalli.
A quelli sfuggiron di mano le briglie lucenti,
si sconvolsero i cavalli: contro a loro come leone balzò   **SIMILITUDINE**
l'Atrìde; essi dal carro presero a supplicare: **PATRONIMICO**
«Prendici vivi, figlio d'Atreo, accetta degno riscatto.
Molte son le ricchezze nella casa d'Antímaco,
e bronzo e oro e faticosissimo ferro;
di questi il padre prezzo infinito offrirebbe,
se ci sapesse vivi presso le navi achee».

(da *Iliade*, canto XI, trad. di R. Calzecchi Onesti, Einaudi, Torino, 1993)

IL GENERE

L'*ILIADE*

Iliade significa «vicenda di Ilio»: il poema, infatti, narra la guerra dei prìncipi achei contro la città di Troia, detta anche Ilio perché fondata da Ilo. Sulla guerra di Troia furono composti molti poemi e a essi, dal momento che trattano lo stesso argomento, si dà il nome di «**poemi del ciclo troiano**» o «**poemi ciclici**».
Il più grande poema del ciclo è sicuramente l'*Iliade*, la cui superiorità su tutti gli altri già gli antichi ritenevano indiscutibile.

La guerra di Troia nella storia

La guerra che i prìncipi achei condussero contro la città di Troia è una **realtà storica**. Ma chi erano gli Achei? E per quali ragioni intrapresero una guerra contro Troia?
Verso il 2000 a.C., dalle vallate del medio corso del Danubio, scesero verso la Penisola balcanica, attraverso la Macedonia, gli **Elleni** (chiamati più tardi Greci dai Romani), popoli indoeuropei che si dividevano in quattro gruppi, parlanti dialetti diversi: **Achei**, **Eoli**, **Ioni** e **Dori**. Di questi quattro gruppi, i primi a entrare in Grecia furono gli Achei che si stanziarono nel Peloponneso.
In un primo momento la conquista degli Achei, popolo di guerrieri e di pastori, provocò un regresso del livello di vita delle popolazioni greche, ma col passare del tempo, a contatto con la civiltà egeo-cretese, gli Achei si incivilirono, dando vita a una nuova civiltà che ebbe il suo massimo splendore fra il 1400 e il 1100 a.C. e che fu detta «**micenea**», da Micene, una delle più grandi città dell'Argolide, regione del Peloponneso. Gli Achei, divenuti ben presto esperti marinai e abili mercanti, estesero il loro dominio nel bacino del Mar Egeo; a un certo punto, però, la loro espansione commerciale a Oriente nel Mar Nero

CARTA ANIMATA

si trovò a essere ostacolata dalla potente e ricca città di **Troia** situata proprio all'imbocco dell'Ellesponto. Da qui la **guerra** che si concluse con la completa distruzione di Troia, incendiata, e con la sconfitta delle popolazioni dell'Asia Minore, alleate dei Troiani.

Le **ragioni della guerra** furono, pertanto, di **natura economica**, **commerciale** ed **egemonica** (o di dominio).

Il merito di aver accertato l'esistenza della città di Troia e di aver dimostrato che la guerra non fu frutto della fantasia dei Greci e del loro maggiore poeta fu di **Heinrich Schliemann**, un archeologo tedesco che nella seconda metà dell'Ottocento sulla collina di Hissarlik, l'area su cui doveva sorgere Troia, scoprì i resti di una città più volte distrutta e ricostruita.

Ciò che viene narrato nell'*Iliade* trae pertanto origine da un fatto storico: la città di Troia fu davvero assediata, distrutta e incendiata dai Greci, probabilmente tra il 1220 e il 1200 a.C.

La guerra di Troia nella leggenda

Secondo la leggenda, la guerra di Troia fu causata da **Paride**, figlio di **Priamo** re di Troia.

Siamo sull'Olimpo: si celebrano le nozze tra il re Peleo e la ninfa Teti dalla cui unione nascerà **Achille**, principale eroe della guerra troiana. Tutti gli dei sono stati invitati, eccetto la Discordia che, per vendicarsi dell'offesa, getta sul tavolo del banchetto una mela d'oro sulla quale è scritto: «Alla più bella». Era, Atena e Afrodite si contendono la mela. Dopo lunghe discussioni, si decide di affidare il giudizio al bellissimo Paride. Le dee allora si recano da Paride e ciascuna cerca di guadagnarsi il favore del giovane: Era gli promette la potenza, Atena la saggezza, Afrodite l'amore della donna più bella del mondo. Paride dà la mela ad Afrodite, suscitando l'odio delle altre due.

Gustave Moreau, Elena sulle mura di Troia, *Musée Gustave Moreau, Parigi.*

Qualche tempo dopo, Paride si reca a Sparta e si innamora perdutamente della bellissima **Elena**, moglie del re **Menelao**, convincendola a fuggire con lui a Troia. Per vendicare l'offesa subita, Menelao chiede l'aiuto di **Agamennone**, suo fratello e re di Micene, e di tutti gli altri prìncipi achei. La flotta greca salpa verso Troia dove ha inizio l'assedio. I Troiani resistono per nove anni, ma nel decimo Troia viene conquistata grazie all'astuzia di **Ulisse**, il re di Itaca. Egli, infatti, fa costruire un grande cavallo di legno, nel ventre del quale nasconde i più valorosi soldati achei. Grazie a uno stratagemma, il cavallo viene fatto entrare nella città di Troia. Durante la notte, gli Achei escono dal loro nascondiglio e, aiutati dai compagni che hanno finto di partire, incendiano e distruggono la città.

La struttura dell'*Iliade*

L'*Iliade* è un poema in 24 canti, costituito complessivamente da 15.696 versi. L'*Iliade* non narra tutta la guerra di Ilio, ma solo le **vicende avvenute nel corso di cinquantun giorni nel decimo e ultimo anno dell'assedio acheo**.

La vicenda dell'*Iliade*

L'ira di Achille e il suo ritiro dalla guerra (canto I)

La guerra fra Achei e Troiani dura già da nove anni e la città di Troia, assediata, continua a resistere. Crise, sacerdote di Apollo, si reca al campo acheo per riscattare la figlia fatta schiava da Agamennone, ma da questi viene trattato malamente e respinto. Ciò provoca la vendetta di Apollo che fa scoppiare una terribile pestilenza fra gli Achei. Achille rimprovera Agamennone e propone l'immediata restituzione della fanciulla al padre Crise. Agamennone è disposto a cedere, ma

Agamennone e Briseide in un vaso del V secolo a.C.

pretende in cambio Briseide, la schiava preferita di Achille. Ciò provoca una violenta lite fra i due eroi ed è causa della famosa «**ira di Achille**». Achille rinuncia alla sua schiava ma, offeso, dichiara che non parteciperà più alla guerra. Profondamente addolorato si reca in riva al mare dove la madre Teti viene a consolarlo.

Scontri fra Achei e Troiani (canti II-XV)

I canti centrali del poema narrano le battaglie e i duelli fra Achei e Troiani ai quali partecipano anche gli dei. Paride e Menelao si sfidano: il vincitore otterrà per sé Elena e si porrà fine alla guerra. Paride nel duello ha la peggio, ma quando sta per essere ucciso da Menelao, la dea Afrodite lo avvolge in una nube e lo salva. Il greco Diomede compie imprese straordinarie: ferisce Enea, colpisce persino gli dei accorsi in aiuto dei Troiani, ma rinuncia a battersi con Glauco quando scopre che le loro famiglie sono legate da vincoli di ospitalità.

Intanto Ettore, dopo l'incontro con la moglie Andromaca, sfida a duello il forte guerriero acheo Aiace Telamonio. Ben presto, i Troiani riescono ad avere il sopravvento. Per superare la grave situazione, il saggio Nestore consiglia di inviare un'ambasceria ad Achille perché ritorni a combattere, ma l'eroe resta fermo nella sua decisione.

Nel frattempo riprende la battaglia; gli Achei lottano disperatamente, ma alla fine, dopo aspri combattimenti, vengono respinti dai Troiani fino alle loro navi: l'esercito acheo sta per essere distrutto e le navi incendiate.

(annotazioni manoscritte) IL TALLONE ACHILLE È LA SUA DEBOLEZZA PK SUA MAMMA LO MISE IN UN FIUME (LETE) MA NON IMMERSE IL TALLONE PERCIÒ POTEVA ESSERE UCCISO SOLO SE L'AVESSERO COLPITO IL TALLONE

La morte di Patroclo e il giuramento di vendetta di Achille
(canti XVI-XIX)

Patroclo, il più caro amico di Achille, viste le difficoltà dei compagni, prega l'eroe di poter indossare le sue splendide armi: alla loro vista i Troiani terrorizzati senz'altro si ritireranno. Achille acconsente. Il successo dello stratagemma è immediato: i Troiani, ingannati, fuggono e Patroclo semina paura e strage fra i nemici che lo credono Achille. Ettore, però, non fugge, gli si fa incontro e lo uccide.
Achille, appresa la notizia della morte dell'amico, è assalito da un disperato dolore e giura di vendicarlo uccidendo Ettore. Si riconcilia con Agamennone, che gli restituisce Briseide, indossa la nuova armatura preparatagli dal dio Efesto e si lancia nel campo di battaglia.

(annotazione manoscritta) COCCHIO → CARROZZA

Il ritorno di Achille
(canti XX-XXIV)

Subito la battaglia si trasforma in una sconfitta per i Troiani: Achille fa strage dei nemici e si avvicina sempre più alle mura di Troia.
Quando Priamo si accorge che per i Troiani non c'è più scampo, dà ordine di aprire le porte della città affinché i fuggiaschi possano salvarsi. Solo Ettore rimane fuori dalle mura e decide di affrontare Achille. Il duello fra i due eroi si conclude con la morte di Ettore. Achille lega il cadavere al suo cocchio e lo trascina nella polvere attorno alle mura di Troia; ritorna poi alle navi e ordina grandi onori funebri per Patroclo. Dopo dodici giorni, impietosito da Priamo, il padre di Ettore, Achille permette di restituire ai Troiani il cadavere dell'eroe.
Con i solenni funerali di Ettore si chiude il poema.

(annotazioni manoscritte) ACHILLE È AFFEZIONATO PATROCLO
ERA IMPORTANTE PER I GRECI SEPPELLIRE I CADAVERI PK ALTRIMENTI VAGAVANO PER LA TERRA

Giovanni Antonio Pellegrini, Achille contempla il corpo di Patroclo, *XVIII secolo.*

I personaggi principali dell'*Iliade*

I personaggi dell'*Iliade* sono uomini e dei.

Gli **uomini** hanno qualità fisiche e morali fuori del comune, tanto da apparire sovrumane. Sono valorosi guerrieri pronti a sostenere lunghe battaglie, feroci duelli; provano ire terribili, forti desideri di vendetta, odi eccessivi; nello stesso tempo, però, si dimostrano disponibili al sentimento dell'amicizia o della compassione, che manifestano senza mezze misure.

Achei	Troiani
Achille: figlio del re Peleo e della ninfa Teti, è il guerriero più forte e valoroso degli Achei. Secondo una leggenda, la madre Teti, sapendo che sarebbe morto sotto le mura di Troia, lo immerse nel sacro fiume Stige, rendendolo invulnerabile in tutto il corpo eccetto il tallone, per il quale lo aveva tenuto sospeso. Achille è l'eroe per eccellenza, pronto a combattere e morire per la gloria.	**Ettore:** figlio di Priamo e di Ecuba, è lo sposo di Andromaca. È il maggiore eroe troiano. Ettore non ama la guerra, non aspira alla gloria; combatte per necessità, per difendere la sua città assediata, i suoi vecchi genitori, il figlio Astianatte e la moglie. Forti in lui sono il senso del dovere, gli affetti familiari e nazionali.
Agamennone: re di Micene, è il capo supremo della spedizione achea contro Troia. È autoritario, arrogante e prepotente e dal suo scontro con Achille ha origine la vicenda dell'*Iliade*.	**Priamo:** è il re di Troia, marito di Ecuba e padre di cinquanta figli, tra cui Ettore e Paride, quasi tutti destinati a morire sotto le mura di Troia. È un sovrano molto amato e rispettato, un marito affettuoso e un padre tenerissimo.
Menelao: re di Sparta, è fratello di Agamennone e marito della bellissima Elena che gli è stata rapita da Paride.	**Ecuba:** è la moglie di Priamo e la madre di Ettore e Paride.
Elena: moglie di Menelao, re di Sparta, si lascia sedurre da Paride che la conduce con sé a Troia e ciò è causa del conflitto.	**Andromaca:** moglie di Ettore e madre del piccolo Astianatte, è la più bella e poetica figura femminile del poema.
Diomede: figlio di Tideo, re di Argo, è uno dei più forti e valorosi eroi achei, compagno di Ulisse in audaci imprese.	**Paride:** figlio di Priamo e fratello di Ettore, rapisce Elena, moglie di Menelao, scatenando la guerra fra Achei e Troiani.
Ulisse: re di Itaca, è un uomo saggio, astuto, prudente; è anche uno degli eroi più valorosi.	**Enea:** figlio di Anchise e della dea Afrodite, è uno degli eroi troiani più forti e valorosi. Secondo una leggenda, Enea porterà in salvo i pochi Troiani superstiti, trovando nel Lazio una nuova patria.
Patroclo: figlio del re della Locride, vive per lungo tempo alla corte di Peleo insieme ad Achille, di cui è l'amico prediletto. Si distingue per il suo spirito di sacrificio.	
Aiace Telamonio: dopo Achille, è il più valoroso degli eroi achei.	

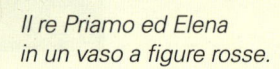

Il re Priamo ed Elena in un vaso a figure rosse.

Gli **dei** partecipano intensamente alle vicende del poema e, pur essendo immortali e dotati di poteri soprannaturali, presentano caratteristiche umane, ossia qualità, vizi, sentimenti e passioni tipici degli uomini. Al di sopra degli dei c'è però un'entità misteriosa, il **Fato**, che stabilisce il destino degli uomini e al cui volere nessuno può opporsi, nemmeno gli dei. **Nel corso della guerra di Troia alcuni dei parteggiano per gli Achei, altri per i Troiani; unica eccezione Zeus**, che rappresenta la giustizia e quindi non parteggia né per gli Achei né per i Troiani.

Divinità in favore degli Achei	Divinità in favore dei Troiani
Atena (Minerva per i Romani): dea della saggezza, è ostile ai Troiani per l'offesa subita con il giudizio di Paride che attribuì ad Afrodite il titolo di «dea più bella».	**Afrodite (Venere per i Romani):** dea della bellezza e dell'amore, è la madre di Enea. A essa Paride attribuisce il titolo di «dea più bella».
Era (Giunone per i Romani): moglie di Zeus, è la protettrice dei matrimoni. Anche Era, come Atena, è ostile ai Troiani perché offesa dal giudizio di Paride.	**Ares (Marte per i Romani):** sanguinoso e violento dio della guerra, è rivale della dea Atena dalla quale viene colpito con una pietra.
Poseidone (Nettuno per i Romani): dio del mare, parteggia per gli Achei per un'antica offesa ricevuta dal re di Troia, Priamo.	**Febo (Apollo per i Romani):** dio del Sole, scatena una terribile pestilenza nel campo acheo.
Teti: ninfa del mare, moglie di Peleo, è la madre di Achille.	
Efesto (Vulcano per i Romani): dio del fuoco, costruisce per Achille delle splendide armi.	

Giulio Romano, Gli dei dell'Olimpo, *1528, Palazzo Te, Mantova.*

INSPIRAMI A CANTA

Proemio

Così ha inizio l'***Iliade***, con il proemio, ossia con la premessa, l'introduzione al racconto vero e proprio. Il proemio è costituito da un'**invocazione** e da una **protasi**.

Nell'invocazione il poeta si rivolge a Calliope, Musa della poesia epica, affinché ispiri il suo canto. Nella protasi (o enunciazione dell'argomento) il poeta espone in modo breve e rapido l'argomento che si propone di cantare, cioè l'ira di Achille e le conseguenze che ne derivarono per gli Achei e per i Troiani.

Càntami, o Diva[1], del Pelìde[2] Achille,
l'ira funesta[3], che infiniti addusse[4]
lutti agli Achei, molte anzi tempo all'Orco
generose travolse alme d'eroi[5],
5   e di cani e d'augelli orrido pasto
lor salme abbandonò[6] (così di Giove
l'alto consiglio s'adempìa[7]), da quando
primamente disgiunse aspra contesa
il re de' prodi Atrìde e il divo Achille[8].

(da *Iliade*, canto I, trad. di V. Monti, D'Anna,
Firenze, 1960)

oltretonba

1. Càntami, o Diva: Ispirami a cantare, o Dea. Si tratta di Calliope, la Musa della poesia epica. Nella mitologia greca le Muse erano nove e ciascuna di esse proteggeva un'arte o una scienza.

2. Pelìde: è Achille, figlio di Peleo.

3. funesta: apportatrice di dolori e di morte.

4. addusse: provocò, arrecò.

5. molte … eroi: trascinò (*travolse*) nell'Oltretomba (*Orco*) molte anime (*alme*) nobili (*generose*) di eroi morti prematuramente (*anzi tempo*).

6. e di cani … abbandonò: e abbandonò i loro corpi (*salme*) perché diventassero pasto orribile (*orrido*) di cani e di uccelli (*augelli*). Questo fatto per gli antichi era molto grave. Essi, infatti, ritenevano che l'anima di un corpo rimasto privo di sepoltura avrebbe errato senza pace.

7. l'alto consiglio s'adempìa: la suprema volontà si compiva.

8. da quando … Achille: da quando all'inizio (*primamente*) una lite accanita (*aspra contesa*) divise (*disgiunse*) Agamennone figlio di Atreo (*Atrìde*), il re dei valorosi guerrieri Achei (*prodi*), e il divino (*divo*) Achille. Achille è detto divino perché figlio della ninfa Teti.

DAL TESTO ALLE COMPETENZE

COMPRENDERE

1. A chi si rivolge inizialmente il poeta e perché?

2. Il poeta nell'*Iliade* narrerà la storia dell'intera guerra degli Achei contro i Troiani o solo l'episodio culminante di essa, ossia l'ira di Achille?

3. Quali furono le conseguenze dell'«ira funesta» di Achille?

4. Lutti e stragi per gli Achei ebbero inizio dal giorno in cui scoppiò una lite violenta, accanita. Tra chi?

ANALIZZARE

5. Con questi versi che hai appena letto inizia l'*Iliade*. Essi complessivamente costituiscono: (indica con una crocetta la risposta esatta)

a l'invocazione

b il proemio

c la protasi

6. In quale verso si trova l'invocazione alla Musa ispiratrice?

7. Il poeta nel proemio accenna a un dio. Quale e perché?

8. Per gli antichi Greci, rimanere privi di sepoltura era una gravissima sventura. Chi, infatti, non riceveva sepoltura e onori funebri non poteva entrare nell'Ade ed era condannato a vagare in eterno. Quali versi confermano ciò?

LINGUA E STILE

9. Nei poemi omerici i nomi dei personaggi sono spesso accompagnati da espressioni o aggettivi fissi, detti anche epiteti, che descrivono una particolare caratteristica del personaggio. Tali «formule fisse», ripetute in modo quasi uguale, servivano a fissare nella memoria degli ascoltatori le qualità del personaggio e a renderlo così immedia... questi versi del proemio è presente un epiteto, «divo», ...atteristica di Achille vuole sottolineare?

...un personaggio è spesso accompagnato dal patroni... re trasformato in aggettivo con l'aggiunta del suffisso ...emio, Achille viene chiamato «Pelìde Achille» in quan... Sempre nel proemio trovi un personaggio indicato con

...ce? Che cosa significa? Di che cosa è composto?

...o nella famosa traduzione del poeta italiano Vincenzo ...aduttore in lingua italiana dell'*Iliade*. Individua costru... disuso e trascrivili: *diva, addusse, augelli* (continua tu)

[Nota manoscritta su foglietto giallo:]
INSPIRAMI A CANTARE O DEA CALLIO-PE, L'IRA CHE PROVOCA DOLORE DI ACHILLE, FIGLIO DI PELEO CHE PROVOCÒ INFINITI LUTTI AGLI ACHEI, TRASCINÒ PREMATURAMENTE MOLTE ANIME GENEROSE DI EROI NELL'OLTRETOMBA, E ABBANDONÒ LE LORO ANIME PERCHÉ DIVENTASSERO ORRIBILE PASTO DI CANI E DI UCCELLI. (COSÌ SI COMPIVA LA SUA SUPREMA VOLONTÀ DI GIOVE), DA QUANDO ALL'INIZIO UNA VIOLENTA LITE DIVISE IL RE DEGLI ACHEI AGAMENNONE FIGLIO D'OTREO E IL DIVINO ACHILLE

L'ira di Achille

Una terribile pestilenza mandata da Apollo semina strage e morte nel campo degli Achei. L'indovino Calcante dichiara che la causa dell'ira di Apollo è il rifiuto da parte di Agamennone di restituire la schiava Criseide al padre Crise, sacerdote di Apollo. Agamennone dapprima s'infuria, ma poi cede, pretendendo però, in compenso, la schiava di Achille, Briseide. Da qui l'ira di Achille, da cui trae ispirazione tutto il poema.

> E allora con durissime parole
> di nuovo Achille apostrofò[1] l'Atrìde
> senza punto[2] cessar dal suo furore:
> 330 «Beone![3] Occhio di cane e cuor di cervo![4]
> Non una volta t'è bastato il cuore[5]
> di armarti con le turbe[6] alla battaglia
> e con gli achivi prìncipi agli agguati[7],
> ché[8], per te, questo è simile alla morte!
> 335 Certo nel vasto campo degli Achei
> più ti conviene togliere i suoi premi
> a colui che ti affronti a viso aperto[9].
> Principe che divori il ben di tutti
> perché comandi a uomini da nulla!
> 340 Che se questo, Agamennone, non fosse[10],
> or fatto avresti l'ultimo sopruso.
> Ma pur ti dico, e grande giuramento[11]
> sopra vi faccio [...]
> giorno verrà che i figli degli Achei
> tutti d'Achille desiderio avranno,
> e a lor tu non potrai, benché dolente,
> 355 recar soccorso, tanti ne cadranno
> sotto la mano d'Ettore omicida;
> e ben dentro di te ti roderai
> di rabbia il cuore, perché onor negasti
> al più gagliardo dei guerrieri achei».

(da *Iliade*, canto I, trad. di G. Vitali, Paravia, 1952, rid.)

1. apostrofò: investì, assalì.

2. senza punto: senza minimamente.

3. Beone!: Ubriacone!

4. Occhio ... di cervo!: Hai lo sguardo spavaldo, coraggioso di un cane, ma sei vile intimamente come un cervo.

5. t'è bastato il cuore: hai avuto il coraggio.

6. turbe: massa dei guerrieri.

7. agguati: attacchi improvvisi.

8. ché: perché.

9. a colui ... aperto: a colui (cioè Achille) che ti si oppone apertamente.

10. se questo ... non fosse: se gli Achei non fossero degli uomini da nulla, cioè dei vili.

11. giuramento: è un giuramento tremendo che costerà lutti e sangue agli Achei.

DAL TESTO ALLE COMPETENZE

COMPRENDERE

1. Achille sfoga la sua ira lanciando contro Agamennone pesanti insulti. Come lo definisce infatti? Di che cosa lo accusa?

2. L'ira di Achille raggiunge il suo culmine nel giuramento. Achille, infatti, giura che: (indica con una crocetta la risposta esatta)

- ☒ **a.** un giorno gli Achei, incalzati da Ettore, sentiranno la sua mancanza e avranno bisogno del suo aiuto
- ☐ **b.** ben presto ucciderà Agamennone, vendicandosi così dell'offesa ricevuta
- ☒ **c.** un giorno Agamennone sarà ucciso dagli stessi Achei in quanto lo riterranno colpevole di aver allontanato Achille dalla battaglia

LINGUA E STILE

3. «Occhio di cane e cuor di cervo», riferiti ad Agamennone, costituiscono due bellissimi esempi di metafora.
La metafora è una figura retorica che consiste nell'usare al posto di un'espressione o di una parola un'altra parola che ha con essa un rapporto di somiglianza. Generalmente la metafora può essere considerata una similitudine abbreviata, privata dell'avverbio di paragone. Così Omero, anziché dire che «Agamennone è vile intimamente come i cervi», condensa il concetto in un'unica immagine metaforica, ossia «cuor di cervo».
Quale rapporto di somiglianza esiste tra Agamennone e «occhio di cane»?

PRODURRE

4. SCRIVERE la parafrasi. Parafrasare dei versi significa trascriverli, trasformarli in un testo in prosa senza, però, che ne vengano cambiati il contenuto e il significato. Prova a scrivere la parafrasi dei versi relativi all'episodio *L'ira di Achille*. Segui le indicazioni.

- ▶ Innanzitutto, leggi attentamente i versi, identifica le parole o le espressioni difficili e, con l'aiuto delle note, cerca di comprenderne il significato.
- ▶ Ricostruisci l'ordine delle parole secondo una successione logica (soggetto, predicato, complementi).

  E allora di nuovo Achille apostrofò l'Atrìde con parole durissime senza punto cessar dal suo furore: (continua tu) _____

- ▶ Con l'aiuto delle note sostituisci le parole difficili, di uso letterario, con altre di uso quotidiano, cercando anche di spiegare eventuali espressioni figurate o concetti troppo sintetici.

  E allora di nuovo Achille investì l'Atrìde, cioè Agamennone figlio di Atreo, con parole durissime, senza minimamente trattenere la sua ira: (continua tu) _____

  _____

  _____

Ettore e Andromaca

Sotto le mura di Troia la guerra infuria aspra e violenta. Gli Achei incalzano implacabili, provocando scompiglio e panico fra i Troiani. Ettore, dopo aver rianimato i suoi soldati, rientra in città e si reca dalla madre Ecuba per esortarla ad andare al tempio di Atena a placare l'ira della dea con preghiere e offerte. S'incontra poi con il fratello Paride e lo rimprovera aspramente perché se ne sta in casa tranquillo, mentre la battaglia infuria intorno alle mura. Ettore si dirige quindi alla propria casa per rivedere la moglie Andromaca e il piccolo figlio Astianatte.

L'incontro di Ettore e Andromaca è uno degli episodi più belli e commoventi dell'*Iliade*, tutto pervaso di amore, tenerezza, ansia, preoccupazione. Nell'ambito del poema risonante di battaglie e duelli, questi versi rappresentano un momento di pausa. Sul fragore assordante delle armi prendono per un momento il sopravvento gli affetti e i sentimenti: l'amore coniugale, l'affetto paterno, il senso del dovere, la consapevolezza di un tragico destino cui è impossibile sottrarsi. E se la figura di Andromaca, sposa affettuosa e madre premurosa, colpisce fortemente il lettore per il suo stato di disperazione e di angoscia, la figura di Ettore, così umana ed eroica, risalta in tutta la sua grandezza. Ettore ama Andromaca, ama il piccolo figlio Astianatte, soffre tremendamente al pensiero che cadano in mano nemica, tuttavia non può sottrarsi al suo dovere che lo chiama a difendere la patria e a sacrificarsi per essa. Così, infatti, ha stabilito il Fato.

Partì, così dicendo, Ettore elmo abbagliante[1];
370 e giunse in breve alla sua comoda casa;
ma non trovò nella sala Andromaca braccio bianco
perch'ella, col bambino e un'ancella bel peplo[2],
stava sopra la torre[3], desolata, gemente. [...]
E quando, attraversata la gran città, giunse alle porte
Scee, da cui doveva uscir nella piana,
qui la sposa ricchi doni[4] gli venne incontro correndo,
395 Andromaca, figliuola d'Eezíone magnanimo,
Eezíone, che sotto il Placo selvoso abitava
Tebe Ipoplacia, signore di genti cilice[5];
la sua figlia appartiene ad Ettore elmo di bronzo.
Dunque gli venne incontro, e con lei andava l'ancella,
400 portando in braccio il bimbo, cuore ingenuo, piccino,
il figlio d'Ettore amato, simile a vaga[6] stella.

1. abbagliante: splendente, rilucente.

2. peplo: veste di lana bianca, lunga fino ai piedi, fissata alle spalle con una fibbia.

3. torre: la torre delle porte Scee, porte della città attraverso le quali i Troiani passavano per recarsi sul campo di battaglia.

4. sposa ricchi doni: sposa con ricca dote.

5. Andromaca ... cilice: Andromaca è figlia di Eezíone re di Tebe, città della Cilicia in Asia Minore, che sorgeva ai piedi del monte Placo ricco di boschi (*selvoso*). È per questo che Tebe era chiamata «Ipoplacia», che in greco significa appunto «sotto il Placo».

6. vaga: bella.

Ettore lo chiamava Scamandrio[7], ma gli altri
Astianatte[8], perché Ettore salvava Ilio[9] lui solo.
Egli, guardando il bambino, sorrise in silenzio:
405 ma Andromaca gli si fece vicino piangendo,
e gli prese la mano, disse parole, parlò così:
«Misero, il tuo coraggio t'ucciderà, tu non hai compassione
del figlio così piccino, di me sciagurata, che vedova presto
sarò, presto t'uccideranno gli Achei,
410 balzandoti contro tutti: oh, meglio per me
scendere sotto terra, priva di te; perché nessun'altra
dolcezza, se tu soccombi al destino, avrò mai,
solo pene! Il padre non l'ho, non ho la nobile madre.

> *Andromaca ricorda i dolorosi fatti accaduti alla sua famiglia: il padre e i sette*
> *fratelli sono morti per mano di Achille, mentre la madre, dopo aver pagato*
> *ad Achille un riscatto per aver salva la vita, è morta di morte improvvisa.*

Ettore, tu sei per me padre e nobile madre
430 e fratello, tu sei il mio sposo fiorente[10];
ah, dunque, abbi pietà, rimani qui sulla torre,
non fare orfano il figlio, vedova la sposa;
ferma l'esercito presso il caprifico[11], là dove è molto
facile assalir la città, più accessibile il muro;
435 per tre volte venendo in questo luogo l'hanno tentato i migliori
compagni dei due Aiaci, di Idomeneo famoso,
compagni degli Atridi, del forte figlio di Tideo[12]:
o l'abbia detto loro chi ben conosce i responsi,
oppure ve li spinga l'animo stesso e li guidi!».
440 E allora Ettore grande, elmo abbagliante, le disse:
«Donna, anch'io, sì, penso a tutto questo; ma ho troppo
rossore dei Teucri[13], delle Troiane lungo peplo,
se resto come un vile lontano dalla guerra.
Né lo vuole il mio cuore, perché ho appreso a esser forte
445 sempre, a combattere in mezzo ai primi Troiani,
al padre procurando grande gloria e a me stesso.
Io lo so bene questo dentro l'anima e il cuore:
giorno verrà che Ilio sacra perisca,
e Priamo, e la gente di Priamo buona lancia:

7. Scamandrio: dal nome del fiume Scamandro che scorreva nella pianura di Troia.

8. Astianatte: in greco significa «difensore della città».

9. Ilio: altro nome di Troia, da Ilo, fondatore della città.

10. fiorente: forte, vigoroso.

11. caprifico: fico selvatico, presso le porte Scee, del quale le capre sono ghiotte.

12. i migliori ... Tideo: i più valorosi eroi achei: Aiace Telamonio, re di Salamina, e Aiace Oileo,
re di Locri; Idomeneo, re di Creta; Agamennone e Menelao, figli di Atreo; Diomede, figlio di Tideo.

13. rossore dei Teucri: vergogna dei Teucri, ossia dei Troiani.

ACHILLE VS ETTORE

- ACHILLE VUOLE SOLO COMBATTERE X LA GLORIA
- PENSA ALL'ONORE
- NON HA UNA FAMIGLIA E QUINDI VUOLE SOLO COMBATTERE
- È EGOISTA, COMBATTE PER SE STESSO

- LUI PENSA ALL'ONORE
- ETTORE PENSA ALLA FAMIGLIA E QUINDI SI VEDE L'ASPETTO UMANO
- NON SI VERGOGNA DEI SUOI SENTIMENTI
- PENSA AI TROIANI E AL POPOLO
- NONOSTANTE SAPPIA CHE MORIRÀ UCCISO DA ACHILLE VA AVANTI

Joseph-Marie Vien, L'addio di Ettore ad Andromaca, 1786, Musée du Louvre, Parigi.

IO AVRÒ PIÙ PENA PER TE CHE PER GLI ALTRI PIÙ PENSA CHE UN GIORNO UN GRECO VESTITO DI BRONZO LA RENDERÀ SCHIAVA

450 ma non tanto dolore io ne avrò per i Teucri,
non per la stessa Ecuba[14], non per il sire Priamo,
e non per i fratelli, che molti e gagliardi
cadranno nella polvere per mano dei nemici,
quanto per te, che qualche acheo chitone di bronzo[15],
455 trascinerà via piangente, libero giorno togliendoti[16]:
allora, vivendo in Argo, dovrai per altra[17] tessere tela,
e portar acqua di Messeíde o Iperea[18],
costretta a tutto: grave destino sarà su di te.

e qualcuno quando ti vedrà piangere dirà:

E dirà qualcuno che ti vedrà lacrimosa:
460 "Ecco la sposa d'Ettore, ch'era il più forte a combattere
fra i Troiani domatori di cavalli, quando lottavan per Ilio!".
Così dirà allora qualcuno; sarà strazio nuovo per te,
priva dell'uomo che schiavo giorno[19] avrebbe potuto tenerti
[lontano.

SARÀ MOTIVO DI DI DISPERAZIONE PER TE PRIVA DI UN UOMO CHE AVREBBE POTUTO TENERTI ALLA LARGA DI PARTI DI VOLTARSI SCHIAVITÀ

SPERO CHE IO MUOIA PRIMA DI SENTIRE LE TUE GRIDA DI DISPERAZIONE

Morto, però, m'imprigioni la terra su me riversata[20],
465 prima ch'io le tue grida, il tuo rapimento conosca!».

14. **Ecuba:** madre di Ettore e moglie del re Priamo.

15. **qualche acheo ... bronzo:** qualche guerriero acheo armato di una corazza di bronzo.

16. **libero giorno togliendoti:** privandoti della libertà e quindi rendendoti schiava.

17. **per altra:** per un'altra donna, per una padrona.

18. **Messeíde o Iperea:** nomi di due fonti della Grecia. La fonte Messeíde si trova in Laconia; la fonte Iperea in Tessaglia.

19. **schiavo giorno:** i giorni della schiavitù.

20. **m'imprigioni ... riversata:** mi ricopra la terra gettata sopra il mio sepolcro.

E dicendo così, tese al figlio le braccia Ettore illustre:
ma indietro il bambino, sul petto della balia bella cintura
si piegò con un grido, atterrito all'aspetto del padre,
spaventato dal bronzo e dal cimiero chiomato[21],
470 che vedeva ondeggiare terribile in cima all'elmo.
Sorrise il caro padre, e la nobile madre,
e subito Ettore illustre si tolse l'elmo di testa,
e lo posò scintillante per terra;
e poi baciò il caro figlio, lo sollevò fra le braccia,
475 e disse, supplicando a Zeus e agli altri numi:
«Zeus, e voi numi tutti, fate che cresca questo
mio figlio, così come io sono, distinto fra i Teucri,
così gagliardo di forze, e regni su Ilio sovrano;
e un giorno dica qualcuno: "È molto più forte del padre!"
480 quando verrà dalla lotta. Porti egli le spoglie cruente[22]
del nemico abbattuto, goda in cuore la madre!».
Dopo che disse così, mise in braccio alla sposa
il figlio suo; ed ella lo strinse al seno odoroso,
sorridendo fra il pianto; s'intenerì lo sposo a guardarla,
485 l'accarezzò con la mano, le disse parole, parlò così:
«Misera, non t'affliggere troppo nel cuore! Nessuno contro il
destino potrà gettarmi nell'Ade[23];
ma la Moira[24], ti dico, non c'è uomo che possa evitarla,
sia valoroso o vile, dal momento ch'è nato.
490 Su, torna a casa, e pensa all'opere tue,
telaio, e fuso[25]; e alle ancelle comanda
di badare al lavoro; alla guerra penseran gli uomini
tutti e io sopra tutti, quanti nacquero ad Ilio».
Parlando così, Ettore illustre riprese l'elmo
495 chiomato; si mosse la sposa sua verso casa,
ma voltandosi indietro, versando molte lacrime;
e quando giunse alla comoda casa
d'Ettore massacratore, trovò dentro le molte
ancelle, e ad esse tutte provocò il pianto:
500 piangevano Ettore ancor vivo nella sua casa,
non speravano più che indietro dalla battaglia
sarebbe tornato, sfuggendo alle mani, al furore dei Danai[26].

(da *Iliade*, canto VI, trad. di R. Calzecchi Onesti, Einaudi, Torino, 1993, rid.)

21. **cimiero chiomato:** pennacchio di crine di cavallo posto sull'elmo quale ornamento.

22. **spoglie cruente:** armature insanguinate.

23. **Ade:** regno dei morti.

24. **Moira:** detta anche Parca, è la dea del destino degli uomini.

25. **pensa … fuso:** pensa ai tuoi lavori domestici, a tessere e a filare.

26. **Danai:** altro nome dei Greci, così detti perché discendenti di Danao, re di Argo.

DAL TESTO ALLE COMPETENZE

COMPRENDERE

1. Andromaca ha un triste presentimento. Quale?

2. Andromaca rivolge una supplica a Ettore. Quale?

3. Un grandissimo dolore tormenta Ettore al pensiero che un giorno Andromaca diventerà schiava degli Achei. Con quali parole esprime questo concetto?

4. Ettore prende tra le braccia il figlio Astianatte e rivolge una preghiera a Zeus. Quale?

5. Ettore si rivolge ancora ad Andromaca e cerca di consolarla. Che cosa le dice?

ANALIZZARE

6. Per Andromaca, Ettore è tutto: padre, madre, fratello e sposo. Perché? Quali avvenimenti dolorosi hanno colpito la sua famiglia?

7. Rileggi i versi 466-474 e sottolinea con due colori diversi gli atteggiamenti, le reazioni di Ettore e del figlio Astianatte. Questo momento è pervaso da una particolare atmosfera che contrasta con la drammaticità della situazione. In che senso?

8. I temi dominanti dell'episodio sono: (indica con una crocetta le risposte esatte)

    [a] gli affetti familiari   [d] la viltà   [g] l'ira

    [b] l'eroismo   [e] la ribellione   [h] la rassegnazione

    [c] il senso del dovere   [f] l'amore coniugale   [i] il senso del destino

9. Se analizzi attentamente l'episodio, ti accorgi che ne emerge una particolare concezione della donna. Nella società antica le donne godevano di grande libertà o dovevano rimanere a casa a occuparsi dei lavori domestici e della cura dei figli? Quale sorte era riservata alle donne in caso di sconfitta del proprio popolo?

LINGUA E STILE

10. Spiega il significato dei seguenti epiteti:

    a. Ettore **elmo abbagliante**: _splendente come un elmo_

    b. Andromaca **braccio bianco**: _perché era con il bambino e il sente_

    c. sposa **ricchi doni**: _di lana bianco, sposa con ricca dote_

    d. balia **bella cintura**: _____

11. Nel verso 401 è presente una similitudine. Qual è il primo termine di paragone? Qual è il secondo termine di paragone?

ETTORE AMATO - VAGA STELLO

PRODURRE

12. SCRIVERE. **L'episodio di Ettore e Andromaca.** Esprimi le tue impressioni sull'episodio che hai letto. Lo ritieni commovente? Quali sono i passi che ti hanno maggiormente colpito e perché? Che cosa pensi del personaggio di Andromaca? In che senso Ettore appare una figura «umana ed eroica»?

La morte di Patroclo

APOLLO È A FAVORE DEI TROIANI

Patroclo, ottenuto da Achille il permesso di indossare le sue armi, semina strage fra i Troiani. Ma un tragico destino lo attende: morirà per mano di Ettore dopo essere stato disarmato dal dio Apollo e ferito dal troiano Èuforbo. Patroclo, guerriero valoroso, uomo buono e generoso, è l'amico più caro di Achille. Sarà proprio la sua morte a far tornare in guerra il grande eroe greco.

E Patroclo si slanciò sui Troiani meditando rovina,
si slanciò per tre volte, simile ad Ares ardente[1],
785 paurosamente gridando: tre volte ammazzò nove uomini.
Ma quando alla quarta balzò, che un nume[2] pareva,
allora, Patroclo, apparve la fine della tua vita:
Febo[3] gli mosse incontro nella mischia selvaggia,
tremendo, ed egli non lo vide venire in mezzo al tumulto;
790 gli venne incontro nascosto di molta nebbia.
E dietro gli si fermò, colpì la schiena[4] e le larghe spalle
con la mano distesa: a Patroclo girarono gli occhi.
[...]
805 Una vertigine gli tolse la mente[5], le membra belle si sciolsero, = SI INDEBOLÌ
si fermò esterrefatto[6]: e dietro la schiena con l'asta aguzza
in mezzo alle spalle, dappresso[7], un eroe dardano[8] lo colpì,
Èuforbo di Pàntoo che sui coetanei brillava[9] = ERA IL MIGLIORE TRA I SUOI COMPAGNI GUERRIERI
per l'asta, per i cavalli e per i piedi veloci;
[...]
Ma Patroclo, vinto dal colpo del dio e dall'asta,
fra i compagni si trasse evitando la Chera[10].
Ettore, come vide il magnanimo[11] Patroclo
tirarsi indietro, ferito dal bronzo puntuto[12],
820 gli balzò addosso in mezzo alle file, lo colpì d'asta
al basso ventre: lo trapassò col bronzo. = LA SPADA
Rimbombò stramazzando[13], e straziò il cuore all'esercito acheo.

SI ADDOLORARONO

1. Ares ardente: Ares (Marte) è il dio della guerra, pieno di impeto guerriero.

2. nume: dio.

3. Febo: il dio Apollo.

4. E dietro ... schiena: Febo colpisce Patroclo da dietro, a tradimento.

5. gli tolse la mente: lo stordì.

6. esterrefatto: sbalordito.

7. dappresso: da vicino.

8. dardano: troiano.

9. brillava: eccelleva, si distingueva.

10. Chera: spirito della morte.

11. magnanimo: di animo generoso, nobile.

12. dal bronzo puntuto: dall'asta dalla punta di bronzo.

13. Rimbombò stramazzando: Cadendo pesantemente a terra fece rimbombare l'armatura.

Come quando un leone vince in battaglia un cinghiale
[indomabile,
– essi superbamente han combattuto sui monti
825 per una piccola polla[14]: volevano bere entrambi –
e infine con la sua forza il leone vince l'altro che rantola[15];
così il Meneziade[16], che già molti ammazzò,
Ettore figlio di Priamo privò della vita con l'asta,
e gli disse vantandosi parole fuggenti:
830 «Patroclo, tu speravi d'abbattere la nostra città,
e alle donne troiane togliendo libero giorno[17],
condurle sopra le navi alla tua terra patria,
stolto! Per esse i veloci cavalli d'Ettore
si tendono sopra i garretti[18] a combattere: io con l'asta
835 eccello fra i Teucri amanti di guerra:
e così li difendo
dal giorno fatale; ma te qui gli avvoltoi mangeranno».
[...]
E tu rispondesti, sfinito, Patroclo cavaliere:
«Sì, Ettore, adesso vàntati:
845 a te hanno dato vittoria Zeus Cronide[19] e Apollo, che
[m'abbatterono
facilmente: essi l'armi dalle spalle mi tolsero.
Se anche venti guerrieri come te m'assalivano,
tutti perivano qui, vinti dalla mia lancia;
me uccise destino fatale e il figliuolo di Latona[20],
850 e tra gli uomini Èuforbo: tu m'uccidi per terzo.
Altro ti voglio dire e tientelo in mente:
davvero tu non andrai molto lontano, ma ecco
ti s'appressa la morte e il destino invincibile:
cadrai per mano d'Achille, dell'Eacide[21] perfetto».
855 Mentre parlava così la morte l'avvolse,
la vita volò via dalle membra e scese nell'Ade[22],
piangendo il suo destino, lasciando la giovinezza e il vigore.

(da *Iliade*, canto XVI, trad. di R. Calzecchi Onesti,
Einaudi, Torino, 1993, rid.)

14. **polla**: sorgente d'acqua.
15. **rantola**: respira a fatica essendo sul punto di morire.
16. **Meneziade**: si tratta di Patroclo, figlio di Menezio.
17. **libero giorno**: la libertà.
18. **garretti**: regione degli arti posteriori dei cavalli.
19. **Zeus Cronide**: è Zeus, figlio di Crono.
20. **il figliuolo di Latona**: Apollo.
21. **Eacide**: discendente di Eaco. Il nonno di Achille era infatti Eaco.
22. **Ade**: regno dei morti.

DAL TESTO ALLE COMPETENZE

COMPRENDERE

1. Riordina cronologicamente i seguenti fatti inserendo un numero progressivo nelle caselle.

[4] Èuforbo ferisce con l'asta Patroclo.

[5] Patroclo muore.

[3] Febo colpisce alle spalle Patroclo.

[1] Patroclo fa strage dei Troiani.

[4] Ettore colpisce a morte Patroclo.

ANALIZZARE

2. Patroclo, rivolgendosi a Ettore, dice: «Tu m'uccidi per terzo». Che cosa intende dire? PATROCLO ERA GIÀ STATO TRAMORTITO DAL DIO APOLLO, DA (POI) DAL MIGLIORE DEI

3. Come definiresti il comportamento del dio Febo Apollo e del troiano Èuforbo? GUERRIERI TROIANI E INFINE UCCISO DA ETTORE

4. Patroclo morente preannuncia a Ettore la sua morte. Per mano di chi morirà l'eroe troiano? ETTORE MORIRÀ POI DURANTE UN BATTAGLIA A CAUSA DI ACHILLE

5. «... allora, Patroclo, apparve la fine della tua vita...» (verso 787).
In questo verso il poeta si rivolge in modo diretto a Patroclo dimostrando così: (indica con una crocetta la risposta esatta)

[a] di partecipare al tragico momento della sua morte

[b] di considerare Patroclo un eroe di poco conto, di scarso valore

LINGUA E STILE

6. Individua nel testo i patronimici e sottolineali.

7. Rispettivamente a quali personaggi si riferiscono i seguenti due epiteti?

a. Magnanimo: *Patroclo*   b. Massacratore: *Ettore*

8. Nei versi 823-829 è presente una bellissima similitudine tratta dal mondo della natura. A chi viene paragonato Ettore? A chi, invece, Patroclo?
Questa similitudine permette al poeta di meglio descrivere una situazione. Quale?

9. La metonimia è una figura retorica che consiste nel sostituire un termine con un altro, legato al primo da un rapporto logico o materiale. Ad esempio, posso dire «bevo un bicchiere» scambiando il contenuto (vino) con il contenitore (bicchiere). Nel verso 821 si legge «lo trapassò col bronzo». Perché bronzo costituisce una metonimia?

No (accanto al 9.)

PRODURRE

10. **SCRIVERE. La figura di Ettore.** In questo episodio Ettore appare diverso da come l'abbiamo conosciuto nell'incontro con Andromaca. Mentre là, infatti, l'eroe troiano ci appariva in tutta la sua grandezza «eroica e umana», qui si rivela un uomo spietato, crudele. Condividi questa opinione? Quali potrebbero essere le giustificazioni di un simile comportamento?

Gli eroi e le armi

Il senso dell'onore degli eroi

Il mondo cantato dai poemi omerici, e soprattutto dall'*Iliade*, è un mondo di eroi, che si staccano nettamente dagli uomini comuni, dalla massa dei guerrieri anonimi, per nobiltà di stirpe (che spesso è vera e propria discendenza divina), per ricchezza e potere, per valore guerriero e, in particolare, per senso dell'onore.

In tutta l'*Iliade* ciò che muove le azioni degli eroi è il desiderio di gloria individuale, di fama per sé e per i posteri. Ogni offesa non vendicata getta un'ombra di vergogna sull'eroe.

Anche gli eroi piangono

In Omero gli eroi non hanno alcuna vergogna a piangere senza ritegno.

Agamennone è rappresentato con le lacrime agli occhi alla vista del fratello Menelao ferito e a ogni minaccioso successo dei Troiani. Piangono e gemono i maggiori prìncipi achei e lo stesso Ettore.

Le lacrime non sono quindi riservate alle mogli e ai genitori dei morti sul campo di battaglia. Gli eroi che piangono non sono considerati deboli o vili, come accade invece quando fuggono dal campo di battaglia.

Il sistema dei valori della Grecia classica vieterà le lacrime agli uomini; la morale omerica, invece, consente agli eroi dell'*Iliade* di manifestare il dolore con la stessa violenza che praticano in battaglia. La guerra, infatti, che è la strada necessaria per mostrarsi eroi

Achille fascia le ferite di Patroclo in un piatto del 500 a.C.

e raggiungere la gloria, è per sua natura fonte di dolore e di paura.

Achille è naturalmente il caso più singolare. Le sue lacrime attraversano l'intero poema. Sono lacrime di rabbia per l'affronto e il grave oltraggio inferto al suo onore quando Agamennone gli sottrae la schiava Briseide. Oppure sono lacrime di autentica e atroce sofferenza per la morte dell'amico Patroclo. Il più forte degli Achei è anche il più coinvolto dalle lacrime e dai singhiozzi. Non è un paradosso: la «lacrimosità» di Achille si intona perfettamente al personaggio. Infatti, per Omero, l'eroe per eccellenza si caratterizza proprio per la sua vicinanza con la morte e quindi con il dolore.

(da AA.VV., *Segnalibro*, Bompiani, Milano, 2006, rid. e adatt.)

Le armi e il modo di combattere

Nei poemi omerici, e soprattutto nell'*Iliade*, sono frequenti le descrizioni delle armi degli eroi. L'armatura degli eroi è costituita da armi difensive e offensive.

Le **armi difensive** sono:

- l'**elmo**, che protegge il capo, il naso e le guance. È formato da placche di bronzo ed è sormontato da una criniera o coda di cavallo, per incutere timore e anche per aumentare la statura;
- la **corazza**, costituita da due piastre metalliche, una per proteggere il petto e l'altra la schiena, è fissata da lamine e da una cintura;
- le **gambiere** (o schinieri o gambali), che proteggono la gamba, il ginocchio e la caviglia e sono spesso decorate;
- lo **scudo** (circolare o rettangolare), che protegge dalle frecce o dalle lance nemiche, è di legno, coperto di cuoio e di lamine metalliche. Famoso è lo scudo di Achille forgiato dal dio Efesto con diversi metalli (oro, argento, stagno e rame) e composto di cinque piastre sovrapposte in ordine decrescente, circondate da una triplice fascia d'oro. Nella prima piastra, al centro dello scudo, sono scolpiti la terra, il mare, il cielo con il sole, la luna e tutte le costellazioni; nella seconda piastra ci sono due città, una in pace e l'altra in guerra; nella terza e nella quarta piastra sono raffigurate rispettivamente tre scene di vita campestre e tre scene di vita pastorale; infine, nella quinta piastra è scolpito l'Oceano che circonda la Terra.

Exekyas, Achille uccide in battaglia l'amazzone Pentesilea, *VI secolo a.C., British Museum, Londra.*

Le **armi offensive** sono:

- l'**asta** molto lunga e per lo più di frassino con punta di metallo, usata nei combattimenti in campo aperto;
- la **lancia** di legno con un puntale di bronzo, usata nei duelli e considerata l'arma del valore guerriero;
- la **spada** metallica, corta e robusta, e con l'elsa riccamente lavorata e ornata d'oro e d'argento. È considerata un'arma di ripiego, che serve per il corpo a corpo quando i colpi dell'asta o della lancia sono andati a vuoto;
- l'**arco,** considerato un'arma vile perché può scagliare frecce di nascosto o da lontano, senza rivelare così l'identità dell'arciere.

Inoltre, nell'*Iliade* si parla molto spesso del **carro da guerra**, trainato da due cavalli. Il suo uso, però, è soltanto quello di un mezzo di trasporto. I guerrieri, infatti, quando devono duellare, scendono dal carro e combattono a piedi.

Infine, le descrizioni delle **battaglie** nell'*Iliade* sono molto confuse. Sembra mancare qualunque piano direttivo e tutto sembra essere rimesso all'impeto delle schiere contrapposte e al valore individuale dei capi. La battaglia si frantuma così in una miriade di duelli individuali.

(G. Giannantoni, *Letture dall'*Iliade *e dall'*Odissea, La Nuova Italia, Firenze, rid. e adatt.)

Scena di guerra in un vaso della fine del VI secolo a.C.

Il duello tra Ettore e Achille

Achille, con le nuove armi che la madre Teti gli ha fatto forgiare dal dio Efesto, si lancia nel campo di battaglia e fa strage dei Troiani, sempre alla ricerca di Ettore. Ed ecco i due eroi uno di fronte all'altro: da una parte Achille, accecato dall'ira e assetato di vendetta; dall'altra Ettore, con il suo profondo senso dell'onore e del dovere.
Ti presentiamo l'episodio in parte in una versione in prosa, in parte nei versi omerici.

E quando i due guerrieri, avanzando l'uno contro l'altro, furono vicini, ad Achille per primo parlò il grande Ettore dal pennacchio irrequieto[1] sull'elmo: «Non scapperò più, o figlio di Peleo, davanti a te come ho fatto prima, che son corso tre volte intorno alla città e non ho avuto il coraggio di aspettar il tuo assalto[2]. Ora invece sono qui deciso a starti di fronte: e può ben darsi che ti uccida o anche che soccomba. Su, allora, volgiamo lo sguardo agli dei: essi così saranno i migliori testimoni e custodi dei nostri patti. Io, sappilo, non intendo far strazio di te selvaggiamente, se Zeus mi concede di tener duro[3] e se ti tolgo la vita: ma dopo averti spogliato delle armi famose, o Achille, darò indietro il cadavere agli Achei. E così fa' anche tu!».

E a lui, guardandolo torvo[4], diceva Achille dai rapidi piedi: «Ettore, non parlarmi di patti! Sei proprio un folle. Non c'è tra leoni e uomini alleanza, né lupi e agnelli vanno d'accordo, ma si vogliono male a vicenda senza tregua: così non è possibile amicizia fra me e te. Mai tra noi ci saranno impegni giurati: prima uno dei due deve cadere e saziar la sete di sangue[5] del dio della guerra, Ares».

Disse e, traendo all'indietro la lancia dalla lunga ombra, la scagliò. Ma guardava dritto in avanti, lo splendido Ettore, e riuscì a scansarla: la vide in anticipo e si chinò. Ed essa volò via, la lancia di bronzo, al di sopra, e si confisse nel terreno. La svelse[6] Pallade Atena e la ridava ad Achille. Ettore non se n'accorse.

E allora l'eroe parlò all'irreprensibile Pelìde[7]: «Hai sbagliato il colpo! E ora a te! Schivala, la mia lancia di bronzo! Oh, potessi tu prenderla tutta in corpo! Allora si farebbe anche meno pesante la guerra per i Troiani, dopo la tua fine: ora per loro tu sei la più grande sciagura».

Disse e, traendo indietro la lancia dalla lunga ombra, la scagliò, e colpiva in pieno lo scudo di Achille senza sbagliare. Ma l'asta rimbalzò via lontano. Ci rimase male, Ettore, al vedere che il colpo gli era uscito di mano a vuoto: un'altra asta di frassino non ce l'aveva. E allora chiamava a gran voce Deifobo[8] dal bianco scudo: gli chiedeva una lunga lancia. Ma lui non gli era più vicino!

Comprese Ettore nel suo intimo e disse: «Ohimè! Sì, lo vedo, m'han chiamato, gli dei, a morte. E io che credevo mi fosse accanto il guerriero Deifobo! Ma egli è dentro le mura; e me qui ingannò Atena. Ora, lo so, mi è vicina la triste fine. Ma non devo perire senza lotta e senza gloria. Voglio compiere qualcosa di grande, che anche i posteri venga-

Note

1. **pennacchio irrequieto:** pennacchio svolazzante (*irrequieto*) di crine di cavallo, posto sull'elmo quale ornamento.

2. **Non scapperò più ... assalto:** Ettore precedentemente, alla vista di Achille, in preda al terrore, era fuggito compiendo per ben tre volte il giro della città.

3. **tener duro:** resistere.

4. **torvo:** bieco, minaccioso.

5. **saziar ... sangue:** appagare, soddisfare il desiderio di morte.

6. **La svelse:** La tirò via con forza.

7. **irreprensibile Pelìde:** perfetto, ineccepibile Achille, figlio di Peleo.

8. **Deifobo:** fratello di Ettore. Atena aveva preso le sembianze di Deifobo per ingannare Ettore e convincerlo così ad affrontare Achille.

no a sapere». Così diceva e sguainò la spada tagliente che gli pendeva
dal fianco, grossa e massiccia. E contraendosi tutto si avventò: parve
aquila che alta vola e cala verso il piano[9] attraverso nembi[10] oscuri a
ghermire un tenero agnello o una timida lepre. Così Ettore si slanciò
brandendo l'aguzza spada.

Anche Achille diede un balzo con l'animo pieno di furore selvaggio.
Davanti al petto protendeva lo scudo magnifico, di squisita lavorazione.
E scuoteva l'elmo luccicante a quattro creste: belli si agitavano i fiocchi
d'oro, che Efesto aveva messo foltissimi, intorno al cimiero.

Come va tra gli astri, nel cuor della notte, la stella Vespero che si libra
bellissima in cielo: così brillava in punta l'asta che Achille veniva, con
la destra, palleggiando con malanimo contro il divino Ettore; e intanto
spiava il suo corpo splendido, dove colpire più giusto. Ma anche lui,
Ettore, lo coprivano le armi di bronzo: le belle armi che aveva tolto
al forte Patroclo, dopo averlo ucciso. Solo era nudo dove le clavicole
separano il collo dalle spalle, alla gola. Qui si perde subito la vita.

Qui Achille glorioso lo colse con l'asta mentre infuriava,
dritta corse la punta traverso al morbido collo;
però il faggio greve[11] non gli tagliò la strozza[12],
così che poteva parlare, scambiando parole.
330 Stramazzò nella polvere; si vantò Achille glorioso:
«Ettore, credesti forse, mentre spogliavi Patroclo,
di restare impunito: di me lontano non ti curavi,
bestia! ma difensore di lui, e molto più forte,
io rimanevo sopra le concave navi,
335 io che ti ho sciolto i ginocchi[13]. Te ora cani e uccelli
sconceranno sbranandoti; ma lui seppelliranno gli Achei».
Gli rispose senza più forza, Ettore elmo lucente:
«Ti prego per la tua vita, per i ginocchi[14], per i tuoi genitori,
non lasciare che presso le navi mi sbranino i cani
340 degli Achei, ma accetta oro e bronzo infinito,
i doni che ti daranno il padre e la nobile madre:
rendi il mio corpo alla patria, perché del fuoco
diano parte a me morto i Teucri[15] e le spose dei Teucri...».
Ma bieco guardandolo, Achille piede rapido disse:
345 «No, cane, non mi pregare, né pei ginocchi né pei genitori;
ah! che la rabbia e il furore dovrebbero spingere me
a tagliuzzar le tue carni e a divorarle così, per quel che m'hai fatto:
nessuno potrà dal tuo corpo tener lontane le cagne,
nemmeno se dieci volte, venti volte infinito riscatto
350 mi pesassero qui, altro promettessero ancora:
nemmeno se a peso d'oro vorrà riscattarti
Priamo Dardanide[16], neanche così la nobile madre
piangerà steso sul letto il figlio che ha partorito,
ma cani e uccelli tutto ti sbraneranno».
355 Rispose morendo Ettore, elmo lucente:

9. **piano:** pianura.

10. **nembi:** nuvole.

11. **il faggio greve:**
l'asta (in legno di fag-
gio) pesante.

12. **strozza:** gola.

13. **ti ho sciolto i gi-
nocchi:** ti ho fatto
crollare a terra.

14. **per i ginocchi:**
nelle invocazioni, i gi-
nocchi venivano citati
come simbolo della vi-
ta, del vigore fisico, poiché si piegano quan-
do si cade a terra.

15. **perché ... Teucri:**
affinché i Troiani mi
diano gli onori fune-
bri con il rogo e la se-
poltura.

16. **Dardanide:** discendente di Dardano, il ca-
postipite dei Troiani.

95

«Va', ti conosco guardandoti! Io non potevo
persuaderti, no certo, ché in petto hai un cuore di ferro.
Bada però, ch'io non ti sia causa dell'ira dei numi,
quel giorno che Paride e Febo Apollo con lui
360 t'uccideranno, quantunque gagliardo, sopra le Scee[17]».
Mentre diceva così, l'avvolse la morte:
la vita volò via dalle membra e scese nell'Ade[18],
piangendo il suo destino, lasciando la giovinezza e il vigore.

Ma a lui, anche dopo morto, diceva il grande Achille: «Per adesso
stai lì tu! E il mio destino io l'accoglierò quando Zeus vorrà mandarlo
insieme con gli altri dei immortali».
Così parlò: estrasse dal cadavere la lancia di bronzo, e la pose da parte.
Poi gli toglieva di dosso l'armatura insanguinata.
A Ettore divino riservava un trattamento indegno. Gli forò da parte
a parte i tendini, dietro, di entrambi i piedi, tra il calcagno e la caviglia, e vi fece passare delle corregge[19] di cuoio. Poi lo legava al carro
lasciandolo striscare a terra con il capo. Saliva sul cocchio mettendoci
su l'armatura famosa: sferzò i cavalli alla corsa, ed essi di buona voglia
volarono via.
Veniva Ettore, trascinato, e se ne levava un polverone: di qua e di là si
sparpagliavano le chiome brune, per intero posava sul suolo la testa, un
tempo piena di grazia. Ma allora Zeus permise ai nemici di far strazio
dell'eroe, là nella terra dei suoi padri.
Così era tutto una polvere il suo capo. Ed ecco che la madre si strappava i capelli, buttò via lontano il nitido velo, e diede in un urlo di
lamento, lunghissimo, al veder il figlio. Proruppe in grida di pianto,
suo padre, da stringere il cuore: e tutt'intorno la popolazione si abbandonava a ululi[20] e gemiti per la città. Era proprio come se Ilio[21] intera,
sull'altura, bruciasse tra le fiamme da cima a fondo.

17. Scee: le porte Scee di Troia.

18. Ade: regno dei morti.

19. corregge: cinghie.

20. ululi: forti urla.

21. Ilio: altro nome di Troia, da Ilo fondatore della città.

(da *Iliade*, canto XXII, trad. di G. Tonna, Garzanti, Milano, rid.
e da *Iliade*, canto XXII, trad. di R. Calzecchi Onesti, Einaudi, Torino, 1993)

DAL TESTO ALLE COMPETENZE

COMPRENDERE

1. Prima del duello vero e proprio, Ettore e Achille si scontrano a parole. Ettore, infatti, chiede ad Achille di fare un patto. Quale?

2. Quando Ettore capisce che la sua fine è vicina? Di conseguenza, che cosa fa?

3. Ettore morente rivolge una supplica ad Achille. Quale? Qual è la risposta di Achille?

4. Ettore, prima di morire, pronuncia una profezia. Quale?

5. Achille riserva a Ettore morto «un trattamento indegno». In che senso?

6. Quali sono, rispettivamente, le reazioni del padre, della madre, dell'intera popolazione di Troia di fronte allo scempio del cadavere di Ettore?

▶ Padre: *Prorruppe in grida di pianto*

▶ Madre: *si strappava i capelli*

▶ Popolazione: *si abbandonava a tristi urla e gemiti per la città*

ANALIZZARE

7. Quale **ruolo** assume la **dea Atena** in questo episodio?

8. Da dove provengono le **armi** che indossa Ettore? E quelle di Achille?

9. Il **tema dominante** dei discorsi di **Ettore** è: (indica con una crocetta la risposta esatta)

ⓐ il desiderio di vendetta

ⓑ la richiesta di restituzione del proprio cadavere

ⓒ la rassegnazione alla morte

10. Invece, qual è il **tema dominante** dei discorsi di **Achille**?

11. Ettore e Achille sono senza dubbio due **diverse figure di «eroe»**: sono, infatti, caratterizzati da atteggiamenti e sentimenti differenti. Tuttavia che cosa li accomuna?

LINGUA E STILE

12. Nell'episodio sono presenti due **similitudini**. Individuale e sottolineale.

13. Nel testo in versi individua gli **epiteti** attribuiti ad Achille e a Ettore e trascrivili nella seguente tabella.

Epiteti di Achille	Epiteti di Ettore

14. Confronta gli ultimi tre versi della **morte di Patroclo** (pag. 90) e gli ultimi tre versi della **morte di Ettore**. Che cosa noti? Individua e sottolinea la **formula fissa**.

Priamo alla tenda di Achille

Alessandro Baricco

Scrittore italiano, 1958

Il vecchio re Priamo, pazzo di dolore per la morte del figlio Ettore, decide di recarsi nel campo acheo, da Achille, per riscattare con molti doni il corpo del figlio.

Di notte, in compagnia di un fedele e saggio araldo, Priamo attraversa il campo acheo e, con l'aiuto di un giovane principe acheo, raggiunge la tenda di Achille.

L'eroe, dinanzi a quel vecchio padre supplicante, si intenerisce, lo conforta e gli restituisce il corpo di Ettore, lavato e profumato. È questo un passo del poema in cui si coglie in Achille, guerriero audace, spietato, vendicativo e irascibile, un senso di pietà e di rispetto per il dolore altrui.

Ti presentiamo l'episodio raccontato in prosa da **Alessandro Baricco**, uno dei più noti esponenti della narrativa italiana contemporanea.

LETTURA ESPRESSIVA

Leggi l'episodio ad alta voce in **modo espressivo**, cioè rispettando le pause e con la corretta intonazione e la corretta intensità (alta, bassa, normale…) della voce.

Commenta poi oralmente l'episodio.

E tutti videro il re Priamo rotolarsi nel fango, impazzito dal dolore. Vagava dall'uno all'altro a supplicare che lo lasciassero andare alle navi degli Achei a riprendersi il corpo del figlio. Con la forza, dovettero tenerlo fermo, il vecchio pazzo. Per giorni rimase seduto in mezzo ai figli, chiuso nel suo mantello.

Poi, una sera, si alzò. Andò nel talamo[1] e fece chiamare la sua sposa, Ecuba. E quando l'ebbe di fronte le disse: «Io devo andare laggiù. Porterò doni preziosi che addolciranno l'animo di Achille. Io devo farlo». Ecuba prese a disperarsi. «Mio dio, dov'è finita la saggezza per cui andavi famoso? Vuoi andare alle navi, tu, da solo, vuoi finire davanti all'uomo che tanti figli ti ha ucciso? Quello è un uomo spietato, cosa credi, che avrà pietà di te, e rispetto? Stattene qui a piangere nella tua casa, per Ettore noi non possiamo fare più niente, era il suo destino farsi divorare dai cani lontano da noi, preda di quell'uomo a cui strapperei il fegato a morsi.»

Ma il vecchio re le rispose: «Io devo andare laggiù. E non sarai tu a fermarmi. Se è destino che io muoia presso le navi degli Achei, ebbene, morirò: ma non prima di aver stretto tra le braccia mio figlio, e pianto tutto il mio dolore su di lui».

Così disse, e poi fece aprire tutti gli scrigni più preziosi. Scelse dodici pepli[2] bellissimi, dodici mantelli, dodici coperte, dodici teli di lino candido, e dodici tuniche. Pesò dieci talenti d'oro, e prese due tripodi lucenti, quattro lebeti[3] e una coppa meravigliosa, dono dei Traci.

Quando tutto fu pronto salì sul suo carro. Tutti i doni li avevano caricati su un secondo carro, guidato da Ideo, l'araldo pieno di saggezza. Se ne partirono, il re e il fedele servitore, senza scorta, senza guerrieri, soli, nel buio della notte.

1. talamo: camera nuziale.

2. pepli: vesti femminili dell'antica Grecia.

3. lebeti: recipienti a forma di catino o di vaso, sostenuti da un treppiede, usati per cuocere carne o per fare sacrifici.

Il re Priamo
e la sua famiglia
in una stampa
ottocentesca
di Adolphe
Monticelli.

Quando arrivarono al fiume si fermarono, per far bere le bestie. E fu lì che videro quell'uomo avvicinarsi, sbucato dal nulla, dal buio. «Scappiamo, mio re» disse subito Ideo, impaurito. «Scappiamo o quello ci ucciderà.» Ma io non riuscivo a muovermi, ero impietrito dalla paura, vedevo quell'uomo avvicinarsi sempre di più, e non riuscivo a far nulla. Venne verso di me, proprio verso di me, e mi porse la mano. Aveva l'aspetto di un principe, giovane e bello. «Dove stai andando, vecchio padre?» disse. «Non temi il furore degli Achei, tuoi mortali nemici? Non siete più giovani, voi due, come potrete difendervi se qualcuno vi assale? Lasciate che vi difenda io, non voglio farvi del male: tu mi ricordi mio padre.»

«Ah, giovane principe, ma chi sei tu?»

E lui disse che era venuto in guerra seguendo Achille e adesso era uno dei suoi scudieri. E disse che veniva dall'accampamento degli Achei, dove tutti i guerrieri stavano aspettando l'aurora per attaccare nuovamente Troia.

«Ma se vieni da là, allora l'avrai visto, Ettore, dimmi la verità, è ancora nella tenda di Achille o lo hanno già buttato in pasto ai cani?»

«Né cani né uccelli l'hanno divorato, vecchio» rispose. «Puoi non crederci, ma il suo corpo è rimasto intatto. Dodici giorni sono passati dalla sua uccisione, eppure sembra appena morto. Ogni giorno, all'alba, Achille lo trascina senza pietà intorno alla tomba di Patroclo, per oltraggiarlo, e ogni giorno il corpo resta intatto, le ferite si chiudono, il sangue sparisce. Qualche dio veglia su di lui, vecchio: anche se è morto, qualche dio lo ama.»

Ah, ascoltavo quelle parole con una gioia nei cuore...

«Vecchio» disse «io ti guiderò da lui. E vedrai che, con me, nessuno oserà fermarti.»

Così disse, e salì sul carro, prendendo le redini e spronando i cavalli. E quando arrivò al fossato, e al muro, nulla gli dissero le sentinelle, passò attraverso le porte aperte, e veloce ci guidò fino alla tenda di Achille. Era maestosa, sorretta da tronchi di abete e circondata da un grande cortile. La porta, enorme, era di legno. Quell'uomo la aprì, e mi disse di entrare. «Non è bene che Achille mi veda, vecchio. Ma tu non tremare, va' e inginocchiati davanti a lui. Possa tu commuovere il suo duro cuore.» Allora il vecchio re entrò. Lasciò Ideo a sorvegliare i carri. Ed entrò nella tenda di Achille. C'erano alcuni uomini che si affaccendavano intorno alla tavola ancora imbandita. Achille era seduto in un angolo, solo. Il vecchio re gli si avvicinò senza che nessuno se ne accorgesse. Avrebbe forse potuto ucciderlo. Ma invece cadde ai suoi piedi, e abbracciò le sue ginocchia. Achille rimase stupefatto, impietrito dalla sorpresa. Priamo gli prese le mani, le mani terribili che tanti figli gli avevano ucciso, e se le portò alle labbra, e le baciò. «Achille, tu mi vedi, sono vecchio ormai. Come tuo padre, ho passato la soglia della triste vecchiaia. Ma lui almeno sarà nella sua terra a sperare di rivedere un giorno il figlio, di ritorno da Troia. Immensa invece è la mia sventura: cinquanta figli, avevo, per difendere la mia terra, e la guerra me li ha portati via quasi tutti; non mi era rimasto che Ettore, e tu l'hai ucciso, sotto le mura della città di cui era l'ultimo ed eroico difensore. Sono venuto fin qui per riportarmelo a casa, in cambio di splendidi doni. Abbi pietà di me, Achille, nel ricordo di tuo padre: se hai pietà di lui abbi pietà di me che, unico fra tutti i padri, non ho avuto vergogna di baciare la mano che ha ucciso mio figlio.»

4. **ché**: perché.

Giovan Battista Cipriani, Priamo supplica Achille affinché gli restituisca il corpo di suo figlio Ettore, *1776, Museum of Art, Filadelfia.*

Gli occhi di Achille si riempirono di lacrime. Con un gesto della mano scostò da sé Priamo, con dolcezza. Piangevano, i due uomini, nel ricordo del padre, del ragazzo amato, del figlio. Le loro lacrime, in quella tenda, nel silenzio. Poi Achille si levò dal suo seggio, prese il vecchio re per mano e lo fece alzare. Guardò i suoi capelli bianchi, la bianca barba, e commosso gli disse: «Tu, infelice, che tante sventure hai patito nell'animo. Dove hai trovato il coraggio per venire fino alle navi degli Achei e inginocchiarti davanti all'uomo che ti ha ucciso tanti figli valorosi? Hai un cuore forte, Priamo. Siediti qui, sul mio seggio. Dimentichiamo insieme l'angoscia, ché[4] tanto piangere non serve. È destino degli uomini vivere nel dolore, e solo gli dei vivono felici. È la sorte, imperscrutabile, che dispensa bene e male. Mio padre, Peleo, era un uomo fortunato, primo fra tutti gli uomini, re nella sua terra, sposo di una donna che era una dea: eppure la sorte gli diede un solo figlio, nato per regnare, e adesso quel figlio, lontano da lui, corre veloce verso il suo destino di morte, seminando la rovina tra i suoi nemici. E tu, che eri così felice un tempo, re di una grande terra, padre di molti figli, padre di una fortuna immensa, adesso sei costretto ogni giorno a svegliarti in mezzo alla guerra e alla morte. Sii forte, vecchio, e non tormentarti: piangere tuo figlio non lo riporterà in vita». E con un gesto invitò il vecchio re a sedersi, sul suo seggio. Ma quello non volle, disse che voleva vedere il corpo del figlio, coi suoi occhi, solo quello voleva; non voleva sedersi, voleva suo figlio. Achille lo guardò, irritato. «Adesso non farmi arrabbiare, vecchio. Ti ridarò tuo figlio, perché se sei arrivato vivo fin qui, vuol dire che è stato un dio a guidarti, e io non voglio dispiacere agli dei. Ma non farmi arrabbiare, perché sono anche capace di disubbidire agli dei.»

Il vecchio re tremò di paura, allora, e si sedette, come gli era stato ordinato. Achille se ne uscì dalla tenda, con i suoi uomini. Andò a prendersi i preziosi doni che Priamo aveva scelto per lui. E due teli di lino, e una tunica, lasciò sul carro, perché vi avvolgessero il corpo di Ettore quando sarebbe stato pronto per essere riportato a casa. Poi chiamò le schiave e ordinò loro di lavare e ungere il cadavere dell'eroe, e di fare tutto questo in disparte, perché gli occhi di Priamo non vedessero, e non dovessero soffrire. E quando il corpo fu pronto, Achille stesso lo prese tra le braccia, lo sollevò e lo depose sul letto funebre. Poi tornò nella tenda e si sedette di fronte a Priamo. «Ti è stato reso il figlio, vecchio, come tu volevi. All'alba lo vedrai, e te lo potrai portare via. E adesso ti ordino di mangiare con me.» Prepararono una sorta di banchetto funebre, e quando il pasto fu finito, rimanemmo lì, uno di fronte all'altro a parlare, nella notte. Non riuscivo a non ammirare la sua bellezza, sembrava un dio. E lui mi stava ad ascoltare, in silenzio, rapito dalle mie parole. Per quanto possa sembrare incredibile, passammo quel tempo ad ammirarci. Tanto che alla fine, dimenticando dov'ero, e perché ero lì, io chiesi un letto, perché erano giorni che non dormivo, trafitto dal dolore: e me lo prepararono, con tappeti preziosi e coperte di porpora, in un angolo, perché nessuno degli altri Achei mi vedesse. Quando tutto fu pronto, Achille venne da me e mi disse: «Fermeremo la guerra per darti il tempo di onorare tuo figlio, vecchio re». E poi mi prese la mano, e la strinse, e io non ebbi più paura.

Mi svegliai nel cuore della notte, che tutti dormivano, intorno a me. Dovevo essere impazzito per pensare di aspettare l'alba lì. Mi alzai, in silenzio, andai ai carri, svegliai Ideo, attaccammo i cavalli e, senza che nessuno ci vedesse, partimmo. Attraversammo nel buio la pianura. E quando l'Aurora dal colore d'oro scivolò su tutta la terra, arrivammo alle mura di Troia.

(da Omero, *Iliade*, Feltrinelli, Milano, 2011, rid.)

L'*ILIADE* NELL'ARTE

Il quadro *L'ira di Achille* del pittore francese **Charles-Antoine Coypel** (1694-1752) rappresenta uno dei più famosi episodi dell'*Iliade*: l'ira di Achille. L'eroe, dallo sguardo furente, domina al centro del dipinto. Alle sue spalle, la dea della sapienza Atena cerca di fermarlo, ma non lo afferra per i capelli, come il poema racconta: il pittore, evidentemente, ha voluto rappresentare la scena secondo la sua fantasia. Altri personaggi tentano di placare l'eroe che, nell'impeto della sua rabbia cieca, calpesta e travolge corpi dando sfogo a tutto il suo rancore. Achille è il solo a indossare un'armatura: è come se il pittore volesse sottolineare quanto gli altri personaggi siano disarmati, nudi, rispetto alla sua furia.

I colori con i quali sono rese le figure sono molto scuri, così come cupi sono i toni che dominano in un cielo denso di nubi, a sostegno di una scena fortemente drammatica.

Nei versi dell'*Iliade*, l'addio tra Ettore e Andromaca si svolge presso le porte della città di Troia. Nel dipinto a pagina seguente, *Pianto d'amore (Ettore e Andromaca)* del maggiore pittore metafisico, **Giorgio De Chirico** (1888-1978), l'ambientazione è decisamente diversa. Il paesaggio, infatti, è immaginario e presenta le caratteristiche tipiche dei dipinti metafisici di De Chirico, dominati da piazze assolate e deserte, ampi spazi animati da singoli edifici classici, atmosfere silenziose senza tempo. Gli sfondi, che raffigurano paesi dimenticati, rendono ancora più irreali le figure umane che, nel mezzo di uno spazio troppo vasto, sembrano gridare la loro solitudine.

De Chirico dedicò molte opere al tema dell'addio tra i due sposi, ma quella qui riprodotta è differente: l'eroe è un manichino, come in altri dipinti, ma Andromaca ha sembianze umane. L'artista vuole far riflettere sulla differenza di valori tra uomo e donna: Ettore-uomo è

Charles-Antoine Coypel, *L'ira di Achille, 1737, Hermitage, San Pietroburgo.*

rivolto allo spettatore, ma il suo volto è coperto da una maschera e il suo atteggiamento, da guerriero, appare grottesco. Il suo ruolo pubblico, quindi, è come se fosse costruito, finto. La donna, invece, viene rappresentata in tutta la sua umanità, ma è rivolta verso l'uomo, come se la sua priorità fosse la famiglia e i suoi affetti; il pianto tra le braccia del marito e la testa china sul suo petto incarnano lo strazio di un saluto che Andromaca presagisce essere l'ultimo.

A lato, Giorgio De Chirico, Pianto d'amore (Ettore e Andromaca), *1974, Fondazione Giorgio e Isa De Chirico, Roma.*

A lato, Vincenzo Baldacci, I funerali di Ettore, *tra il 1802 e il 1813, Pinacoteca Comunale, Cesena.*

I funerali di Ettore è forse l'ultimo dipinto di **Vincenzo Baldacci** (1783 ca. - 1813), seguace del Neoclassicismo, la corrente artistica che assumeva come modello di perfezione e di bellezza l'arte antica e, in particolare, quella greco-romana. L'artista raffigura l'episodio conclusivo dell'*Iliade*. È una scena corale, affollata da personaggi che si disperano nel vedere il cadavere di Ettore.

Nella parte più alta del carro, dove è posato il corpo di Ettore, siede Priamo, suo padre, con il capo rivolto in basso e quasi nascosto da una veste celeste. Andromaca, affranta, si china sul marito, coprendolo con un telo in un ultimo gesto di tenerezza. Accanto a lei un'anziana donna tende le braccia, quasi volesse proteggere la salma: si tratta probabilmente di Ecuba, madre di Ettore. In primo piano, sulla destra, è raffigurata una donna con il capo chino: è Elena, accusata di essere la causa della guerra di Troia.

Sullo sfondo, dominato dal colore plumbeo del cielo, si staglia un tempio: la scena è probabilmente ambientata sull'acropoli dell'antica città di Troia.

1. Quale dei tre dipinti suscita in te maggiori emozioni? Motiva la tua risposta.

2. Quale aspetto dell'opera di De Chirico colpisce maggiormente la tua attenzione? Perché?

3. Nel quadro di Baldacci vi sono alcune figure che il pittore ha messo in rilievo attraverso un uso sapiente del colore e della luce. Quali e perché, secondo te?

L'*ILIADE* NEL CINEMA

Troy

LA TRAMA Il film è una rilettura cinematografica delle vicende narrate nel poema dell'*Iliade*. Paride, principe di Troia, si innamora di Elena, moglie di Menelao re di Sparta, e la rapisce.

L'ambizioso Agamennone, fratello di Menelao, chiama a raccolta tutti i Greci e cinge d'assedio la città di Troia: ha così inizio una delle guerre più sanguinose raccontate dall'epica classica.

I PROTAGONISTI In campo greco, i personaggi principali attorno ai quali ruota gran parte dell'azione sono l'invincibile guerriero Achille, l'arrogante Agamennone, il generoso ma ingenuo Patroclo.

Nello schieramento dei Troiani, il protagonista assoluto è Ettore, guerriero valoroso e saggio, padre e marito amorevole.

IL LINGUAGGIO CINEMATOGRAFICO La sceneggiatura si ispira al testo omerico con grande libertà: gli dei dell'Olimpo, ad esempio, sono del tutto assenti da una narrazione che abbraccia sia gli antefatti della guerra di Troia (il rapimento di Elena), sia la sua conclusione (la distruzione della città espugnata). Il tempo dell'azione viene concentrato in poche settimane, e l'effetto drammatico è esaltato da un'attenta ricostruzione delle scene di battaglia. Grazie alle risorse della computer grafica, un migliaio di comparse vengono moltiplicate ad arte, dando l'impressione che si tratti di un esercito di 75.000 guerrieri.

Il celebre duello fra Ettore e Achille, punto culminante del film, invece, viene messo in scena senza ricorrere a effetti speciali. Lo spettatore viene coinvolto nella sequenza grazie a un montaggio estremamente raffinato e veloce di inquadrature acrobatiche e ravvicinate, che gli danno l'impressione di prendere davvero parte al combattimento e che conferiscono maggior pathos alla scena.

Paese e anno di produzione: USA, 2004
Durata: 163 min.   **Genere:** avventura
Regia: Wolfgang Petersen

PERCHÉ QUESTO FILM Nella pellicola del regista Petersen, che vede un folto gruppo di divi hollywoodiani nei panni dei protagonisti, l'epica classica è riproposta in chiave spettacolare.

Il risultato è un film che non vuole ricostruire con esattezza gli scenari storici, come si evince dalle imponenti ma improbabili scenografie e dalla scelta di abiti, palazzi, luoghi e tecniche di guerra che non sono fedeli a quelli della Grecia dell'epoca.

Ma è proprio questa libera invenzione narrativa e scenografica, che parte da un canovaccio classico, costituito da eventi e personaggi assai conosciuti, a rappresentare il principale elemento di interesse del film.

COMPRENDERE

1. Quale fatto può essere considerato all'origine della guerra fra Greci e Troiani?

2. Perché Achille e Agamennone sono spesso in contrasto?

3. Quale evento spinge Achille a ritirarsi dalla battaglia?

4. Quale rapporto lega Patroclo e Achille?

5. Perché Patroclo si presenta sul campo di battaglia indossando le armi di Achille?

6. Come si conclude il duello fra Achille ed Ettore?

7. Chi è Priamo e quale preghiera rivolge ad Achille?

8. Come si conclude il lungo assedio?

INTERPRETARE E VALUTARE

9. Sulle base delle tue conoscenze dell'*Iliade*, confronta la vicenda raccontata nel film con quella narrata nel poema. Quali sono le differenze principali dal punto di vista dei fatti descritti?

10. Analizzando i protagonisti del film, quali sono le caratteristiche più importanti della loro personalità? Scrivi un elenco, utilizzando tre aggettivi per ciascuno dei personaggi principali.

11. Quale personaggio ti ha colpito di più? Motiva la tua scelta.

12. Scegli una sequenza d'azione del film, un duello oppure una battaglia, e descrivila dal punto di vista del linguaggio cinematografico. Quale tipo di inquadratura è prevalente? Il ritmo del montaggio com'è? E la colonna sonora?

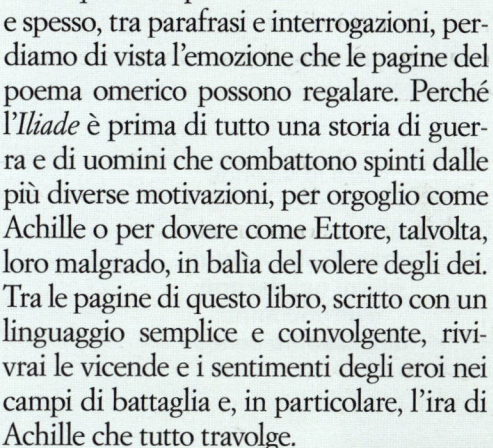

L'assedio di Troia

Fiammetta Giordani, Nuove edizioni romane

L'incontro con l'*Iliade* avviene quasi sempre a scuola e spesso, tra parafrasi e interrogazioni, perdiamo di vista l'emozione che le pagine del poema omerico possono regalare. Perché l'*Iliade* è prima di tutto una storia di guerra e di uomini che combattono spinti dalle più diverse motivazioni, per orgoglio come Achille o per dovere come Ettore, talvolta, loro malgrado, in balìa del volere degli dei. Tra le pagine di questo libro, scritto con un linguaggio semplice e coinvolgente, rivivrai le vicende e i sentimenti degli eroi nei campi di battaglia e, in particolare, l'ira di Achille che tutto travolge.

La caduta dei re

David e Stella Gemmell, Piemme

C'è un romanzo nel romanzo legato a *La caduta dei re*: dopo aver scritto *Il signore di Troia* e *L'ombra di Troia*, David Gemmell morì, lasciando incompiuto il terzo volume della trilogia. Fu la moglie Stella, che aveva già lavorato alla stesura degli altri, a concludere l'opera.
Nella rielaborazione fantasy dell'*Iliade* grande risalto viene dato al ritratto dei personaggi: uomini forti, eroici, talvolta crudeli. Come Agamennone, spinto dal desiderio di conquista e dalla vendetta. Come Ettore, che difenderà l'onore di Troia fino alle estreme conseguenze. Come Priamo, vecchio e stanco sovrano, consapevole della fine del suo regno.

ILIADE

Poema epico classico, greco

Poema attribuito a **OMERO**

24 canti; 15.696 versi

Narra le vicende della **guerra di Troia** (Ilio) avvenute **nel corso di cinquantun giorni nel decimo e ultimo anno dell'assedio acheo**

CANTO I: ira di Achille e suo ritiro dalla guerra
Lite fra Achille e Agamennone per la schiava Briseide. Achille rinuncia alla schiava ma, offeso, non parteciperà più alla guerra.

CANTI II–XV: Scontri fra Achei e Troiani
I Troiani hanno il sopravvento. Ad Achille si invia un'ambasceria perché ritorni a combattere, ma l'eroe rifiuta. L'esercito acheo sta per essere distrutto.

CANTI XVI–XIX: Morte di Patroclo e giuramento di vendetta di Achille
Patroclo, l'amico di Achille, viene ucciso da Ettore. Achille, disperato, giura di vendicarlo e, con la nuova armatura preparatagli dal dio Efesto, si lancia in battaglia.

CANTI XX–XXIV: Ritorno di Achille
Duello fra Achille ed Ettore. Morte di Ettore e restituzione del cadavere ai Troiani.

Guerra di Troia

REALTÀ STORICA
La città di Troia ostacolava l'espansione commerciale degli Achei a oriente, nel Mar Nero. Da qui, la guerra, che si concluse con la distruzione di Troia (tra il 1220 e il 1200 a.C.).

LEGGENDA
Paride, principe troiano, rapisce Elena, moglie di Menelao, re di Sparta. Per vendicare l'offesa subita, Menelao e i principi achei assediano Troia e la conquistano grazie all'astuzia di Ulisse.

LINGUAGGIO

- **Epiteti**: aggettivi ed espressioni «fissi», ripetuti (Achille, *piè veloce*)
- **Formule fisse, ricorrenti**
- **Patronimici**: nomi dei personaggi accompagnati dal nome del padre (Achille Pelide, cioè figlio di Peleo)
- **Similitudini**

PERSONAGGI PRINCIPALI

ACHEI

- **Achille**, eroe protagonista, il più forte e valoroso degli Achei. Pronto a combattere e a morire per la gloria.
- **Agamennone**, capo supremo degli Achei; arrogante e prepotente
- **Menelao**, re di Sparta, fratello di Agamennone e marito di Elena
- **Elena**, moglie di Menelao e causa della guerra
- **Diomede, Ulisse** e **Aiace Telamonio**, valorosi guerrieri
- **Patroclo**, amico di Achille

TROIANI

- **Ettore**, il maggior eroe troiano. Non aspira alla gloria, ma combatte per difendere la sua città. Ha forte senso del dovere e degli affetti familiari.
- **Priamo**, re di Troia
- **Ecuba**, moglie di Priamo e madre di Ettore e Paride
- **Andromaca**, moglie di Ettore
- **Paride**, fratello di Ettore e causa della guerra per il rapimento di Elena
- **Enea,** forte e valoroso, figlio di Anchise e della dea Afrodite

DEI FAVOREVOLI AGLI ACHEI

PER VENDICARSI SONO

- **Atena**, dea della saggezza
- **Era**, moglie di Zeus
- **Poseidone**, dio del mare
- **Teti**, ninfa del mare e madre di Achille
- **Efesto**, dio del fuoco

DEI FAVOREVOLI AI TROIANI

- **Afrodite**, dea della bellezza e dell'amore e madre di Enea
- **Ares**, dio della guerra
- **Febo**, dio del Sole

ZEUS, padre di tutti gli dei, non parteggia per nessuno, né per gli Achei né per i Troiani

I funerali di Ettore

Il vecchio Priamo, ottenuta da Achille una tregua di undici giorni per i solenni funerali di Ettore, ritorna a Troia con il corpo del figlio.
La città è in lutto: sul corpo di Ettore, riportato nella sua casa, si levano i lamenti funebri della madre Ecuba, della moglie Andromaca e di Elena. Priamo dà poi le disposizioni per rendere al figlio gli ultimi onori. Con l'episodio dei funerali di Ettore si chiude il poema.

Ma il vecchio Priamo disse parola al suo popolo:
«Via, ora, Troiani, portate legna in città, e in cuore
non paventate agguato occulto d'Achei[1]: Achille
780 mi disse così, congedandomi dalle sue navi nere[2]:
non ci tormenterà prima che venga la dodicesima aurora».
Questo disse: essi ai carri i bovi e le mule
aggiogarono, e si riunirono davanti alla città.
Per nove giorni portarono legna infinita:
785 e quando la decima aurora, luce ai mortali, comparve,
portarono fuori Ettore audace, piangendo,
e posero il corpo in cima al rogo e attaccarono il fuoco.
Ma quando figlia di luce brillò l'Aurora dita rosate[3],
il popolo si raccolse intorno al rogo d'Ettore luminoso[4];
790 e come convennero e furono riuniti,
prima spensero il rogo con vino scintillante,
tutto, là dove aveva regnato la furia del fuoco; poi

1. **e in cuore ... Achei:** e non abbiate paura di attacchi improvvisi da parte degli Achei.

2. **navi nere:** le navi sono dette «nere» (epiteto) perché lo scafo era coperto da uno strato di pece, sostanza collosa di colore nero a base di catrame.

3. **Aurora dita rosate:** «dita rosate» è la formula fissa, ricorrente, attribuita alla dea Aurora, che allude ai colori del cielo all'alba.

4. **luminoso:** glorioso.

Il corpo di Ettore giunge al luogo dei funerali, *sarcofago romano del III secolo d.C.*

raccolsero l'ossa bianche i fratelli e i compagni,
piangendo: grosse lacrime per le guance cadevano.
795 Raccolte, le misero dentro un'urna d'oro,
avvolgendole in morbidi pepli purpurei[5]:
subito le deposero in una buca profonda,
molte e grandi pietre vi posero sopra,
e in fretta versarono il tumulo[6]; v'erano guardie per tutto,
800 ché non li assalissero prima gli Achei[7] buoni schinieri.
Versato il tumulo, tornarono indietro: essi, poi,
raccolti come conviene, banchettarono glorioso banchetto
in casa di Priamo, il re stirpe di Zeus[8].
Così onorarono la sepoltura d'Ettore domatore di cavalli.

(da *Iliade*, canto XXIV, trad. di R. Calzecchi Onesti, Einaudi, Torino, 1993)

5. **pepli purpurei:** vesti di color porpora, di color rosso intenso.
6. **versarono il tumulo:** costruirono con la terra un rialzo.
7. **ché ... Achei:** affinché non li assalissero prima del tempo stabilito gli Achei.
8. **stirpe di Zeus:** Priamo, infatti, discende da Dardano, figlio di Zeus e di Elettra.

1. Il vecchio Priamo, rivolgendosi ai Troiani, che cosa dice di fare? (1 punto se la risposta è esatta)

[risposta manoscritta] Priamo si rivolge ai Troiani dicendo di portare la legna in città, ma di non temere l'esercito acheo pk aveva stretto un patto con Achille.

PUNTI .... /1

2. Perché i Troiani non devono temere attacchi improvvisi da parte degli Achei? (1 punto se la risposta è esatta)

a Perché gli Achei hanno deciso di tornare in patria.
b Perché Achille ha promesso a Priamo una tregua di undici giorni.
c Perché gli Achei non attaccano mai, di nascosto e all'improvviso, i Troiani.

PUNTI .... /1

3. Nel verso 782 «Questo disse: essi ai carri i bovi e le mule», a chi si riferisce il pronome «essi»? (1 punto se la risposta è esatta)

[risposta manoscritta] I Troiani

PUNTI .... /1

VERIFICA FORMATIVA

4. **Riferendoti al testo, completa le seguenti frasi.** (1 punto per ogni risposta è esatta)

    a. I Troiani raccolgono legna per il rogo di Ettore per _nove_ giorni.

    b. Al _decimo giorno_ giorno i Troiani pongono il corpo di Ettore sul rogo e attaccano il _fuoco_.

    c. Dopo che il corpo di Ettore è bruciato, i Troiani spengono il rogo con _il vino scintillante_

    d. I fratelli e i compagni di Ettore, dopo aver raccolto le ossa dell'eroe, le mettono dentro _un urna in or_ e le avvolgono in _morbidi vesti color porpora_

                                                            PUNTI .... /6

5. **I Troiani che cosa innalzano sopra la buca profonda?** (1 punto se la risposta è esatta)

Sulla buca profonda versarono il tumulo

                                                            PUNTI .... /1

6. **Perché vi erano guardie dappertutto?** (1 punto se la risposta è esatta)

    ☒ **a** Per difendersi da eventuali assalti degli Achei prima del tempo stabilito.

    ☐ **b** Per imperdire agli Achei di profanare il monumento sepolcrale di Ettore.

    ☐ **c** Per volere di Priamo che dubita della tregua concessagli da Achille.

                                                            PUNTI .... /1

7. **Come si concludono i funerali di Ettore?** (1 punto se la risposta è esatta)

    ☐ **a** Con i Troiani che si disperano per la morte di Ettore.

    ☐ **b** Con un banchetto nel luogo in cui Ettore è stato sepolto.

    ☒ **c** Con un banchetto nella casa di Priamo.

                                                            PUNTI .... /1

ANALIZZARE

8. **Come definiresti le parole iniziali che Priamo rivolge ai Troiani?** (1 punto se la risposta è esatta)

    ☐ **a** Una supplica   ☐ **b** Un ordine   ☒ **c** Un invito

                                                            PUNTI .... /1

9. **I Troiani quali sentimenti provano nei confronti di Ettore morto? Trascrivi le parole del testo che confermano la tua risposta.** (3 punti se la risposta è esatta)

Ettore audace, piangendo, e posere il corpo in cima al rogo

poi raccolsero le ossa bianche i fratelli e i compagni, piangendo: grosse lacrime per le guance colavano

Essi onorarono la sepoltura d'Ettore domatore di cavalli

                                                            PUNTI .... /3

10. In che senso Priamo è discendente di Zeus? (1 punto se la risposta è esatta)

Discendeva da zeus ed era quindi figlio di Zeus ed Elettra

PUNTI .... /1

11. Mentre l'apertura dell'*Iliade* è incentrata sulla figura di Achille, la chiusura è imperniata sulla figura di Ettore. Secondo te, questo fatto significa che i due eroi possono essere considerati coprotagonisti del poema omerico? Motiva la tua risposta. (3 punti se la risposta è adeguatamente motivata)

che interpretano ruoli importanti nel film

Sì perché la figura di Achille è molto decisa nel combattere, difendere la patria e non pensa ai suoi cari. Con il suo potere riesce a sconfiggere Ettore che invece combatte, ala anche sapendo di essere ucciso e pensa alla sua famiglia.

Sono i ruoli principali dell'Iliade che svolgono delle battaglie influenzate da altri personaggi

PUNTI .... /3

LINGUA E STILE

12. Individua e trascrivi gli epiteti attribuiti a: (1 punto per ogni risposta esatta)

a. navi: *mere*

b. Achei: *_____*

PUNTI .... /2

13. Individua e trascrivi i tre epiteti attribuiti a Ettore: (1 punto per ogni risposta esatta)

a. *domatore di cavalli* ;

b. *luminoso* ;

c. *elmo abbagliante*

PUNTI .... /3

14. L'Aurora con quale formula fissa, ricorrente, viene definita? (1 punto se la risposta è esatta)

Aurora dita rosate

PUNTI .... /1

AUTOVALUTAZIONE   PUNTEGGIO TOTALE .... /26

▶ Il testo mi è sembrato:

☒ facile   ☐ di media difficoltà   ☐ difficile

▶ Gli esercizi mi sono sembrati complessivamente:

☑ facili   ☐ di media difficoltà   ☐ difficili

▶ Ho avuto difficoltà nel rispondere alle domande relative a:

☐ comprendere   ☐ analizzare   ☒ lingua e stile

In base alla correzione dell'insegnante, se hai ottenuto un punteggio inferiore a 16, ripassa ed esercitati ancora.

VERIFICA FORMATIVA

L'ODISSEA

L'*Odissea* appartiene al ciclo dei cosiddetti «**poemi del ritorno**», ossia di quei poemi che trattano come argomento le avventure degli eroi greci durante il viaggio di ritorno in patria dopo la guerra di Troia. Mentre l'*Iliade* è il poema dell'eroismo guerriero, l'*Odissea* è il **poema della favolosa avventura**. Se l'*Iliade*, infatti, è tutta risonante di battaglie e di armi ed è pervasa da un'atmosfera di tensione, di odio, di ferocia, l'*Odissea* ci trasporta nel regno della fantasia, del meraviglioso, dove l'elemento magico assume un ruolo determinante.

La struttura dell'*Odissea*

L'*Odissea* è un poema in 24 canti, costituito complessivamente da 12.000 versi e prende il nome dal suo protagonista, Odisseo (nome greco di Ulisse). L'*Odissea* narra, infatti, l'avventuroso e difficile **viaggio di ritorno in patria di Odisseo**, dopo la distruzione di Troia.

La vicenda dell'*Odissea*

Il poema può essere suddiviso in **tre nuclei narrativi principali**.

I nucleo:
I viaggi di Telemaco alla ricerca del padre Ulisse
(canti I-IV)

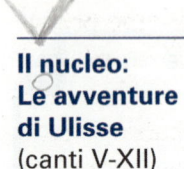

Questo nucleo è detto anche **Telemachia**, dal nome del suo protagonista, Telemaco appunto.
La guerra di Troia è finita ormai da dieci anni, ma Ulisse non è ancora tornato in patria. Nella reggia di Itaca i Proci spadroneggiano e insistono perché Penelope, la moglie di Ulisse, scelga uno di loro come sposo. Telemaco, allora, decide di partire alla ricerca del padre. Si reca a Pilo da Nestore e a Sparta da Menelao, dal quale apprende che Ulisse è vivo, trattenuto sull'isola di Ogigia dalla ninfa Calipso.
Rincuorato, Telemaco ritorna a Itaca dove, grazie all'aiuto della dea Atena, sfugge a un agguato tesogli dai Proci.

II nucleo:
Le avventure di Ulisse
(canti V-XII)

Zeus decide il ritorno in patria di Ulisse e manda Ermes dalla ninfa Calipso per comunicarle il suo volere. Con una zattera da lui stesso costruita, Ulisse si mette in mare. Dopo diciassette giorni di navigazione favorevole, quando è già in vista di Itaca, il dio Poseidone gli scatena contro una terribile tempesta e lo fa naufragare sulle coste della terra dei Feaci. Qui, per volere della dea Atena, viene trovato da Nausicaa, figlia del re Alcinoo, alla reggia del quale viene ospitato con grandi onori. Durante il banchetto Ulisse, sentendo un aedo cantare le vicende della guerra di Troia, si commuove. Invitato dal re, rivela la propria identità e inizia a raccontare le sue straordinarie avventure: a questo punto l'ordine cronologico della narrazione viene interrotto.
Il racconto che Ulisse fa delle sue peregrinazioni al re dei Feaci costituisce un lungo *flashback*, ossia un «salto all'indietro» rispetto al momento della storia in cui viene inserito.

Tra le sue avventure Ulisse ricorda:
– l'incontro con i Ciconi;
– l'approdo nel paese dei Lotofagi, cioè dei mangiatori di loto, un frutto che fa dimenticare gli affetti e la patria;
– l'arrivo nella terra dei Ciclopi dove il mostruoso gigante Polifemo divora sei dei suoi compagni;
– l'arrivo nella terra dei Lestrigoni, feroci cannibali;
– l'incontro con la maga Circe, che trasforma in porci ventidue suoi compagni;
– la discesa all'Ade, il regno dei morti, per conoscere le vicende del suo ritorno;
– l'incontro con le Sirene dal canto dolcissimo e ingannatore;
– l'insidia dei due mostri, Scilla e Cariddi;
– l'approdo all'isola del Sole, dove i compagni mangiano le giovenche sacre al Sole e per questo vengono puniti con la morte durante una tempesta. Solo Ulisse si salva e giunge all'isola di Ogigia, accolto da Calipso.

Qui termina il racconto di Ulisse ad Alcinoo, re dei Feaci: a questo punto termina il *flashback* e la narrazione del ritorno di Ulisse in patria procede in ordine cronologico.

**III nucleo:
Il ritorno
di Ulisse
e la vendetta**
(canti XIII-XXIV)

I Feaci, commossi dalle sventure dell'eroe, lo riconducono a Itaca. Qui Ulisse, trasformato da Atena in un vecchio mendicante, si reca da Euméo, il porcaro della reggia, per avere informazioni. Alla capanna di Euméo, per opera di Atena, giunge anche Telemaco.

Avviene il riconoscimento: padre e figlio si abbracciano e insieme preparano un piano per vendicarsi dei Proci. Il giorno seguente Ulisse, sempre sotto le spoglie di un mendicante, si reca alla reggia; solo il vecchio cane Argo lo riconosce e per la gioia troppo intensa e improvvisa muore. L'eroe viene insultato e deriso dai Proci, mentre viene accolto benevolmente da Penelope, che tuttavia non lo riconosce.

Intanto Penelope, su consiglio di Atena, propone ai Proci la gara dell'arco: chi di loro riuscirà a tendere l'arco di Ulisse e a far passare la freccia attraverso gli anelli di dodici scuri allineate, sarà suo sposo. Tutti i pretendenti tentano di curvare l'arco ma inutilmente. Solo Ulisse, fra lo stupore generale, riesce a superare la prova. Quindi, ripreso il suo aspetto e aiutato da Telemaco e pochi servi fedeli, fa strage dei Proci. Si fa poi riconoscere dalla moglie Penelope e dal padre Laerte. Reprime infine una ribellione dei parenti dei Proci e si riconcilia con tutti i suoi sudditi.

Il viaggio di Ulisse

A differenza dell'*Iliade*, in cui i cinquantun giorni di azione avvengono in un unico luogo, la pianura di Troia, nell'*Odissea* la scena si allarga notevolmente. Ulisse infatti, nel suo avventuroso viaggio di ritorno, approda in luoghi e terre di quasi tutto il Mediterraneo, come puoi osservare nella seguente cartina che ne ricostruisce le tappe dalla partenza da Troia fino all'arrivo a Itaca.

1. **Troia:** Ulisse parte da Troia e inizia il viaggio di ritorno in patria, a Itaca.

2. **Terra dei Ciconi:** Ulisse, con le sue dodici navi, approda per fare razzìa nella terra dei Ciconi e ne distrugge la città Ismaro, ma la reazione degli abitanti lo costringe a riprendere in fretta il mare.

3. **Terra dei Lotofagi:** una tempesta spinge le navi di Ulisse nella terra dei Lotofagi, i mangiatori di loto, un frutto che procura l'oblio, la dimenticanza. I compagni di Ulisse mangiano il loto e dimenticano il desiderio di tornare in patria. Ulisse però, con la forza, li costringe a salire sulle navi.

4. **Terra dei Ciclopi:** Ulisse e i compagni approdano nella terra dei Ciclopi, giganti con un occhio solo.
   Grazie all'astuzia di Ulisse riescono a scampare alla brutale violenza del Ciclope **Polifemo**.

5. **Isola di Eolo:** qui vengono accolti da Eolo, il dio dei venti, che, donando a Ulisse un otre nel quale sono racchiusi i venti contrari alla navigazione, gli offre la possibilità di tornare felicemente in patria. L'imprevidenza dei compagni vanifica però il dono divino. Convinti, infatti, che l'otre contenga molti tesori, lo aprono scatenando così una terribile tempesta.

6. **Terra dei Lestrigoni:** approdano nella terra dei Lestrigoni, giganti cannibali che distruggono tutte le navi, tranne quella di Ulisse. DERIVA DA EA CHE SIGNIFICA AURORA

7. **Isola di Eèa:** i superstiti giungono nell'isola di Eèa, dove vive la maga **Circe** che trasforma i compagni di Ulisse in porci.
   Il dio Ermes, però, salva Ulisse e i suoi compagni dai sortilegi della maga che, diventata un'ospite generosa, li trattiene presso di sé per un anno.

8. **Averno:** su consiglio della maga Circe, Ulisse scende nell'Averno, nel regno dei morti, dove l'indovino Tirèsia gli svela il suo futuro, il ritorno a Itaca.

9. **Scilla e Cariddi:** grazie ai consigli di Circe, Ulisse resiste al canto delle **Sirene** e sfugge, pur perdendo alcuni uomini, ai mostri **Scilla** e **Cariddi**.

10. **Isola del Sole:** in quest'isola i compagni di Ulisse, affamati, mangiano le vacche sacre al dio Sole. Zeus allora scatena contro i sacrileghi una tempesta e li fa naufragare. Si salva solo Ulisse che giunge naufrago a Ogigia.

11. **Isola di Ogigia:** qui la ninfa **Calipso**, invaghitasi di Ulisse, gli impedisce per sette lunghi anni di riprendere il mare. Al settimo anno, però, per volere degli dei, Ulisse lascia l'isola e, a bordo di una zattera, cerca di raggiungere Itaca.

12. **Isola dei Feaci:** a causa di una tempesta violentissima scatenatagli contro dal dio Poseidone, Ulisse naufraga sull'isola dei Feaci dove viene accolto da **Nausicaa**, figlia del re Alcinoo.

13. **Itaca:** una nave dei Feaci accompagna Ulisse a Itaca, la sua patria.

Spagna

Ogigia

11

Mar Nero

Grecia

Asia Minore

Lestrigoni
Eèa **7**
Averno
6
8 **4** Ciclopi

Terra
dei Ciconi **2**

1 Troia

Isola dei Feaci

Isola
di Eolo **5**
Scilla
e Cariddi
12
9
13
Itaca
10 Isola
del Sole

Tunisia

Rodi

Creta
Cipro

Mar Mediterraneo

3
Terra dei Lotofagi

↓
MANGIATORI
DI **LOTO**

↓
FIORE CHE UNA
VOLTA MANGIATO PERDI
LA CONOSCENZA

Libia

Egitto

CARTA ANIMATA

115

I personaggi principali dell'*Odissea*

Ulisse: figlio di Laerte, è il re di Itaca. È l'assoluto protagonista dell'*Odissea*, che da lui prende il nome. Anche quando è fisicamente assente dalla scena (come nei primi canti della Telemachia), tutto ci parla di lui. Forte, coraggioso, abile guerriero, Ulisse è soprattutto uomo ingegnoso, calmo e riflessivo, tenace e astuto. Forte in lui è il desiderio di conoscenza e di avventura.

Telemaco: figlio di Ulisse, nel corso del poema, da giovane timido, esitante, diventa uomo coraggioso, intraprendente. Aiuterà il padre nella strage dei Proci.

Penelope: moglie di Ulisse e madre di Telemaco (nell'immagine a lato), aspetta fedelmente il ritorno dell'eroe, sopportando con coraggio le insidie dei Proci.

Laerte: è il padre di Ulisse, cui ha ceduto il trono. Dopo aver aspettato per lunghi anni il ritorno del figlio, si ritira solo e triste in campagna a coltivare la terra.

Nausicaa: figlia di Alcinoo, re dei Feaci, soccorre Ulisse approdato sulla sua terra in seguito alla terribile tempesta scatenata dal dio Poseidone.

Polifemo: figlio di Poseidone, è un Ciclope, un gigante enorme con un solo occhio in mezzo alla fronte. Spietato e selvaggio, sarà vinto dall'astuzia di Ulisse.

Calipso: bellissima ninfa, abita sull'isola di Ogigia, dove tiene prigioniero Ulisse per sette anni. Innamoratasi dell'eroe, gli promette anche l'immortalità purché egli diventi suo sposo. Per ordine di Zeus, però, dovrà lasciarlo libero.

Circe: maga che, innamoratasi di Ulisse, lo trattiene nell'isola di Eèa per un anno.

Proci: parola greca che significa «pretendenti». Prìncipi di Itaca e delle isole vicine, si sono insediati nella reggia di Ulisse e aspirano alla mano di Penelope. Il loro capo è **Antínoo:** violento e arrogante, sarà la prima vittima della vendetta di Ulisse.

Gli dei che intervengono nell'azione

Atena (Minerva per i Romani): figlia di Zeus e dea della saggezza, protegge attivamente Ulisse sia durante il viaggio sia al suo ritorno in patria.

Poseidone (Nettuno per i Romani): dio del mare, perseguita tenacemente Ulisse scatenando tempeste perché l'eroe gli ha accecato il figlio Polifemo.

Zeus (Giove per i Romani): signore dell'Olimpo e padre degli dei, decide il ritorno in patria di Ulisse prigioniero sull'isola di Calipso.

Eolo: dio dei venti, vive nell'isola Eolia. Ospita Ulisse e gli dona un otre (recipiente di pelle di capra) che racchiude i venti apportatori di tempeste affinché egli navighi sicuro.

Proemio

Anche l'*Odissea*, come l'*Iliade*, si apre con l'**invocazione** alla Musa della poesia epica, Calliope, ispiratrice del canto, e con la **protasi**, ossia l'esposizione breve e rapida dell'argomento che sarà trattato nel poema.

> Narrami, o Musa, l'uomo dall'agile mente[1]
> che a lungo andò vagando, poi che cadde Troia,
> la forte città, e di molte genti vide le terre
> e conobbe la natura dell'anima[2], e molti dolori
> 5   patì nel suo cuore lungo le vie del mare,
> lottando per tornare in patria coi compagni.
> Ma per loro follia[3] (come simili a fanciulli!),
> non li poté sottrarre alla morte,
> poi che mangiarono i buoi del Sole[4], figlio del cielo,
> 10   che tolse loro il tempo del ritorno[5].
> Questo narrami, o dea, figlia di Zeus,
> e comincia di dove tu vuoi.

(da *Odissea*, canto I, trad. di S. Quasimodo, A. Mondadori, Milano)

1. **l'uomo dall'agile mente:** Odisseo (Ulisse), dalla mente vivace, intelligente, astuta.
2. **la natura dell'anima:** le caratteristiche dell'animo umano.
3. **follia:** comportamento irresponsabile.
4. **i buoi del Sole:** i buoi sacri al dio Sole.
5. **che tolse ... ritorno:** che impedì loro di tornare facendoli morire.

DAL TESTO ALLE COMPETENZE

COMPRENDERE

1. A chi si rivolge inizialmente il poeta e perché?

2. Quale argomento sarà trattato nel poema?

ANALIZZARE

3. Fin dall'inizio, il poeta evidenzia la principale caratteristica di Ulisse, il protagonista del poema. Di quale caratteristica si tratta?

4. Ulisse tornerà in patria da solo o con i suoi compagni? Motiva la risposta.

LINGUA E STILE

5. La perifrasi, detta anche «giro di parole», è una figura retorica per mezzo della quale si può indicare una persona o una cosa, anziché con il termine proprio, con una serie di parole. Ad esempio: «l'uomo dall'agile mente» è una perifrasi. Perché?

Ulisse e Nausicaa

Ulisse, per volere degli dei, lascia la ninfa Calipso e parte dall'isola di Ogigia a bordo di una zattera che si è costruito da solo. Dopo alcuni giorni di tranquilla navigazione, una violenta tempesta, scatenata dal dio Poseidone, lo fa naufragare sulla terra dei Feaci.
Qui trova riparo in un boschetto e, stanco, si abbandona a un dolce sonno ristoratore. Viene svegliato dalle grida gioiose di Nausicaa, figlia di Alcinoo re dei Feaci, che insieme alle sue ancelle si è recata al fiume per lavare i panni. L'incontro di Nausicaa con Ulisse è opera della dea Atena: la bellissima fanciulla condurrà Ulisse alla reggia dove sarà aiutato dal re Alcinoo.

E quando arrivarono[1] alla corrente bellissima del fiume, dove erano i lavatoi perenni[2] e molta acqua scorreva via di sotto, limpida, tanto da lavare ogni sporco, sciolsero le mule dal carro e le spinsero lungo il fiume vorticoso[3] a pascolar la dolce erba.

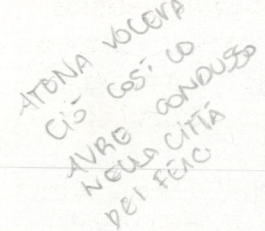

Poi esse presero dal carro tra le braccia le vesti e le portavano dentro l'acqua bruna[4]. Qui le pestavano[5] nelle fosse rapidamente a gara. E dopo che le ebbero lavate e ripulite da ogni sporco, le stesero in fila lungo la riva del mare, dove più l'onda soleva detergere[6] sul lido la ghiaia.
Esse facevano il bagno e si ungevano di lucente olio, e poi presero cibo sulle sponde del fiume, e aspettavano che le vesti si asciugassero ai raggi del sole. Quando furono sazie di mangiare, le ancelle e lei, giocavano alla palla: si erano tolte i veli.
E tra loro Nausicaa dalle bianche braccia cominciava il canto e la danza. Ma quando stava già per ritornare a casa aggiogando le mule e ripiegando le belle vesti, un altro pensiero ebbe la dea dagli occhi lucenti, Atena[7]: voleva che Odisseo si svegliasse e vedesse la leggiadra fanciulla, e costei gli fosse di guida alla città dei Feaci.
La principessa allora gettò la palla a una delle ancelle, ma il tiro non le riuscì bene: la lanciò dentro un profondo vortice. Ed esse mandarono un grido lungo.
Si svegliò Odisseo e si metteva a sedere e pensava così: «Ohimè, di quali mortali son giunto alla terra, ancora una volta? Sono forse prepotenti selvaggi e incivili, oppure ospitali e timorati degli dei[8]? Come di fanciulle mi giunse un grido femminile all'intorno: di ninfe fanciulle che abitano le alte cime dei monti e le sorgenti dei fiumi e i prati erbosi. Certo sono vicino a gente umana che parla. Ma via, voglio andare a vedere di persona».
Così diceva: e sbucò fuori dai cespugli il grande Odisseo. Terribile

1. **arrivarono**: Nausicaa e le sue ancelle.
2. **perenni**: da cui l'acqua non cessa mai di sgorgare.
3. **vorticoso**: impetuoso.
4. **bruna**: scura, profonda.
5. **Qui le pestavano**: Lavavano le vesti con i piedi anziché con le mani.
6. **detergere**: pulire.
7. **Atena**: dea della sapienza, protettrice di Ulisse.
8. **timorati degli dei**: rispettosi degli dei.

*Michele Desubleo,
Ulisse e Nausicaa,
1654 circa, Museo
di Capodimonte,
Napoli.*

apparve loro, era tutto imbrattato⁹ di salsedine. E fuggirono via, chi qua chi là, sulle spiagge dove più sporgevano dentro il mare.
Sola restava la figlia di Alcinoo: Atena le mise in cuore ardimento e tolse dalle membra la paura. Rimase ferma di fronte a lui, si tratteneva. Ed egli fu incerto, Odisseo, se supplicare la bella fanciulla e abbracciarle le ginocchia¹⁰, oppure così di lontano pregarla, con dolci parole, che gl'indicasse la città e gli desse vesti. Questa gli parve, a pensarci, la cosa migliore, pregarla con dolci parole di lontano. Temeva che a toccarle i ginocchi si sdegnasse, la fanciulla.
Subito le rivolse la parola: e fu lusinghiera e accorta¹¹. Diceva: «In ginocchio ti supplico, o sovrana¹². Una dea sei tu o donna mortale? Se sei una dea, di quelle che abitano l'ampio cielo, ad Artemide¹³ io ti rassomiglio, la figlia del grande Zeus, nell'aspetto e nella statura e nelle forme. Se invece sei una dei mortali che dimorano sulla terra, o beati tre volte il padre tuo e l'augusta¹⁴ madre, beati tre volte i fratelli: certo a loro il cuore s'intenerisce di gioia per te sempre, al vedere un

9. **imbrattato:** sporco, incrostato.
10. **abbracciarle le ginocchia:** gesto tipico di chi intendeva rivolgere una supplica, una preghiera a qualcuno.
11. **accorta:** prudente, saggia.
12. **o sovrana:** o potente.
13. **Artemide:** dea della caccia, dei monti e dei boschi.
14. **augusta:** venerabile.

Frederic Leighton,
Nausicaa, 1878,
collezione privata.

tale germoglio entrar nella danza[15]. Ma più beato ancora nell'intimo[16], al di sopra di tutti gli altri, quello che ti condurrà a casa vincendo coi doni nuziali i pretendenti[17]. Mai io vidi, lo confesso, una simile creatura mortale con i miei occhi, né uomo né donna: un religioso tremore mi prende a guardarti. In Delo[18], sì, un giorno, come te, vidi presso l'altare di Apollo levarsi un giovane virgulto[19] di palma. Allo stesso modo, anche a contemplare quella palma, stupivo a lungo, giacché mai venne su da terra una pianta simile: come ora dinanzi a te, o donna, resto incantato e stupito, e ho paura di toccarti i ginocchi. Eppure una grave angustia[20] mi tiene. Ieri dopo venti giorni sfuggii al mare: per tutto quel tempo sempre mi trasportavano le onde e le impetuose procelle[21], via dall'isola Ogigia[22]. E ora mi gettò qui un dio, perché anche in questo posto io abbia a soffrire una qualche sventura: non penso che finiranno, ma molte ancora me ne porteranno gli dei, prima di quel giorno. Tu, sovrana, abbi pietà: tu sei la prima, dopo tante tribolazioni, a cui mi presento supplice. Non conosco nessuno degli altri uomini che abitano la città qui e la terra. Indicami dove si trova la città, dammi uno straccio da mettermi indosso, se qualche tela da avvolgere i panni l'hai portata venendo qui. E a te gli dei concedano quanto desideri nel segreto del tuo cuore, e ti diano uno sposo e una casa e la buona concordia: non c'è, credi, nulla di più bello e più prezioso di quando l'uomo e la donna reggono insieme la casa e vanno d'accordo. È un dolore grande allora per i malevoli, ma una gioia per gli amici: e soprattutto ne hanno buon nome essi[23]».

E a lui rispondeva Nausicaa dalle bianche braccia: «Forestiero, non hai l'aria di uomo volgare e stolto, ed è Zeus Olimpio che distribuisce agli uomini la felicità, ai buoni e ai malvagi, come vuole lui, a ciascuno. A te diede questa sorte, e tu la devi ad ogni modo sopportare. Ma ora, poiché sei giunto alla città e terra nostra, non mancherai di vesti né di alcun'altra cosa, come è giusto riceva un supplice provato dalla sventura, che si presenta. Ti indicherò la città, ti dirò il nome delle genti nel paese. I Feaci, sappilo, abitano la città qui e la terra, e io sono la figlia del magnanimo[24] Alcinoo, e da lui dipende la forza e la potenza dei Feaci».

(da *Odissea*, canto VI, trad. di G. Tonna, Garzanti, Milano, rid.)

---

15. entrar nella danza: danzare.

16. nell'intimo: nel suo cuore.

17. quello che ... pretendenti: colui che diventerà tuo sposo.

18. Delo: isola del Mar Egeo dove nacquero Artemide e Apollo. Qui sorgeva un tempio dedicato al culto del dio Apollo.

19. virgulto: germoglio.

20. angustia: tormento, sofferenza.

21. procelle: tempeste, burrasche.

22. Ogigia: isola abitata dalla ninfa Calipso da cui Ulisse era partito.

23. hanno buon nome essi: godono di buona fama essi, cioè gli sposi.

24. magnanimo: di animo nobile, generoso.

DAL TESTO ALLE COMPETENZE

COMPRENDERE

1. Nausicaa e le ancelle giungono al fiume. Qui che cosa fanno?

2. Dopo aver mangiato, Nausicaa e le ancelle a che cosa si dedicano?

3. Ulisse si sveglia. Perché? Quali le sue riflessioni? Che cosa decide di fare?

4. Alla vista di Ulisse, qual è la reazione delle ancelle? Come reagisce, invece, Nausicaa e perché?

5. Vedendo Nausicaa, Ulisse come si comporta?

6. Il discorso che Ulisse rivolge a Nausicaa può essere suddiviso in quattro momenti.
   ▶ Dapprima Ulisse esprime ammirazione nei confronti di Nausicaa. Che cosa le dice? A chi la paragona?
   ▶ In seguito, le espone la sua situazione. Qual è?
   ▶ In seguito, le fa delle richieste. Quali?
   ▶ Infine, le rivolge un augurio. Quale?

7. Dal discorso di Nausicaa, Ulisse viene a sapere che: (indica con una crocetta le risposte esatte)
   a) si trova nella terra dei Feaci
   b) la fanciulla è un'ancella della regina dei Feaci
   c) la fanciulla è la figlia del re Alcinoo
   d) riceverà aiuto e protezione
   e) gli sarà data una veste per coprirsi ma nient'altro

ANALIZZARE

8. «... voglio andare a vedere di persona» dice Ulisse al suo risveglio. Questa frase quale particolare caratteristica di Ulisse vuole evidenziare?

9. L'incontro di Ulisse con Nausicaa è opera di una divinità. Quale?

10. La sequenza di Nausicaa al fiume evidenzia alcuni usi e costumi dei Greci. Quali?

LINGUA E STILE

11. Qual è l'epiteto riferito a Nausicaa? DALLE BIANCHE BRACCIA

12. Qual è, invece, l'epiteto riferito ad Alcinoo?
    MAGNANIMO

PRODURRE

13. SCRIVERE. Nausicaa. La figlia di Alcinoo è un personaggio nel quale il poeta ha saputo fondere grazia, bontà, unita a un certo ardimento che la distingue fra le compagne. Condividi questa opinione? Motiva la tua risposta.

Ulisse e Polifemo

In seguito all'incontro con Nausicaa, Ulisse è accolto con grande ospitalità nella splendida reggia del padre, il re Alcinoo.

Qui Ulisse racconta le sue avventure dalla partenza da Troia fino all'arrivo all'isola di Ogigia, presso la ninfa Calipso. Dopo essere approdati alle terre dei Ciconi e dei Lotofagi, Ulisse e i compagni sbarcano su un'isola disabitata, l'isola delle capre. Dopo un giorno di permanenza su quest'isola, Ulisse decide di esplorare la terra vicina, sede dei Ciclopi, i giganti dall'«occhio rotondo» (questo infatti è il significato del termine «ciclope»), posto al centro della fronte. Avviene qui l'incontro con il Ciclope Polifemo, figlio di Poseidone, dio del mare.

Questo episodio, senz'altro uno dei più famosi del poema, celebra **Ulisse** come l'**eroe dell'intelligenza e dell'astuzia**.

1. Fummo: Ulisse e i suoi dodici compagni. Ulisse narra la propria avventura in prima persona in quanto inserita nel racconto che fa ad Alcinoo, re dei Feaci.

2. egli: Polifemo.

3. colmi... graticci: i ripiani formati da canne o vimini intrecciati (*graticci*) erano pieni di formaggi (*caci*).

4. siero: parte liquida del latte che si deposita dopo la fabbricazione del formaggio.

5. conche: recipienti bassi e larghi.

6. chiusi: recinti.

7. primizie: bevande e cibi scelti.

Nella grotta di Polifemo

Fummo[1] presto alla grotta.
Ma egli[2] non c'era: al pascolo guidava il suo gregge.
210 E dentro la spelonca, guardavamo stupiti ogni cosa:
colmi di caci i graticci[3]; e fitti i recinti
d'agnelli e capretti, gli uni distinti dagli altri:
a parte i primi nati, a parte i secondi, e poi gli ultimi.
Il siero[4] traboccava dai vasi, dalle secchie, dalle conche[5]
215 in cui mungeva il latte. Qui, allora, i compagni
mi pregarono (e con quali parole!) di portar via dei caci,
e spingere agnelli e capretti dai chiusi[6]
e di tornare in fretta verso la nave veloce
per riprendere il mare. Ma non volli ascoltarli
220 (ed era la cosa migliore); volevo vedere il Ciclope
e ricevere i doni degli ospiti. Ma poi ai compagni
non doveva il Ciclope apparire d'amabile aspetto!
Acceso il fuoco offrimmo primizie[7] agli dei,
ed anche noi mangiammo dei caci, aspettando seduti.

L'arrivo di Polifemo

225 Tornò il Ciclope dal pascolo con un carico enorme
di legna già secca, da bruciare durante la cena,
e con alto fragore lo gettò nella grotta;
e noi spaventati cercammo un rifugio nell'ombra.
Egli nella vasta caverna spinse il gregge da mungere;
230 e i maschi, capri e arieti, lasciò nell'alto recinto.
Poi contro la porta dell'antro[8], sollevatolo in alto,
benché grave di peso[9], mise un enorme macigno.
Ventidue carri ben saldi a quattro ruote

8. antro: caverna.

9. grave di peso: molto pesante.

non l'avrebbero smossa da terra: tale la rupe[10]
235 che pose contro la porta. Poi, seduto, mungeva
una dopo l'altra e pecore e capre belanti,
e un piccolo nato metteva sotto ad ognuna.
Quindi rappreso[11] metà di quel candido latte
lo costrinse[12] in canestri di vimini, e l'altra metà
240 versò nelle conche per berlo durante la cena.

La richiesta di ospitalità di Ulisse

Accese poi il fuoco, e allora scorgendoci disse:
«O stranieri, chi siete? E da che lido[13] navigate
le vie dell'acqua? Siete forse mercanti?
O vagate alla ventura sul mare come pirati
245 che rischiano la vita assalendo i naviganti?».
Così disse; e sentimmo ancora uno schianto[14] nel cuore,
spaventati dalla cupa voce e dall'orrido volto.
Ma io, che come gli altri temevo, così gli risposi:
«Siamo Achei, e partimmo da Troia verso la patria;
250 ma venti diversi sul vasto abisso del mare
per altra via ci spinsero, ad altre rive;
ed anche qui giungemmo: ma era forse volontà di Zeus.
Siamo, ed è nostra gloria, soldati di Agamennone,
l'Atrìde[15], che vince ogni altra fama sotto il cielo,
255 così forte città distrusse e tanti popoli travolse.
E ora qui, per essere accolti, siamo alle tue ginocchia[16],
o per avere almeno un dono, ch'è diritto degli ospiti.
Tu, o potente, porta rispetto agli dei: noi ti preghiamo,
e Zeus protegge chi prega, e così gli stranieri:
260 e Zeus è guida sempre degli ospiti, e li fa onorare».
Così dissi; e, senza pietà nel cuore, mi rispose:
«O straniero, o sei come un fanciullo o vieni da lontano,
se mi esorti a temere o a sottrarmi agli dei[17]:
né di Zeus, né degli dei felici si curano i Ciclopi,
265 che certo più di loro, e molto, noi siamo potenti.
Né per sfuggire l'ira di Zeus, io avrò pietà di te
o dei compagni, se ciò non mi comanda il cuore.
Ma dimmi, dov'è ancorata la tua bella nave:
forse là sull'estremo lembo[18] di terra, o qui vicino?
270 Che lo sappia». Così diceva cercando di tentarmi;
ma a me, esperto d'ogni cosa, non poteva nascondersi,
e pronto, così gli risposi con accorte[19] parole:
«Posidone[20] che scuote la terra, m'infranse la nave,
lanciandola contro gli scogli sul limite dell'isola,
275 a taglio d'una rupe[21], poi che il vento dall'alto
mare la spinse. E noi scampammo alla morte violenta».

10. rupe: macigno.

11. rappreso: fatto coagulare per trasformarlo in formaggio.

12. lo costrinse: lo premette.

13. lido: spiaggia, terra.

14. schianto: forte colpo.

15. Agamennone, l'Atrìde: Agamennone, figlio di Atreo, capo degli Achei nella guerra contro Troia.

16. siamo alle tue ginocchia: era il gesto rituale della supplica.

17. a sottrarmi agli dei: a sfuggire alla vendetta degli dei che si scatena quando vengono compiuti atti ingiusti.

18. estremo lembo: zona, parte più lontana.

19. accorte: furbe, scaltre.

20. Posidone: Poseidone, dio del mare e padre di Polifemo.

21. a taglio d'una rupe: contro lo spigolo di una roccia.

La ferocia di Polifemo e la disperazione di Ulisse e dei suoi compagni

Così dicevo; ed egli non rispose, non ebbe pietà;
ma con un balzo stese le mani sui compagni,
e due ne prese, e, come cuccioli, al suolo li batteva:
280 e il cervello si sparse, bagnando d'intorno la terra.
E poi lacerandoli a brani[22], preparava il suo pasto;
come leone che vaga sui monti, tutto divorava:
e la carne, e i visceri, e le ossa con il loro midollo.
Noi piangenti alzavamo a Zeus le mani,
285 disperati nel cuore, vedendo quello scempio[23].
Poi quando il Ciclope riempì l'enorme suo ventre
con carne umana e purissimo latte,
disteso nell'antro, in mezzo alle greggi, posava[24].

22. lacerandoli a brani: facendoli a pezzi.

23. scempio: crudele strage.

24. posava: si riposava.

> *Il mattino seguente, Polifemo, divorati altri due compagni di Ulisse, porta le greggi al pascolo, dopo aver bloccato con un macigno l'entrata della grotta. Allora Ulisse prepara un piano per la vendetta. Ordina ai compagni di levigare un grosso ramo d'ulivo che ha trovato nella grotta. Egli stesso ne rende aguzza un'estremità e la indurisce temprandola con il fuoco. Fatto ciò, nasconde il palo acuminato e sorteggia quattro compagni che lo aiuteranno ad accecare il Ciclope. Intanto scende la sera. Polifemo ritorna alla grotta e divora altri due compagni di Ulisse. Allora l'eroe gli offre del vino molto forte. Polifemo ne beve in grande quantità e chiede a Ulisse di rivelargli il suo nome.*

L'astuzia di Ulisse e l'accecamento di Polifemo

«Ciclope, tu chiedi il mio nome famoso; ed io lo dirò.
355 Ma tu dammi, come hai promesso, il dono degli ospiti.
Il mio nome è Nessuno; e Nessuno mi chiama mia madre
e mio padre, e così mi chiamano i compagni.» Io dissi;
e senza pietà nel cuore, sùbito rispose:
«Io, tra i suoi compagni, mangerò per ultimo Nessuno;
360 e, prima, tutti gli altri: questo sarà il mio dono».
Disse, e cadde rovescio. E là, supino restava[25]
con il gran collo reclinato; e il sonno lo prese,
che doma ogni cosa: e riversava dalla gola il vino
con pezzi di carne umana mentre ruttava ubriaco.
365 E allora io spinsi quel palo sotto il mucchio di brace
per farlo rovente, e con parole animavo i compagni,
perché da paura non fosse ora vinto qualcuno.
Poi quando il palo d'ulivo, sebbene ancor verde,
stava già per bruciare, e intensamente splendeva,
370 io lo tolsi dal fuoco e m'avvicinai al Ciclope:
i compagni mi stavano d'intorno. Certo che un nume
ci diede un grande ardire[26]. E dall'estremo acuto

25. cadde ... restava: cadde all'indietro così da restare sdraiato a faccia in su (*supino*).

26. un nume ... ardire: un dio ci diede molto coraggio.

appoggiarono il palo sull'occhio del Ciclope;
ed io dall'altro capo, premendo, lo facevo girare.

375 E come uno che fora col trapano il legno d'una nave, e gli
altri, di sotto, tirando con le cinghie in qua o in là
lo fanno girare, e il trapano corre senza mai fermarsi,
così noi, tenendo quel palo dalla punta rovente
nell'occhio del Ciclope, lo facevamo girare:
380 ed il sangue scorreva cocente intorno al palo.
E l'intenso calore bruciò le ciglia e le palpebre,
e al fuoco ardeva l'occhio stridendo fino alle radici.
[...]
E allora con voce tremenda lanciò un grido il Ciclope.
E risonava la volta dell'antro; e noi spaventati
cercammo in fondo un rifugio nell'ombra.

La richiesta di aiuto di Polifemo

27. intriso: imbevuto.

390 Poi si tolse dall'occhio il palo intriso[27] di sangue
e lo scagliò lontano, folle agitando le mani;
e con urla, a gran voce chiamava i Ciclopi
che stanno nelle grotte sulle cime ventose.
Ed essi, chi di qua, chi di là, venivano al richiamo;
395 e appena giunti chiedevano fuori dall'antro:
«Di che ti lagni? Che male ti colse, o Polifemo,
che urli così nella notte divina, e togli a noi il sonno?
Forse qualche nemico ruba il tuo gregge;
o con inganno o con forza, forse qualcuno t'uccide?».
400 E così rispondeva il forte Polifemo dall'antro:
«O amici, Nessuno con inganno, non con la forza
mi uccide». E ad alta voce risposero i Ciclopi:
«Se dunque nessuno ti usa violenza, e sei solo,
questo male ti viene da Zeus, né puoi sfuggirlo;

Ulisse e i suoi compagni accecano Polifemo in un'illustrazione ottocentesca ispirata a un vaso greco.

405 ed allora prega tuo padre, il dio Posidone».
Così dissero, e già s'allontanavano; e ne rise
il caro mio cuore. Come li aveva ingannati quel nome
con astuzia sottile! E, torvo[28], lamentando il dolore,
il Ciclope, a tentoni, tolse dalla porta il macigno,
410 e sedeva sulla soglia con le mani distese,
pronto se mai qualcuno sfuggisse tra le pecore:
mi credeva tanto ingenuo, certo, nel suo cuore!

28. torvo: minaccioso.

La fuga di Ulisse e dei suoi compagni

Io meditavo invece quale fosse la via più sicura
per scampare alla morte con i miei compagni.
415 E tramavo[29] ogni sorta d'inganni, ogni astuzia,
perché era in gioco la vita, e vicino il pericolo.
E nella mente, questo mi parve il consiglio migliore.
C'erano là dei montoni, assai pingui[30], folti di lana,
grandi, di pura razza, dal manto cupo come di viola.
420 Io li legavo insieme a tre a tre, in silenzio,
con vimini intrecciati, tolti dal letto del Ciclope,
il mostro dal cuore spietato. L'ariete di mezzo
portava un uomo, e gli altri due, ai lati, lo coprivano.
Così tre montoni nascondevano un uomo.
425 Ma io per me scelsi dal gregge l'ariete più bello.
E cinto il suo dorso, sotto il ventre lanoso, mi coprivo:
e con le mani, tenace, al foltissimo vello[31]
mi tenevo, e là sospeso, stavo con paziente cuore.
Così, allora, gemendo aspettavamo la divina Aurora.
430 E quando apparve la mattutina Aurora dalle dita di rose[32],
allora si lanciarono al pascolo i montoni;
ma le pecore, non munte, belavano presso i recinti
con le poppe pesanti. Il Ciclope trafitto
da vivi dolori, palpava sul dorso ogni pecora;
435 e non s'accorse, tardo di mente, che i compagni
passavano legati sotto il petto lanoso dei montoni.
Ultimo della mandria venne fuori l'ariete
grave[33] di lana e di me che trepidavo con molti pensieri.
E a lui, toccandolo, così diceva il forte Polifemo:
440 «O mio vecchio montone, perché esci ultimo dall'antro
dopo tutte le pecore? Tu non vieni mai dietro il gregge,
e sei primo a pascolare le tenere cime dell'erba;
a grandi salti, primo tu giungi alle correnti dei fiumi,
e primo all'ovile tu ami tornare al crepuscolo:
445 mentre ora sei l'ultimo. Certo rimpiangi l'occhio
del tuo padrone, che un malvagio, coi vili compagni,
gli tolse, domandogli prima la mente col vino.

29. tramavo: progettavo, architettavo.

30. pingui: grassi.

31. vello: manto di lana.

32. dalle dita di rose: è l'epiteto usuale attribuito alla dea Aurora, che allude ai colori del cielo all'alba.

33. grave: appesantito.

Non potrà Nessuno, ti dico, sfuggire alla morte.
Oh, se tu mi potessi capire e parlare, diresti
450 dove si trova quell'uomo che fugge la mia ira!
Perché allora, a batterlo a terra, il suo cervello
sparso vedresti qua e là per la grotta, e il mio cuore
avrebbe conforto del male che mi fece Nessuno da nulla[34]».
Ciò detto, spinse l'ariete fuori dall'antro.
455 E giunti non molto lontani dalla grotta,
io primo lasciai l'ariete e poi sciolsi i compagni.
E rapidi, spingemmo il gregge dalle esili gambe
fino alle navi, spesso volgendoci intorno a guardare.
Lieti i compagni accolsero noi sfuggiti alla morte:
460 con alti lamenti piangevano gli altri scomparsi.

34. Nessuno da nulla: Nessuno, un uomo da nulla.

(da *Odissea*, canto IX, trad. di S. Quasimodo, A. Mondadori, Milano, rid.)

DAL TESTO ALLE COMPETENZE

COMPRENDERE

1. Ulisse e i suoi compagni che cosa vedono nella grotta del Ciclope?

2. I compagni che cosa propongono a Ulisse? Qual è la risposta dell'eroe?

3. Polifemo arriva alla grotta. Quali azioni compie?

4. Ulisse che cosa chiede a Polifemo? Qual è la risposta del Ciclope?

5. In che cosa consiste il piano di Ulisse? Di conseguenza, che cosa fa? Come dice di chiamarsi? Quando e come avviene l'accecamento di Polifemo?

6. Polifemo, accecato, a chi si rivolge e perché? Perché il Ciclope non viene soccorso?

7. In che modo Ulisse e i suoi compagni riescono a uscire dalla grotta di Polifemo?

ANALIZZARE

8. L'intelligenza di Ulisse si manifesta anzitutto come desiderio di conoscenza talmente intenso da superare la prudenza stessa: l'incontro con il Ciclope è deliberatamente cercato. Individua la frase di Ulisse che conferma ciò e sottolineala.

9. Ulisse è l'eroe astuto per eccellenza. In questo episodio quali «astuzie» mette in atto per salvarsi dalla pericolosa situazione?

10. In questo episodio Ulisse si rivela un uomo razionale, che sa vincere, dominare le sue reazioni impulsive. Individua i versi che confermano ciò e trascrivili.

11. Come definiresti Polifemo? Il Ciclope si dimostra irrispettoso delle leggi dell'ospitalità?

LINGUA E STILE

12. Nel testo sono presenti alcune similitudini. Individuale e sottolineale.

L'ospitalità nel mondo omerico

Nel mondo omerico il tema dell'ospitalità assume grande rilievo, in particolare nell'*Odissea*, «poema del viaggio». Infatti, il viaggio, lo spostamento da una comunità all'altra, nel mondo greco antico era reso possibile solo dalla consuetudine dell'ospitalità.

Nell'*Odissea* il rispetto dell'ospite rappresenta anche la discriminante tra civiltà e inciviltà: Polifemo e i Lestrigoni, che non accolgono né rispettano gli stranieri, sono primitivi, selvaggi, empi; al contrario, sono civilissimi i Feaci, che offrono ospitalità a Ulisse pur sapendo di correre il rischio di irritare Poseidone.

Dalla lettura dei poemi omerici emerge l'obbligo di accogliere lo straniero, chiunque esso sia: un nobile, un mendicante, un naufrago, un profugo bandito dalla sua città.

Il **dovere dell'ospitalità** si concretizza in un **preciso rituale** così articolato:

▶ **l'accoglienza:** l'ospite attende sulla soglia ed è accolto e introdotto nella casa dal padrone; è fatto accomodare su un comodo seggio, gli si offre acqua per la purificazione delle mani e cibo per ristorarsi;

▶ **la presentazione:** solo dopo aver accolto e rifocillato l'ospite, è lecito porgli domande sulla sua identità, sui motivi del suo viaggio e sulla sua destinazione;

▶ **il bagno ristoratore:** l'ospite viene lavato dalle ancelle e unto con olio; gli vengono donate nuove vesti;

▶ **la libagione agli dei:** l'offerta agli dei sottolinea la sacralità del vincolo che viene stabilito;

▶ **il banchetto:** in onore dell'ospite viene allestito un banchetto che, nella reggia, è allietato dal canto di un aedo;

▶ **la convivialità:** per l'ospite di riguardo sono organizzati spettacoli e gare, ma soprattutto si intrattengono con lui rapporti di convivialità: è il momento molto atteso dei racconti, che approfondiscono la reciproca conoscenza e sono l'occasione per la raccolta e la diffusione delle notizie;

▶ **il riposo:** per l'ospite viene allestito nell'atrio un letto con coperte lucenti;

▶ **la consegna dei doni ospitali:** i doni (manti, tuniche, pepli, metalli preziosi, armi, oggetti di valore come coppe o crateri) sono il simbolo del vincolo dell'ospitalità: più l'ospite è gradito e stimato, più preziosi e importanti sono i doni.

▶ **l'aiuto per la prosecuzione del viaggio:** l'ospitante fornisce all'ospite mezzi di trasporto, viveri, aiuti di tutti i tipi perché il viaggio possa continuare in sicurezza e tranquillità.

(da D. Ciocca e T. Ferri, *Narrami o Musa*, A. Mondadori, Milano, 1995, rid. e adatt.)

Scena di banchetto.

La maga Circe

Sfuggiti al gigante Polifemo, Ulisse e i suoi compagni riprendono il viaggio. Approdano all'isola di Eolo, il dio dei venti; arrivano alla terra dei Lestrigoni, feroci cannibali, dalla quale immediatamente fuggono; giungono quindi all'isola di Eèa, dove vive la maga Circe. Qui, alcuni compagni di Ulisse vanno a esplorare l'isola.

degli ex-uomini

Trovarono nelle valli il palazzo di Circe, costruito con pietre lisce, in un luogo isolato. E intorno a esso c'erano lupi di montagna e leoni che lei aveva stregato, dando loro droghe maligne[1]. E quelli non si avventarono contro gli uomini, ma dimenando le lunghe code si rizzarono sulle zampe.

Essi si fermarono nell'atrio della dea dalle belle chiome. Sentivano Circe cantare dentro con voce soave, mentre tesseva una tela grande, immortale, come sono i lavori delle dee, sottili e splendenti.

Tra loro prendeva a parlare Polite[2], capo di uomini, che mi era il più caro e il più fidato dei compagni. Diceva: «Amici, dentro c'è una che tesse una grande tela e canta con bella voce: tutta la campagna ne risuona. O è una dea o donna mortale. Via, mandiamo un grido subito!».

Così parlò. Ed essi con un grido la chiamavano.

Ella ben presto uscì aprendo i lucidi battenti della porta, e li invitava dentro. Ed essi tutti insieme nella loro semplicità la seguivano. Ma Euriloco[3] non si mosse, ebbe il sospetto che ci fosse un inganno.

Li fece entrare e li mise a sedere. E per loro mescolava formaggio e farina d'orzo e miele verde con vino e univa a quel cibo droghe malefiche: voleva che si scordassero completamente della patria.

E dopo che glielo diede ed essi l'ebbero bevuto, subito poi li colpiva con la sua verga[4] e li chiudeva nei porcili. Ed essi avevano, dei maiali, le teste e la voce, le setole[5] e l'aspetto, ma la mente era immutata, come prima. Così stavano rinchiusi e piangevano.

Euriloco giunse ben presto alla nave a dire la novità riguardo i compagni e l'amaro destino che era loro toccato. Ma non poteva pronunciare neppure una parola, colpito com'era da grande dolore. Gli occhi gli si riempivano di lacrime, non pensava che a piangere.

Ma quando noi tutti stupiti lo interrogammo, allora finalmente raccontò la morte degli altri compagni.

Allora io mi cinsi all'omero[6] la spada dalle borchie d'argento – era una grande spada di bronzo – e mi misi l'arco in spalla. E a Euriloco ordinai di condurmi indietro per la stessa strada.

Ma egli mi prendeva le ginocchia con tutte e due le mani, mi supplicava, e con voce di pianto mi rivolgeva parole: «Non menarmi[7] là contro voglia ma lasciami qui! Neppure tu farai ritorno e non riuscirai a condurre via alcun altro dei tuoi compagni. Ma con questi qui, subito, scappiamo! Possiamo ancora sfuggire al giorno funesto».

Così parlava. E io gli dissi: «Euriloco, tu sta' pure qui, in questo luogo,

1. **droghe maligne:** filtri magici dal potere malefico.

2. **Polite:** un compagno di Ulisse.

3. **Euriloco:** un altro compagno di Ulisse.

4. **verga:** bastone.

5. **setole:** peli grossi, duri.

6. **mi cinsi all'omero:** mi avvolsi intorno alla spalla.

7. **Non menarmi:** non condurmi.

PORTARMI

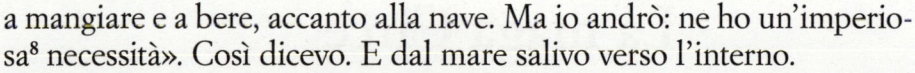

8. imperiosa: impellente, urgente.

9. Ermes: figlio di Zeus; era il messaggero degli dei rappresentato con i calzari alati e il caduceo, la verga d'oro con cui guidava anche le ombre dei morti nell'Ade.

10. beveraggio: bevanda.

John William Waterhouse, Circe invidiosa, 1892, Art Gallery of South Australia, Adelaide.

a mangiare e a bere, accanto alla nave. Ma io andrò: ne ho un'imperiosa[8] necessità». Così dicevo. E dal mare salivo verso l'interno.

Ma quando stavo per giungere alla grande casa della maga Circe, allora mi si fece incontro Ermes[9] dalla verga d'oro.

Mi prese per mano, si rivolgeva a me e disse: «Dove vai, infelice, per queste alture da solo, ignaro come sei del luogo? I tuoi compagni qui stanno rinchiusi nel palazzo di Circe, come porci. Vai forse là per liberarli? Neppure tu farai ritorno, ma resterai invece dove sono gli altri. Ma via, io ti voglio liberar dai guai e salvare. To', con questo farmaco benigno va' dentro il palazzo di Circe: esso terrà lontano dal tuo capo il giorno funesto. E ora ti svelo tutte le malizie e le astuzie di Circe. Ti preparerà un beveraggio[10], ci metterà dentro delle droghe: ma neppure così riuscirà a stregarti. Non lo permetterà il farmaco che intendo darti: e ti dirò anche ogni cosa che tu devi fare. Quando Circe ti percuoterà con la sua lunghissima verga, tu traiti dal fianco la spada e avventati contro di lei, come se volessi ucciderla; imponile quindi di giurare il solenne giuramento degli dei beati, che non vorrà a tuo danno tramare qualche altra sventura».

Così parlava Ermes, e mi diede l'erba che aveva strappato da terra, e mi mostrò com'era fatta: era nera nella radice, bianco come latte il fiore. *Moli* la chiamano gli dei. Ma è difficile per gli uomini mortali trarla fuori dal terreno scavando: gli dei invece possono tutto.

Ermes poi se n'andò su per l'isola selvosa all'alto Olimpo: e io camminavo verso la casa di Circe e il cuore nell'andare mi batteva forte.

Mi fermai alla porta della dea dalle belle chiome. E là diedi un grido: la dea udì la mia voce.

Ella uscì, mi fece entrare e mi mise a sedere su di un seggio.

Mi preparava il beveraggio in una coppa d'oro; e dentro ci mise una droga, meditando la mia rovina. E dopo che me lo diede e io l'ebbi bevuto – e non mi stregò, – mi colpì con la sua verga e disse: «Va' ora nel porcile e coricati in mezzo agli altri compagni!».

Così diceva. Ed io trassi dal fianco la spada acuta e m'avventai contro Circe come se volessi ucciderla.

Lei gridava forte e corse di sotto e mi abbracciò le ginocchia, e con voce di pianto mi rivolgeva parole: «Qual è il tuo nome?

Di che paese sei? Dove hai la città e la famiglia? Sono qui piena di stupore: a bere queste droghe, tu non rimanesti stregato. È in te una mente che non si lascia stregare. Certo tu sei Odisseo».

> *Circe si dimostra ospitale nei confronti di Ulisse, gli offre cibo e bevande; l'eroe però è triste, pensa ai suoi poveri compagni.*

«O Circe, quale uomo giusto e assennato può aver cuore di saziarsi di cibo e bevanda, prima di liberare i suoi compagni e vederseli davanti agli occhi? Se davvero m'inviti premurosa a bere e a mangiare, scioglili, fammeli vedere coi miei occhi, i cari compagni.»
Così parlavo. E Circe era già andata via attraverso la sala tenendo in mano la sua verga. Aprì le porte del porcile e li fece uscire: erano simili a maiali ingrassati di nove anni.
Le si fermarono di fronte: e lei passava in mezzo a essi e li ungeva uno per uno con un farmaco diverso. E dalle loro membra cadevano le setole che prima aveva fatto spuntare la droga malefica e uomini tornarono di nuovo, più giovani che non fossero prima, e molto più belli e più grandi di statura a vedersi.
Mi riconobbero essi e mi strinsero le mani uno dopo l'altro. E in tutti sorse un dolce pianto: all'intorno la casa ne risuonava grandemente. La dea aveva compassione anche lei.

(da *Odissea*, canto X, trad. di G. Tonna, Garzanti, Milano, rid.)

DAL TESTO ALLE COMPETENZE

COMPRENDERE

1. I compagni di Ulisse entrano nel palazzo di Circe. Che cosa succede loro?

2. Da chi Ulisse viene informato dell'accaduto? Di conseguenza, che cosa decide di fare?

3. Perché i poteri magici di Circe non hanno effetto su Ulisse?

4. Ospitato con ogni premura da Circe, Ulisse però è triste. Perché? Che cosa chiede alla maga?

5. Come si conclude la vicenda narrata?

ANALIZZARE

6. Il dio Ermes assume il ruolo di aiutante del protagonista. Perché?

7. In questo episodio sono presenti degli elementi magici. Quali?

8. A Euriloco, che gli consiglia di scappare, Ulisse risponde: «Ma io andrò: ne ho un'imperiosa necessità». Quale particolarità del carattere di Ulisse è qui evidenziata?

9. Alla fine, la maga Circe dimostra di possedere un animo sensibile. Trascrivi la frase del testo che conferma ciò.

Il cane Argo

pag. 322

Ulisse, terminato il racconto delle sue avventure ad Alcinoo, re dei Feaci, viene da questi ricondotto in patria.
Giunge finalmente a Itaca dove, per intervento della dea Atena, viene trasformato in un vecchio mendicante affinché nessuno lo possa riconoscere.
Ulisse si rivela solo al figlio Telemaco, insieme al quale concorda un piano per vendicarsi dei Proci.
Si reca quindi alla reggia: qui nessuno lo riconosce, tranne il vecchio cane Argo, malato e ormai morente.

290 Mentre questo dicevano tra loro, un cane
che stava lì disteso, alzò il capo e le orecchie.
Era Argo, il cane di Odisseo, che un tempo
egli stesso allevò e mai poté godere nelle cacce,
perché assai presto partì l'eroe per la sacra Ilio[1].
295 Già contro i cervi e le lepri e le capre selvatiche
lo spingevano i giovani; ma ora, lontano dal padrone,
giaceva abbandonato sul letame di buoi e muli
che presso le porte della reggia era raccolto,
fin quando i servi lo portavano sui campi
300 a fecondare il vasto podere di Odisseo.
E là Argo giaceva tutto pieno di zecche[2].
E quando Odisseo gli fu vicino, ecco agitò la coda
e lasciò ricadere le orecchie; ma ora non poteva
accostarsi di più al suo padrone[3]. E Odisseo
305 volse altrove lo sguardo e s'asciugò una lacrima
senza farsi vedere da Euméo[4], e poi così diceva:
«Certo è strano, Euméo, che un cane come questo
si lasci abbandonato sul letame. Bello è di forme;
ma non so se un giorno, oltre che bello, era anche veloce
310 nella corsa, o non era che un cane da convito[5],
di quelli che i padroni allevano solo per il fasto[6]».
E a lui, così rispondeva Euméo, guardiano di porci:
«Questo è il cane d'un uomo che morì lontano.
Se ora fosse di forme e di bravura
315 come, partendo per Troia, lo lasciò Odisseo,
lo vedresti con meraviglia così veloce e forte.

---

1. Ilio: Troia.

2. zecche: piccoli parassiti che succhiano il sangue.

3. non poteva ... padrone: non era in grado di avvicinarsi in quanto vecchio e malato.

4. Euméo: è il fedele guardiano di porci di Ulisse.

5. da convito: da banchetto, ossia non adatto né alla caccia né alla guardia.

6. fasto: bellezza.

7. **fiera:** bestia selvatica.

8. **indolenti:** pigre.

9. **poi che Zeus … coglie:** secondo Euméo, Zeus toglie a un uomo metà delle sue virtù, quando questi diventa schiavo. Lo schiavo infatti è uno strumento del padrone; non agisce di sua iniziativa.

10. **Proci:** prìncipi di Itaca e pretendenti di Penelope.

11. **Fato:** destino.

Mai una fiera[7] sfuggiva nel folto della selva
quando la cacciava, seguendone abile le orme.
Ma ora infelice patisce. Lontano dalla patria
320 è morto il suo Odisseo; e le ancelle, indolenti[8],
non si curano di lui. Di malavoglia lavorano i servi
senza il comando dei padroni, poi che Zeus
che vede ogni cosa, leva a un uomo metà del suo valore,
se il giorno della schiavitù lo coglie[9]».
325 Così disse, ed entrò nella reggia incontro ai Proci[10].
E Argo, che aveva visto Odisseo dopo vent'anni,
ecco, fu preso dal Fato[11] della nera morte.

(da *Odissea*, canto XVII, trad. di S. Quasimodo, A. Mondadori, Milano)

Il cane Argo riconosce Ulisse, particolare di un arazzo.

DAL TESTO ALLE COMPETENZE

COMPRENDERE

1. Argo, il cane di Ulisse, in quale stato si trova?

2. Argo dà segni di riconoscere il suo padrone. Infatti, che cosa fa?

3. Com'era Argo prima della partenza di Ulisse? Perché nessuno si prende cura del cane?

ANALIZZARE

4. L'emozione di Ulisse nel vedere Argo è intensa. Come si manifesta?

PRODURRE

5. SCRIVERE la parafrasi. Seguendo le indicazioni che ti abbiamo dato a pag. 83, scrivi la parafrasi dei versi 312-327: «E a lui … della nera morte».

6. SCRIVERE. L'episodio del cane Argo. Quali emozioni, sentimenti, ha suscitato in te l'episodio del fedele cane Argo?

Ulisse «uom di multiforme ingegno»

Le caratteristiche di Ulisse, protagonista assoluto del poema, sono sintetizzate nel proemio: Ulisse è un uomo dotato di un ingegno multiforme, arricchito da diverse esperienze, forte nel sopportare le avversità, rispettoso degli dei, fiducioso nelle proprie capacità, generoso, tormentato dalla nostalgia per la patria e la famiglia.

Alcuni dei suoi tratti fondamentali riprendono caratteristiche che già identificavano l'Ulisse dell'*Iliade*, eroe accorto, abile nella parola, capace di prendere rapide e coraggiose decisioni, autorevole, audace, ma soprattutto **uomo dalle mille astuzie**.

Ulisse è anche un prode, un guerriero, tanto che un epiteto che lo contraddistingue è «distruttore di città». Il suo tratto dominante è, però, la *mêtis*, termine greco che indica una forma di **intelligenza** nella quale si combinano intuito, capacità di analisi e di previsione, esperienza. È la *mêtis* che gli permette di uscire brillantemente da alcune situazioni critiche (ad esempio, l'avventura con il Ciclope Polifemo) nelle quali la forza fisica e il coraggio non darebbero da soli garanzie di successo.

Anche la **curiosità** di Ulisse e il suo modo di guardare il mondo derivano dalla *mêtis*: non sbarca nella terra dei Ciclopi spinto dal bisogno, ma dal desiderio di conoscere; a ogni approdo non si limita a provvedere alle scorte di acqua e cibo, ma vuol sapere chi sono gli uomini che vivono in quella terra. Dominato da un profondo **desiderio di conoscenza**, egli vuole apprendere, di ogni cosa vuole fare esperienza, ha sete di avventura e una forte attrazione per il mistero, l'ignoto. Ed è proprio da questa sua avidità di conoscere, da questa sua audacia spirituale che è nato, attraverso i secoli, il «**mito di Ulisse**» che tanto fascino ha esercitato sulla poesia di ogni tempo.

Ulisse, però, è caratterizzato anche dalla **forza d'animo**, dalla **capacità di resistere ai rovesci della sorte** («paziente» è un altro degli epiteti fissi del personaggio).

Inoltre, diversamente dagli eroi guerrieri dell'*Iliade*, egli non è spinto all'azione dalla ricerca dell'onore o della gloria, ma dal desiderio di tornare in patria, di riabbracciare i suoi cari e di riprendere il ruolo che gli compete nel governo e nella vita della sua isola, Itaca. In nome di questo progetto, Ulisse compie scelte radicali: rifiuta il piacere, simbolicamente rappresentato dalle proposte della maga Circe, e l'immortalità, offertagli dalla ninfa Calipso: tra essere «animale» dominato dagli istinti ed essere dio immortale, Ulisse sceglie di essere uomo.

Ulisse **sa dominare** perfettamente **le sue emozioni**, ottiene il successo con l'uso della pazienza, dell'astuzia e impiegando tutte le risorse che la ragione gli mette a disposizione.

(da D. Ciocca e T. Ferri, *Narrami o Musa*, A. Mondadori, Milano, 1995, rid. e adatt. e da AA.VV., *I libri e le idee – Epica*, Petrini, Torino, rid. e adatt.)

La strage dei Proci

Nella sua reggia Ulisse, sempre sotto le spoglie di mendicante, viene deriso e insultato dai Proci. Intanto Penelope, ispirata dalla dea Atena, propone ai Proci la gara dell'arco: chi di loro riuscirà a tendere l'arco di Ulisse, e a far passare la freccia attraverso gli anelli di dodici scuri allineate, sarà suo sposo. Tutti i Proci tentano, ma inutilmente. Solo Ulisse, fra lo stupore generale, riesce a superare la prova. Ed ecco che punta il suo arco contro i nemici: l'ora della vendetta è giunta.

Allora si denudò dei cenci[1] l'accorto Odisseo,
balzò sulla gran soglia, l'arco tenendo e la faretra[2],
piena di frecce, e versò i dardi[3] rapidi
lì davanti ai suoi piedi, e parlò ai pretendenti:
5 «Questa gara funesta è finita;
adesso altro bersaglio, a cui mai tirò uomo,
saggerò[4], se lo centro, se mi dà il vanto Apollo[5]».
Disse, e su Antínoo[6] puntò il dardo amaro[7].
Quello stava per alzare il bel calice,
10 d'oro, a due anse[8], lo teneva già in mano,
per bere il vino; in cuore la morte
non presagiva: chi avrebbe detto che tra banchettanti
un uomo, solo fra molti, fosse pure fortissimo,
doveva dargli mala morte, la tenebrosa Chera[9]?
15 Ma Odisseo mirò alla gola e lo colse col dardo:
dritta attraverso il morbido collo passò la punta.
Si rovesciò sul fianco, il calice cadde di mano
al colpito, subito dalle narici uscì un fiotto denso
di sangue; rapidamente respinse la mensa
20 scalciando, e i cibi si versarono a terra:

1. si denudò dei cenci: si spogliò delle vesti di mendicante.

2. faretra: astuccio contenente le frecce.

3. versò i dardi: rovesciò le frecce.

4. saggerò: tenterò.

5. se mi dà il vanto Apollo: se Apollo, dio degli arcieri, mi concederà la vittoria.

6. Antínoo: il capo dei Proci, il più crudele e il più arrogante.

7. amaro: mortale.

8. anse: manici.

9. Chera: spirito della morte.

Thomas Degeorge,
La strage dei Proci.

135

pane e carni arrostite s'insanguinarono. Gettarono un urlo
i pretendenti dentro la sala, a veder l'uomo cadere,
dai troni[10] balzarono, in fuga per tutta la sala,
dappertutto spiando i solidi muri:

25 né scudo c'era, né asta robusta da prendere.
Urlavano contro Odisseo con irate parole:
«Straniero, male colpisci gli uomini! Mai più altre gare
farai: adesso è sicuro per te l'abisso di morte.
Hai ammazzato l'eroe più gagliardo

30 tra i giovani d'Itaca: qui gli avvoltoi ti dovranno straziare».
Parlava così ciascuno, perché credevano che non di proposito
avesse ucciso: questo, ciechi[11], ignoravano,
che tutti aveva raggiunto il termine di morte.
Ma feroce guardandoli disse l'accorto Odisseo:

35 «Ah cani, non pensavate che indietro, a casa tornassi
dalla terra dei Teucri[12], perciò mi mangiate la casa[13],
delle mie schiave entrate per forza nel letto,
e mentre son vivo mi corteggiate la sposa,
senza temere gli dei, che l'ampio cielo possiedono,

40 né la vendetta, che in seguito potesse venire dagli uomini.
Ora tutti ha raggiunto il termine di morte!».

10. troni: seggi princi-peschi.

11. ciechi: folli, stolti.

12. Teucri: Troiani.

13. mi mangiate la casa: dilapidate, rovi-nate il mio patrimonio, i miei beni.

(da *Odissea*, canto XXII, trad. di R. Calzecchi Onesti, Einaudi, Torino, 1989)

DAL TESTO ALLE COMPETENZE

COMPRENDERE

1. Ulisse, dopo essersi denudato dei suoi cenci, che cosa fa?

2. Chi dei Proci viene colpito per primo? Si aspettava di morire?

3. Gli altri Proci come reagiscono? Quali minacce rivolgono a Ulisse?
Di conseguenza, Ulisse che cosa risponde loro?

LINGUA E STILE

4. Attribuisci a ciascun nome l'epiteto corrispondente scegliendo tra: amaro, accorto, tenebrosa, funesta.

1. Ulisse

2. gara

3. dardo

4. Chera

PRODURRE

5. SCRIVERE. La parafrasi. Seguendo le indicazioni che ti abbiamo dato a pag. 83, scrivi la parafrasi dei versi 21-30 («Gettarono ... straziare»).

 VOGLIA DI LEGGERE

L'*ODISSEA* NELL'ARTE

Nel dipinto *Scilla e Cariddi* del pittore svizzero **Johann Heinrich Füssli** (1741-1825), uno degli esponenti più autorevoli del Romanticismo artistico, Ulisse è raffigurato nello sforzo eroico di attraversare lo Stretto di Messina, luogo in cui, secondo la mitologia classica, dimoravano Scilla e Cariddi, mostri marini che scatenavano tempeste e terribili vortici d'acqua che inghiottivano le navi. L'eroe brandisce uno scudo per ripararsi, mentre la nave, che sembra una barchetta, è trasportata con violenza dai flutti. Il dipinto, dal punto di vista cromatico, è caratterizzato da toni freddi e cupi, che rendono l'atmosfera drammatica; l'opera sembra voler evidenziare la solitudine di un uomo che, nonostante la forza e il coraggio, si trova in balia delle potenti forze della natura.

A lato, Johann Heinrich Füssli, Scilla e Cariddi, *1794-1796, Kunsthaus Zurich, Zurigo; sotto, John William Waterhouse,* Penelope e i pretendenti, *1912, Art Gallery and Museum, Aberdeen.*

Nel dipinto di **John William Waterhouse** (1849-1917), tra i più celebri e acclamati pittori dell'Ottocento inglese, Penelope, simbolo della fedeltà e dell'attesa amorevole, tesse la sua tela volgendo le spalle ai Proci, che le offrono doni e le dedicano canti. La donna è assorta nel suo lavoro, del tutto noncurante delle attenzioni dei suoi pretendenti. L'ambiente nel quale si svolge la scena è dominato da colori scuri, ma al centro della composizione spicca il rosso vivace della veste di Penelope, che attrae inevitabilmente l'attenzione dell'osservatore.

1. Nel quadro di Füssli, quali elementi rendono al meglio la drammaticità dell'azione?

2. Nel dipinto di Waterhouse, che cosa caratterizza l'espressione dei volti dei personaggi?

3. Secondo te, quali potrebbero essere, nelle scene raffigurate nei due dipinti, le riflessioni e gli stati d'animo dei protagonisti?

L'*ODISSEA* NEL CINEMA

Le avventure di Ulisse

LA TRAMA Dopo la caduta di Troia, i Greci sono tornati alle loro case. Tutti hanno fatto ritorno, tranne Ulisse, l'astuto eroe che aveva escogitato l'inganno del cavallo a danno dei Troiani e aveva poi suscitato le ire del dio Poseidone. Atteso a Itaca dalla moglie Penelope e dal figlio Telemaco, è condannato a vagare a lungo e ad affrontare numerose prove prima di riconquistare il favore degli dei.

I PROTAGONISTI Ulisse è l'eroe al centro del racconto. Re di Itaca, affronta infinite peripezie, rivelandosi astuto, abile e coraggioso. Penelope, la fedele moglie, per vent'anni attende paziente il suo ritorno, tenendo a bada i tanti pretendenti che vorrebbero prendere il posto del marito.

IL LINGUAGGIO CINEMATOGRAFICO Nel film *Le avventure di Ulisse* sono state condensate le otto puntate dello sceneggiato Rai dal titolo *Odissea*, trasmesso per la prima volta nel 1968. I 446 minuti della versione originale sono stati ridotti a poco meno di un quarto e quindi sono state eliminate numerose scene di raccordo, ma le sequenze di maggior impatto spettacolare sono state conservate. Una scelta più che comprensibile, poiché per l'epoca si trattava di un vero e proprio kolossal, girato a colori e con grande dispendio di mezzi.
Sono da notare le accurate scenografie degli interni, la varietà e la ricchezza dei costumi, la quantità di comparse presenti nelle scene di massa. Il ritmo è nel complesso lento e maestoso, adatto alla materia trattata, e contraddistinto dall'uso frequente di primi piani, in grado di favorire un approfondimento della psicologia dei personaggi. Ma nelle sequenze d'azione il montaggio si fa di solito più rapido e non mancano improvvise accelerazioni, panoramiche, zoom. Una voce fuori campo sottolinea con tono solenne alcuni passaggi, so-

LE AVVENTURE DI ULISSE

Paese e anno di produzione: Italia, 1969
Durata: 105 min. **Genere:** avventura epica
Regia: Franco Rossi

prattutto quando si tratta di introdurre nella vicenda gli interventi delle varie divinità, o comunque di fornire allo spettatore ulteriori elementi per la comprensione della vicenda.

PERCHÉ QUESTO FILM Nonostante si tratti di un film realizzato quasi cinquant'anni fa, la sua visione è decisamente ancora oggi consigliabile. Come in altre pellicole più recenti, l'epica classica è stata qui riletta in chiave spettacolare, ma senza tradirne lo spirito. Il lavoro di adattamento dell'opera di Omero è stato infatti condotto in modo serio, conservando tutti gli episodi più importanti e descrivendo in modo approfondito i personaggi principali.

COMPRENDERE

1. Chi è Antinoo e quali sono le sue intenzioni?

2. Penelope riesce a tenere a bada i Proci per molto tempo usando un abile stratagemma: quale?

3. Dove e come avviene l'incontro fra Ulisse e Nausicaa?

4. Che cosa racconta Ulisse durante il banchetto alla reggia di Alcinoo?

5. Chi è Circe e quale effetto ha la sua pozione sugli uomini?

6. Seppure a fatica, Ulisse riesce a resistere al richiamo delle sirene. In che modo?

7. Quando Ulisse giunge finalmente a Itaca, come si presenta a corte? Perché?

8. Come si svolge la prova dell'arco e come si conclude?

INTERPRETARE E VALUTARE

9. Il carattere di Ulisse viene presentato in modo sfaccettato, attraverso la messa in scena delle sue numerose avventure. Scegli e descrivi quella che, nella resa cinematografica, ti è sembrata più appassionante.

10. A parte Ulisse, quale personaggio ti ha colpito di più? Descrivilo e spiega i motivi della tua scelta.

11. Una delle sequenze più suggestive del film è quella in cui Ulisse acceca Polifemo. Quale tipo di inquadratura è prevalente? Come definiresti il ritmo del montaggio? E la colonna sonora? Secondo te, il regista ha riprodotto fedelmente il racconto omerico? Motiva la tua risposta.

PER LA TUA BIBLIOTECA

La storia di Ulisse e Argo

Mino Milani, Einaudi ragazzi

Tutti conosciamo Ulisse, il suo «multiforme ingegno», le sue avventure per mare e per terre sconosciute, il suo ritorno. Tutti ricordiamo con commozione l'incontro tra l'eroe e il suo cane ormai vecchio. Il romanzo di Mino Milani, un vero e proprio classico, racconta l'amicizia indissolubile tra Ulisse e il cane Argo, un legame nato quando l'eroe era ancora soltanto un ragazzo. Argo, fedele quanto Penelope, attese per anni il padrone, lo riconobbe tra i primi, anche se era travestito da straniero, e accanto a lui si lasciò morire, pago di aver finalmente assistito al suo ritorno.

L'avventura di Ulisse

Andrea Molesini, Mondadori, Oscar junior

Dei numerosi protagonisti dei testi epici studiati a scuola quello che da sempre affascina e colpisce la fantasia degli studenti è Ulisse, per colpa o per destino condannato a vagare in mare per dieci lunghi anni, regalando così storie indimenticabili anche ai lettori di oggi.

Le peripezie dell'eroe omerico sono state riprese e raccontate dagli scrittori di ogni tempo. Il libro di Andrea Molesini ti accompagnerà a ripercorrere le avventure dell'eroe più astuto, nel rispetto del testo originale, ma anche con un pizzico di leggerezza e ironia.

ODISSEA

Poema epico classico, greco

Poema attribuito a OMERO

24 canti; 12.000 versi

Narra l'avventuroso e difficile viaggio di ritorno in patria di Odisseo (Ulisse) dopo la distruzione di Troia.

Tre nuclei narrativi

I – VIAGGI DI TELEMACO ALLA RICERCA DEL PADRE (canti I-IV)

La guerra di Troia è finita da dieci anni, ma Ulisse non è ancora tornato. È nell'isola di Ogigia trattenuto dalla ninfa Calipso.

II – AVVENTURE DI ULISSE (canti V-XII)

Partenza di Ulisse dall'isola di Ogigia e naufragio sull'isola dei Feaci, dove l'eroe racconta le sue avventure (**flashback**).
In particolare, i suoi incontri con:
- i **Lotofagi**, i mangiatori di loto, un frutto che fa dimenticare gli affetti e la patria;
- il ciclope **Polifemo**;
- **Eolo**, il re dei venti;
- i **Lestrigoni**, feroci cannibali;
- la maga **Circe**, che trasforma gli uomini in porci;
- l'indovino **Tiresia**, nel **regno dei morti**, che gli svela il suo futuro;
- le **Sirene**, dal dolce canto ingannevole;
- i due mostri **Scilla** e **Cariddi**;
- la ninfa **Calipso** nell'isola di Ogigia.

III – RITORNO DI ULISSE E VENDETTA (canti XIII-XXIV)

I Feaci conducono Ulisse a Itaca dove, travestito da mendicante, si vendica dei Proci che, durante la sua assenza, avevano invaso la reggia. Si fa poi riconoscere dalla moglie Penelope e dal padre Laerte. Reprime, infine, una ribellione dei parenti dei Proci e si riconcilia con i suoi sudditi.

LINGUAGGIO
- **Epiteti**
- **Formule fisse, ricorrenti**
- **Patronimici**
- **Similitudini**

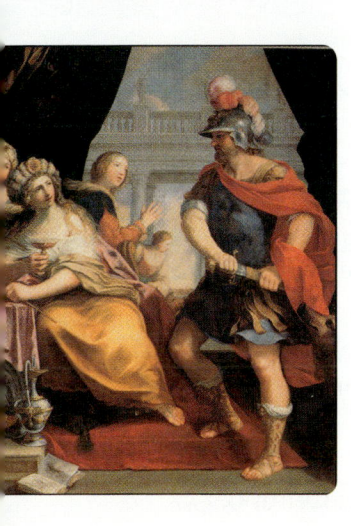

PERSONAGGI PRINCIPALI

ULISSE — Eroe protagonista; abile guerriero e uomo astuto, con forte desiderio di conoscenza e di avventura

TELEMACO — Figlio di Ulisse; aiuterà il padre nella strage dei Proci

PENELOPE — Moglie di Ulisse e madre di Telemaco; sopporta con coraggio le insidie dei Proci

LAERTE — Padre di Ulisse

NAUSICAA — Figlia del re dei Feaci, soccorre Ulisse approdato sull'isola

POLIFEMO — Ciclope, figlio del dio Poseidone, vinto dall'astuzia di Ulisse

CALIPSO — Ninfa che trattiene Ulisse sull'isola di Ogigia per sette anni

CIRCE — Ninfa che trattiene Ulisse sull'isola di Eèa per un anno

PROCI — Principi di Itaca che, insediatisi nella reggia di Ulisse, aspirano alla mano di Penelope

DEI —
- **Atena**, dea della saggezza, protegge Ulisse
- **Poseidone**, dio del mare, perseguita Ulisse perché l'eroe gli ha accecato il figlio Polifemo

DISSE CHE NESSUNO POTEVA SPOSTARGLI IL LETTO, RIVELÒ INOLTRE CHE IL SUO LETTO ERA STATO COSTRUITO SU UN TRONCO CIOÉ LA SPAGLIERA ERA UN TRONCO.

Penelope riconosce Ulisse

Dopo la strage dei Proci, Ulisse, indossati tunica e mantello e riacquistata la bellezza grazie alla dea Atena, si presenta alla moglie. Ma Penelope nutre ancora dubbi sull'identità dello sposo e lo sottopone all'ultima prova.

. ERA COSÍ BELLO CHE AS= SOMIGLIAVA A UN DIO.

. PENELOPE NON ERA CERTA CHE ULISSE FOSSE SUO MARITO E PERCIÓ NON LO RIABBRACCIA. ULISSE DISSE CHE PENELOPE, SICCOME NON ERA SICURA, GLI DEI LE AVEVANO RESO IL CUORE DURO. COSÍ ULISSE CHIESE ALLE ANCELLE DI PREPARARGLI IL LETTO PK ANCHE DASOLO POTEVA DORMIRE. PENELOPE SI GIUSTIFICA DICENDO CHE SAPEVA COME ULISSE ERA ANDATO VIA. DICE ALLA NUTRICE DI PREPARARGLI IL LETTO FUORI DALLA SIANZA PK INFATTI ERANO (LORO) FUORI. ULISSE ✱

Dal bagno uscì[1] simile agli immortali d'aspetto;
e di nuovo sedeva sul seggio da cui s'era alzato,
165 in faccia alla sua donna, e le disse parola:
«Misera, fra le donne a te in grado sommo
fecero duro il cuore gli dei che han le case d'Olimpo;
nessuna donna con cuore tanto ostinato
se ne starebbe lontana dall'uomo, che dopo tanto soffrire,
170 tornasse al ventesimo anno nella terra dei padri.
Ma via, nutrice, stendimi il letto[2], anche solo
potrò dormire: costei ha un cuore di ferro nel petto».
E a lui parlò la prudente Penelope:
«Misero, no, non son superba, non ti disprezzo,
175 non stupisco neppure: so assai bene com'eri
partendo da Itaca sulla nave lunghi remi.
Sì, il suo morbido letto stendigli, Eurìclea,
fuori dalla solida stanza, quello che fabbricò di sua mano;
qui stendetegli il morbido letto, e sopra gettate il trapunto[3],
180 e pelli di pecora e manti e drappi splendenti».
Così parlava, provando[4] lo sposo; ed ecco Odisseo
sdegnato si volse alla sua donna fedele:
«O donna, davvero è penosa questa parola che hai detto!
Chi l'ha spostato il mio letto? Sarebbe stato difficile
185 anche a un esperto, a meno che un dio venisse in persona,
e, facilmente, volendo, lo cambiasse di luogo.
Tra gli uomini, no, nessun vivente, neanche in pieno vigore,
senza fatica lo sposterebbe, perché c'è un grande segreto
nel letto ben fatto, che io fabbricai, e nessun altro.
190 C'era un tronco ricche fronde, d'olivo, dentro il cortile,
florido, rigoglioso[5], era grosso come colonna:
intorno a questo murai la stanza, finché la finii,
con fitte pietre, e di sopra la copersi per bene,
robuste porte ci misi, saldamente commesse[6].
195 E poi troncai[7] la chioma dell'olivo fronzuto,
e il fusto sul piede sgrossai[8], lo squadrai[9] con il bronzo
bene e con arte, lo feci dritto a livella[10],
ne lavorai un sostegno e tutto lo trivellai con il trapano.
Così, cominciando da questo, polivo[11] il letto, finché lo finii,
200 ornandolo d'oro, d'argento e d'avorio.

1. uscì: il soggetto è Ulisse.

2. Ma via … letto: Ulisse dice all'anziana nutrice Eurìclea di prepararargli il letto.

3. trapunto: grossa coperta.

4. provando: mettendo alla prova.

5. rigoglioso: ben sviluppato.

6. saldamente commesse: fatte di legni ben connessi tra loro, quindi solide.

7. troncai: tagliai.

8. sgrossai: liberai dalla corteccia.

9. squadrai: piallai.

10. livella: attrezzo che serve a stabilire l'orizzontalità di una superficie piana.

11. polivo: levigavo.

Per ultimo tirai le corregge[12] di cuoio, splendenti di porpora.
Ecco, questo segreto ti ho detto: e non so,
donna, se è ancora intatto il mio letto, o se ormai
qualcuno l'ha mosso, tagliando di sotto il piede d'olivo».

205 Così parlò, e a lei di colpo si sciolsero le ginocchia ed il cuore[13],
perché conobbe il segno sicuro che Odisseo le diceva;
e piangendo corse a lui, dritta, le braccia
gettò intorno al collo a Odisseo, gli baciò il capo e diceva:
«Non t'adirare, Odisseo, con me, tu che in tutto

210 sei il più saggio degli uomini; i numi[14] ci davano il pianto,
i numi, invidiosi che uniti godessimo
la giovinezza e alla soglia[15] di vecchiezza venissimo.
Così ora non t'adirare con me, non sdegnarti di questo,
che[16] subito non t'ho abbracciato, come t'ho visto.

215 Sempre l'animo dentro il mio petto tremava
che qualcuno venisse a ingannarmi con chiacchiere:
perché molti mirano a turpi[17] guadagni».

(da *Odissea*, canto XXIII, trad. di R. Calzecchi Onesti, Einaudi, Torino, 1989)

12. corregge: cinghie.

13. si sciolsero ... cuore: espressione, formula che sottolinea l'intensa emozione provata da Penelope davanti alla prova certa fornitale da Ulisse.

14. numi: dei.

15. soglia: ingresso.

16. che: del fatto che.

17. turpi: vergognosi.

COMPRENDERE

 **VERSIONE INTERATTIVA**

1. Quale aspetto ha Ulisse quando si presenta davanti a Penelope? (1 punto se la risposta è esatta)

PUNTI .... /1

2. Perché, secondo Ulisse, Penelope ha un «cuore di ferro» nel petto? (1 punto se la risposta è esatta)

a Perché i vent'anni di lontananza dal marito hanno indurito il suo cuore.

b Perché non gli ha ancora preparato il letto nuziale.

c Perché l'ha accolto con molta durezza.

PUNTI .... /1

VERIFICA FORMATIVA

3. In che modo Penelope mette alla prova Ulisse? (2 punti se la risposta è esatta)

Penelope dice alle ancelle, siccome erano all'aria aperta, di preparare fuori il letto come aveva richiesto Ulisse

PUNTI .... /2

4. In che cosa consiste il segreto del letto nuziale? (1 punto per ogni risposta esatta)

- a) È stato costruito da Ulisse con l'aiuto di pochi uomini molto robusti.
- b) È stato costruito dal solo Ulisse.
- c) È inamovibile, in quanto costruito sul tronco di un ulivo tagliato.

PUNTI .... /2

5. Come reagisce Penelope dopo che Ulisse le ha rivelato il segreto del letto nuziale? (2 punti se la risposta è esatta)

Penelope si scusa per non averlo riconosciuto, lo abbraccia

PUNTI .... /2

6. Penelope, per ottenere comprensione da parte di Ulisse, a quale caratteristica del marito fa appello? (1 punto se la risposta è esatta)

- a) L'astuzia
- b) La saggezza
- c) La prudenza

PUNTI .... /1

7. Perché, secondo Penelope, gli dei hanno arrecato loro tante sofferenze? (2 punti se la risposta è esatta)

PK NON LI HANNO FATTO REINCONTRARE

PUNTI .... /2

8. Penelope, infine, rivela al marito il motivo per cui non l'ha abbracciato subito. Di quale motivo si tratta? (2 punti se la risposta è esatta)

PK GLI DEI NON VOLEVANO CHE SI INCONTRASSERO PRESTO

PUNTI .... /2

ANALIZZARE

9. Qual è la «terra dei padri» cui si riferisce Ulisse nel verso 170? (1 punto se la risposta è esatta)

ITACA

PUNTI .... /1

10. Perché Ulisse descrive dettagliatamente la costruzione del letto nuziale? (2 punti se la risposta è esatta)

PK COSÌ PENELOPE CAPÌ CHE LUI ERA SUO MARITO PK SOLO LOR CONOSCEVANO QUEL SEGRETO

PUNTI .... /2

11. Penelope, in questo episodio, dimostra di essere una donna: (1 punto per ogni risposta esatta)

    ☐a superba

    ☐b prudente

    ☐c insensibile

    ☒d astuta

PUNTI .... /2

LINGUA E STILE

12. Nel verso 163 è presente una similitudine. (1 punto per ogni completamento esatto)

    a. Il primo termine di paragone è: *DAL BAGNO USCÍ*

    b. Il secondo termine di paragone è: *SIMILE A UN IMMORTALE*

PUNTI .... /2

13. Nei versi 190-191 individua e trascrivi la similitudine, specificando il primo e il secondo termine di paragone. (2 punti se la risposta è esatta)

GL... CIERA UN TRONCO ALCUNE FRONDE 1° PARAGONE

ERA GROSSO COME COLONNA 2° PARAGONE

PUNTI .... /2

14. Nei versi 176 e 190 individua e trascrivi i due epiteti. (1 punto per ogni risposta esatta)

SUDA STANZA

PUNTI .... /2

AUTOVALUTAZIONE   PUNTEGGIO TOTALE .... /24

▶ Il testo mi è sembrato:

    ☐ facile   ☐ di media difficoltà   ☐ difficile

▶ Gli esercizi mi sono sembrati complessivamente:

    ☐ facili   ☐ di media difficoltà   ☐ difficili

▶ Ho avuto difficoltà nel rispondere alle domande relative a:

    ☐ comprendere   ☐ analizzare   ☐ lingua e stile

In base alla correzione dell'insegnante, se hai ottenuto un punteggio inferiore a 14, ripassa ed esercitati ancora.

VERIFICA FORMATIVA

L'ENEIDE

L'*Eneide* è senz'altro il **poema epico più importante della civiltà latina**.
Mentre di Omero sappiamo poco o nulla e la sua figura resta sostanzialmente avvolta nella leggenda, di **Virgilio**, l'autore dell'*Eneide*, abbiamo conoscenze storiche abbastanza precise.

PER SCRIVERE L'ENEIDE SI ISPIRA ALL'ODISSEA E ALL'ILIADE

Publio Virgilio Marone

Publio Virgilio Marone nacque nel **70 a.C.** ad **Andes**, nei pressi di Mantova. Studiò dapprima a Cremona, poi a Milano e a Roma, infine a Napoli, dove si dedicò in particolare alla filosofia.

Dopo la guerra civile tra Ottaviano e Antonio si trasferì definitivamente a **Roma**. Qui conobbe molti poeti e uomini di cultura e si dedicò alla composizione delle sue opere: le Bucoliche (una raccolta di dieci composizioni pastorali) e le Georgiche (un poemetto sulla coltivazione dei campi e sull'allevamento del bestiame), nelle quali celebra e loda la bellezza della natura e il lavoro dell'uomo.

Infine, per volere di Ottaviano Augusto, si dedicò alla stesura dell'Eneide, un **poema epico a carattere celebrativo** in quanto aveva lo scopo di esaltare le origini di Roma e della stessa famiglia dell'imperatore Ottaviano.

Nel **19 a.C.** Virgilio si recò in Grecia a visitare i luoghi cantati nel suo poema; ammalatosi durante il viaggio di ritorno, morì a **Brindisi**.

La struttura dell'*Eneide*

L'*Eneide* è un poema in 12 canti che prende il nome dal suo protagonista, **Enea**, eroe troiano figlio di Anchise e della dea Venere.

L'*Eneide* racconta infatti le avventure di Enea che, fuggito da Troia distrutta dagli Achei, approda nel Lazio, terra promessagli dal destino.

Qui Enea combatte contro le popolazioni locali e infine, vincitore, sposa Lavinia, figlia del re Latino. Dalla fusione di questi due popoli nascerà una nuova stirpe, destinata a fondare Roma e a dominare il mondo nei secoli.

Nel comporre la sua opera, **Virgilio si è ispirato ai poemi omerici**: infatti i primi sei canti, dedicati al viaggio di Enea da Troia al Lazio e alle sue molte avventure, ricalcano a grandi linee l'*Odissea*; gli ultimi sei, invece, dedicati alle battaglie sostenute dall'eroe in suolo latino, si ispirano all'*Iliade*.

La vicenda dell'*Eneide*

Il poema può essere suddiviso in **due grandi nuclei narrativi**.

**I nucleo:
Il viaggio
di Enea**
(canti I-VI)

Dopo sette anni di peregrinazioni sul mare, Enea e i suoi compagni sono costretti, a causa di una terribile tempesta provocata dalla dea Giunone, ad approdare sulle coste dell'Africa, dove vengono accolti benevolmente dalla regina Didone che sta costruendo la sua bellissima città, Cartagine.

Durante un banchetto in suo onore, Enea, pregato da Didone, racconta la sua storia: la caduta della città di Troia grazie all'inganno del cavallo; la sua fuga dalla città con il padre Anchise, il figlioletto Ascanio e la moglie Creusa, che però scompare tra le fiamme; i suoi viaggi in Tracia, a Delo, a Creta, nelle isole Strofadi, dove combatte contro le Arpie, mostri con il volto di donna e il corpo di uccello; in Epiro, dove incontra Andromaca, la sposa di Ettore; sulle coste dell'Italia, a Drepano, dove muore il vecchio padre Anchise; infine sulle coste dell'Africa.

Terminato il suo racconto, Enea rimane ospite di Didone che si è innamorata di lui. Quando l'eroe riparte, la regina si uccide per il dolore, maledicendo la stirpe troiana. Partiti da Cartagine, i Troiani arrivano in Sicilia, quindi a Cuma, dove Enea scende nell'Ade: qui incontra l'ombra del padre Anchise che gli indica i suoi futuri discendenti, gloria della stirpe di Roma.

**II nucleo:
La guerra
del Lazio**
(canti VII-XII)

Enea giunge nel Lazio, dove il re Latino lo accoglie benevolmente e gli offre in moglie la figlia Lavinia. A questo punto Giunone, sdegnata dei successi troiani, istiga contro Enea il re Turno, promesso sposo di Lavinia. Scoppia così una guerra fra Enea e Turno alla quale partecipano tutti i popoli latini.

Enea riceve aiuti da Evandro, re del Colle Palatino, che gli invia quattrocento cavalieri guidati da suo figlio Pallante. La guerra divampa: da entrambe le parti muoiono molti giovani valorosi, come Eurialo, Niso, la vergine Camilla. Per evitare ulteriori spargimenti di sangue, Turno sfida Enea a duello e muore sotto i colpi dell'eroe troiano.

Pieter Bruegel il vecchio, Enea e la sibilla negli Inferi, *1598 (particolare).*

Il viaggio di Enea

Il viaggio di Enea spazia da Oriente a Occidente, dal mare alla terra al regno degli Inferi, come puoi osservare nella seguente cartina che ne ricostruisce le tappe dalla partenza da Troia sino alla foce del Tevere.

1. **Troia:** dopo dieci anni di guerra, gli Achei entrano a Troia con l'inganno del cavallo e distruggono la città. Enea, con il figlioletto Ascanio, il padre Anchise e altri Troiani, prende il mare verso la nuova patria che il Fato gli ha destinato. Enea porta con sé anche i Penati, dei protettori della patria.

2. **Tracia:** Enea sbarca a Eno, nella Tracia. Qui all'eroe appare un terribile prodigio: da alcuni rami di mirto gocciola il sangue di **Polidoro**, figlio di Priamo e ucciso in quel luogo. I Troiani, atterriti, lasciano la Tracia.

3. **Delo:** a Delo l'oracolo di Apollo indica a Enea di cercare «l'antica madre». Anchise pensa che sia Creta, terra da cui proveniva il loro progenitore Teucro.

4. **Creta:** sbarcati nell'isola, i Troiani iniziano a costruire la nuova città, ma una terribile pestilenza e le parole degli dei Penati, che appaiono in sogno a Enea, rivelano l'errore commesso: non è Creta «l'antica madre», ma l'Italia, la terra d'origine del loro capostipite Dardano.

5. **Isole Strofadi:** ripreso il mare, gli esuli sono sospinti da una tempesta nelle isole Strofadi dove vengono attaccati dalle **Arpie**, mostri con il volto di donna e il corpo di uccello. L'Arpia Celeno profetizza loro un difficile futuro e una terribile fame.

6. **Epiro:** a Butroto, nell'Epiro, Enea incontra Andromaca, vedova di Ettore e ora moglie dell'indovino Eleno, fratello di Ettore. Eleno spiega a Enea che la terra assegnatagli dal Fato non si trova sulla vicina costa d'Italia, quella adriatica e ionica occupata dai Greci, ma su quella opposta, cioè su quella tirrenica. Quando Enea vedrà una scrofa bianca con trenta porcellini bianchi da lei partoriti, potrà essere sicuro di aver raggiunto la meta.

7. **Rocca di Minerva:** i Troiani approdano in un porto, a sud di Otranto, sovrastato da una rocca con un tempio di Minerva e subito invocano la protezione della dea.

8. **Terra dei Ciclopi:** i Troiani evitano Scilla e Cariddi e giungono alla terra dei Ciclopi. Qui trovano Achemenide, uno dei compagni di Ulisse, dimenticato per caso nella spelonca di Polifemo, e lo portano con sé.

9. **Drepano:** qui muore Anchise, padre di Enea. Ripreso il mare, i Troiani sono assaliti da una tempesta e spinti verso Cartagine.

10. **Cartagine:** la regina **Didone** ospita Enea, ascolta il suo racconto e si innamora di lui. Quando l'eroe riparte, Didone si uccide per il dolore, maledicendo la stirpe troiana.

11. **Sicilia:** ritornato in Sicilia, un anno dopo la morte del padre Anchise, Enea decide di celebrare in suo onore un rito di commemorazione e giochi funebri.

12. **Cuma:** approdato a Cuma, Enea consulta la **Sibilla** e da lei viene accompagnato negli **Inferi**, dove incontra il padre Anchise.

13. **Gaeta:** qui muore Caieta, l'anziana nutrice di Enea, e l'eroe, dopo averle dato sepoltura, dà al luogo il nome di Gaeta.

14. **Foce del Tevere:** superato il promontorio del Circeo, sede della maga Circe, i Troiani arrivano alla foce del Tevere.

Mar Nero

Tracia

2 Eno

1
Troia

Taso

Lemno

Epiro

Grecia

Rocca di
Minerva

Butroto

7

6

Asia Minore

Atene

Delo

3

Mar Ionio

Isole
Strofadi

Sparta

5

4   Creta

Mediterraneo

I personaggi principali dell'*Eneide*

Protagonisti dell'*Eneide* non sono solo gli eroi, i guerrieri e i sovrani, ma tutti gli uomini, con le caratteristiche eroiche o dolorose che li contraddistinguono: l'amore tenero, appassionato o tragico, la crudeltà della guerra, la morte tragica e immatura, il sacro vincolo dell'amicizia.

Enea: figlio di Venere e Anchise, è il protagonista, predestinato dal Fato a portare in salvo i Troiani e a fondare nel Lazio una nuova città, da cui discenderanno i Romani.

Anchise: vecchio e saggio padre di Enea, segue il figlio fino a Drepano, dove muore. *DI VECCHIAIA*

Ascanio o Iulo: figlio di Enea e Creusa, giungerà con il padre in Italia e fonderà la stirpe da cui discenderanno Romolo e Remo.

Didone: regina di Cartagine, ospita Enea e se ne innamora. Quando poi l'eroe parte, si uccide per il dolore, invocando maledizioni sui Troiani.

Lavinia: figlia del re Latino, sposerà Enea dopo la vittoria di quest'ultimo su Turno.

Turno: re dei Rutuli, popolazione del Lazio, si scontra con Enea e da lui è vinto e ucciso.

Latino: re del Lazio, concede in sposa a Enea la propria figlia Lavinia, già promessa sposa di Turno, re dei Rutuli. Di qui la guerra fra Troiani e Latini.

Eurialo, Camilla, Pallante, Niso: giovani combattenti che muoiono da eroi in battaglia.

Gli dei che intervengono nell'azione

Gli dei sono pochi e lontani dai vendicativi e capricciosi dei omerici e interferiscono raramente con le vicende umane, regolate dal Fato, che ha un ruolo fondamentale nella determinazione delle vicende.

Venere: dea della bellezza e dell'amore, madre di Enea, protegge sempre il figlio.

Giunone: *era* moglie di Giove, *Zeus* ostacola in tutti i modi Enea.

Giove: *Zeus* sommo dio del cielo e della terra, è imparziale e sottomesso alla volontà del Fato.

Venere e Anchise in un dipinto dell'Ottocento.

Il linguaggio dell'*Eneide*

Il poema di Virgilio, a differenza dei poemi omerici, è un'opera scritta destinata alla lettura. Nell'*Eneide*, pertanto, non compaiono aggettivi o espressioni «fissi» che si ripetono costantemente allo scopo di tener viva l'attenzione del lettore; il poeta, libero da questo vincolo, si avvale di un linguaggio più vario, ricco e articolato.

Proemio

Anche l'**Eneide**, come i poemi omerici, inizia con un proemio nel quale l'autore presenta brevemente l'argomento trattato e invoca l'aiuto della Musa affinché ispiri il suo canto.

Canto le armi[1],
canto l'uomo[2] che primo da Troia
venne in Italia, profugo per volere del Fato
sui lidi di Lavinio[3]. A lungo travagliato
5   e per terra e per mare dalla potenza divina
a causa dell'ira tenace della crudele Giunone,
molto soffrì anche in guerra: finché fondò una città[4]
e stabilì nel Lazio i Penati di Troia[5],
origine gloriosa della razza latina
10   e albana, e delle mura della superba Roma[6].
Musa[7], ricordami tu le ragioni di tanto
doloroso penare: ricordami l'offesa
e il rancore per cui la regina del cielo[8]
costrinse un uomo famoso per la propria pietà[9]
15   a soffrire così, ad affrontare tali
fatiche. Di tanta ira son capaci i Celesti?

(da *Eneide*, canto I, trad. di C. Vivaldi, Edisco, Torino, 1981)

1. le armi: le imprese di guerra.

2. l'uomo: Enea.

3. sui lidi di Lavinio: sulle spiagge del Lazio, dove poi fondò la città di Lavinio, cosiddetta dal nome della moglie Lavinia, figlia del re Latino.

4. una città: la città di Lavinio.

5. i Penati di Troia: i Penati erano gli dei protettori della famiglia e della patria. Enea aveva portato con sé le statuette di terracotta dei Penati di Troia.

6. origine gloriosa ... Roma: la razza latina nacque dalla fusione dei Troiani con gli abitanti del Lazio. La razza albana prende il nome da Alba, città fondata da Ascanio, figlio di Enea, che per più di tre secoli dominerà incontrastata sul Lazio finché Romolo, figlio di Rea Silvia, albana, fonderà la superba Roma, futura dominatrice del mondo.

7. Musa: è Calliope, Musa della poesia epica, che qui Virgilio invoca perché lo ispiri e lo assista nella sua lunga fatica poetica.

8. la regina del cielo: è Giunone, moglie di Giove.

9. per la propria pietà: per la propria devozione agli dei e il proprio senso del dovere nei confronti della sua famiglia e del suo popolo.

151

DAL TESTO ALLE COMPETENZE

COMPRENDERE

1. Quale argomento sarà trattato nel poema?

2. Virgilio che cosa chiede alla Musa?

ANALIZZARE

3. Il proemio si può suddividere in due parti. Collega ciascuna parte ai corrispondenti versi.

B 1. Esposizione dell'argomento   a. | vv. 11-16 |

A 2. Invocazione alla Musa   b. | vv. 1-10 |

4. Quali dei seguenti termini o espressioni possono essere riferiti a Enea? (Indica con una crocetta le risposte esatte)

a Profugo

b Per primo giunge a Troia dall'Italia

c Destinato a soffrire

d Vendicativo

e Crudele

f Fonda una città

g Astuto

h Protetto dalla dea Giunone

i Rispettoso degli dei

l Irrispettoso nei confronti degli dei

5. Giunone viene definita «crudele» e la sua ira «tenace». Anche nell'*Iliade* la dea era nemica accanita del popolo troiano. Sapresti dire perché?

6. Il proemio termina con una domanda che indica da parte dell'autore:

a ribellione

b stupore

c rassegnazione

d ammirazione

Motiva la tua risposta. *PK LA MUSA É UNA DEA CHE NELLA REALTÀ NON GLI PUÓ RISPONDERE*

PRODURRE

7. **SCRIVERE la parafrasi.** Scrivi la parafrasi del proemio. Segui le indicazioni.

▶ Innanzitutto, leggi attentamente i versi, identifica le parole o le espressioni difficili e, con l'aiuto delle note, cerca di comprenderne il significato.

▶ Ricostruisci l'ordine delle parole secondo una successione logica (soggetto, predicato, complementi).

▶ Con l'aiuto delle note sostituisci le parole difficili, di uso letterario, con altre di uso quotidiano, cercando anche di spiegare eventuali espressioni figurate o concetti troppo sintetici.

8. **SCRIVERE:** *Iliade, Odissea, Eneide* **a confronto.** Confronta il proemio dell'*Eneide* con quelli dell'*Iliade* (pag. 80) e dell'*Odissea* (pag. 117). Quali caratteristiche comuni presentano? Quali, invece, le differenze?

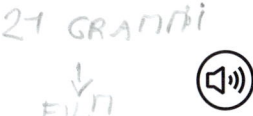

L'inganno del cavallo

Una violenta tempesta, scatenata dalla dea Giunone, spinge i Troiani sulle coste dell'Africa, a Cartagine. Qui vengono accolti con grande ospitalità dalla regina Didone. Al termine di un banchetto, su invito di Didone, Enea inizia il racconto della distruzione di Troia e della fuga dalla città in fiamme.

Tacquero tutti:
gli occhi intenti al viso di Enea
pendevano dalle sue labbra. Dal suo posto d'onore,
bene in vista, l'eroe cominciò in questi termini:

5 «Regina[1] tu mi chiedi di rinnovare un dolore
inesprimibile; mi ordini di dire come i Greci
abbian distrutto Troia, le sue ricchezze, il suo regno
degno di pianto[2], e narrarti tutte le cose tristi
che ho visto coi miei occhi ed alle quali tanto

10 ho preso parte! Chi potrebbe trattenersi
dalle lagrime a un tale racconto, fosse pure
soldato del duro Ulisse o Mirmidone o Dolope[3]?
E già l'umida notte precipita dal cielo,
le stelle, tramontando, ci persuadono al sonno.

15 Ma se proprio desideri conoscere le nostre
disgrazie ed ascoltare brevemente l'estrema
sciagura di Troia, quantunque il mio animo
inorridisca al ricordo e rilutti[4] di fronte
a così grave dolore, parlerò.

20   I capi greci,
prostrati dalla guerra e respinti dai Fati
dopo tanti e tanti anni, con l'aiuto di Pallade[5]
fabbricano un cavallo simile a una montagna,
ne connettono[6] i fianchi di tavole d'abete,

25 fingendo che sia un voto[7] (così si dice in giro)
per un felice ritorno. Di nascosto, nel fianco
oscuro del cavallo fanno entrare sceltissimi
guerrieri, tratti a sorte, riempiendo di una squadra
in armi la profonda cavità del suo ventre.

30 Proprio di fronte a Troia sorge Tenedo, un'isola
molto nota, ricchissima finché il regno di Priamo[8]
fu saldo, adesso semplice approdo malsicuro:
i Greci sbarcano là, celandosi nel lido[9]
deserto. Noi pensammo che fossero andati via

35 salpando verso Micene[10] col favore del vento.
E subito tutta la Troade[11] esce dal lungo lutto.
Spalanchiamo le porte: come ci piace andare
liberi ovunque e vedere gli accampamenti dorici[12],
la pianura deserta, la spiaggia abbandonata!

---

1. Regina: Didone, regina di Cartagine.

2. degno di pianto: degno di commiserazione.

3. o Mirmidone o Dolope: durante la guerra di Troia i Mirmidoni erano i guerrieri guidati da Achille; i Dolopi erano i guerrieri comandati da Pirro, figlio di Achille.

4. rilutti: rifugga, si dimostri contrario a ricordare un così grande dolore.

5. Pallade: appellativo di Atena (Minerva per i Romani), dea della sapienza e delle arti.

6. ne connettono: ne uniscono, mettono insieme.

7. voto: dono votivo.

8. Priamo: ultimo re di Troia, padre di Ettore.

9. celandosi nel lido: nascondendosi sulla spiaggia.

10. Micene: città di Agamennone, capo dei Greci nella guerra contro Troia. Qui Micene indica tutta la Grecia.

11. Troade: regione dove sorgeva la città di Troia.

12. dorici: greci.

13. fatale: mortale.

14. la mole: la grandezza enorme.

15. Timete: uno dei più importanti cittadini di Troia.

16. sia per tradirci: probabilmente per tradirci. Timete potrebbe aver proposto di introdurre il cavallo dentro le mura per vendicarsi del fatto che il re Priamo gli fece uccidere il figlio.

17. Capi: uno dei compagni di Enea.

18. arso: bruciato.

19. sondato: esplorato.

20. Laocoonte: sacerdote del dio Apollo.

21. non celino: non nascondano.

22. Non conoscete Ulisse?: Non conoscete la famosa astuzia di Ulisse?

23. cavo: vuoto.

40 "C'erano i Dolopi qui, il terribile Achille
si accampava laggiù, qui tiravano a secco
le navi, e là di solito venivano a combattere."
Alcuni stupefatti osservano il fatale[13]
regalo della vergine Minerva ed ammirano
45 la mole[14] del cavallo; Timete[15] per primo
ci esorta a condurlo entro le mura e a porlo
sull'alto della rocca, sia per tradirci[16], sia
perché le sorti di Troia volevano così.
Invece Capi[17] ed altri con più accorto giudizio
50 chiedono che quel dono insidioso dei Greci
sia gettato nel mare od arso[18], e che i suoi fianchi
siano squarciati e il suo ventre sondato[19] in profondità.
La folla si divide tra i due opposti pareri.
Allora, accompagnato da gran gente, furioso,
55 Laocoonte[20] discende dall'alto della rocca
e grida da lontano: "Miseri cittadini,
quale follia è la vostra? Credete che i nemici
sian partiti davvero e che i doni dei Greci
non celino[21] un inganno? Non conoscete Ulisse?[22]
60 O gli Achivi si celano in questo cavo[23] legno,
o la macchina è fatta per spiare oltre i muri
e le difese fin dentro le nostre case e piombare
dall'alto sulla città, o c'è sotto qualche altra
diavoleria: diffidate del cavallo, o Troiani,
65 sia quel che sia! Temo i Greci, anche se portano doni".

Giambattista Tiepolo, Il cavallo di Troia trasportato all'interno della città, *1760, National Gallery, Londra.*

[handwritten note:] LAOCOONTE LANCIÓ LA LANCIA CONTRO IL CAVALLO. ED ENEA RICORDÓ CHE SE AVESSERO ASCOLTATO IL SAGERDOTE TROIA SAREBBE STATA ANCORA VIVA

Così detto scagliò con molta forza la grande
lancia nel ventre ricurvo del cavallo di legno.
L'asta s'infisse oscillando, le vuote cavità
del fianco percosso mandarono un gemito
70 rimbombando. Ah, se i Fati non fossero stati
contrari e le nostre menti accecate Laocoonte
ci avrebbe convinto a distruggere il covo[24]
dei Greci; e tu ora, Troia, saresti ancora in piedi,
e tu, rocca di Priamo, ti leveresti in alto».

24. covo: nascondiglio.

(da *Eneide*, canto II, trad. di C. Vivaldi, Edisco, Torino, 1981)

DAL TESTO ALLE COMPETENZE

COMPRENDERE

1. Per ordine di chi Enea inizia il racconto della distruzione di Troia?

2. Il ricordo dell'«estrema sciagura di Troia» quali sentimenti suscita in Enea?

3. In che cosa consiste «l'inganno del cavallo di legno»?

4. L'inganno del cavallo è ispirato da una divinità. Quale e perché?

5. Chi, per primo, esorta i compagni a portare il cavallo all'interno della città?

6. Laocoonte esorta i Troiani a: (indica con una crocetta la risposta esatta)

   a introdurre il cavallo dentro le mura della città

   b diffidare dei Greci e dei loro doni generosi

   c distruggere il cavallo o gettarlo in mare

ANALIZZARE

7. Il testo che hai letto può essere suddiviso in due parti ben precise. Collega ciascuna parte ai corrispondenti versi.

   1. Preambolo   a.   vv. 20-74

   2. Racconto del cavallo di legno   b.   vv. 1-19

8. I versi 40-43 descrivono:

   a il dolore di Enea nel ricordare i luoghi dove erano accampati i Greci

   b lo stupore dei Troiani nel vedere l'enorme cavallo

   c la gioia e lo stupore dei Troiani nel vedere la spiaggia finalmente libera, dopo tanti anni, dalle navi e dagli accampamenti greci

9. Individua e sottolinea nel testo le sequenze riflessive, cioè le parti che contengono le considerazioni (opinioni, giudizi, commenti) di Enea in relazione alla vicenda.

La maledizione di Didone

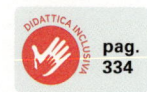

Il racconto di Enea delle sue sventurate peregrinazioni rafforza nell'animo della regina Didone l'amore per il Troiano.
Purtroppo, però, Giove invia il messaggero Mercurio da Enea per imporgli di lasciare Cartagine e partire alla volta dell'Italia. Enea, seppur a malincuore, ubbidisce.
Didone, scorgendo le navi troiane allontanarsi, scaglia contro Enea e i suoi una terribile maledizione: che i discendenti del suo popolo e quelli del popolo troiano siano per sempre nemici irriducibili. Poi, disperata, si trafigge con la spada avuta in dono da Enea.

Appena la regina[1]
vide da un'alta torre biancheggiare la luce[2]
e allontanarsi la flotta a vele spiegate, e il lido
710 deserto e il porto vuoto senza più marinai,
si percosse il bel petto con le mani, furente,
tre volte, quattro, si strappò i biondi capelli[3]:
«O Giove» disse «Enea se ne andrà, uno straniero
si sarà preso gioco impunemente[4] di me
715 e del mio regno?
[...]
O sole, tu che illumini coi raggi le opere tutte
del mondo, e tu Giunone che conosci e sei complice
di questi duri affanni[5], e tu Ecate[6] chiamata
740 con lunghe grida, a notte, nei trivi cittadini,
e voi vendicatrici Furie[7], e voi Dei protettori
della morente Elissa[8], ascoltate e esaudite
le mie preghiere, volgendo sui Teucri[9] la vostra potenza.
Se è scritto nel destino che quell'infame[10] tocchi
745 terra ed approdi in porto, se Giove vuole così,
se la sua sorte è questa: oh, almeno sia incalzato
in guerra dalle armi di gente valorosa

---

1. la regina: Didone.

2. biancheggiare la luce: è l'alba e le navi di Enea si allontanano da Cartagine.

3. si percosse ... capelli: era uso presso gli antichi manifestare il proprio dolore percuotendosi il petto e strappandosi i capelli.

4. impunemente: senza essere punito.

5. Giunone ... affanni: Didone considera Giunone colpevole delle sue sofferenze. La dea, infatti, durante una battuta di caccia aveva scatenato un violento temporale: Enea e Didone avevano trovato riparo in una grotta e qui erano avvenute le nozze.

6. Ecate: divinità infernale. La sua immagine era posta nei trivi delle città e veniva invocata con lunghe grida (per «trivio» si intende il punto in cui si incrociano tre vie).

7. Furie: divinità infernali che perseguitavano i colpevoli con il rimorso.

8. Elissa: altro nome di Didone.

9. Teucri: Troiani.

10. quell'infame: è il traditore Enea.

Francesco
de Mura,
La partenza
di Enea,
1760, Milano,
Pinacoteca del
Castello Sforzesco.

e, in bando dal paese[11], strappato all'abbraccio di Iulo[12]
implori aiuto e veda la morte indegna dei suoi,
750 e, dopo aver firmato un trattato di pace
iniquo[13], non goda il regno né la desiderata
luce[14], ma muoia, in età ancora giovane
e rimanga insepolto su un'arida sabbia![15]
Questo prego, quest'ultima voce esalo col sangue[16].
755 E infine voi, miei Tiri[17], perseguitate[18] la stirpe
di lui, tutta la sua discendenza futura
con odio inestinguibile: offrite questo dono
alla mia povera cenere. Nessun amore ci sia
mai tra i nostri due popoli, nessun patto. Ah, sorga,
760 sorga dalle mie ossa un vendicatore[19], chiunque
egli sia, e perseguiti i coloni troiani
col ferro e col fuoco, adesso, in avvenire, sempre
finché ci siano forze! Io maledico, e prego
che i lidi siano nemici ai lidi, i flutti ai flutti,
765 le armi alle armi: combattano loro e i loro nipoti».
[...]

Annotazione manoscritta a margine: SE QUELLO NON SIA AVVENUTO / OPPURE, CHE VENGA / SCONFITTO (ENEA) DURANTE / UNA BATTAGLIA E / RIMANGA INSEPOLTO. / CHE CI SIA / QUALCUNO CHE LO / SCONFIGGA (ANNIBALE)

11. in bando dal paese: cacciato dal paese.

12. Iulo: figlio di Enea.

13. iniquo: ingiusto.

14. luce: luce del giorno, cioè la vita.

15. oh, almeno... sabbia!: quasi tutte le maledizioni di Didone si avvereranno: Enea lotterà a lungo contro i Rutuli, si separerà dal figlio e morirà tre anni dopo la vittoria finale annegando nel fiume Numico.

16. quest'ultima ... sangue: Didone pronuncia queste sue ultime parole «col sangue» perché sta per uccidersi.

17. Tiri: Cartaginesi, cosiddetti perché originari della città di Tiro.

18. perseguitate: è la predizione delle tre guerre puniche che sconvolsero il Mediterraneo e minacciarono gravemente Roma.

19. un vendicatore: è evidente il richiamo ad Annibale, il più grande e pericoloso nemico di Roma.

Allora Didone, tremante, esasperata
780 per il suo scellerato disegno[20], volgendo
attorno gli occhi iniettati di sangue, le gote sparse
di livide macchie e pallida della prossima morte,
irrompe nelle stanze interne della casa
e sale furibonda l'alto rogo, sguaina
785 la spada dardania[21], regalo non chiesto per simile scopo.
[...]
800 «Moriamo senza vendetta» riprese. «Ma moriamo.
Così, anche così giova scendere alle Ombre[22].
Il crudele Troiano vedrà dall'alto mare
il fuoco e trarrà funesti presagi dalla mia morte.»
Tra queste parole le ancelle la vedono abbandonarsi
805 sul ferro e vedon la lama spumante di sangue,
vedono sporche di sangue le mani.

(da *Eneide*, canto IV, trad. di C. Vivaldi, Edisco, Torino, 1981, rid.)

20. scellerato disegno: Didone aveva preso la decisione di uccidersi.

21. la spada dardania: la spada donatale da Enea, discendente del re troiano Dardano.

22. Ombre: regno dei morti.

DIDONE

Didone rappresenta la concezione tragica dell'amore i cui principali momenti di sviluppo sono: l'insorgere tumultuoso del sentimento, il dono completo e senza riserva di sé, l'abbandono, la disperazione, il suicidio. Ma per Didone i momenti finali della tragedia assumono un significato più sconvolgente, perché si ricollegano alla sua vita precedente.

Fin dalla più tenera età, vissuta tra intrighi e congiure di palazzo, ha imparato a giudicare uomini e cose con diffidenza. Il padre è morto troppo presto; il fratello le ha assassinato il marito Sicheo, l'unico che l'aveva veramente amata.
Costretta a fuggire, alla guida della sua gente profuga e infelice, s'era battuta con orgoglio e tenacia per ridare a se stessa e agli altri una speranza e una patria. C'era riuscita. A questo punto ecco apparire Enea, un personaggio simile a lei, cioè bello di fama e di sventura; vedovo come lei, senza patria. Non era forse una fortunata coincidenza voluta dal Fato?
E Didone si abbandona al sogno d'amore. In un alternarsi continuo di illusioni e delusioni, di tormento e di gioia, si giunge all'epilogo: vince ancora l'amore che vede come unica soluzione la morte. La fine è degna di lei, splendida donna e regina che non può sopravvivere all'offesa ricevuta.

(da Virgilio, *Eneide*, trad. di C. Vivaldi, Edisco, Torino, 1981, rid. e adatt.)

DAL TESTO ALLE COMPETENZE

COMPRENDERE

1. La regina Didone vede le navi troiane allontanarsi da Cartagine. Quali sono le sue reazioni? Riordinale cronologicamente, inserendo un numero progressivo nelle caselle.

- ☐ Scaglia una terribile maledizione contro Enea e i suoi.
- ☐ Si uccide.
- ☐ Si percuote il petto con le mani.
- ☐ Si rivolge a Giove chiedendogli perché Enea si prende gioco di lei e del suo regno.
- ☐ Sale sul rogo.
- ☐ Si strappa i capelli biondi.
- ☐ Sguaina la spada.

ANALIZZARE

2. Rileggi attentamente i versi 737-765, relativi alla maledizione di Didone, poi rispondi alle domande.

- ▶ Didone inizialmente a quale divinità si rivolge e perché?
- ▶ Poi, a quali divinità infernali si rivolge?
- ▶ In seguito, che cosa augura a Enea?
- ▶ Infine, rivolgendosi ai Cartaginesi, che cosa chiede loro?
- ▶ Didone invoca anche l'aiuto di un elemento naturale. Quale e perché?

3. Didone con quali termini o espressioni definisce Enea?

Infame (continua tu) _____

_____

_____

4. Quali aggettivi esprimono l'ira e la disperazione di Didone?

Didone è *furente* (continua tu) _____

_____

LESSICO

5. Nelle seguenti espressioni spiega il significato dei termini evidenziati.

- a. «... allontanarsi la flotta e le vele **spiegate**...» _____
- b. «... con odio **inestinguibile**...» _____
- c. «... per il suo **scellerato** disegno...»: _____
- d. «... gli occhi **iniettati** di sangue...»: _____
- e. «... le gote sparse di **livide** macchie...»: _____
- f. «... trarrà **funesti** presagi dalla mia morte...»: _____

La *pietas* di Enea

Enea, il protagonista del poema, «l'uomo che per primo dalla terra di Troia raggiunse esule l'Italia e le sponde lavinie...», conserva nell'*Eneide* alcuni tratti che già lo avevano contraddistinto nell'*Iliade*.

Nato sul monte Ida dall'amore tra Venere e Anchise, nel poema omerico Enea è un giovane eroe, audace al punto di affrontare i più valorosi guerrieri achei, ma protetto dagli dei che lo mettono in salvo ogniqualvolta la sua vita è in pericolo. La condizione di eroe caro agli dei ed eletto dal destino è quindi già tutta nell'*Iliade*.

La narrazione virgiliana sviluppa lo spunto omerico e lo porta a compimento narrando le avventure di Enea dopo la caduta di Troia e facendo di Enea il fondatore della stirpe romana e, attraverso il figlio Ascanio/Iulo, il progenitore leggendario e di stirpe divina della *gens Iulia*.

Pur mantenendo i tratti fondamentali attribuitigli dalla tradizione, l'Enea virgiliano assume nel poema caratteristiche impensabili negli eroi dei poemi omerici. Infatti, Enea è un maturo e responsabile capo del suo popolo, completamente investito della missione che il Fato ha determinato per lui. L'epiteto che lo contraddistingue è *pius*; in effetti la *pietas* è l'elemento che spiega i suoi comportamenti e giustifica le sue reazioni e decisioni.

La *pietas* è un valore e insieme un sentimento specifico della cultura romana: termine intraducibile nella nostra lingua, la *pietas* è contemporaneamente senso del dovere, devozione, rispetto delle norme che regolano i rapporti con gli uomini e con gli dei, sacrificio della propria esistenza per il bene collettivo. In Enea essa si manifesta come totale sottomissione ai voleri della divinità, come rispetto e venerazione per il padre, trepidazione nei confronti del figlio, lealtà verso gli alleati.

Il protagonista dell'*Eneide* si impone quindi come prototipo dell'uomo in cui confluiscono le «virtù» della romanità: **coraggio, lealtà, giustizia, clemenza, devozione verso gli dei, capacità di sopportare le avversità, alto senso civico che lo porta ad anteporre al proprio destino individuale la considerazione del bene della comunità**.

Rispetto a Ulisse e Achille, Enea risulta lontano sia dall'uno sia dall'altro ed è solo esteriormente assimilabile ai due eroi omerici.

Come Ulisse, anche Enea affronta l'esperienza del viaggio, ma sono i voleri del Fato, la forza del mare e l'intervento degli dei che lo conducono verso le varie tappe: egli non ha lo spirito di avventura e la curiosità di «divenir del mondo esperto» che caratterizzano Ulisse.

Come Achille, anche Enea è audace, valoroso, ma, diversamente da lui, non cerca la guerra per far bottino, per conquistarsi la gloria ed essere così ricordato tra le genti. La guerra è per lui una dolorosa necessità impostagli da eventi incontrollabili, una serie infinita di lutti e di ferocie, la negazione di tutti i valori e di tutti gli affetti.

(da D. Ciocca e T. Ferri, *Narrami o Musa*, A. Mondadori, Milano, 1995, rid. e adatt.)

Il duello tra Enea e Turno

La guerra fra i Troiani e le popolazioni latine diventa ben presto cruenta, selvaggia. Molti eroi valorosi cadono in battaglia e, per evitare ulteriori massacri, Turno, re dei Rutuli, sfida a duello Enea. Lo scontro finale tra i due grandi eroi deciderà le sorti della guerra. Con la morte di Turno, sconfitto da Enea, ma ancor più dal crudele destino, il poema giunge alla sua conclusione. Il volere del Fato si è compiuto: l'eroe troiano trionfa e dalla sua stirpe nascerà Roma, la città gloriosa dominatrice dell'universo.

Enea avanza, vibrando l'enorme lancia simile
a un albero, e con animo feroce grida: «O Turno,
perché indugi[1] e ti attardi? Non si tratta di correre
1105 ormai, ma di combattere corpo a corpo, con armi
brutali[2]. Assumi pure tutte le forme che vuoi[3],
raduna tutto il coraggio e le astuzie che puoi:
spera magari di alzarti con le ali sino alle stelle,
o chiuderti al sicuro nella terra profonda...».
1110 E Turno, scuotendo il capo: «Non sono le tue parole
a atterrirmi, o crudele, ma i Numi e Giove avverso[4]».
[...]
                             Allora
nel fondo del suo petto s'agitano sentimenti
1135 contraddittorii. Guarda i Rutuli e la città,
la paura lo attarda, trema all'avvicinarsi
della morte; e non sa come fuggire o come
affrontare il nemico, non vede in nessun luogo
il carro e la sorella[5] trasformata in auriga.
1140 Enea, mentre egli indugia, agita in aria il lampo
della lancia fatale[6]: colto con gli occhi il punto
preciso, vibra il colpo da lungi, a tutta forza.
Mai stridono così i macigni lanciati
da macchine d'assedio, mai così fragorosa
1145 scoppia la folgore[7]. L'asta volando come un turbine
porta con sé la morte: sibilando attraversa
gli orli della corazza e dello scudo fatto
di sette strati di cuoio, si pianta nella coscia.
Il grande Turno cade, piega il ginocchio a terra.

1. **indugi:** esiti.

2. **brutali:** terribili, mortali.

3. **Assumi ... vuoi:** Trasformati pure in tutte le forme che vuoi.

4. **i Numi e Giove avverso:** gli dei e Giove nemico.

5. **la sorella:** la ninfa Giuturna che aveva aiutato Turno nella prima fase del duello guidando il suo cocchio.

6. **fatale:** mortale, guidata dal destino.

7. **folgore:** fulmine, saetta.

161

[nota manoscritta: Disse a Enea che aveva ricevuto la sua sorte, la suppl. di ridare il suo corpo morto a suo padre]

1150 Balzano in piedi i Rutuli gridando, la montagna
tutt'intorno ne echeggia, le profonde foreste
ripercuotono il suono per lungo tratto. Turno
supplichevole, umile, rivolgendosi a Enea
con gli occhi e con le mani in atto di preghiera,
1155 gli dice: «Ho meritato la mia sorte e non chiedo
perdono: segui pure il tuo destino. Solo,
ti prego, se hai pietà di un infelice padre
(come Anchise[8] lo fu) sii misericordioso
della vecchiaia di Dauno[9], restituisci ai miei

[nota manoscritta: Enea si ricorda che Turno aveva ucciso Pallante e aveva come premio la spoglia.]

1160 me vivo od il mio corpo privato della vita,
come ti piace. Hai vinto, gli Ausoni[10] hanno veduto
Turno sconfitto tenderti le mani: già Lavinia[11]
è tua, non andar oltre nella vendetta!». Enea
fiero nelle sue armi ristette, pensieroso,
1165 guardando l'avversario e trattenendo il colpo.
E quasi le preghiere riuscivano a commuoverlo,
già dubitava, quando gli apparve, sulla spalla
del vinto, il disgraziato cinturone, fulgente[12]
tutto di borchie d'oro, del giovane Pallante[13] *[nota manoscritta: amico di Enea]*
1170 che Turno aveva ucciso con un colpo mortale
e di cui indossava come trofeo la spoglia.
Vista quella cintura, ricordo d'un dolore
terribile, infiammato di rabbia, acceso d'ira:
«Tu forse, che hai indossato le spoglie dei miei amici,
1175 vorresti uscirmi vivo dalle mani? Pallante»
disse «solo Pallante ti sacrifica[14] e vendica
la sua fine col sangue tuo scellerato». Pianta
furibondo la spada nel petto avverso. Il corpo
di Turno si distende nel freddo della morte,
1180 la sua vita sdegnosa cala giù tra le Ombre[15].

8. **Anchise:** padre di Enea.

9. **Dauno:** il vecchio padre di Turno.

10. **gli Ausoni:** gli Italici.

11. **Lavinia:** figlia di Latino, promessa sposa dapprima a Turno e poi a Enea.

12. **fulgente:** risplendente.

13. **Pallante:** giovane figlio di Evandro, alleato di Enea, ucciso da Turno in battaglia. *[nota manoscritta: Re degli Arcati, profughi che fondarono la città di Pallante sul colle Palatino]*

14. **ti sacrifica:** chiede la tua morte.

15. **Ombre:** regno dei morti.

(da *Eneide*, canto XII, trad. di C. Vivaldi, Edisco, Torino, 1981, rid. e adatt.)

[nota manoscritta: Enea disse che impossibile perdonarlo pr aveva ucciso i suoi amici. Perciò gli inficò la spada e lui mort.]

DAL TESTO ALLE COMPETENZE

COMPRENDERE

1. Ancor prima del duello, Turno non si sente vinto da Enea ma dalle forze divine. Lo intuiamo dalle sue parole di risposta alla provocazione di Enea. Sottolineale.

2. Turno, ormai colpito dalla lancia di Enea, che cosa chiede all'eroe troiano?

3. Enea, commosso dalla preghiera di Turno, sta per cedere alla pietà, ma poi improvvisamente si accende d'ira, si infiamma di rabbia. Perché?

L'*ENEIDE* NELL'ARTE

L'affresco di **Carlo Angelini Paolucci** (1738-1803) e **Placido Lazzarini** (1746-1820) riproduce una delle scene più drammatiche del poema virgiliano: Enea fugge da Troia in fiamme, portando sulle spalle il padre Anchise e tenendo per mano il figlio Ascanio. In secondo piano, sulla sinistra, la moglie Creusa, disperatamente tesa verso di loro, viene trattenuta dai soldati. Sullo sfondo, la città brucia, devastata da un immenso incendio; alle spalle di Ascanio, in lontananza, si erge il cavallo di legno con il quale Ulisse ha ingannato i Troiani per entrare nella città insieme ai suoi compagni. Nonostante la presenza del sole, il cielo è nero a causa del fumo che si alza dalla città, e ciò rende la scena fortemente drammatica.

Carlo Angelini Paolucci e Placido Lazzarini, Enea costretto a fuggire da Troia in fiamme, *1781-1786, Palazzo Pianetti, Jesi.*

Giambattista Tiepolo, Mercurio ordina ad Enea di lasciare Cartagine, *1757, Villa Valmarana, Vicenza.*

L'affresco del grande pittore veneziano **Giambattista Tiepolo** (1696-1770) raffigura il momento in cui Mercurio, il dio messaggero inviato da Giove, si reca da Enea per esortarlo a lasciare Cartagine e a partire per l'Italia. Mercurio indossa l'elmo alato e regge tra le mani il suo simbolo, il caduceo, un bastone con due serpenti attorcigliati. L'eroe troiano lascerà la donna amata, Didone, con enorme dolore: Tiepolo sceglie di raffigurarlo proprio nel momento di prostrazione, mentre si tiene la testa con una mano in un gesto di sconforto. Enea appare qui come un uomo innamorato e combattuto. Tutto sembra evocarne il dramma interiore: l'elmo posato ai suoi piedi, segno della debolezza umana che, in questo momento, lo rende fragile, e la postura scomposta, che lascia trapelare il suo stato d'animo fortemente provato.

1. Quale dei due affreschi colpisce maggiormente la tua sensibilità e perché?

 ULTERIORI OPERE D'ARTE, CINEFORUM, PER LA TUA BIBLIOTECA

ENEIDE

Poema epico classico, latino

Autore: Publio Virgilio Marone (70-19 a.C.)

Poema a **carattere celebrativo** voluto dall'imperatore Ottaviano Augusto per esaltare le origini di Roma e della sua stessa famiglia

12 canti, ispirati ai poemi omerici: i primi 6 all'*Odissea*, gli ultimi 6 all'*Iliade*

Narra le **avventure di Enea che, fuggito da Troia distrutta dagli Achei, approda nel Lazio. Qui Enea combatte contro le popolazioni locali e, infine, vincitore, sposa Lavinia, figlia del re Latino.**

Due nuclei narrativi

I – VIAGGIO DI ENEA (canti I–VI)

Dopo sette anni di peregrinazioni in mare, Enea e i suoi compagni approdano sulle coste dell'Africa, accolti dalla regina Didone. Enea, pregato da Didone, racconta il suo viaggio dalla caduta di Troia fino alle coste africane.
La regina si innamora di Enea e, quando l'eroe riparte, si uccide maledicendo la stirpe troiana.

II – GUERRA DEL LAZIO (canti VII–XII)

Enea, giunto nel Lazio, combatte contro il re Turno per sottrargli la terra e la futura sposa Lavinia.
Nello scontro finale Enea uccide Turno.

Nascita di una nuova stirpe, destinata a fondare Roma e a dominare il mondo nei secoli

LINGUAGGIO

Vario, ricco e articolato

PERSONAGGI PRINCIPALI

ENEA — Eroe protagonista, predestinato dal Fato a fondare nel Lazio una città da cui discenderanno i Romani

ANCHISE — Vecchio e saggio padre di Enea

ASCANIO o IULO — Figlio di Enea che, in Italia, fonderà la stirpe da cui discenderanno Romolo e Remo

DIDONE — Regina di Cartagine

LAVINIA — Figlia del re Latino, sposerà Enea

TURNO — Re dei Rutuli, ucciso da Enea

EURIALO CAMILLA PALLANTE NISO — Giovani che muoiono da eroi in battaglia

DEI
- **Venere**, dea della bellezza e dell'amore, protegge suo figlio Enea
- **Giunone** ostacola Enea
- **Giove** è imparziale e sottomesso al volere del Fato

Eurialo e Niso

Partito da Cartagine, Enea approda finalmente sulle coste del Lazio, ma qui deve sostenere una lunga guerra contro Turno, re dei Rutuli. Mentre Enea si è allontanato dal campo, Turno assale i Troiani. Eurialo e Niso, due giovani troiani legati da fraterna amicizia, si offrono di uscire dal campo per informare Enea della situazione. Entrati nel campo nemico, fanno strage dei guerrieri addormentati, ma mentre proseguono il loro cammino s'imbattono in una schiera di cavalieri latini. Tentano allora la fuga: Eurialo, però, viene raggiunto e catturato. Che cosa farà Niso per salvare l'amico?

1. gli perviene ... grida: gli (a Niso) giunge un rumore di grida.

2. tradito ... notte: tratto in inganno dal luogo, in quanto boscoso, fitto di piante, e dalla notte, in quanto buia.

3. sgomento ... improvviso: spaventato dall'improvviso scontro.

4. squadra nemica: schiera dei nemici, i Rutuli.

5. palleggiato il giavellotto: fatto oscillare il giavellotto, l'arma da lancio costituita da una lunga asta.

6. Luna: è Diana (adorata anche come Luna), dea della selva e della caccia, figlia di Giove e di Latona.

7. Sulmone: guerriero rutulo.

8. rantolo: respiro affannato.

Dopo non molto gli perviene
un clamore di grida[1] e vede Eurialo, tradito
485   dal luogo e dalla notte[2], sgomento dal tumulto
improvviso[3], serrato in mezzo ad una squadra
nemica[4] e portato via nonostante i suoi sforzi.
Che fare? Con quali armi osare liberarlo?
Forse è meglio gettarsi nel fitto dei nemici
490   cercando in fretta una morte gloriosa in battaglia?
Rapido, tratto indietro il braccio e palleggiato
il giavellotto[5], guardando l'alta Luna[6] la prega:
«O Dea, sii favorevole alla mia impresa, tu
che sei lo splendore del firmamento e proteggi,
495   silenziosa figlia di Latona, le selve.
[...]

                        deh, lascia
500   che scompigli il nemico, dirigimi quest'arma!».
Con tutta la forza del corpo avventa il giavellotto,
l'asta volando sferza le ombre della notte
e penetra nel corpo di Sulmone[7], si spezza
trafiggendogli il cuore con una scheggia di legno.
505   Il guerriero già freddo rotola a terra, sprizzando
caldo sangue dal petto, con un rantolo[8] lungo.

Smarriti si guardano attorno. Fiero del suo successo
Niso libra un secondo giavellotto all'altezza
dell'orecchio. I Latini son lì, tremanti: l'asta
510 sibilando attraversa le tempie di Tago[9],
tiepida resta infissa nel cervello trafitto.
Il feroce Volcente[10] s'adira ma non riesce
a vedere l'autore del colpo ed a capire
con chi prendersela. «Tu, intanto, mi pagherai
515 col sangue caldo la morte dei miei compagni!» dice
lanciandosi su Eurialo, la spada sguainata.
Allora Niso, atterrito, fuori di sé, non può
nascondersi più a lungo nell'ombra e sopportare
tanto dolore. Grida: «Io! Sono io il colpevole!
520 Volgete quelle armi contro di me: l'inganno
è stato mio. Costui non ha colpa di nulla,
se chiamo a testimoni il cielo e le stelle che sanno:
ha solo amato troppo il suo amico infelice![11]».
Tardi. La nuda spada violenta ha già squarciato
525 le costole e trafitto quel petto bianco, puerile[12].
Eurialo è travolto dalla morte, va il sangue
giù per le belle membra e il collo senza forza
ricade sulle spalle: come un fiore purpureo
reciso[13] dall'aratro morendo illanguidisce[14],
530 come abbassano il capo i papaveri, stanchi
sul loro stelo, quando la pioggia li colpisce.
Ma Niso si precipita tra i nemici, di tutti
vuole solo Volcente, cerca solo Volcente.
Intorno a lui i guerrieri premono, da ogni parte
535 lo stringono, fittissimi. Egli insiste, ruotando
la spada come un fulmine, finché l'immerge in gola
all'urlante Volcente: così morendo ruba
l'anima al suo nemico. Poi trafitto si getta
sul corpo dell'amico esanime[15] e qui infine
540 trova eterno riposo nella placida morte.

(da *Eneide*, canto IX, trad. di C. Vivaldi, Edisco, Torino, 1981, rid. e adatt.)

9. Tago: un altro guerriero della schiera dei Rutuli.

10. Volcente: comandante dei Rutuli.

11. ha solo amato ... infelice!: secondo Niso, Eurialo ha solamente la colpa di aver voluto accompagnare l'amico nella pericolosa impresa, dal momento che gli vuole molto bene.

12. puerile: di ragazzo.

13. reciso: tagliato.

14. illanguidisce: appassisce.

15. esanime: privo di vita.

COMPRENDERE

1. Niso assiste alla cattura dell'amico Eurialo. Dopo qualche attimo di angosciosa incertezza, che cosa decide di fare? (1 punto se la risposta è esatta)

PUNTI .... /1

2. Niso, prima di lanciare il giavellotto, a quale dea si rivolge e perché? (2 punti se la risposta è esatta)

PUNTI .... /2

3. Chi è Volcente e in seguito a quali azioni compiute da Niso si adira? (3 punti se la risposta è esatta)

PUNTI .... /3

4. Riordina cronologicamente i seguenti fatti, inserendo un numero progressivo nelle caselle. (5 punti se l'ordine è esatto)

- ☐ Eurialo muore, squarciato dalla spada di Volcente.
- ☐ Niso viene ucciso dai guerrieri nemici.
- ☐ Volcente sguaina la spada e si lancia su Eurialo.
- ☐ Niso uccide Volcente immergendogli la spada in gola.
- ☐ Niso si rivolge a Volcente offrendogli la propria vita in cambio di quella dell'amico.

PUNTI .... /5

ANALIZZARE

5. La vicenda di Eurialo e Niso avviene: (1 punto per ogni risposta esatta)

- ⓐ di giorno
- ⓒ in un luogo boscoso, fitto di piante
- ⓑ di notte
- ⓓ in aperta campagna

PUNTI .... /2

6. L'epica descrive spesso l'orrore della morte violenta, come ad esempio, in questo episodio, nei versi 504-506. Individua altri esempi e indicane i versi. (3 punti se la risposta è esatta)

PUNTI .... /3

7. Qual è, secondo te, il tema dominante dell'episodio? (1 punto se la risposta è esatta)

PUNTI .... /1

8. «Io! Sono io il colpevole!» (v. 519)

«Ma Niso ... vuole solo Volcente, cerca solo Volcente.» (vv. 532-533)

La ripetizione del pronome «io» e dell'espressione «solo Volcente» rende con grande efficacia lo stato d'animo di Niso. Di quale stato d'animo si tratta? (1 punto se la risposta è esatta)

....

....

PUNTI .... /1

9. Indica a quali personaggi o cose si riferiscono i seguenti aggettivi. (1 punto per ogni risposta esatta)

a. feroce ....

b. caldo ....

c. nuda, violenta ....

d. placida ....

PUNTI .... /4

10. Due bellissime similitudini rendono la descrizione della morte di Eurialo altamente poetica. Individuale nel testo e riferiscile con parole tue. (2 punti per ogni similitudine riferita in modo corretto)

....

....

PUNTI .... /4

11. Nei versi 535-536 individua la similitudine, sottolineala e indicane il primo e il secondo termine di paragone. (2 punti se la risposta è esatta)

PUNTI .... /2

AUTOVALUTAZIONE   PUNTEGGIO TOTALE .... /28

▶ Il testo mi è sembrato:

☐ facile   ☐ di media difficoltà   ☐ difficile

▶ Gli esercizi mi sono sembrati complessivamente:

☐ facili   ☐ di media difficoltà   ☐ difficili

▶ Ho avuto difficoltà nel rispondere alle domande relative a:

☐ comprendere   ☐ analizzare   ☐ lingua e stile

In base alla correzione dell'insegnante, se hai ottenuto un punteggio inferiore a 17, ripassa ed esercitati ancora.

VERIFICA FORMATIVA

Viaggi e società nel mondo epico classico

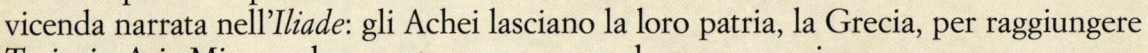

Il tema che accomuna *Iliade*, *Odissea* ed *Eneide* è il **viaggio**, intrapreso dai protagonisti di ciascun poema con **scopi diversi**.
Un **viaggio di conquista** costituisce il punto di partenza della vicenda narrata nell'*Iliade*: gli Achei lasciano la loro patria, la Grecia, per raggiungere Troia, in Asia Minore, dove portano una guerra lunga e sanguinosa.

È invece il desiderio di **tornare in patria**, Itaca, e di riabbracciare i propri cari che muove Ulisse, protagonista dell'*Odissea*, nelle sue lunghe e travagliate peregrinazioni attraverso il Mar Mediterraneo. Anche Enea, come Ulisse, affronta un pericoloso viaggio da Troia verso l'Occidente, ma il suo scopo è la ricerca di una terra promessa dove **fondare una nuova città**, la futura patria per i suoi discendenti. In tutti e tre i capolavori, la finzione narrativa si mescola con la realtà storica: i tre viaggi, infatti, con i loro diversi scopi riflettono la **realtà delle epoche in cui i poemi furono composti**.

Nelle pagine seguenti, approfondiremo alcuni aspetti del contesto sociale e culturale che costituisce lo sfondo di ciascun viaggio.

LAZIO

ITACA

MICENE

TROIA

In alto, a destra, uno scorcio dell'isola di Itaca in un dipinto ottocentesco di B.K. Pawlowitsch; sopra, C. Rossain, L'arrivo di Enea nel Lazio.

Nella stampa a lato, Heinrich Schliemann (1822-1890) durante la campagna di scavi, che portò alla luce i resti dell'antica città di Troia.

Navi e navigazione nei poemi epici classici

Gli Achei, Ulisse ed Enea navigano nel Mar Egeo e nel Mar Mediterraneo, ma con quali navi si muovevano durante i loro viaggi? I tipi di nave erano principalmente due: la **nave da guerra**, per il trasporto di guerrieri, armi e vettovaglie, e la **nave mercantile**, per le merci.

In Omero, la differenza tra i due tipi di navi non è grande: si trattava di **navi a venti rematori**, dieci per lato, con il timoniere e il capitano. Lo scafo, per la sua forma ricurva, appariva simile alle corna di un toro a chi lo osservasse da lontano: gli epiteti ai quali Omero ricorre per descrivere le navi sono, non a caso, «dalle corna erette» e «concave».

C'era poi la **nave a cinquanta rematori**, venticinque per lato: è il cosiddetto **pentecontero**, una nave da guerra che per molto tempo garantì ai Greci il primato sul mare, prima dell'invenzione della **trireme**, a tre ordini di remi, che divenne simbolo della potenza dell'Atene di età classica (V secolo a.C.) e fu poi adottata anche dai Romani. Le **navi mercantili**, **da carico**, erano invece molto **larghe e pesanti** e **di solito** andavano **a vela**.

Un'unica grande vela, per lo più bianca, era legata con lacci di cuoio all'asta dell'antenna, a sua volta connessa all'albero maestro della nave.

Capitava spesso che un vento molto forte spezzasse l'albero: Omero e Virgilio descrivono naufragi causati dal maltempo e che riflettono le condizioni della navigazione dell'epoca.

In assenza di vento o, al contrario, in caso di tempesta, la vela veniva smontata e la navigazione proseguiva solo grazie alla forza dei rematori.

La civiltà micenea: una società di guerrieri e di mercanti

Il viaggio degli Achei per raggiungere la città di Troia è breve, ma riflette la volontà di questo popolo di guerrieri e di mercanti di affermarsi ed espandersi sulle popolazioni vicine.

Abbiamo appreso come la guerra raccontata nell'*Iliade* non fosse frutto della fantasia di Omero e che venne effettivamente combattuta dagli antichi Greci per interessi economici, politici e commerciali (vedi pag. 74). Infatti, la società achea (o micenea, dal nome della sua città principale Micene, nell'Argolide) era una **società guerriera** con una rigida struttura gerarchica: a capo c'era il **sovrano**, che svolgeva anche funzioni religiose ed era affiancato dal **comandante dell'esercito**.

C'erano poi i **nobili guerrieri**; il **damos**, composto da sacerdoti, funzionari, piccoli proprietari terrieri, mercanti e artigiani e, infine, gli **agricoltori** e gli **schiavi**.

Inoltre, le **città in cui si sviluppa la civiltà micenea** erano vere e proprie **fortezze** circondate da grosse mura dette «ciclopiche» per le loro colossali dimensioni: i Greci, infatti, ritenevano che fossero state costruite dai Ciclopi, i giganti di cui Polifemo è il più celebre rappresentante. Oltre a Micene, le città più importanti erano Tirinto, Pilo e Argo.

Ogni «città fortezza» era formata da una parte alta chiamata **acròpoli** e da una parte bassa difesa dalle mura. Il **palazzo fortificato**, dove vivevano il re con la sua famiglia, la corte, i funzionari e i servitori, era costruito intorno a un cortile centrale su cui si affacciavano le camere da letto, i servizi, le stanze riservate alle donne (il *gineceo*), separate da quelle degli uomini. C'erano anche magazzini e archivi.

Il popolo, invece, abitava nella parte bassa della città e, in caso di pericolo, si rifugiava sull'acropoli.

Anche Troia, come la descrive Omero, non appariva molto diversa da Micene ed era circondata da mura; il re Priamo e la sua famiglia vivevano in un castello nella parte alta della città. Gli scavi hanno portato alla luce anche numerose case all'interno delle mura: qui si sarebbero rifugiati gli abitanti dei centri vicini durante il lungo assedio acheo.

A lato, ricostruzione dell'antica Micene, difesa dalle possenti mura ciclopiche che si aprivano solo in corrispondenza della Porta dei Leoni, attraverso la quale si accedeva alla città. Sul punto più alto della città si ergeva il palazzo regale. Sotto, un vaso decorato con una processione di cavalieri su carri.

I riti funebri presso i Greci

L'importanza del culto dei morti è testimoniata, oltre che dagli immensi tesori ritrovati nelle tombe, anche nei poemi omerici, nelle descrizioni dei rituali praticati per l'eroe caduto in battaglia. Nell'antica Grecia il rito funebre aveva pertanto la funzione di accompagnare il defunto nel suo viaggio verso l'Ade, il regno dei morti, altrimenti la sua anima avrebbe vagato senza pace.

Il corpo veniva lavato e unto con oli, poi vestito e adagiato su un letto. Cominciava a questo punto la **veglia funebre**, che durava alcuni giorni. Le donne della casa si scioglievano le chiome e intonavano solenni lamenti percuotendosi il petto e graffiandosi le guance. Il cadavere veniva poi portato in **proces**-**sione** fino alla necropoli, la zona dove erano sepolti i morti, e qui veniva adagiato nella tomba, insieme agli oggetti che gli erano stati cari in vita: armi per gli uomini, gioielli o suppellettili per le donne, giocattoli per i bambini. Venivano, inoltre, fatte delle offerte agli dei inferi, perché accogliessero con benevolenza il morto: cibo e sostanze liquide (latte, vino ecc.), dette **libagioni**.

Quando si celebravano i funerali dei caduti in guerra, venivano organizzati dei **giochi pubblici**, come quelli descritti nell'*Iliade* per Patroclo o Ettore. Tali giochi prevedevano danze e gare atletiche: incontri di lotta e pugilato, gare podistiche, di tiro con l'arco, lancio del disco ecc.

I re venivano sepolti in tombe sontuose come quella a lato, detta Tesoro di Atreo o tomba di Agamennone, a Micene. Nelle tombe sono stati ritrovati immensi tesori: gioielli, armi di bronzo e d'avorio, tazze e maschere funebri in oro, come la famosa «maschera di Agamennone» (a lato, sotto), così denominata perché si credeva fosse appartenuta al re omerico.

Heinrich Schliemann durante gli scavi a Micene, in una stampa del 1877.

Ulisse, i Greci e il contatto con i popoli del Mediterraneo

L'*Odissea*, invece, ci presenta una **società meno rigida rispetto a quella micenea**: le città sono in sviluppo, cresce il numero degli abitanti e, di conseguenza, dei mestieri.

Accanto alla classe aristocratico-guerriera che detiene il potere, e alla quale appartiene Ulisse, emergono **altri gruppi sociali**: gli artigiani, di cui fanno parte non solo falegnami e costruttori, ma anche aedi, medici, indovini; i braccianti e, infine, i servi, per lo più stranieri ridotti in schiavitù. Ai margini della società c'erano i mendicanti, che vivevano di elemosina.

È questa, almeno in parte, la società greca intorno all'VIII secolo a.C.: la ricchezza e il lusso dell'epoca micenea erano venuti meno, anche se il sovrano e i nobili guer-rieri occupavano ancora il gradino più alto della scala sociale.

Re e nobili possedevano mandrie di buoi, greggi di capre, pecore e maiali, che costituivano la loro principale fonte di guadagno. Continuavano, però, a essere praticati anche i **commerci**: i mercanti compivano lunghi viaggi per mare venendo in contatto, come Ulisse, con popoli, civiltà, culture diverse dalla loro.

In questo periodo, furono tracciate nuove rotte lungo il Mediterraneo che sarebbero state poi perfezionate quando i Greci cominciarono a spostarsi dalla madrepatria verso Occidente, in cerca di nuove terre da abitare.

Enea e le origini della grande civiltà latina

Enea fugge da Troia in fiamme per fondare una nuova città, come gli è stato prescritto dal Fato. Le tappe del suo viaggio, che dall'Oriente lo conduce in Occidente, sulle coste del Lazio (vedi la cartina alle pagg. 148-149), sono state scelte con cura da Virgilio per scrivere un poema epico che spiegasse le **origini del potere esercitato da Roma** sulle varie regioni del Mediterraneo celebrandone la grandezza.

L'*Eneide* ripercorre dunque la storia della civiltà latina, tra realtà e leggenda. In quest'ottica, riveste un ruolo fondamentale la **tappa di Enea a Cartagine**, perché essa serve a spiegare la rivalità tra Romani e Cartaginesi. Tra il III e il II sec. a.C., Roma è infatti impegnata in una serie di conflitti contro Cartagine, che le contendeva la supremazia sul Mediterraneo. Per i Romani lo scontro fu un momento cruciale della loro storia: una volta risolto il conflitto e distrutta la città rivale, Roma divenne padrona incontrastata del mondo di allora.

Il culto dei Penati e la fondazione di una nuova città

Enea, durante il suo viaggio, è sempre mosso dalla *pietas*, un sentimento complesso costituito da amore filiale, ubbidienza al fato, rispetto per gli dei, la famiglia, le tradizioni del popolo; valori che l'imperatore Augusto incoraggiò rivalutando il «**costume degli antenati**», dal momento che riteneva che la sua epoca fosse corrotta rispetto al buon tempo antico.

La **religione** e la **famiglia** hanno, in questo contesto, un'importanza centrale e non sono separate nella mentalità romana: infatti, accanto alle divinità tradizionali, i Romani avevano una grande quantità di dei, tra i quali un particolare riguardo era riservato a quelli che proteggevano la famiglia, come i **Lari**. Enea, fuggendo da Troia, porta con sé le immagini dei **Penati**, gli dei **protettori della stirpe**, simbolo degli antenati, che gli indicano la strada da percorrere; erano detti così perché venivano conservati nella parte più interna della casa, che in latino si chiamava *penitus*. Salvare i Penati e portarli da Troia nel Lazio significava, simbolicamente, **ricostruire nella nuova patria l'identità della città distrutta**.

I riti funebri presso i Romani

Accanto ai Penati, ogni famiglia romana riservava un angolo della casa al culto dei **Lari**, i **protettori del focolare domestico**, e al **sacrario**, dove erano conservate le **maschere degli antenati**.

Quando moriva un esponente delle famiglie aristocratiche, si ricavava infatti dal suo volto una maschera di cera, che veniva poi dipinta così da assomigliare quanto più possibile al defunto.

In occasione dei funerali, il defunto veniva accompagnato al luogo della sepoltura da un **corteo funebre**, costituito da parenti e amici e dalle lamentatrici di professione, donne che venivano pagate per piangere, gridare e strapparsi i capelli in segno di lutto. Gli uomini della famiglia sfilavano portando sul volto le maschere degli antenati; altri imitavano l'andatura e i gesti più caratteristici del defunto. In questo modo, non solo i morti erano fatti idealmente rivivere, ma si stabiliva anche una continuità tra passato e presente, tra gli antenati e i nuovi componenti della famiglia.

Nove giorni dopo il funerale aveva luogo un sacrificio in memoria del defunto, seguito da un banchetto funebre.

Bassorilievo raffigurante i portatori dei Lari.

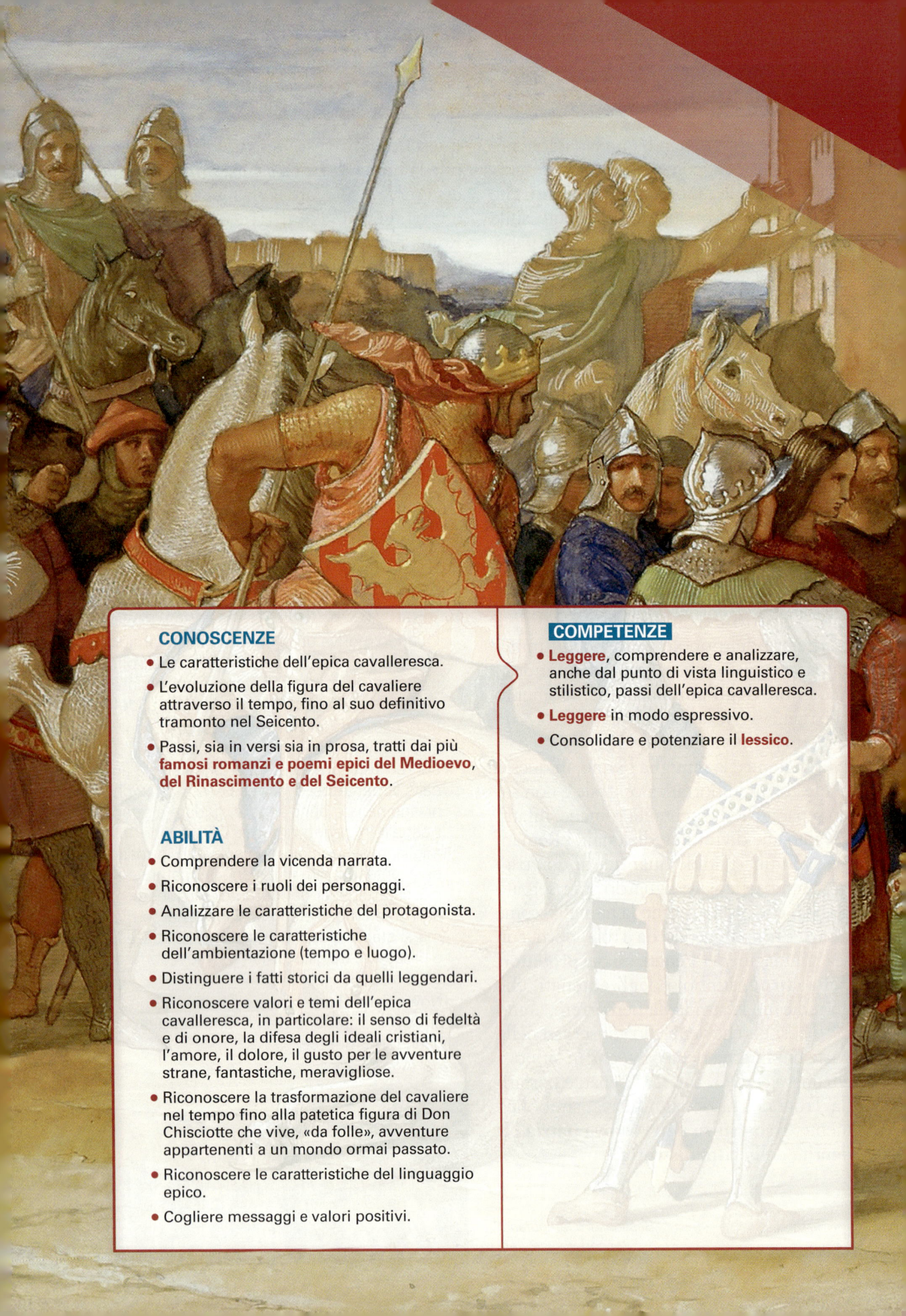

CONOSCENZE

- Le caratteristiche dell'epica cavalleresca.
- L'evoluzione della figura del cavaliere attraverso il tempo, fino al suo definitivo tramonto nel Seicento.
- Passi, sia in versi sia in prosa, tratti dai più **famosi romanzi e poemi epici del Medioevo, del Rinascimento e del Seicento**.

ABILITÀ

- Comprendere la vicenda narrata.
- Riconoscere i ruoli dei personaggi.
- Analizzare le caratteristiche del protagonista.
- Riconoscere le caratteristiche dell'ambientazione (tempo e luogo).
- Distinguere i fatti storici da quelli leggendari.
- Riconoscere valori e temi dell'epica cavalleresca, in particolare: il senso di fedeltà e di onore, la difesa degli ideali cristiani, l'amore, il dolore, il gusto per le avventure strane, fantastiche, meravigliose.
- Riconoscere la trasformazione del cavaliere nel tempo fino alla patetica figura di Don Chisciotte che vive, «da folle», avventure appartenenti a un mondo ormai passato.
- Riconoscere le caratteristiche del linguaggio epico.
- Cogliere messaggi e valori positivi.

COMPETENZE

- **Leggere**, comprendere e analizzare, anche dal punto di vista linguistico e stilistico, passi dell'epica cavalleresca.
- **Leggere** in modo espressivo.
- Consolidare e potenziare il **lessico**.

L'EPICA CAVALLERESCA

hub LIBRO

- ▶ **TESTI AUDIO:** per il piacere di ascoltare o per il potenziamento dell'abilità di ascolto
- ▶ **VOGLIA DI LEGGERE:** ulteriori testi di epica cavalleresca da leggere in piena libertà
- ▶ **ARTE:** ulteriori opere relative all'epica cavalleresca
- ▶ **CINEFORUM E PER LA TUA BIBLIOTECA:** ulteriori proposte di film e libri di epica cavalleresca
- ▶ **VERSIONE INTERATTIVA:** verifica formativa

IL GENERE · L'epica cavalleresca

IL CAVALIERE MEDIEVALE

La poesia epica non si esaurì con i poemi di Omero e di Virgilio. Nel periodo medievale, infatti, e nei secoli successivi, ebbe una vasta diffusione, dando origine a un gran numero di poemi e romanzi in prosa.

L'eroe dell'epica medievale è il **cavaliere «senza macchia e senza paura»**, che combatte in difesa della fede cristiana, della patria, della giustizia. È il caso di **Rolando**, l'intrepido paladino di Carlo Magno, guerriero coraggioso che si batte fino all'estremo sacrificio in difesa della religione cristiana, ed è anche il caso del **Cid Campeador**, l'eroe nazionale spagnolo che combatte contro gli Arabi che avevano occupato parte della Spagna.

Anche se arricchiti di elementi fantastici, questi poemi rispecchiano senz'altro la realtà sociale e culturale del Medioevo, incentrata sulla figura del cavaliere considerato un «campione della fede» e un difensore della cristianità contro gli infedeli.

IL CAVALIERE RINASCIMENTALE

Nel Quattrocento e nel Cinquecento, però, con l'affermazione della civiltà umanistica e rinascimentale, la figura del **cavaliere** si trasforma.

Egli ora, nei poemi epici, non viene più rappresentato come l'eroe per eccellenza, il depositario di tutte le virtù, bensì come un **«uomo»**, con le debolezze e le passioni tipiche degli altri uomini.

D'altra parte tale trasformazione riflette le nuove realtà e mentalità del Rinascimento, attente a valorizzare l'uomo e i suoi sentimenti. In questo periodo, inoltre, la materia cavalleresca intende soddisfare le esigenze di una società aristocratica di gusti ricercati, più facile a entusiasmarsi per le narrazioni di amore e di avventura, che per le vicende di guerra e di dedizione al dovere.

Ecco allora che **Orlando**, paladino di Francia, protagonista dell'*Orlando furioso* di **Ludovico Ariosto**, non è più rappresentato come un valoroso difensore della fede ma come un cavaliere che lascia il campo cristiano di Carlo Magno e la difesa di Parigi, travolto dalla passione amorosa per la bellissima Angelica, figlia del re del Catai.

Nella *Gerusalemme liberata* di **Torquato Tasso**, invece, il cavaliere torna a essere l'eroe animato da forti ideali religiosi, anche se tormentato da passioni terrene.

IL TRAMONTO DEL CAVALIERE

Infine, nel Seicento, il *Don Chisciotte* dell'autore spagnolo **Miguel de Cervantes** segna la definitiva **scomparsa del cavaliere medievale**. Don Chisciotte non è altro che una patetica figura di cavaliere che vive «da folle» avventure appartenenti a un mondo ormai passato.

Illustrazione di un cavaliere in una pagina di un manoscritto del Trecento.

LE CARATTERISTICHE DEL POEMA EPICO CAVALLERESCO

Il **poema epico cavalleresco**, così chiamato perché i protagonisti delle vicende sono **cavalieri** o, comunque, appartenenti alla **nobiltà feudale**, possiede, oltre alle caratteristiche generali dell'epica, degli elementi specifici che lo contraddistinguono.

▶ Tendenza a privilegiare, nella struttura del poema, la **molteplicità di vicende** indipendenti rispetto all'argomento centrale.

▶ Presenza di **elementi fantastici** e **non verosimili**, spesso legati alla sfera del magico.

▶ Esaltazione del **tipo ideale di eroe**: il **cavaliere**. Egli è il difensore della giustizia, al servizio di Dio e del suo sovrano, e risulta caratterizzato da alcuni valori fondamentali: la fedeltà (d'amore, di amicizia e, soprattutto, di vassallaggio); il coraggio; la lealtà; l'eroismo guerriero unito alla saggezza.

▶ **Personaggi femminili** investiti di un **ruolo centrale**, diverso da quello che assumevano nell'epica antica.

La donna, infatti, attraverso lo strumento dell'**amore**, inteso come fonte di bontà e bellezza, determina l'**affinamento interiore** del cavaliere, la rinascita della sua personalità morale e, per questa funzione, ella costituisce uno degli elementi essenziali del mondo cavalleresco e cortese.

Molte figure femminili assumono i contorni della **dama cortese ideale**: bella, virtuosa, capace di infondere in chi la guarda profonda gioia e amore. Spesso la donna e l'amore che suscita diventano i motivi che muovono l'azione narrativa: Orlando si spinge ad affrontare audaci imprese fin nel lontano Oriente per amore di Angelica e per lei, poi, impazzisce.

In molti episodi la donna stessa diventa **eroina**, capace di affrontare anche sul piano guerresco, da pari a pari, sovrani e cavalieri.

▶ Accanto a **personaggi statici**, trovano posto **personaggi dinamici**, capaci, cioè, di trasformazioni significative nel corso delle vicende, che ne influenzano il pensiero e il carattere. Così, ad esempio, il prode paladino Orlando, artefice di tante mirabili imprese, impazzisce per amore e compie azioni vergognose, per poi recuperare il senno e tornare se stesso.

▶ **Intervento dell'autore** nella narrazione. Il narratore trova spazio per intervenire direttamente ed esprimere **commenti** sui personaggi e sulle vicende. Questa caratteristica è molto accentuata nell'opera di Ariosto, in cui è evidente l'intento dell'autore di rendere il più possibile vario e movimentato il testo e nello stesso tempo di trasmettere l'impressione di un sicuro controllo sul complesso intreccio degli eventi.

▶ **Varietà di luoghi.** In generale fanno da sfondo agli eventi luoghi aperti e **paesaggi inconsueti** di terre lontane, frutto della fantasia dell'autore, che hanno lo scopo di accendere l'immaginazione del lettore, più che di descrivere ambienti reali.

Nei poemi rinascimentali le descrizioni ambientali sono spesso funzionali ai personaggi, ne riflettono, cioè, drammi, sentimenti, emozioni, o si caricano di **valori simbolici**.

(da AA.VV., *I libri e le idee*, Petrini, Torino, 1999, rid.)

Re Artù, Lancillotto e Ginevra in una decorazione tratta da una copia del Libro di Sir Lancillotto del Lago.

IL GENERE

L'EPICA MEDIEVALE

L'epica francese e la *Chanson de Roland*

La *Chanson de Roland* (la *Canzone di Rolando*) è la più famosa fra le *Chansons de geste* (Canzoni di gesta) fiorite nella Francia medievale tra l'XI e il XII secolo. Le «canzoni di gesta», poemi epici quasi tutti pervenutici anonimi, originariamente erano delle composizioni orali «cantate», ossia recitate con un accompagnamento musicale da giullari, trovatori, poeti girovaghi, presso le corti feudali e nelle piazze in mezzo al popolo.

La specificazione «di gesta» ne indica il contenuto, di carattere celebrativo delle imprese di un personaggio o di una stirpe nelle lotte feudali e nelle guerre nazionali, soprattutto contro l'Islam.

Più propriamente, la *Chanson de Roland* appartiene al cosiddetto «**ciclo carolingio**», cioè a un gruppo di canzoni di gesta nelle quali si celebrano le imprese del grande imperatore Carlo Magno e dei suoi valorosi paladini.

Chanson de Roland: la struttura e l'autore

La *Chanson de Roland*, scritta in antica lingua francese, fu probabilmente composta tra la fine dell'XI e l'inizio del XII secolo. È un poema di circa 4000 versi decasillabi (di dieci sillabe), raggruppati in «lasse», cioè in strofe di diversa lunghezza.

L'autore sembra essere un certo **Turoldo**, dal momento che il poema termina con le parole: «Qui finisce la storia che Turoldo mette in poesia».

Questo nome, però, potrebbe anche riferirsi, anziché all'autore del poema, a un giullare o a un amanuense che copiò il testo originario.

Due cavalieri portano un messaggio a Carlo Magno in una miniatura di un manoscritto del XIV secolo.

Rolando suona l'olifante in un'illustrazione de La Chanson de Roland.

La vicenda

L'imperatore **Carlo Magno** è riuscito in sette anni di guerra contro gli Arabi a sottomettere tutta la Spagna, a eccezione di Saragozza, dove regna Marsilio. Quest'ultimo decide di inviare a Carlo degli ambasciatori con proposte di pace. Carlo Magno convoca un consiglio e, alla fine, nonostante il parere contrario di **Rolando** e di altri paladini, prevale la decisione di avviare le trattative. A questo punto sorge il problema di chi mandare a trattare con Marsilio, re infido e pericoloso.

Su proposta di Rolando viene inviato **Gano**, suo patrigno e cognato di Carlo, nonché sostenitore della pace. Gano parte, non potendosi sottrarre al dovere dell'ubbidienza all'imperatore, ma in cuor suo medita di vendicarsi di Rolando. Giunto presso il re Marsilio, infatti, complotta un agguato in cui Rolando e i suoi uomini debbano rimanere uccisi: il diritto alla vendetta, riconosciuto nel mondo feudale, si concretizza così in tradimento verso l'imperatore e la cristianità. Quando, secondo gli accordi, l'esercito franco si ritira, Rolando, dietro suggerimento di Gano, viene designato alla retroguardia; e mentre il grosso delle truppe è impegnato nel passaggio dei Pirenei, i Saraceni con forze preponderanti assalgono a Roncisvalle la piccola schiera comandata dal valoroso paladino. Questi, respingendo i saggi consigli del compagno d'armi **Olivieri**, si rifiuta di chiamare soccorso prima di aver combattuto. Solo quando, dopo una strenua resistenza, tutti i suoi sono caduti ed egli stesso sta per morire, con un ultimo sovrumano sforzo dà fiato all'olifante, il suo potente corno di guerra. Carlo Magno, già angosciato da terribili presagi, lo sente e torna indietro con l'esercito: trova il campo di battaglia coperto di cadaveri, insegue i Saraceni e ne fa strage.

Egli vince poi un nuovo, immenso esercito saraceno che l'emiro Baligante ha condotto dall'Africa in soccorso di Marsilio; uccide in duello lo stesso Baligante e conquista Saragozza.

La guerra è finita: Marsilio muore e Carlo rientra ad Aquisgrana. Qui Alda, fidanzata di Rolando, alla notizia che l'amato è morto, muore a sua volta di dolore, mentre il traditore Gano viene processato, condannato e giustiziato.

La *Chanson* si chiude con l'annuncio di altre imprese che attendono Carlo in difesa della cristianità.

La *Chanson de Roland* tra storia e leggenda

La *Chanson de Roland* si ispira a un episodio storico realmente accaduto. Nel 778 d.C., mentre l'esercito di Carlo Magno riattraversava i Pirenei dopo una spedizione contro gli Arabi, la retroguardia, nella quale si trovavano alcuni alti personaggi di corte, venne assalita e distrutta dai Baschi, una popolazione montanara della Spagna settentrionale.

È probabile che nell'imboscata di Roncisvalle abbia perso la vita anche il conte Rolando, dal momento che in una biografia di Carlo Magno, scritta dallo storico Eginardo, viene incluso fra i caduti un certo «Hruodlandus» (da cui deriva il francese Roland), prefetto di Bretagna. La *Chanson de Roland*, pertanto, ha una **base storica**, ma la vicenda in essa narrata appare **rielaborata e trasfigurata dalla fantasia del poeta** così da assumere un **tono leggendario**. Numerosi, infatti, sono i punti in cui il poema si discosta dalla realtà storica. Ad esempio: a Carlo Magno vengono attribuiti addirittura duecento anni di età, mentre ne aveva solo trentasei; si parla di una campagna militare in Spagna di sette anni, mentre in realtà l'impresa ne durò quattro; si dice che l'esercito di Carlo Magno viene distrutto dai Saraceni, mentre in realtà fu sterminato dai Baschi; infine il tradimento di Gano risulta del tutto inventato.

I temi dominanti della *Chanson de Roland*

La *Chanson de Roland* celebra innanzitutto la figura di Carlo Magno, quale grande restauratore dell'Impero Romano, e ne esalta le doti politiche e la preparazione culturale.

Il poema permette, inoltre, di comprendere i valori morali, le virtù tipiche della società feudale di quel tempo, come:

► la fedeltà e la devozione al signore feudale;
► la profonda fede religiosa spinta quasi al fanatismo (è questa l'età delle prime Crociate contro i Musulmani «infedeli»);
► il senso dell'onore e del sacrificio, anche supremo, in nome della devozione a Dio, alla patria, al sovrano.

Soldato crociato, nel romanzo illustrato Il talismano *di W. Scott.*

Rolando suona l'olifante

Carlo Magno ordina al proprio esercito di ritirarsi in Francia e lascia al varco dei Pirenei, al passo di Roncisvalle, una retroguardia di ventimila cavalieri al comando di Rolando. Prima di partire, l'imperatore consegna a Rolando l'olifante, un corno di straordinaria potenza, raccomandandogli di suonarlo in caso di pericolo. Poco tempo dopo, la retroguardia viene assalita dal potente esercito saraceno. Olivieri, compagno fraterno di Rolando, intuisce il tradimento di Gano e consiglia a Rolando di suonare l'olifante. Ma Rolando, temendo il disonore, si rifiuta e decide di dar battaglia. I due eserciti si scontrano con inaudita violenza. Dapprima la retroguardia guidata da Rolando ha la meglio, ma l'arrivo del re Marsilio con il suo sterminato esercito rende disperata la situazione dei Franchi. Di fronte a tanta strage dei suoi e dopo che egli stesso è stato ferito gravemente, Rolando suona l'olifante. Lo sente Carlo Magno che subito inverte la marcia per accorrere in aiuto del paladino. Ma è troppo tardi.

Il conte Rolando dei suoi ora vede gran massacro. [...]
Così disse Rolando: «Suonerò l'olifante
e l'udrà Carlo, che sta ai valichi passando.
Io v'assicuro che tosto[1] torneranno i Franchi».

Rolando ha messo l'olifante alla sua bocca;
vi soffia bene; con gran forza lo suona.
Alti sono i monti e il suono va molto lungi;
a distanza di trenta leghe[2] l'udiron ripercuotersi.
Carlo l'udì e i suoi reparti tutti.
Così dice il re: «Battaglia fanno i nostri uomini».
E Gano[3] gli rispose di rimando:
«Se altri lo dicesse, certo sembrerebbe gran fandonia[4]».
Il conte Rolando con pena e con affanno,
con gran dolore suona il suo olifante:
dalla sua bocca sprizza fuori il chiaro sangue;
del suo cervello le tempie stan scoppiando[5].
Del corno ch'egli ha, la portata[6] è assai grande:
Carlo lo sente, che sta i valichi passando;
Namo[7], il duca, l'udì; e l'ascoltano i Franchi.

---

1. tosto: subito.

2. trenta leghe: la lega è un'unità di misura equivalente a un po' più di tre chilometri, di conseguenza il suono dell'olifante viene sentito a circa cento chilometri di distanza.

3. Gano: è il patrigno di Rolando, mandato da Carlo Magno presso il re Marsilio per concludere la trattativa di pace.

4. Se altri... fandonia: se qualcun altro affermasse ciò, di certo sembrerebbe una grande menzogna, bugia. Gano cerca di convincere Carlo Magno che la retroguardia non è in pericolo, per impedirgli di correre in aiuto di Rolando, che egli odia con tutto se stesso.

5. stan scoppiando: per lo sforzo di suonare il corno.

6. portata: potenza.

7. Namo: un vecchio dignitario della corte di Carlo Magno.

Il conte Rolando ha la bocca sanguinante;
del suo cervello rotte si son le tempie;
l'olifante suona con dolore e con pena.
Carlo l'udì e i suoi Francesi lo sentono.
Così disse il re: «Quel corno ha lungo fiato!».
Risponde il duca Namo: «Un guerriero vi si sforza.
Battaglia c'è, a quanto posso capire.
Quegli l'ha tradito che vi chiede di non interessarvene[8].
Indossate le armi e lanciate il vostro grido di guerra
e soccorrete i vostri fedeli valorosi:
ben sentite che Rolando si dispera!».

L'imperatore ha fatto suonare i suoi corni.
I Francesi discendono, poi guarniscono[9] il loro corpo
di usberghi[10] e di elmi e di spade ornate d'oro;
scudi hanno belli e spiedi[11] grandi e forti
e pennoncelli[12] bianchi e vermigli[13] e gialli.
Sui destrieri montano tutti i baroni dell'esercito;
spronano a forza finché durano i valichi.
Non c'è alcuno che all'altro non dica:
«Se trovassimo Rolando, prima ch'egli fosse morto,
insieme a lui allora distribuiremmo gran colpi».
Di ciò a chi importa?[14] ché[15] in ritardo son troppo.

(da *La Chanson de Roland*, trad. di S. Pellegrini, UTET, Torino, 1953, rid.)

8. Quegli ... interessarvene: il fatto che a Roncisvalle si combatta è prova di un tradimento e gli interventi di Gano per impedire il soccorso di Rolando dimostrano chiaramente che proprio lui, Gano, è il traditore.

9. guarniscono: armano.

10. usberghi: corazze.

11. spiedi: lance.

12. pennoncelli: piccoli stendardi, bandiere.

13. vermigli: rossi.

14. a chi importa?: a chi può ancora giovare?

15. ché: perché.

DAL TESTO ALLE COMPETENZE

COMPRENDERE

1. Perché Rolando si decide a suonare l'olifante?

2. Nel sentire il suono del potente corno, quali sono rispettivamente le reazioni di Carlo Magno, di Gano e del duca Namo?

3. Il duca Namo come giudica Gano? Perché?

4. Alla fine Carlo Magno quale decisione prende?

ANALIZZARE

5. Quali sono i personaggi dell'episodio? Nei confronti di Rolando, chi di essi si configura come personaggio di ostacolo? Chi, invece, come personaggio di aiuto?

6. Sottolinea i versi che esprimono lo sforzo e il dolore di Rolando nel suonare l'olifante.

7. Nell'episodio sono descritte le armi tipiche del cavaliere medievale. Di quali armi si tratta?

8. Nell'ultimo verso, l'autore anticipa l'esito dello scontro di Roncisvalle. In che senso?

La morte di Rolando

La retroguardia franca, dopo una strenua resistenza, viene massacrata dagli Arabi. Tutti muoiono nella strage, anche il saggio Olivieri, amico di Rolando. Solo il valoroso paladino sopravvive ancora. In punto di morte, stremato dalle fatiche e con le tempie spezzate nello sforzo di suonare l'olifante, si stende bocconi su Durindarda, la sua spada, quasi per proteggerla da ogni oltraggio, e rivolge il viso alla Spagna per far capire a tutti che è morto combattendo e non fuggendo.
Alla fine della sua lunga agonia, Rolando rivolge il pensiero al re di Francia e a Dio. E Dio manda dal cielo una schiera di angeli che trasportano l'anima dell'intrepido paladino nella gloria del Paradiso.

Sente Rolando che la morte gli è presso[1];
dalle orecchie fuori se n'esce il cervello[2].
Pei suoi compagni prega Dio che li chiami[3]
e poi per sé l'angelo Gabriele.
Prese l'olifante, perché riprensione non n'abbia,
e Durindarda, la sua spada, nell'altra mano[4].
Più lontano d'un tiro di balestra[5]
verso la Spagna se ne va in un maggese[6];
sale un'altura. Sotto un albero bello
quattro pietroni c'è, nel marmo tagliati[7].
Sull'erba verde allor è caduto riverso[8],
là s'è svenuto, ché[9] la morte gli è presso.
[...]
Sente Rolando che la vista ha perduto;
si drizza in piedi; quant'egli può si sforza;
nel suo viso il suo colore ha perduto.
Dinanzi a lui c'è una pietra bigia[10]:
dieci colpi vi dà con dolore e amarezza;
stride l'acciaio; non si rompe né intacca.
«Oh!» disse il conte «Santa Maria, aiuto!
Oh, Durindarda, brava, così disgraziata foste!
Or ch'io finisco[11], di voi non posso più curarmi.

1. presso: vicino.

2. se n'esce il cervello: a Rolando si sono spezzate le tempie per lo sforzo di suonare l'olifante.

3. che li chiami: che li porti in Paradiso.

4. Prese l'olifante ... mano: Prese l'olifante, il suo potente corno, e la sua spada Durindarda, dai poteri straordinari, perché nessuno possa rimproverargli di averli lasciati ai nemici.

5. tiro di balestra: lancio di una freccia scagliata da una balestra (antica arma da getto).

6. maggese: campo lasciato incolto, a riposo.

7. quattro pietroni ... tagliati: probabilmente pietre di confine tra la Francia e la Spagna. Rolando vuole morire da vincitore in terra di Spagna.

8. riverso: supino, col viso e il ventre all'insù.

9. ché: perché.

10. bigia: scura, grigia.

11. finisco: muoio.

Tante battaglie in campo con voi ho vinto
e tante terre vaste sottomesso,
che Carlo regge, che la barba ha canuta[12]!
Non v'abbia uomo che per altro fugga[13]!
Assai buon guerriero vi ha lungo tempo tenuta;
mai ci sarà l'uguale in Francia, la santa.
[...]
Carlo si trovava nelle valli di Moriana[14]
quando Dio dal cielo l'avvisò col suo angelo
ch'egli ti desse a un conte capitano;
allor me la cinse il nobile re, il magno.
[...]
Per questa spada ho dolore e pena:
piuttosto voglio morire che essa tra pagani resti.
Dio Padre, non lasciate vituperar[15] la Francia!»

Rolando batté su una pietra bigia;
più ne distacca che io non vi so dire;
la spada stride, non si frantuma né si rompe;
verso il cielo in alto è rimbalzata.
Quando vede il conte che non la spezzerà mica,
molto dolcemente la pianse tra se stesso:
«Oh, Durindarda, come sei bella e santa!
Nell'aureo pomo, assai c'è reliquie[16]:
[...]
non è giusto che dei pagani ti adoprino;
da cristiani dovete esser servita.
Non vi abbia uomo che commetta codardia[17]!
Assai vaste terre con voi ho conquistato,
che Carlo regge, che la barba ha fiorita[18];
e l'imperatore n'è grande e potente[19]».
Sente Rolando che la morte di lui s'impossessa,
giù dalla testa sul cuore gli discende.
Sotto un pino è andato di corsa;

---

12. canuta: bianca.

13. Non v'abbia ... fugga: Non debba succedere che cadiate in mano di un uomo vile che fugga davanti a un altro.

14. Moriana: regione francese.

15. vituperar: disonorare.

16. Nell'aureo pomo ... reliquie: Nel pomo (impugnatura) dorato vi sono molte reliquie. I cavalieri medievali usavano racchiudere nel pomo della spada reliquie di santi e martiri per essere da loro protetti in battaglia.

17. codardia: viltà, vigliaccheria.

18. che la barba ha fiorita: che ha la barba folta, simbolo di saggezza.

19. n'è grande e potente: grazie alle terre conquistate è forte e potente.

La morte di Rolando.

sull'erba verde là s'è disteso prono[20];
sotto di sé mette la sua spada e l'olifante;
volse la sua testa verso la pagana gente[21]:
per ciò l'ha fatto, perché egli vuole, secondo è vero,
che Carlo dica, e tutti quanti i suoi,
che il nobil conte è morto vincitore.
Recita il *Mea culpa* e fitto e sovente[22];
pei suoi peccati a Dio offrì il suo guanto[23].
[...]

Il suo guanto destro a Dio per sommissione[24] offrì;
San Gabriele di sua mano l'ha preso.
Sopra il suo braccio teneva il capo chinato;
giunte le sue mani, è andato alla sua fine.
Dio inviò il suo angelo Cherubino[25]
e San Michele del Periglio[26],
insieme a loro San Gabriele qui venne;
l'anima del conte portano in Paradiso.

(da *La Chanson de Roland*, trad. di S. Pellegrini, UTET, Torino, 1953, rid.)

20. prono: a faccia in giù.

21. verso la pagana gente: verso il territorio nemico, la Spagna.

22. Recita ... sovente: Recita più volte il *Mea culpa*, una preghiera cristiana di pentimento per i peccati commessi.

23. offrì il suo guanto: secondo il rituale cavalleresco, in atto di omaggio e sottomissione al proprio signore; in questo caso a Dio.

24. sommissione: sottomissione.

25. Cherubino: angelo appartenente alla prima gerarchia angelica.

26. San Michele del Periglio: santo protettore dei naufraghi e dei morenti.

DAL TESTO ALLE COMPETENZE

COMPRENDERE

1. Rolando sente la morte vicina. Dopo aver pregato per i suoi compagni e per sé, si preoccupa di due oggetti. Quali e perché? Quindi dove si reca?

2. Rolando cerca di spezzare la sua spada. Perché? Da chi gli era stata donata?

3. Rolando ormai è in punto di morte. Steso sotto un pino, rivolge la testa verso la Spagna, la terra nemica. Perché?

4. Rolando, rivolgendo la sua preghiera a Dio, quale gesto compie e perché?

5. Rolando muore. Che cosa succede?

ANALIZZARE

6. Individua nel testo i passi in cui Rolando si rivolge alla spada Durindarda come se fosse una persona.
   Quali caratteristiche materiali della spada vengono evidenziate?
   Per Rolando, Durindarda assume un grande valore affettivo. In che senso?

7. Rolando, parlando di Carlo Magno, ne evidenzia più volte una particolare caratteristica fisica. Quale?
   Nella *Chanson de Roland* fantasia e realtà, fatti storici e leggendari s'intrecciano. Carlo Magno, infatti, all'epoca della battaglia di Roncisvalle aveva solo trentasei anni. Nel poema, invece, come ci viene presentato?

8. L'episodio della morte di Rolando esalta le virtù tipiche del cavaliere medievale: il senso dell'onore, nonché la fedeltà e l'amore per il sovrano, per la patria, per la fede cristiana. Attraverso quali comportamenti Rolando evidenzia tali virtù?

9. Che cosa rappresenta per un cavaliere l'offerta del guanto a Dio?

LINGUA E STILE

10. In questo episodio il poeta ricorre alla ripetizione di scene, concetti, formule fisse. Fai qualche esempio.

    Quale scopo si propone questa tecnica della ripetizione?

11. Nell'episodio sono presenti dei cambiamenti di tempi verbali. Fai degli esempi.

PRODURRE

12. SCRIVERE. Raccontare la morte di Rolando. Immagina di essere un cavaliere al seguito di Rolando e racconta in un breve testo la morte dell'eroe.

Il «ciclo bretone» o arturiano

[Annotazione manoscritta a margine:] GRAAL = coppa o piatto dalla quale Cristo fu bevuto l'ultima cena e dove fu raccolto re suo sangue

Accanto ai poemi del ciclo carolingio si diffusero, verso la metà del XII secolo nel Nord della Francia, i poemi del cosiddetto **«ciclo bretone»**. Si tratta di una vasta produzione di romanzi in versi e in prosa che, ispirandosi ad antichissime leggende d'armi e d'amore di origine celtica, narrano le straordinarie avventure **di re Artù e dei cavalieri della Tavola Rotonda**.

All'interno del ciclo si possono distinguere quattro nuclei principali di leggende.

I nucleo

Narra l'origine del **mago Merlino**, le imprese di Uter Pèndragon (re di Bretagna e padre di Artù), la nascita di **Artù** e la sua ascesa al trono grazie alla magica **spada Excalibur**, le sue imprese contro i re ribelli, la pacificazione della Bretagna, il suo matrimonio con **Ginevra** di Carmelide, l'istituzione della Tavola Rotonda e alcune avventure dei suoi primi cavalieri.

II nucleo

Tratta dell'infanzia insolita, delle imprese e dell'amore infelice di **Lancillotto** del Lago, romantica figura di eroe, vinto solo dall'amore.

III nucleo

Narra l'avventura più importante nella quale furono coinvolti tutti gli appartenenti alla magica Tavola, e cioè la ricerca del **Santo Graal**, la coppa nella quale era stato raccolto il sangue di Cristo, e di come solo **Galaad**, il figlio di Lancillotto, sia riuscito nell'intento.

IV nucleo

Racconta come l'amore infelice di Lancillotto per la regina **Ginevra** fosse la causa involontaria delle discordie alla corte di Artù, determinando così la fine, con la morte del re nella sanguinosa battaglia di Camlann, del periodo di pace e di ordine nella bella Bretagna.

Edward-Coley Burne-Jones,
Il re Artù con Excalibur,
(1833-98), collezione privata.

Re Artù tra storia e leggenda

Re Artù fu un personaggio storico o leggendario? Quasi sicuramente Artù fu un valoroso capo della popolazione celtica, che si distinse nella lotta contro gli invasori anglosassoni, all'incirca tra il V e il VI secolo d.C. L'azione di questo capo celtico, che riuscì a respingere gli invasori e a garantire un periodo di sicurezza ai territori del Sud della Gran Bretagna, fu una tale impresa per quei tempi da alimentare molte leggende e da far diventare questo re simbolo di giustizia e di pace. Pertanto, la risposta finale alla domanda che ci siamo posti consiste nell'accettare le **vaghe tracce storiche** della presenza di re Artù nel periodo della caduta dell'Impero Romano e nel pensare a tutto il ciclo bretone come a un **mondo idealizzato** e **leggendario**.

Autori e opere del ciclo bretone

Intorno alla figura di re Artù e dei cavalieri della sua corte fiorì una vasta letteratura. L'opera più completa e articolata, l'*Historia regum Britanniae* (*Storia dei re della Britannia*) di **Goffredo di Monmouth**, cronista inglese del XII secolo, ebbe un grande successo negli ambienti colti e nelle corti. Tradotta in francese, diede luogo a una ricca produzione di opere ispirate a re Artù e ai cavalieri della Tavola Rotonda. Il massimo autore del ciclo bretone fu il poeta francese **Chrétien de Troyes** che, nel XII secolo, compose numerosi romanzi nei quali vengono raccontati le avventure, le imprese e gli amori di alcuni nobili cavalieri della corte di re Artù. A Chrétien de Troyes, in particolare, si deve la grande risonanza che la «materia bretone» ebbe nei secoli successivi nella produzione letteraria di molti Paesi, tra cui anche l'Italia.

I temi dominanti del ciclo bretone

Nel ciclo bretone i temi dominanti sono: l'**avventura**, la **magia**, l'**amore**. Il cavaliere arturiano, pur affrontando al fianco del suo re anche la guerra, è spinto da una necessità interiore alla ricerca di un'impresa da compiere, di un'azione valorosa che gli porti onore e gloria. E, se non ci sono nelle vicinanze imprese in cui il proprio valore possa emergere, il **cavaliere** diventa **errante**: parte cioè alla ricerca delle occasioni per poter acquistare **onore e fama**.

La magia s'intreccia strettamente all'avventura. Infatti, il cavaliere nelle sue avventure incontra spesso strani esseri: mostri, giganti, maghi, fate; ed è spesso vittima di incantesimi e protagonista di vicende fantastiche. Elemento caratteristico della materia bretone è anche l'amore. Attraverso questo sentimento, il cavaliere può tendere alla perfezione ideale: è pensando alla sua dama che spesso compie straordinarie imprese.

Nei romanzi del ciclo bretone, pertanto, la donna e l'amore acquistano un ruolo di primo piano e ispirano **famose storie amorose** come quelle di **Lancillotto e Ginevra** e di **Tristano e Isotta**.

Artù e la spada magica

Nei racconti del ciclo bretone Artù appare come il figlio segreto di Uter Pèndragon, re di Bretagna, e di Igraine, moglie del duca di Tintagel (località sulla costa settentrionale della Cornovaglia).
Re Uter, conquistato dalla bellezza di Igraine, si era rivolto al mago Merlino per riuscire a unirsi a lei. Grazie a un incantesimo, Uter prese le sembianze del duca di Tintagel e poté così trascorrere una notte con l'affascinante dama. Nel frattempo, il duca di Tintagel moriva in battaglia e Igraine, subito dopo, sposava re Uter.
Il bambino che nacque dal loro incontro segreto, cioè Artù, fu consegnato al mago Merlino: a questo solo patto, infatti, Merlino aveva acconsentito ad aiutare Uter con le sue arti magiche.

Passarono quindici lunghi anni e Igraine[1] morì, ancora bella e giovane, col rimpianto di quel figlio nel cuore. E poco dopo anche re Uter trovò la morte combattendo contro le bellicose genti del Nord.
Si aprì un triste periodo per la bella Bretagna: privi di re, i vari baroni cominciarono a combattere ferocemente tra loro per ottenere il trono; nessuno infatti sapeva che esisteva l'erede legittimo. E Merlino[2] non diceva nulla, aspettava il tempo propizio, interrogando le stelle.
Nel frattempo, malgrado sia Igraine che Uter avessero immaginato il loro figlio perduto in luoghi strani e misteriosi, Merlino, che, oltre a sapere di magia, era anche saggio e di buon senso, fin dai primi giorni in cui si era assunta la tutela del bambino aveva affidato Artù a una famiglia nobile, ma non troppo in vista, perché crescesse il lattante di origine sconosciuta insieme con i propri figli. E così era avvenuto.
Artù era cresciuto, spensierato e felice, insieme con i figli di Ser Ector. Aveva imparato a usare la spada e a giostrare[3] come un vero cavaliere anche se sapeva bene che, per la sua origine oscura, sarebbe rimasto un semplice scudiero. Ciò nonostante gareggiava e vinceva nei tornei non ufficiali tutti i giovani della sua età, compreso Keu, il figlio di Ser Ector, che era uno dei più forti. Giunto che fu il tempo secondo le stelle, Merlino andò dall'arcivescovo di Canterbury[4] e gli disse:
«Convochiamo per Natale tutti i nobili e i cavalieri del regno e mettiamoli alla prova per vedere chi è degno di essere re. È tempo di porre fine a queste lotte fratricide. La bella Bretagna ha bisogno di un sovrano».
«E come faremo, per capire chi è degno di essere eletto re?»
«Ma come» rispose maliziosamente Merlino «proprio tu che predichi la fede, non hai fiducia che Iddio ci mandi un segno?»
A Natale la cattedrale di Londra era piena di tutti i nobili: dal più potente al più oscuro cavaliere; tutte le locande[5] erano piene del loro seguito di scudieri e servi e la neve cadeva copiosa sul terreno. Nel celebrare la messa l'arcivescovo pregò intensamente Iddio di inviare quel segno che mettesse fine alla guerra fra i nobili baroni e aprisse l'era della pace. In un angolo oscuro della cattedrale, Merlino sorrideva

1. Igraine: moglie del re di Bretagna, Uter Pèndragon, e madre di Artù.

2. Merlino: il mago Merlino, figlio di una virtuosa fanciulla e del Diavolo, sarà amico e consigliere di re Artù all'inizio del suo regno.

3. giostrare: gareggiare, competere nelle giostre, ossia nei tornei. La giostra in epoca medievale era una gara spettacolare di abilità fra cavalieri.

4. arcivescovo di Canterbury: rappresentava e rappresenta tuttora la più alta carica della Chiesa anglicana.

5. locande: trattorie con alloggio, modesti alberghi.

misteriosamente. A mezzanotte tutti uscirono dalla chiesa mentre le campane suonavano a distesa, annunciando la nascita di Cristo.

Subito grida di stupore echeggiarono: sul sagrato[6] della cattedrale, dove prima non c'era nulla, stava una grande pietra quadrata che sorreggeva un'incudine di ferro; nell'incudine era infissa fino all'elsa[7] una spada e sulla pietra erano incise queste parole: *Colui che estrarrà questa spada dall'incudine, questi sarà il legittimo re di tutta l'Inghilterra.* L'arcivescovo, per frenare l'irrequietezza che già serpeggiava tra i cavalieri e i nobili, stabilì che il giorno seguente i primi designati si sarebbero cimentati[8] nell'impresa; nel frattempo, occorreva pregare Iddio e avere fede perché il prescelto riuscisse.

Fra il turbinare[9] della neve che ora sembrava quasi festosa, la nobiltà del regno di Bretagna si recò a dormire. Il giorno dopo sarebbe stato un giorno decisivo. Al mattino presto già le ancelle e i servi si raccontavano l'evento miracoloso e scommettevano su colui che sarebbe stato capace di sfilare la spada e diventare così re d'Inghilterra. Fu una lunga giornata. I primi duecentocinquanta, i nobili più potenti, si provarono più e più volte a estrarre la spada, ma essa rimase ferma al suo posto. E, via via che provavano anche i semplici cavalieri, si arrivò a Capodanno.

Nella locanda dove alloggiava Ser Ector, Artù si stava dando da fare per aiutare Keu a vestirsi per il tradizionale torneo di Capodanno.

«Vammi a prendere la spada, per favore, Artù» disse Keu.

Il giovane cercò a lungo la spada di colui che considerava suo fratello, ma, nella confusione che regnava nella locanda, non la trovò. Uscì allora sulla piazza e, preso dall'ansia per il fratello, prima di pensare a quello che stava facendo, Artù si avvicinò all'incudine e sfilò la spada dalla roccia senza alcuna fatica.

6. sagrato: spazio, spesso sopraelevato, antistante l'ingresso della chiesa. Così chiamato perché anticamente veniva benedetto, in quanto destinato alla sepoltura dei fedeli.

7. elsa: traversa metallica posta alla base dell'impugnatura della spada per proteggere la mano.

8. cimentati: impegnati.

9. turbinare: girare, muoversi vorticosamente.

Artù sfila la spada nella roccia, in una miniatura medievale.

Quando Keu ebbe tra le mani quella spada, che ben aveva imparato a conoscere, impallidì e subito con Artù si recò da suo padre. Sia Ser Ector che Keu interrogarono più volte Artù, increduli, ma il giovane persisteva nella sua versione con semplicità e sicurezza: «Cercavo la spada di Keu e ho pensato di prendere quella infissa nella roccia». Pareva non si rendesse conto di ciò che questo fatto implicava. Ser Ector allora s'inginocchiò dinanzi al giovane e disse: «Saluto in te il re d'Inghilterra: ricordati che ti ho allevato e ti ho voluto sempre bene». «Oh, no» rispose Artù «mi avete amorosamente allevato, come potrei dimenticarlo? Io non credo ancora a ciò che dite, ma se veramente io sarò re, allora Keu sarà sempre al mio fianco come siniscalco[10].»

Poi Ser Ector lo trascinò al torneo e davanti al popolo e ai nobili tutti fece ripetere l'impresa ad Artù. E più volte Artù riuscì a sfilare e a rimettere al suo posto la spada, mentre i nobili, che provavano a loro volta, fallivano costantemente nell'impresa. Alla fine l'arcivescovo disse: «Cessate tutti; la volontà di Dio è chiara. Questo ragazzo dall'aspetto franco[11] e onesto è il nuovo re d'Inghilterra. Dio lo ha scelto e così sarà».

«Come è possibile che un ragazzo di origine sconosciuta sia re?» sbottò[12] uno dei nobili, furente.

«Il sangue di quel ragazzo è più nobile del tuo!» Si udì una voce parlare con grande autorevolezza. E Merlino, apparso come d'incanto, narrò la storia di Artù e della sua nascita ai nobili e al popolo lì raccolto. Allora, cinta la spada Excalibur, Artù, seguito dall'arcivescovo, da Merlino e da tutti i baroni e i cavalieri, entrò in chiesa e lì fu consacrato re d'Inghilterra.

(da *Excalibur la spada incantata e altri racconti della Tavola Rotonda*, a cura di S. Torrealta, Thema Editore, 1991, rid.)

10. siniscalco: nell'epoca medievale il siniscalco era un alto funzionario di corte.

11. franco: aperto, deciso e schietto.

12. sbottò: non poté trattenersi dal dire.

SAN GALGANO E LA SPADA NELLA ROCCIA

In Italia, in provincia di Siena, nell'abbazia di San Galgano si trova una spada conficcata nella roccia. Secondo la leggenda, si tratta della spada di Galgano Guidotti, un cavaliere che, nella seconda metà del XII secolo, conduceva una vita dissoluta tra bagordi, avventure, belle donne e violenza. In seguito alla visione dell'arcangelo Michele, il nobile Galgano decise di cambiare vita. Lasciò per sempre la famiglia, la promessa sposa Polissena Brizzi e, tra lo scherno dei cavalieri suoi pari, si spogliò delle armi ritirandosi in solitudine sul monte Siepi, dove si costruì come dimora una capanna di forma circolare fatta di rami e frasche.

All'interno della povera casa conficcò la sua spada, fino all'elsa, nella fessura di una roccia in se-

gno di rinuncia alla violenza, trasformandola così in una croce davanti alla quale pregare.

Galgano trascorse dodici mesi tra privazioni, preghiere e miracoli, finché, all'età di trentatré anni, il 3 dicembre 1181 morì. Quattro anni dopo, fu proclamato santo.

DAL TESTO ALLE COMPETENZE

COMPRENDERE

1. In seguito alla morte di re Uter si apre un «triste periodo per la bella Bretagna». Perché?

2. Il mago Merlino a chi ha affidato Artù?

3. Perché Merlino si reca dall'arcivescovo di Canterbury?

4. Quale straordinario prodigio appare sul sagrato della cattedrale dopo la messa?

5. Per quale caso Artù estrae la spada dall'incudine? A chi la consegna? Di conseguenza, che cosa succede?

ANALIZZARE

6. «Passarono quindici lunghi anni...»: così inizia questo racconto. Sapresti dire da quale fatto o avvenimento sono passati quindici anni? Rispondi aiutandoti con le informazioni che ti abbiamo fornito nella presentazione del testo.

7. Quanto tempo durano i fatti narrati? Trascrivi gli elementi temporali che giustificano la tua risposta.

8. Merlino viene presentato come un mago: (indica con una crocetta la risposta esatta)

   a astuto   d di buon senso

   b crudele   e pauroso

   c saggio   f leale

9. Con quali dei seguenti termini o espressioni definiresti il giovane Artù?

   a Spensierato   d Sleale

   b Semplice   e Onesto

   c Triste   f Abile cavaliere

10. Artù nei confronti del padre adottivo, Ser Ector, dimostra amore e riconoscenza. Individua e sottolinea le parole di Artù che confermano ciò.

11. Sottolinea i passi che trattano di eventi magici, distinguendoli da quelli verosimili.

12. Artù viene proclamato re per volere di Dio. Trascrivi le espressioni del testo che evidenziano questa sottomissione alla volontà divina.

LESSICO

13. Per ciascun termine evidenziato, scrivi un sinonimo.

   a. «... combattendo contro le bellicose genti del Nord...»: ....

   b. «... aspettava il tempo propizio...»: ....

   c. «... e la neve cadeva copiosa sul terreno...»: ....

   d. «... l'irrequietezza che già serpeggiava tra i cavalieri...»: ....

   e. «... ma il giovane persisteva...»: ....

Lancillotto si prepara a diventare cavaliere

Lancillotto appare nei romanzi del ciclo bretone come il ritratto del perfetto cavaliere. Figlio del re Ban di Benoic, viene rapito, ancora neonato, dalla Dama del Lago e da lei allevato in un castello incantato.

All'età di diciotto anni, Lancillotto viene preparato dalla Dama stessa a diventare cavaliere. Alla corte di re Artù si distinguerà fra tutti i cavalieri per il suo valore, il suo coraggio, la sua lealtà, e per amore di Ginevra, moglie del re, compirà grandi e straordinarie imprese.

Questa passione «colpevole», però, determinerà discordie e contese fra i cavalieri della Tavola Rotonda. Odi e inimicizie li spingeranno gli uni contro gli altri fino all'epilogo finale: la morte di re Artù e il ritiro di Lancillotto in un eremo su una solitaria montagna, dove morirà dopo anni di penitenza e di preghiera.

LETTURA ESPRESSIVA A PIÙ VOCI

Se volete, dal momento che il brano è fondamentalmente costituito da un dialogo fra due personaggi, organizzate una lettura espressiva «a tre voci».

Affidate, cioè, a uno di voi la parte di Lancillotto, a un altro la parte della Dama del Lago, e a un terzo, il narratore, la lettura di tutte quelle frasi che non sono state evidenziate in colore.

Procedete nella lettura, stando attenti, naturalmente, alle pause e al tono di voce da usare.

Narratore	Lancillotto	Dama del Lago

Fino a diciotto anni Lancillotto rimase sotto la protezione della Dama del Lago. Ella avrebbe voluto trattenerlo ancora, tanto l'amava, ma sapeva che avrebbe commesso un peccato mortale, grave come un tradimento, poiché egli era in età di ricevere la cavalleria[1].

Un giorno, Lancillotto trovò la Dama stesa su un letto, a piangere. «Signora, che avete?» le chiese. «Se vi è stato fatto torto, ditemelo, perché non sopporterò che alcuno vi dispiaccia, finché sarò in vita.»

«Figlio di re, allontanatevi» disse singhiozzando la Dama «oppure vedrete che il mio cuore mi lascerà.»

«Allora parto, se la mia presenza vi addolora tanto.»

Detto ciò, esce, sella il cavallo, e già lo portava nel cortile quando colei che l'amava più di ogni cosa accorse e afferrò il cavallo per la briglia.

«Vassallo[2]» ella gridò «dove volete andare?»

«Alla corte di re Artù, a servirlo fino a che egli mi faccia cavaliere. È la cosa cui aspiro di più al mondo.»

«Se sapeste quali gravosi doveri impone la cavalleria, non ardireste augurarvelo.»

«Sono dunque superiori al coraggio e alla forza d'un uomo?»

1. ricevere la cavalleria: diventare cavaliere con la cerimonia dell'investitura.

2. Vassallo: nella società feudale il vassallo era colui che si assoggettava a un signore, promettendogli fedeltà in cambio di protezione e di terre. Qui assume il significato di «suddito».

INDULGENZA = GENEROSO

«Sì, qualche volta: Nostro Signore Iddio ha fatto gli uni più valorosi degli altri, più prodi e più cortesi.»

«Signora, sarebbe ben timido chi non osasse ricevere la cavalleria. Perché tutti, se non possono avere le virtù del corpo, possono almeno possedere quelle del cuore. Le prime, come la statura, la forza, la bellezza, l'uomo le riceve nascendo. Ma la cortesia, la saggezza, l'indulgenza, la lealtà, la prodezza, la generosità, l'arditezza, solo la pigrizia può impedire di possederle, poiché dipendono dalla volontà. E spesso vi ho sentito dire che è il cuore che fa l'uomo valoroso.»

Allora la Dama del Lago gli disse: «I primi cavalieri non lo furono a causa della loro nascita, dato che tutti discendiamo dallo stesso padre e dalla stessa madre. Ma quando Invidia e Cupidigia[3] cominciarono a crescere nel mondo, allora i deboli istituirono al di sopra di sé dei difensori che mantenessero il diritto e li proteggessero. Per questo ufficio vennero scelti i grandi, i forti, i belli, i leali, gli arditi, i prodi. E nessuno, a quei tempi, avrebbe osato montare a cavallo prima d'aver ricevuto la cavalleria. Ma essa non era conferita per il piacere. Si chiedeva ai cavalieri di essere clementi salvo che con i traditori, pietosi con i bisognosi, pronti a soccorrere i sofferenti e a confondere i ladri e gli assassini, buoni giudici senza amore e senza odio. E dovevano proteggere la Santa Chiesa. Lo scudo che pende dal collo del cavaliere e lo difende sul davanti significa che egli deve interporsi tra la Santa Chiesa e chi l'assale, e ricevere per essa i colpi come un figlio per la madre. Allo stesso modo in cui il giaco[4] lo veste e lo protegge da ogni parte, così egli deve coprire e circondare la Santa Chiesa di modo che i malvagi non la possano raggiungere. L'elmo è come la garitta[5] da cui si sorvegliano i malfattori e i ladri della Santa Chiesa. La lancia, lunga in modo da ferire prima che colui che la porta possa essere raggiunto, significa che egli deve impedire ai malintenzionati di avvicinare la Santa Chiesa. E se la spada, la più nobile delle armi, è a doppio taglio, è perché essa con un taglio colpisce i nemici della fede, e con l'altro i ladri e gli assassini; ma la punta significa obbedienza, perché tutte le genti devono obbedire al cavaliere. Infine, il cavallo è il popolo, che deve sostenere il cavaliere e provvedere ai suoi bisogni, ed essere sotto di lui, ed egli deve guidarlo al bene secondo il proprio intendimento. Egli deve avere due cuori: uno duro come il ferro per gli sleali e i felloni, l'altro morbido e plasmabile come cera calda

3. Cupidigia: desiderio sfrenato e intenso di beni e piaceri materiali; avidità.

4. giaco: sopravveste di maglia di acciaio che difendeva il torace e le braccia.

5 garitta: piccola costruzione destinata a riparare la sentinella addetta alla guardia.

La Dama del Lago a colloquio con Lancillotto, in una illustrazione di Eleanor Fortescue-Brickdale.

per i buoni e gli indulgenti. Tali sono i doveri cui ci si impegna verso Nostro Signore ricevendo la cavalleria».

«Signora» disse Lancillotto «se trovo qualcuno che acconsenta a farmi cavaliere, non avrò timore d'esserlo e io vi metterò tutto il mio cuore, e il mio corpo, e la mia pena, e la mia fatica.»

«In nome di Dio» disse la Dama sospirando «il vostro desiderio sarà dunque esaudito. Ed è perché lo sapevo che piangevo.»

Da tempo ella aveva preparato tutte le armi necessarie al fanciullo: un giaco bianco, leggero e forte, un elmo argentato e uno scudo color della neve, a borchie d'argento. La spada, messa alla prova in molte occasioni, era grande, tagliente e leggera. E la lancia corta, grossa, robusta, dal ferro ben appuntito; il destriero alto, forte e vivace; l'abito di Lancillotto, il mantello foderato d'ermellino, tutto era bianco e anche la scorta, abbigliata di bianco, montata su cavalli bianchi. Così equipaggiati, Lancillotto e la Dama del Lago si misero in cammino, il martedì precedente la festa di San Giovanni.

(da J. Boulenger, *Re Artù e i Cavalieri della Tavola Rotonda*,
a cura di G. Agrati e M.L. Magini, A. Mondadori, Milano, 1988, rid. e adatt.)

DAL TESTO ALLE COMPETENZE

COMPRENDERE

1. Quando Lancillotto esprime il desiderio di diventare cavaliere di re Artù, dove si trova e che età ha?

2. Quali doti, qualità deve possedere un cavaliere?

3. Per quali motivi, secondo la Dama del Lago, è stata istituita la cavalleria?

4. Riferendoti al testo, specifica nella seguente tabella il significato simbolico delle varie armi e del corredo di cui il cavaliere è dotato.

		Significato simbolico
a.	Scudo	LUI DEVE PROTEGGERE LA CHIESE DA CHI LA ASSALE
b.	Giaco	LUI DEVE PROTEGGERE E CIRCONDARE LA CHIESA
c.	Elmo	SORVEGLI EU IMALCAPITATI DELLA CHIESA
d.	Lancia	LUI DEVE IMPEDIRE AI MALFATTORI DI ATTACCARE LA CHIESA
e.	Spada	LA GENTE DEVE OBBEDIRE A LUI
f.	Cavallo	LUI DEVE GUIDARE IL POPOLO

5. Perché, secondo la Dama del Lago, il cavaliere deve avere due cuori?

6. Come si conclude la vicenda narrata?

Il mondo dei cavalieri

L'origine della cavalleria

Intorno all'VIII secolo cominciò a diffondersi in Europa l'**uso di combattere a cavallo**. Può sembrare strano, ma questa pratica poté affermarsi solo grazie all'arrivo, dall'Asia, della «**staffa**».

Grazie a questo piccolo ma fondamentale accorgimento, era possibile «puntellare» i piedi ed evitare di essere sbalzati di sella al primo scontro. I protagonisti di questa trasformazione dell'arte della guerra furono i popoli nomadi germanici, i quali, a differenza dei Romani, erano eccellenti cavallerizzi.

Un ceto guerriero e violento

Nei tre secoli successivi, i soldati a cavallo divennero **professionisti** della guerra legati da un **vincolo di fedeltà** al loro signore.

Essi dovevano provvedere al proprio equipaggiamento, ossia procurarsi armi e armatura e un buon cavallo; per questo, in quel tempo di grande e diffusa povertà, poteva divenire cavaliere solo chi era abbastanza ricco e apparteneva alla nobiltà. Il ceto dei guerrieri divenne molto potente nei territori del Sacro Romano Impero, specialmente nei periodi in cui si indeboliva l'autorità dell'imperatore. Spesso, infatti, i cavalieri, riunendosi in bande anche in tempo di pace, tendevano ad approfittare della loro forza, per compiere scorrerie e saccheggi contro le popolazioni indifese, allo scopo di procurarsi ricchezze e prestigio militare.

Un combattimento tra cavalieri in una miniatura del Romanzo del cavaliere Tristano, *1440-1460, Museo Condé, Chantilly.*

L'istituzione della cavalleria

A partire dall'XI secolo, i cavalieri, che prima erano quasi sempre analfabeti, divennero via via più colti e raffinati: la frequentazione delle corti dei signori e l'adesione sempre più convinta ai precetti del cristianesimo ammorbidirono i loro modi violenti e spietati.

La stessa Chiesa intervenne per frenare i loro eccessi, cercando di imporre loro un codice di comportamento morale e religioso. Così, anche per distinguere i veri cavalieri dai semplici predoni di strada, fu creato l'istituto della **cavalleria**.

Chi entrava a farne parte doveva sottostare a una serie di regole: dalla **cerimonia d'investitura** al rispetto di alcune **norme di comportamento**.

Come si diventa cavalieri

Da quando fu creato l'istituto della cavalleria, per essere cavaliere non bastò più avere l'equipaggiamento adatto e saper usare la spada. Era necessario seguire un **percorso lungo ed elaborato**. Così, all'età di sette anni, i figli dei cavalieri e i figli cadetti dei feudatari (cioè coloro che non ereditavano il feudo in quanto non primogeniti) diventavano **paggi**, svolgevano servizi domestici per i Signori e per le dame di corte e cominciavano ad apprendere l'arte militare e le virtù cavalleresche nelle «scuole di cavalleria» dei castelli.

Più tardi, a partire dai quattordici anni, si mettevano **al servizio di un cavaliere**, accompagnandolo in battaglia o a caccia o nei tornei, e venivano addestrati all'uso delle armi e all'equitazione. Verso i vent'anni erano pronti per l'**investitura**, ossia per la nomina ufficiale a cavaliere, che poteva avvenire dopo una battaglia, per il coraggio e l'abilità militare dimostrati, o, in tempo di pace, in occasione di una pubblica cerimonia civile o religiosa.

Prima, però, lo scudiero doveva **vegliare in preghiera, confessarsi, partecipare alla messa e fare la comunione**. Solo allora si svolgeva la cerimonia dell'investitura: il signore feudale o un alto prelato lo nominava ufficialmente cavaliere, dandogli un energico colpo sulla nuca, posandogli la spada su entrambe le spalle, mentre lui stava inginocchiato, e pronunciando la formula: «Nel nome di Dio, di san Michele e di san Giorgio, io ti faccio cavaliere».

La cerimonia dell'investitura di un cavaliere (particolare di un dipinto cinquecentesco).

Il decalogo del cavaliere

Una volta nominato cavaliere, egli era tenuto a rispettare una serie di **norme di comportamento**. Se non lo faceva, era accusato di **fellonìa** (o **villanìa**) e poteva essere espulso dalla cavalleria. Ecco il decalogo del cavaliere.

1. Tu crederai a tutto ciò che la Chiesa insegna e osserverai i suoi comandamenti.
2. Tu proteggerai la Chiesa.
3. Tu avrai rispetto per tutti i deboli e te ne farai difensore.
4. Tu amerai il paese nel quale sei nato.
5. Tu non indietreggerai davanti al nemico.
6. Tu farai guerra agli infedeli senza tregua né misericordia.
7. Tu adempirai scrupolosamente i tuoi doveri feudali purché essi non siano contrari alla legge di Dio.
8. Tu non mentirai e sarai fedele alla parola data.
9. Tu sarai generoso e largheggerai con tutti.
10. Tu sarai sempre e comunque il campione del diritto e del bene contro l'ingiustizia e il male.

L'armatura e le armi del cavaliere

I cavalieri in battaglia si proteggevano dai colpi nemici mediante lo **scudo**, solitamente di forma tonda, ma anche a goccia, secondo l'uso normanno, e l'**armatura**, prima in cuoio e poi in metallo. Nell'epoca d'oro della cavalleria, il più diffuso tipo di armatura in metallo era la **cotta**, una tunica a maglie di ferro lunga fino a metà coscia e dotata di maniche. Più tardi, a partire dal Quattrocento, si affermò anche l'**armatura a piastre**, che era assai più pesante (circa 25 chili) e copriva l'intero corpo, compresi i piedi. Era appunto costituita di piastre di ferro articolate fra loro mediante piccoli anelli, allo scopo di agevolare i movimenti.

L'armatura comprendeva anche l'**elmo**, il quale, dato che ricopriva interamente la testa, aveva una fessura per gli occhi, che poteva far parte di una visiera articolata e apribile. A volte era dotato di cimiero, un pennacchio di piume o di penne con funzione ornamentale.

Talvolta il cavaliere, a ulteriore protezione, sotto l'armatura indossava la cotta. Anche il cavallo era corazzato, oltre che rivestito (soprattutto durante i tornei) da una gualdrappa con gli emblemi e i colori della casata.

Nelle cariche a cavallo, il cavaliere reggeva una robusta **lancia** lunga tre o quattro metri. Per reggere l'inevitabile contraccolpo, veniva appoggiata a una sporgenza della corazza detta «**resta**» (da qui l'espressione «lancia in resta»). Dopo l'urto della prima carica, il cavaliere impugnava solitamente una pesante **spada**, ma anche, allo scopo di sfondare le armature nemiche, un'**ascia** o una **mazza ferrata** formata da una testa di ferro (a volte chiodata) montata su un manico di legno.

Tra il XV e il XVI secolo, armi e corazze raggiunsero un alto livello di eleganza e robustezza, soprattutto per merito degli armaioli milanesi e bresciani. L'armatura, nata come strumento di difesa contro spade, lance, archi e fionde, divenne inutile con l'avvento delle armi da fuoco, che riuscivano a perforarla, e scomparve insieme alla stessa cavalleria.

In alto, stampa ottocentesca che riproduce Sir Edward, principe del Galles, nella sua armatura. A lato, Albrecht Dürer, Cavaliere, *1471-1528.*

La caccia e i tornei

In **tempo di guerra**, il cavaliere doveva **combattere** al servizio del suo signore.

In **tempo di pace**, sia per restare attivo e tenersi allenato, sia per manifestare il proprio coraggio e la propria abilità, era solito partecipare a **battute di caccia** o a **tornei**, tutte attività che si svolgevano a cavallo.

I tornei, in particolare, erano pubbliche cerimonie in cui i cavalieri si sfidavano a «singolar tenzone» (cioè a duello) o si cimentavano in varie prove di destrezza, come ad esempio colpire il «saracino», sfoggiando, davanti a tutti i membri della corte, scintillanti armature, elmi impennacchiati e variopinti costumi, sempre ornati con gli emblemi della loro casata nobiliare.

Duello tra cavalieri in un affresco duecentesco.

L'«amor cortese»

Inoltre, nelle corti più raffinate, come quelle della Provenza (Francia meridionale) del XIII secolo, i cavalieri si distinsero per aver praticato l'«**amor cortese**», una forma di corteggiamento nuova che consisteva nel lodare e celebrare, anche mediante composizioni in versi, la bellezza fisica e morale della castellana, le sue qualità e il suo fascino. Così facendo, essi rendevano omaggio al proprio Signore e, al tempo stesso, ingentilivano e purificavano il proprio animo.

Queste usanze furono alla base della poesia d'amore provenzale e, in seguito, del Dolce Stil Novo dei grandi poeti toscani Dante Alighieri, Guido Guinizzelli e Guido Cavalcanti.

Insomma, nel corso dei secoli, il cavaliere si trasformò profondamente: da semibarbaro analfabeta, spesso rozzo e violento, a gentiluomo di corte, bravo a maneggiar la spada contro i nemici e gli infedeli ma anche a corteggiare una dama di corte in base alle regole della galanteria. O, anche, verrebbe da dire, della «cavalleria», dato che questo termine ha assunto con il tempo anche il significato di «comportamento cortese e galante con le signore».

Tappezzeria cinquecentesca con scena di corte, conservata presso il Museo Nazionale del Medio Evo e delle Terme di Cluny, a Parigi.

Istituzione della Tavola Rotonda

Narrano le leggende che re Artù e i suoi cavalieri sedevano, nelle loro riunioni, intorno a una Tavola Rotonda. Istituita da re Artù per suggerimento del suo consigliere, il mago Merlino, la Tavola Rotonda era simbolo, per chi ne faceva parte, di assoluta uguaglianza e rappresentava l'impegno di ciascun cavaliere a prendere parte a imprese eroiche e generose. E l'impresa più grande nella quale vennero coinvolti tutti gli appartenenti alla magica Tavola fu la ricerca del Santo Graal, la coppa in cui era raccolto il sangue di Cristo, capace di dare purezza e santità al cavaliere che l'avesse ritrovata.

Quando furono levate le tavole, Merlino si alzò e, dopo aver chiesto licenza[1] al re, disse a voce così alta che tutti l'intesero nella sala: «Signori, sappiate che il Santissimo Graal[2], il vaso in cui Nostro Signore offrì per la prima volta il proprio corpo santo e dove Giuseppe d'Arimatea raccolse il sangue prezioso che sgorgò dalle piaghe di Gesù Cristo, è stato trasportato nella Bretagna Azzurra[3]. Ma non verrà trovato, e le sue meraviglie non saranno svelate che dal miglior cavaliere del mondo. È detto nel nome della Santissima Trinità che re Artù debba istituire la tavola che sarà la terza dopo quella della Cena e quella del Graal, e che a lui verrà gran bene e al regno grandi meraviglie. Questa tavola sarà rotonda per significare che nessuno di quelli che vi siederanno sarà superiore agli altri, e alla destra del re rimarrà sempre un seggio vuoto in memoria di Nostro Signore Gesù Cristo: nessuno vi si potrà sedere senza rischiare la sorte di Mosè che fu inghiottito dalla terra[4], salvo il miglior cavaliere del mondo che conquisterà il Santo Graal e ne conoscerà il significato e la verità».

Non aveva ancora terminato queste parole che d'improvviso apparve in mezzo alla sala una tavola rotonda intorno alla quale stavano centocinquanta seggi di legno. Sulla maggior parte di essi si leggeva, in lettere d'oro: «Qui deve sedere Il Tale»; ma, su quello che si trovava alla destra dello scranno[5] del re, non era scritto alcun nome.

«Signori» disse Merlino «potete vedere i nomi di coloro che Dio ha scelto perché sedessero alla Tavola Rotonda e perché si ponessero alla ricerca del Graal quando sarà venuto il tempo.»

Allora il re e i cavalieri designati dalla sorte andarono a prendere posto, badando a lasciar libero il seggio senza nome: ed erano messer Galvano[6] con i giovani che avevano difeso il regno durante l'assenza del re, e i trentanove compagni che erano andati in Carmelide[7] in compagnia di Artù e di Merlino. Appena si furono seduti, si sentirono pieni di dolcezza e d'amicizia.

«Bei signori» riprese Merlino «quando sentirete parlare di un buon cavaliere, tanto farete finché lo condurrete a questa corte, dove, se dimostrerà di essere prode e fedele, lo riceverete tra voi: è detto infatti che il numero dei compagni della Tavola Rotonda salirà a centocinquanta prima che sia intrapresa la ricerca del Santo Graal. Ma bisognerà sceglierli bene: un solo uomo malvagio disonorerebbe tutta la compagnia.

1. licenza: permesso.

2. Santissimo Graal: coppa utilizzata da Gesù Cristo durante l'Ultima Cena e che, secondo la leggenda, era stata portata in Bretagna da Giuseppe di Arimatea, autorevole membro del Sinedrio, il supremo consiglio ebraico.

3. Bretagna Azzurra: regno corrispondente all'Inghilterra, chiamata anche Bretagna e regno di Logres.

4. Mosè ... dalla terra: Mosè, avendo dubitato della parola di Dio, per punizione non poté raggiungere la Terra Promessa. Fu sepolto in un luogo segreto in modo che la sua tomba non fosse fatta oggetto di culto.

5. scranno: seggio, trono.

6. Galvano: nipote di re Artù.

7. Carmelide: regno di re Leodagan, confinante con il regno di re Artù.

8. desinare: pranzare.

E badate che nessuno di voi si segga sul seggio senza nome, perché ne avrebbe gran male.»

Messer Galvano, dopo aver consultato i compagni, così parlò:

«In nome dei cavalieri della Tavola Rotonda» disse «faccio voto che mai fanciulla o dama verrà a questa corte per cercar soccorso che possa esser dato da un cavaliere, senza trovarlo. E mai uomo verrà a chiederci aiuto contro un cavaliere senza ottenerlo. E se avvenisse che uno di noi dovesse scomparire, i compagni si metteranno alla sua ricerca; e la ricerca durerà un anno e un giorno».

I cavalieri della Tavola Rotonda, dal manoscritto Lancillotto del Lago, *XV secolo.*

Il re fece portare le migliori reliquie che si poterono trovare e tutti i compagni della Tavola Rotonda giurarono sui santi di mantener fede al giuramento che aveva fatto messer Galvano in loro nome. E il re disse: «E io faccio voto che, tutte le volte che porterò la corona, non mi siederò a desinare[8] prima che nella mia corte sia accaduta un'avventura».

Quando i cavalieri e le dame che erano nella sala intesero fare tutti questi bei voti, ne furono molto lieti e soddisfatti perché credevano che al regno di Logres ne sarebbe venuto gran bene e onore.

(da J. Boulenger, *Re Artù e i Cavalieri della Tavola Rotonda*, a cura di G. Agrati e M.L. Magini, A. Mondadori, Milano, 1988, rid. e adatt.)

DAL TESTO ALLE COMPETENZE

COMPRENDERE

1. Che cos'è il Santissimo Graal e da chi potrà essere ritrovato?

2. Secondo Merlino, da chi dovrà essere istituita la Tavola Rotonda? Perché sarà rotonda? Perché il seggio alla destra del re dovrà rimanere vuoto?

3. Merlino termina di parlare. Che cosa succede?

4. Dopo l'istituzione della Tavola Rotonda, messer Galvano fa un giuramento che contiene i doveri del cavaliere. Di quali doveri si tratta?

ANALIZZARE

5. Quali sono gli elementi magici presenti nel brano?

6. Il brano contiene dei riferimenti alla religione cristiana. Individuali e sottolineali.

Alla ricerca del Santo Graal

La ricerca del Santo Graal, secondo l'annuncio di Merlino dato il giorno stesso della comparsa della magica Tavola Rotonda, fu l'impresa più grande e nobile che la sapienza infinita di Dio diede da compiere ai cavalieri di re Artù.

Un solo cavaliere, l'eroe purissimo Galaad, riuscì nell'intento. Alcuni, come Perceval e Boro di Gannes, si poterono avvicinare al Graal e lo videro; per tutti gli altri questa ricerca consistette nel vagare per strade selvagge e piene di insidie.

La partenza dei cavalieri della Tavola Rotonda

La sapienza infinita di Dio diede da compiere ai cavalieri della Tavola Rotonda l'impresa più grande di tutte, la più nobile, quella della ricerca del Santo Graal, secondo l'annuncio di Merlino, dato il giorno stesso della comparsa della magica Tavola.

La partenza dei centocinquanta cavalieri della Tavola Rotonda fu emozionante e grandiosa. I cavalli scalpitavano al pari dei loro padroni; alle finestre del castello molte dame in lacrime salutavano i partenti.

Ser Perceval

1. PERCEVAL INCONTRA UNA SPLENDIDA DAMA. Chi è in realtà il nero cavallo che la dama gli offre?

Ser Perceval il Gallese, lasciati gli altri, si era diretto verso Ovest. Dopo qualche giorno di cammino, il suo cavallo s'azzoppò.

«E ora come faccio, solo in questa landa deserta, senza cavallo?»

«Forse posso aiutarvi» disse una voce dolce dietro di lui. Perceval si voltò e vide una bella dama dal volto incorniciato da un velo bianco.

«E come, mia signora?» rispose il giovane.

«Ecco il cavallo che può sostituire il vostro» replicò la dama e, tratto da dietro un cespuglio uno splendido destriero nero, glielo consegnò.

«Se la mia ricerca sarà coronata da successo, bella signora, il merito sarà vostro» la salutò Perceval inforcando il cavallo, che partì al galoppo sfrenato.

Traversò veloce come il lampo il bosco e irruppe in una grande pianura con un lago. Ser Perceval, vedendo l'acqua nera avvicinarsi sempre più e intuendo che il cavallo non si sarebbe fermato, si fece il segno della croce e si raccomandò a Dio.

E, d'improvviso, il destriero, che altri non era che il diavolo in persona, gettò un urlo e scomparve, lasciando a terra, dolorante ma salvo, il giovane incauto.

2. PERCEVAL INCONTRA SUA ZIA. Quale triste notizia ella gli dà e quale profezia gli fa?

«Comincio a pensare che la ricerca del Graal sarà piena di nemici per l'anima, piuttosto che di avventure d'armi» si disse Ser Perceval, incamminandosi verso una fortezza che si scorgeva di lontano. E pian piano vi arrivò. Mentre entrava nel cortile, si sentì chiamare per nome. Stupito, si volse e vide una stretta finestrella dalla quale si intravedeva un volto di donna.

«Chi siete?» domandò. «E come mai mi conoscete?»

«Sono vostra zia, Perceval. Sono chiusa in convento da anni.»

«Zia, forse potete darmi notizie di mia madre che non vedo da tempo.»
«Tua madre è morta, Perceval, morta di dolore il giorno in cui l'hai lasciata per andare alla corte di re Artù. Lei aveva solo te e aveva sempre sperato di non vederti mai cavaliere.»

Perceval, a queste parole, scoppiò a piangere per il dolore e il rimorso.
«È scritto che un cavaliere vergine e uno casto accompagneranno colui che siederà alla Tavola del Graal. Mantieniti puro, nipote mio, e continua la tua ricerca» concluse la donna.

E Ser Perceval s'allontanò. Trovato un cavallo, continuò il suo cammino per parecchi giorni, finché giunse in riva al mare. Sull'ampia spiaggia s'innalzava un padiglione di tessuto prezioso:
«C'è qualcuno là?» chiese il giovane cavaliere avvicinandosi.
«Venite, cavaliere, avvicinatevi. Potrete ristorarvi e riposare.» Dal padiglione era uscita una delle più belle fanciulle che Perceval avesse mai visto. Non si poteva certo rifiutare un invito di questo genere e così Perceval scese da cavallo ed entrò nella ricca tenda insieme alla bellissima fanciulla. Furono serviti ricchi cibi e vino assai pregiato e Perceval, affamato e stanco, si rallegrò della fortuna che gli era capitata. Quando la bellissima fanciulla, alla fine del pasto, gli si avvicinò, Perceval fu percorso da un fremito di dolcezza. Ma, mentre stava per abbracciarla, il suo sguardo si fermò sull'impugnatura a croce della sua spada e gli tornarono in mente le parole della zia e si segnò. Di colpo la damigella, il ricco padiglione, i cibi e le bevande scomparvero e intorno a lui non rimasero che fumo e odore orrendo di inferno.
«Vergine Maria, signore Iddio, aiutatemi! La mia sventatezza stava per farmi perdere la strada del Graal» supplicò Perceval a lungo. Poi si stese sulla riva del mare e tutta la notte pregò intensamente.

Verso mattina, vide una navicella venire verso di lui e fermarsi. Perceval si alzò e salì sull'imbarcazione. Allora udì una voce sovrumana che diceva: «Sei uno dei prescelti, Ser Perceval dall'animo semplice. Nostro Signore ti guiderà nella tua impresa».

E la piccola nave prese lentamente il largo, mentre intorno si sentivano odori soavi e l'anima e il corpo di Perceval ne venivano deliziati.

Boro di Gannes

Boro di Gannes, il cugino di Ser Lancillotto del Lago, si era avviato verso Est. Mentre cavalcava per la strada maestra, aveva scorto un religioso che, col suo asino, percorreva a piedi la grande strada. E Boro gli chiese se lo poteva confessare, poiché non era uomo da intraprendere la ricerca del Graal con l'animo carico di peccati. E quando il sant'uomo gli chiese se aveva peccato di lussuria[1], Boro narrò che il suo soprannome era «Il casto» e che solo una volta in vita sua aveva commesso quel peccato.
«Ben fate, cavaliere. Il peccato di lussuria impedirebbe la vostra santa ricerca. E anche se le altre colpe che mi avete confessato sono lievi,

3. PERCEVAL GIUNGE IN RIVA AL MARE.
Chi è in realtà la bellissima fanciulla che lo invita a riposare nel padiglione?

4. PERCEVAL SALE SU UNA NAVICELLA.
Una voce sovrumana che cosa gli dice?

1. BORO INCONTRA UN RELIGIOSO.
Perché il religioso gli chiede di indossare una camicia di tessuto ruvido?

---

1. lussuria: desiderio sfrenato di godimenti carnali, sessuali.

tuttavia vi chiedo di mettere alla prova il vostro orgoglio e di indossare una camicia di tessuto ruvido, assai fastidiosa da portare, per non dimenticare mai quanto il peccato addolori nostro Signore.»

Il pio Boro acconsentì subito e riprese il suo cammino. Passati due giorni, arrivò a un crocevia dove con orrore vide una tragica scena: suo fratello Lionello trascinato via da due cavalieri.

«Boro, aiuto!» urlò Lionello, mentre sull'altro lato della strada una fanciulla veniva rapita da un cavaliere. Boro, dopo un attimo di incertezza, fece prevalere il senso del dovere sull'amore fraterno. Si lanciò all'inseguimento del vile che aveva preso la fanciulla e lo raggiunse in breve tempo. Bastarono due colpi ben assestati per disarcionare[2] il malvagio e liberare la ragazza.

Tale era il valore di un cavaliere della Tavola Rotonda! Ma quando ritornò al crocevia, Lionello non c'era più: lui e i suoi rapitori parevano spariti nel nulla.

«Bel fratello, dove siete mai?» si lamentò Boro, mentre lo cercava nei dintorni. Ma non lo trovò. Così vagò fino a sera con l'animo oppresso dal dolore. Raggiunto un castello, chiese ospitalità per la notte.

Fu accolto con grande pompa, ma cibi appetitosi e buon vino non gli fecero passare la preoccupazione per la sorte del fratello. Ritiratosi per la notte, sentì bussare alla porta.

«Chi è?»

«Sono la figlia del signore del castello, aprite, ho bisogno d'aiuto.»

Boro aprì subito la porta, con la spada al fianco.

«Di che genere d'aiuto avete bisogno, gentile fanciulla?»

«Ecco» fece la ragazza, che era assai bella, «sono così sola! Sempre. In queste terre lontane non giunge mai nessuno. Mai un bel giovane per svagarmi un po'.»

E dicendo queste parole, si faceva vicino a Boro, lo abbracciava e diceva: «Dormite con me, cavaliere, così mi potrete aiutare».

«Andatevene! Non posso perdere la mia anima per darvi questo genere d'aiuto.»

E mentre la fanciulla cercava d'abbracciarlo, Ser Boro si fece il segno della croce. E, come era accaduto a Ser Perceval, d'improvviso il castello, la fanciulla, tutto scomparve in un rumore infernale e Ser Boro si ritrovò solo nel buio della foresta. Si accampò sospirando sotto un albero e così trascorse la notte. Il mattino seguente riprese il cammino con l'animo sempre rattristato dal pensiero di Lionello.

Era così assorto nei suoi pensieri che, passando dinanzi a una cappella, non si accorse di un uomo seduto sui gradini.

«Disgraziato fratello! Non solo mi lasci aggredire e portar via, ma anche non ti accorgi di me!» urlò Lionello.

«Fratello, caro, come sono stato male! Ma non potevo far altro, sul mio onore, che soccorrere la fanciulla, che fra i due era la più debole!»

Così dicendo si fece incontro al fratello. Ma Lionello era furioso.

2. Boro giunge a un crocevia. Quale tragica scena vede? Contemporaneamente che cosa accade? Il senso del dovere quale decisione gli fa prendere?

3. Boro giunge a un castello. La fanciulla del castello, in realtà, che cosa rappresenta?

4. Boro giunge a una cappella. Qui, chi incontra nuovamente? Che cosa accade?

---

2. disarcionare: gettar giù di sella.

«Da me non puoi aspettarti altro che la morte» disse furibondo ed estrasse la spada, gettandosi sul fratello con tale impeto che Boro cadde subito a terra. L'insensato stava per vibrare un colpo mortale, quando il prete uscì di corsa dalla cappella e gli disse:

«Per l'amor di Dio, cavaliere, non uccidete vostro fratello».

«Vecchio, non ti impicciare di fatti che non ti riguardano!»

E Lionello gli appioppò un gran colpo di spada sulla testa. Il povero prete cadde a terra svenuto e Boro, che nel frattempo si era rialzato, snudò la spada a sua volta e gridò:

«Pazzo! Colpire un prete disarmato! Ora avrai quello che ti meriti».

E incrociò la spada con il fratello amatissimo. La radura risuonò allora di colpi feroci di spada finché Iddio ebbe pietà dei due e inviò un fulmine dal cielo, proprio in mezzo ai contendenti. La folgore piombò con grande fragore e li fece cadere a terra, storditi. Cadde il silenzio.

Dopo un po' Lionello si rialzò, come guarito dal suo insensato furore, e mormorò:

«Perdonami, Boro, il mio dannato carattere mi ha accecato; vorrei proseguire la ricerca insieme con te, ma sarei solo un impiccio. Se un cavaliere può riuscire, quello sei tu».

«Lionello, se il tuo cuore, a volte, contiene passioni sfrenate, sei tuttavia un generoso e un valoroso. Anch'io vorrei rimanere con te, ma questa è una ricerca da compiere da soli, a confronto con se stessi. Perciò io me ne andrò, solo, in riva al mare: c'è una voce dentro di me che mi spinge a recarmi là, dove sento che qualcosa avverrà.»

5. Boro sale su una navicella.
Chi si trova sulla piccola nave?

E, salutato il fratello, arrivò alla spiaggia nel momento in cui una piccola nave si fermava e Perceval il Gallese gli faceva cenno di salire. E Boro «il casto» salì incontro al suo destino.

Ser Galaad scopre il sacro calice

1. Galaad giunge a una abbazia.
Chi gli dona uno scudo e perché?

Ser Galaad, il giovane, puro, novello cavaliere, il figlio di Lancillotto del Lago, si era diretto verso Nord. Giunse a una abbazia e si fermò per rendere omaggio a Dio, ascoltando la messa. Alla fine del rito comparve un monaco vecchissimo che portava uno scudo bianco con una croce rossa dipinta nel mezzo:

«Cavaliere, ecco a te questo scudo» disse. «Da molto tempo ci fu predetto che sarebbe giunto un giovane vestito di rosso, ma senza scudo e a lui dovevamo consegnare questo. Sappi che è quello di Mordrain, il re Magagnato che, per aver voluto togliere il velo che copre il Santo Graal, ebbe come punizione di essere colpito da una piaga che non guarisce mai e di vivere con questa ferita fino a quando fosse giunto il cavaliere del destino.»

«Grazie, sant'uomo, e prega per me.» E riprese la via.

2. Galaad giunge a un castello.
Chi gli chiede aiuto? Di conseguenza, Galaad come si comporta?

Verso sera giunse a un castello e chiese ospitalità per la notte. Si era appena ritirato, quando sentì un leggero bussare all'uscio:

«Aprite, cavaliere, vi preghiamo».

Galaad aprì la porta e otto damigelle velate e piangenti si affollarono intorno a lui.

«Cavaliere, liberateci, vi preghiamo. Non siamo solo noi otto, ma ce ne sono tantissime altre in questo castello, tutte prigioniere. I sette cavalieri che sono padroni qui, ribelli al loro signore, il duca di Linor, catturano ogni fanciulla che trovano e non c'è nessuno che osi combattere contro di loro, perché, i vili, si presentano tutti insieme. Abbiamo sentito dire che voi siete il figlio di Ser Lancillotto del Lago e un cavaliere assai valoroso, vi preghiamo, liberateci!»

«State tranquille, domani vi libererò.»

Il mattino dopo, Galaad sfidò i sette padroni del castello. Galaad, armato della sua virtù, oltre che del suo valore e dello scudo magico, parava tutti i colpi dei sette. Bastarono pochi colpi e di loro rimase solo il brutto ricordo. Il giovane però non rimase al castello, nonostante le suppliche delle fanciulle, ma riprese il cammino.

Si imbatté nuovamente in una fanciulla che lo cercava:

«Galaad, venite con me, io sono lo strumento del vostro destino».

Era una damigella assai graziosa, vestita di candidi veli; poteva essere, come per gli altri, un tranello del maligno. Ma Galaad non esitò un attimo. La fanciulla lo portò sulla riva del mare mentre appariva la navicella che portava Perceval e Boro, e anche il figlio di Lancillotto salì sull'imbarcazione del destino. Navigarono a lungo i tre cavalieri, raccontando ciascuno come era giunto sulla nave. Tutti e tre sapevano che quel naviglio li avrebbe condotti al Santo Graal.

Dopo alcuni giorni, la navicella si fermò: i tre scesero, un poco più lontano: avvolto nelle nebbie scorsero un castello.

Appena entrati, Perceval disse:

«Boro, Galaad, guardate che chiarore».

Lentamente la sala si riempì di luce, poi si attenuò e apparve il calice del Graal, coperto da un velo, insieme a un tavolo d'argento e a un qualcosa ricoperto da un drappo di porpora. Una grande commozione scese nei cuori dei tre eletti e fece loro sgorgare calde lacrime di dolcezza, mentre si avvicinavano alla tavola d'argento. Dal vaso del Graal uscì allora una figura evanescente che disse loro:

«Io sono l'Uomo, sono colui che ha portato la salvezza nel mondo e voi siete i miei prediletti. Tu, Galaad, compirai ciò per cui sei stato destinato: tocca le ferite di Mordrain, di cui porti lo scudo e fa' che muoia finalmente in pace».

3. GALAAD SALE SULLA NAVICELLA. Chi si trova sulla piccola nave?

4. NEL CASTELLO DEL GRAAL. Che cosa accade rispettivamente a Perceval, Boro e Galaad?

Galaad si alzò e tirò il drappo di porpora che copriva il corpo di un uomo vecchissimo, con una ferita nel fianco che sanguinava. Poi con la sua mano toccò lievemente la piaga ed essa si chiuse. Subito, l'uomo vecchissimo spirò, reclinando il capo sul braccio di Galaad.

Il chiarore tornò intensissimo e i tre sentirono l'Uomo che li benediceva; quando la luce si attenuò nuovamente, dal santo vaso spirò di nuovo il nutrimento dell'anima e i loro cuori ne furono pieni. Poi una voce sovrumana parlò:

«Ora, prediletti da Dio, Perceval e Boro, i vostri occhi saranno offuscati dalla luce, come le vostre anime furono offuscate dal peccato. Solo Galaad vedrà poiché è lui il prediletto del destino».

«Boro, non vedo più nulla» mormorò Perceval.

«Neanch'io» rispose Boro.

Sentirono solo un coro di voci dolcissime e poi la voce di Galaad.

«Ora che ho scoperto il sacro calice e ho visto l'inizio e la fine di tutte le cose e la loro causa, ti prego, Signore, fa' che possa passare dalla vita terrena a quella celeste.»

Poi i loro occhi tornarono a vedere e scorsero una mano prendere il calice del Graal e Galaad venire verso di loro, baciarli e dire:

«Salutate mio padre per me e ditegli che ci rivedremo nei cieli».

E, tornato alla tavola d'argento, spirò in un coro di voci angeliche. Tutto questo ebbe l'apparenza del sogno, poiché, quando si riscossero, era tutto scomparso; rimaneva solo il corpo del biondo giovinetto, figlio di Ser Lancillotto del Lago, col capo reclinato sopra il braccio, come se dormisse.

Questo raccontarono Ser Boro e Ser Perceval al loro ritorno a Camelot da re Artù e nessuno in terra rivide mai più il Santo Graal. La fama di questa impresa recò nuovo onore alla Tavola Rotonda fino agli estremi confini della terra.

(da *Excalibur la spada incantata e altri racconti della Tavola Rotonda*, a cura di S. Torrealta, Thema Editore, 1991, adatt.)

DAL TESTO ALLE COMPETENZE

ANALIZZARE

1. Questo racconto presenta alcuni elementi tipici della fiaba. Sapresti dire quali?

2. Nel racconto compaiono parecchie fanciulle bellissime. Quale ruolo rivestono?

3. In che modo i tre cavalieri riescono a sconfiggere il «maligno», ossia il diavolo?

4. La navicella su cui salgono i tre cavalieri quale significato simbolico assume?

5. In questo racconto emerge chiaramente che qualità diverse dal valore e dal coraggio conducono alla riuscita dell'impresa. Sapresti dire di quali virtù, qualità, si tratta?

L'EPICA MEDIEVALE NEL CINEMA

Excalibur

LA TRAMA Il piccolo Artù viene sottratto alla madre quando ancora è in fasce e il suo destino viene deciso da mago Merlino, che prevede per lui un grande futuro. Secondo la profezia, solo chi sarà in grado di estrarre dalla roccia la spada magica, chiamata Excalibur, potrà riportare l'ordine nel regno di Camelot. Artù riesce nell'impresa, sconfigge i nemici e viene proclamato re. Ma questo è soltanto l'inizio. Molte altre avventure lo attendono.

I PROTAGONISTI L'eroe al centro di tutti gli avvenimenti è re Artù, descritto come un campione di forza e nobiltà ma non privo di limiti umani, fragilità, insicurezze. Al suo fianco, il saggio consigliere Merlino è destinato a diventare la figura più memorabile del film: il mago è dotato di straordinari poteri ma soprattutto di uno sguardo lucido e disincantato sulla storia e sugli uomini.

IL LINGUAGGIO CINEMATOGRAFICO Le vicende di Artù e del suo regno vengono raccontate in modo dettagliato, approfondendo i tanti spunti narrativi presenti nelle leggende medievali bretoni e nell'epica cavalleresca. La sceneggiatura è complessa, ricca di momenti suggestivi e personaggi affascinanti; essi sono in grado di catturare l'attenzione dello spettatore anche e soprattutto perché vengono descritti nella loro complessità morale, evitando così una semplice e sommaria divisione tra «buoni» da una parte e «cattivi» dall'altra.
Dal punto di vista della regia, la scelta di mantenere dall'inizio alla fine un tono epico, a tratti lirico, appare adeguata al tipo di temi trattati, così come l'idea di usare i colori in chiave espressiva, alternando le tinte scure degli interni del castello al verde brillante delle foreste e al bianco luminoso del lago dal quale emerge la spada Excalibur.
Il film non ha però uno stile uniforme. La prima parte, dedicata all'ascesa di re Artù, è caratterizzata da un montaggio rapido e dal-

EXCALIBUR

FORGIATA DA UN DIO. PREDETTA DA UN MAGO. TROVATA DA UN UOMO.

Paese e anno di produzione: USA, Regno Unito, 1981
Durata: 140 min.   **Genere:** avventura
Regia: John Boorman

l'affastellarsi di situazioni tipiche del genere d'avventura; nella seconda parte, invece, viene descritto il declino del regno di Camelot e il ritmo si fa più lento, mentre diventa predominante un'atmosfera più cupa.

PERCHÉ QUESTO FILM È una delle migliori fra le numerose pellicole dedicate alla saga di re Artù e dei cavalieri di Camelot. Non è semplicemente un film d'avventura pensato per un pubblico giovane, e nemmeno un fantasy che trae la sua forza dall'uso eccessivo di effetti speciali. È un film d'autore caratterizzato da un'ottima regia e da una grande attenzione ai particolari della messa in scena, dai costumi alle scenografie, dalla fotografia alle luci.

COMPRENDERE

1. In che modo mago Merlino determina il destino di Artù ancora prima della sua nascita?

2. Perché solo Artù è in grado di estrarre la spada dalla roccia?

3. Dopo aver dimostrato il suo valore, Artù viene subito proclamato re o deve affrontare altre prove per ottenere la corona?

4. Il più fedele e valoroso fra i cavalieri di re Artù è Lancillotto, ma sarà proprio lui a tradirlo. In che modo?

5. Come reagisce re Artù quando scopre di essere stato ingannato?

6. Chi è Morgana? Quali sono i suoi scopi?

7. Il cavaliere Parsifal è impegnato in una missione decisiva: quale?

8. La battaglia di Camlann con quale esito si conclude?

INTERPRETARE E VALUTARE

9. Individua nel film gli elementi caratteristici dell'epica cavalleresca.

10. Fra i personaggi ce n'è uno che ti ha colpito più degli altri? Perché? Descrivi la sua personalità.

11. Merlino possiede grandi poteri che gli consentono di condizionare il destino degli uomini. Ti sembra che il mago li utilizzi sempre nel modo migliore?

12. «La più grande qualità di un cavaliere è la Verità. Quando un uomo mente, uccide una parte del mondo», afferma Merlino. Quale interpretazione puoi dare a queste parole? Ti sembrano condivisibili?

PER LA TUA BIBLIOTECA

Il custode del Graal, Il sentiero del fato

Michael P. Spradlin, Il Battello a vapore

La storia si apre nel 1191, sulla costa meridionale della Francia, con un naufragio. Tra i sopravvissuti, di ritorno dalle Crociate in Terrasanta, c'è il giovane Tristan che ha scelto una missione speciale: attraversare tutto il Paese per portare il Sacro Graal in Inghilterra, al sicuro. La Francia, in questo periodo, è però sconvolta dai conflitti tra il sovrano e gli eretici catari: nel corso del suo viaggio Tristan incontrerà perseguitati in fuga e, tra loro, la bella Celia.

Merlino, La magia di Stonehenge

Luisa Mattia, Giunti

Il romanzo è la terza e ultima tappa di una saga che ha per protagonista l'infanzia e la giovinezza di Mago Merlino. Merlino ora ha diciassette anni e deve affrontare nuovi dolori e prove: il lutto, la guerra, l'ingiustizia. Soprattutto, però, deve prendere decisioni importanti sul proprio futuro, su chi vuole essere e diventare: Merlino sceglierà la magia. Per consacrare il suo destino darà avvio alla costruzione di un magico tempio della saggezza universale, realizzato con grandi pietre sulla base di un antico e misterioso disegno: Stonehenge.

L'epica germanica

Il *Cantare dei Nibelunghi*: il poema nazionale germanico

Il *Cantare dei Nibelunghi* (*Nibelungenlied*) rappresenta per il popolo germanico il **poema nazionale** per eccellenza esattamente come l'*Iliade* e l'*Odissea* per i Greci e la *Chanson de Roland* per i Francesi.

Per quanto riguarda il titolo, bisogna rifarsi a un'antica leggenda germanica secondo la quale i Nibelunghi («figli della notte e della nebbia») erano un popolo di nani che viveva sotto terra estraendo l'oro e accumulando favolose ricchezze, il «tesoro» appunto dei Nibelunghi, destinate a recare grande sventura a chi se ne fosse impossessato.

Per estensione il nome di Nibelunghi viene attribuito a coloro che s'impadronirono del tesoro, e cioè prima a Sigfrido, che riuscì a uccidere il drago posto a custodia del tesoro, e poi, dopo la morte di Sigfrido, alla popolazione dei Burgundi, dato che il loro re Gunther era riuscito a impossessarsi di quelle favolose ricchezze.

Arthur Rackham, Brunilde, 1910, collezione privata.

La struttura del poema e l'autore

Il *Cantare dei Nibelunghi*, scritto in **lingua tedesca medievale**, è composto di 2379 strofe di quattro versi ciascuna, suddivise in trentanove canti o «avventure».

La prima parte del poema, che comprende diciannove avventure, narra le gesta di Sigfrido fino alla sua morte; la seconda parte, invece, che ne comprende venti, narra la feroce vendetta di Crimilde, moglie di Sigfrido, sugli uccisori dello sposo. Il *Cantare dei Nibelunghi* è un **poema epico anonimo**. Viene attribuito a un ignoto poeta austriaco che l'avrebbe composto probabilmente intorno al XIII secolo. Nel poema, pertanto, appare evidente il tentativo da parte dell'autore di fondere gli elementi pagani, violenti e feroci dell'età barbarica di Attila e di Teodorico di parecchi secoli prima, con gli elementi cortesi, cavallereschi, cristiani tipici dell'ambiente delle corti feudali tedesche del Duecento.

La vicenda

Prima parte

Sigfrido, principe dei Paesi Bassi, possessore del famoso tesoro dei Nibelunghi, giunge alla **corte burgunda di Worms** per conquistare e sposare la bellissima principessa **Crimilde**, sorella del **re Gunther**. Alla corte dei Burgundi, Sigfrido rimane un anno senza mai vedere Crimilde e nel frattempo aiuta Gunther e i suoi in parecchie spedizioni militari. Grazie, inoltre, ad alcuni mezzi magici (una spada che uccide ciò che tocca, un cappuccio che rende invisibili, un anello che moltiplica le forze) conquistati insieme all'oro dei Nibelunghi, aiuta Gunther a superare le tre terribili prove che **Brunilde**, regina d'Islanda, impone ai suoi pretendenti. Gunther, pertanto, sposa Brunilde, mentre Sigfrido, come compenso, ottiene la mano di Crimilde.

Dieci anni dopo, a una festa, Crimilde, durante una violenta lite, svela alla cognata Brunilde che è stato Sigfrido e non Gunther a conquistarla. Ed ecco allora che Brunilde, per vendetta, fa uccidere Sigfrido da **Hagen**, potente vassallo del re Gunther. Così, mentre Sigfrido muore e il tesoro dei Nibelunghi viene sommerso nel Reno in un punto noto solo a Gunther e a Hagen, Crimilde, sconvolta dalla morte dello sposo, medita i più feroci propositi di vendetta.

Seconda parte

La vendetta si realizza dopo ventisei anni. Crimilde, infatti, divenuta sposa di **Attila**, re degli Unni, lo convince a invitare a corte i suoi parenti burgundi. E proprio in questa occasione Crimilde attua la vendetta a lungo meditata: nella sala del banchetto provoca una lite che degenera in combattimento e strage. Gunther e Hagen, unici sopravvissuti dei Burgundi, vengono fatti prigionieri da **Teodorico**, ospite di Attila, e consegnati a Crimilde che promette di risparmiarli. Poi però la regina, inferocita dal fatto che i due uomini si rifiutano di rivelarle il nascondiglio del tesoro dei Nibelunghi, li uccide entrambi. Alla vista di tanta ferocia, Ildebrando, maestro d'armi di Teodorico, si scaglia contro Crimilde e la uccide.

Termina così il poema. Agli unici superstiti, Attila e Teodorico, non resta che il pianto per tanta strage.

Wilhelm Hauschild, Crimilde acconsente a sposare Attila, re degli Unni, *1883-84.*

Il *Cantare dei Nibelunghi* tra storia e leggenda

In questo poema epico i riferimenti storici appaiono molto deboli e sfumati in quanto trasfigurati dalla fantasia e dalla leggenda.

L'**evento storico** che si può considerare come sfondo della vicenda è la **distruzione del popolo dei Burgundi da parte di Attila, re degli Unni, nel 437 d.C**.

Compaiono anche personaggi storici, come Attila e Teodorico, re degli Ostrogoti, ma interpretati liberamente: Attila infatti ci viene presentato come un re mite e giusto, mentre Teodorico come un eroe valoroso perseguitato dalla sfortuna ed esule alla corte di Attila con un salto storico di mezzo secolo.

Nel *Cantare dei Nibelunghi*, in definitiva, fatti storici e personaggi reali si fondono e s'intrecciano con elementi tipici delle antiche saghe e leggende germaniche, nonché del mondo della fiaba popolare (magie, incantesimi, lotte contro draghi e forze soprannaturali, paesaggi naturali fiabeschi ecc.).

I temi dominanti

Il *Cantare dei Nibelunghi* è fondamentalmente un'**epopea pagana**.

In esso viene rappresentato un **mondo feroce**, **crudele**, **spietato** i cui sentimenti dominanti sono: l'**odio**, l'**invidia**, il **desiderio di potere**, la **sete di vendetta**.

I personaggi vivono passioni intense, travolgenti, selvagge e sono legati a un concetto di giustizia che si basa sulla violenza e sul sangue.

L'unico personaggio che non si macchia di delitti e di viltà, che non rappresenta alcuna caratteristica barbarica, è **Sigfrido**.

Egli, infatti, **rappresenta il perfetto cavaliere, nobile, valoroso, generoso, leale**, dotato insomma di tutte quelle virtù tipiche del mondo cortese e cavalleresco del XIII secolo, periodo appunto in cui il poema fu composto.

H. Hendrich,
Sigfrido.

La morte di Sigfrido

L'episodio che stai per leggere è uno dei più celebri del poema.
Dopo una giornata di caccia, mentre Sigfrido è chino su una limpida fonte
per bere, Hagen, ambizioso e crudele vassallo del re Gunther, lo colpisce
alle spalle nel solo punto in cui è vulnerabile. Sigfrido, infatti, dopo aver
ucciso il drago che custodiva il tesoro dei Nibelunghi, si era immerso nel
suo sangue divenendo invulnerabile, salvo in un punto, tra le spalle, dove
una foglia caduta aveva impedito al sangue di bagnare la sua pelle. Così
Sigfrido, l'eroe invincibile di tante imprese, il cavaliere magnanimo e leale,
muore vittima di un atroce e odioso inganno.

Sigfrido pose lo scudo su l'orlo a la sorgente,
ma per quanto la sete lo torturasse assai
fino a che il re non bevve, non volle pur bere mai[1].

Mal ne fu ripagato. L'acqua era trasparente
e fresca. Il re, chinato, ne bevve lungamente,
e quando ebbe bevuto si rizzò soddisfatto.
Volentieri ora Sigfrido, l'eroe, l'avrebbe pur fatto.

Ma cara ebbe a pagare la propria cortesia.
L'arco e la spada il falso Hagen gli portò via[2],
afferrò poi lo spiedo[3] e, cercando il segnale
su la vesta, vi scorse la crocellina fatale[4].

Quando Sigfrido a bere pur si chinò veloce
Hagen gli immerse il ferro attraverso la croce.
Sprizzò il sangue dal cuore spaccato su la vesta
di Hagen. Mai guerriero compì azione più funesta[5].

1. fino … mai: Sigfrido, per quanto assetato, non beve prima del re, Gunther, in segno di rispetto. Dimostra così di essere «cortese», virtù tipica del cavaliere.

2. L'arco … via: Hagen, vassallo del re, porta via a Sigfrido le armi per timore che si difenda con quelle.

3. spiedo: arma costituita da una lunga asta con una punta di ferro.

4. crocellina fatale: piccola croce che Crimilde, ingannata da Hagen, aveva ricamato sulla veste del marito Sigfrido in corrispondenza dell'unico punto vulnerabile del suo corpo.

5. funesta: crudele.

Egli lasciò lo spiedo infisso a lui nel cuore,
e a fuggir prestamente[6] si diede il traditore.
In vita sua così mai non era fuggito.
Appena Sigfrido, l'eroe, comprese che era ferito,

balzò in piedi ruggendo. Tra le spalle sporgeva
il legno de lo spiedo. L'eroe trovar credeva
la sua spada o il suo arco. Se l'avesse trovato,
Hagen avrebbe ricevuto il premio meritato.

Non trovando la spada, lo scudo gli restava.
Lo tolse prestamente dal fonte dove stava.
Inseguì Hagen, presto lo raggiunse, e sfuggire
l'amico di re Gunther non poté a le giuste ire.

E con lo scudo allora, pure ferito a morte,
sul traditore, Sigfrido, menò un colpo sì[7] forte
che le gemme[8] staccate volaron via, e spezzarsi
parve lo scudo. L'eroe voleva vendicarsi.

Il traditore cadde da la sua man colpito;
se l'altro avea la spada, Hagen era finito.
Dei colpi risuonavano la foresta e la valle,
sì terribile era l'ira del colpito a le spalle.

Ma il suo viso si copre di un pallore mortale.
Egli sente le forze mancargli e già l'assale
languor[9] di morte, gelo sente di morte; ahi, quanto
sarà presto da belle donne il nobile eroe pianto!

Lo sposo di Crimilde cadde tra i rovi. Usciva
a fiotti a fiotti il sangue da la ferita viva.
Allora, ne l'angoscia del suo cuore, il colpito
prese a ingiuriar coloro che l'avevano tradito.

Diceva il moribondo: «O falsi, traditori!
Così mi ripagate i servigi, i favori?
Sempre vi fui fedele, e voi morte mi date.
Gli amici affezionati assai male voi trattate.

Ma biasimo[10] cadrà su quei che nasceranno
di voi, da questo giorno, pel vostro atroce inganno.
Dal numero dei buoni cavalier voi ancora
sarete cancellati per sempre dopo quest'ora».

Da ogni parte i guerrieri si affollavano intorno
al caduto. Per molti fu quello un triste giorno.

6. prestamente: velocemente.

7. sì: così.

8. gemme: pietre preziose di cui era adornato lo scudo.

9. languor: debolezza.

10. biasimo: vergogna.

Lo piange chi conosce la fedeltà e l'onore,
e ben l'ha meritato Sigfrido per il suo valore.

Anche il re dei Burgundi[11] compiangeva il ferito.
Disse Sigfrido: «A che piange chi m'ha colpito?
Chi ha commesso il delitto non deve pianger poi.
Ma eterno disonore ricadrà sopra voi».

Disse il feroce Hagen: «Di che vi lamentate?
Ecco le nostre pene alfine terminate.
Or non dobbiam temere nessuno superiore
a noi. Vi ho sbarazzati d'un importuno signore».

«Ben potete vantarvi» disse allora il morente
«ma, se avessi saputo ch'eravate realmente
assassini, la vita avrei da voi guardata[12].
Oh, mi affanna il pensiero de la mia Crimilde amata.

Abbia pietà il Signore del figlio che mi ha dato...
ché[13] sempre, in avvenire, gli sarà rinfacciato
l'assassinio commesso dai suoi stretti parenti[14].
Non ho forza bastante per dir quanto io lo lamenti[15]!»

Disse Sigfrido al re: «Mai nessun uomo ha fatto
quello che voi faceste. Più feroce misfatto[16]
mai fu commesso al mondo. Il mio braccio vi diede
più volte forza e aiuto. Questa è or la mia mercede[17]!».

J. Schnorr von Carolsfeld, La morte di Sigfrido, 1847.

11. il re dei Burgundi: Gunther.

12. guardata: difesa.

13. ché: perché.

14. stretti parenti: Gunther è fratello di Crimilde, moglie di Sigfrido, e quindi è zio del bambino.

15. Non ho ... lo lamenti: Non ho la forza sufficiente per dire quanto io ne abbia compassione.

16. misfatto: delitto, malvagità.

17. mercede: ricompensa.

Tra gli spasimi ancora continuò il moribondo:
«Nobile re, se ancora una sol cosa al mondo
far volete lealmente, la mia cara consorte
vi sia raccomandata assai dopo la mia morte.

Ella è vostra sorella. Siatele di sostegno,
ven prego[18] per l'onore di cui un principe è degno.
Mi aspetteranno a lungo mio padre e la mia gente.
Mai non fu fatta a donna una pena più cocente[19]».

Si contorceva intanto per il dolore atroce,
e pur così parlava con lamentosa voce:
«Vi pentirete un giorno del mio assassinio[20]. Il colpo
che mi uccide per voi stessi sarà un mortale colpo».

I fiori tutto intorno eran rossi di sangue.
Lotta ancora l'eroe con la morte, poi langue[21].
Troppo addentro lo spiedo crudel l'avea colpito.
Più parlar già non poteva e tutto era finito.

(da *L'Epopea dei Nibelunghi*, trad. di L. di San Giusto, UTET, Torino)

18. **ven prego:** ve ne prego.

19. **cocente:** dolorosa, atroce.

20. **Vi pentirete ... assassinio:** infatti l'assassinio di Sigfrido determinerà la vendetta di Crimilde e la distruzione dei Burgundi.

21. **langue:** esala l'ultimo respiro.

DAL TESTO ALLE COMPETENZE

COMPRENDERE

1. Sigfrido viene colpito. Dove e da chi?

2. Qual è la reazione di Sigfrido nei confronti di coloro che l'hanno tradito?

3. Sigfrido, in punto di morte, rivolge il suo pensiero al figlio e alla moglie. Perché prova tanta compassione per il figlioletto?
   A chi, invece, raccomanda Crimilde e perché?

ANALIZZARE

4. Sigfrido, nel rivolgersi ai suoi assassini, evidenzia alcune sue qualità che fanno di lui un eroe puro e innocente in un mondo barbarico feroce. Di quali virtù, qualità si tratta?

5. Nei confronti di Sigfrido morente, Gunther e Hagen assumono un diverso atteggiamento. Dei due, chi compiange l'eroe? Chi, invece, non prova alcun rimorso e perché?

6. Spesso l'autore, nel corso della narrazione, interviene inserendo alcune frasi di commento ai fatti. Sapresti riconoscerle? Sottolineale nel testo.

PRODURRE

7. SCRIVERE. **La predizione di Sigfrido.** La predizione di Sigfrido, pronunciata in punto di morte, si avvera realmente. Quale fine, infatti, viene riservata a Gunther, a Hagen e al popolo dei Burgundi? Per iniziativa di chi? (Rispondi consultando pag. 213).

L'epica spagnola

Il *Cantare del Cid*: il più importante poema epico spagnolo

Il *Cantare del Cid* (o *Poema del mio Cid*) è il più importante poema epico spagnolo e, come la *Chanson de Roland*, **celebra la difesa della cristianità occidentale contro gli Arabi invasori**.
Ne è protagonista **Ruy (Rodrigo) Diaz de Vivar**, un nobile spagnolo realmente vissuto tra il 1043 e il 1099, considerato un eroe nazionale per aver compiuto straordinarie imprese contro gli Arabi che occupavano gran parte della Spagna. Di qui il soprannome di **El Cid**, che in arabo significa «il signore», e di **El Campeador**, che in spagnolo significa «il campione», «il guerriero vincitore in battaglia».

La struttura del poema e l'autore

Il *Cantare del Cid*, scritto in **antica lingua castigliana** (da cui è derivato lo spagnolo moderno), è composto di 3730 versi raggruppati in «lasse», cioè in strofe di diversa lunghezza.
Il poema, composto probabilmente intorno al 1140 da **un anonimo poeta** (forse un giullare), ci è pervenuto grazie al fatto che fu trascritto da un certo Per Abat nel XIV secolo.

La vicenda

Prima parte o cantare: l'esilio

Il Cid, accusato ingiustamente da alcuni nobili di corte di essersi impossessato dei tributi riscossi presso i re mori di Andalusia, viene condannato all'esilio dal re Alfonso VI. A Burgos, sua città natale, nessuno può dargli ospitalità perché il re ha minacciato di punire tutti coloro che lo aiuteranno. Il Cid, allora, dopo aver salutato la moglie e le due figlie, si allontana dalla città insieme a pochi e fedeli amici. Intraprende così una vittoriosa guerra contro gli Arabi di cui conquista numerose città e sempre invia al re Alfonso VI la parte legittima del ricco bottino.

Alexandre-Évariste Fragonard, Rodrigo de Vivar, El Cid, e suo padre, Don Diego, *1827 circa, collezione privata.*

219

Seconda parte o cantare: le nozze delle figlie del Cid

Le imprese del Cid culminano nella conquista della città araba di Valencia. A questo punto il re, cui è stato mandato ancora un ricco bottino, concede alla moglie e alle figlie del Cid di raggiungerlo a Valencia. Le continue vittorie del Cid, la sua fama e la sua ricchezza suscitano l'invidia di Don Diego e Don Fernando, i due conti di Carrion, che gli chiedono in moglie le due figlie. Il Cid, anche se malvolentieri, acconsente alle nozze che vengono celebrate solennemente a Valencia.

Terza parte o cantare: l'oltraggio di Corpes

I due conti di Carrion in parecchie occasioni si comportano da inetti e vigliacchi divenendo così oggetto di derisione da parte degli altri cavalieri. Durante un viaggio da Valencia a Carrion, sfogano il proprio rancore contro le mogli percuotendole selvaggiamente e abbandonandole nel querceto di Corpes. Il Cid allora chiede giustizia al re: i due conti di Carrion vengono sconfitti in duello dai cavalieri del Cid. Intanto il principe di Navarra e quello di Aragona chiedono in moglie le due figlie del Cid. Il poema si chiude così con la celebrazione delle nozze di donna Elvira e donna Sol.

Marcos Hiraldez de Acosta, Il giuramento di Santa Gadea, 1830 circa, Palazzo del Senato, Madrid.

Il *Cantare del Cid* tra storia e leggenda

Il *Cantare del Cid* **ha come base una realtà storica**: il protagonista, Ruy Diaz de Vivar, è realmente esistito ed è stato effettivamente un grande eroe della «Reconquista», cioè della lotta contro gli Arabi che occupavano parte del territorio spagnolo. Allo stesso modo sono realmente esistiti gli altri personaggi del poema e gli stessi luoghi in cui si svolgono i fatti hanno referenze geografiche ben definite.

Il poema, pertanto, s'ispira a fatti storici precisi, realmente accaduti e la vicenda in esso narrata, a differenza di quanto avviene negli altri poemi epici medievali, non appare in alcun modo rielaborata e trasfigurata dalla fantasia del poeta così da assumere un tono leggendario. Nel *Cantare del Cid* la fantasia dell'autore si limita a inserire in alcuni episodi degli elementi meravigliosi, al fine di esaltare, celebrare le virtù del Cid Campeador.

I temi dominanti

Il *Cantare del Cid* celebra innanzitutto le **gesta eroiche dei combattenti della Reconquista, in primo luogo del Cid Campeador**, il grande condottiero e campione della fede cristiana.

Il poema permette, inoltre, di comprendere i **valori morali**, le **virtù tipiche della società feudale di quel tempo** come:

- ► il senso dell'onore e della giustizia;
- ► la fedeltà e la lealtà del cavaliere verso il proprio signore e il proprio sovrano;
- ► la fede in Dio.

Il Cid parte per l'esilio

Il Cid, accusato ingiustamente da alcuni nobili di corte di essersi impossessato dei tributi riscossi presso i re mori di Andalusia, viene condannato all'esilio dal re Alfonso VI. L'episodio della partenza del Cid è uno dei più tristi e commoventi di tutto il poema.

Il Cid volgeva il capo, lagrimando[1] fortissimamente dagli occhi, e contemplava[2]. Vide le porte delle sue case smantellate[3] e gli usci senza stanga e le pertiche da uccelli[4] senza più falchi e astori di muda[5], e senza più le pelli e i manti per la caccia. E poiché aveva un molto profondo dolore, il Cid sospirò. E parlò, il Cid, bene e con tranquilla rassegnazione. Disse: «Siano grazie a te, o signore Iddio, che stai nei cieli! Tutto ciò mi è stato preparato dai miei malvagi nemici!».
Ed ecco: i suoi compagni si danno, chi a spronare i cavalli, e chi a lasciarli correre a briglia sciolta. Quando uscirono di Bivar[6], ebbero la cornacchia a destra [e ne trassero buoni auspici], ma quando entrarono a Burgos la videro alla loro sinistra[7]. E allora il Cid squassò[8] le spalle e dimenò la testa: «Coraggio, Álbar Fáñez[9]! Noi siamo scacciati dalla nostra terra!».
Il Cid, Rodrigo Diaz, entrò in Burgos. Menava con sé sessanta lance con banderuole[10]. Uomini e donne uscivano a vederlo e i cittadini stavano alla finestra, e i loro occhi davan lagrime, per il grande dolore che ne avevano. E dalle bocche di ognuno uscivano queste parole: «O Dio, qual buon vassallo, se avesse un altrettanto buon signore!».
Quanto volentieri l'avrebbero accolto nelle loro case, ma nessuno osava far ciò, ché[11] troppa era la collera del Re don Alfonso[12]. Sull'imbrunire era stata portata a Burgos una lettera del Re con grande precauzione e con forti sigilli[13]: che al Cid nessuno desse ospitalità e che se alcuno gliela desse, fosse sicuro di perdere i suoi beni e, più ancora, i suoi due occhi e anche, infine, il corpo e l'anima[14].

1. lagrimando: piangendo per il grande dolore e lo sdegno.

2. contemplava: osservava, guardava a lungo i suoi palazzi saccheggiati per ordine del re.

3. smantellate: sfondate.

4. le pertiche da uccelli: aste di legno su cui venivano posti gli uccelli, ma anche gli indumenti.

5. astori di muda: gli astori erano uccelli rapaci usati per la caccia dai signori medievali; «*di muda*» significa che avevano già subito il cambiamento annuale delle penne (la muda appunto).

6. Bivar: feudo natale del Cid, poco lontano da Burgos nella Vecchia Castiglia.

7. la cornacchia a destra ... alla loro sinistra: la posizione del volo della cornacchia alla propria destra era segno di buon presagio, mentre alla propria sinistra era segno di cattivo presagio.

8. squassò: scosse con forza.

9. Álbar Fáñez: cugino e fedele amico del Cid.

10. Menava con sé ... banderuole: Conduceva con sé sessanta cavalieri armati di lance con stendardi e insegne.

11. ché: perché.

12. Re don Alfonso: Alfonso VI, re di Castiglia.

13. sigilli: il sigillo reale conferiva alla lettera autenticità e un'autorità indiscutibile.

14. e che se alcuno ... l'anima: e che se qualcuno avesse ospitato il Cid, gli sarebbero stati confiscati i beni e sarebbe stato accecato e condannato a morte senza concedergli di confessarsi.

Grande era dunque il dolore delle genti cristiane, le quali evitavano di incontrarsi col Cid, perché non ardivano[15] rivolgergli neppur la parola. Il Cid Campeador si diresse verso il suo alloggio; ma come giunse alla porta, la trovò ben serrata, ché, per paura del Re Alfonso, era stato stabilito nessuno dovergliela aprire, s'egli non la abbattesse a forza. I compagni del Cid chiamavano ad alta voce, ma coloro che erano in casa non volevano rispondere; laonde[16] il Cid dié di sprone al cavallo, si avvicinò alla porta, cavò il piede dalla staffa[17] e le inferse un colpo invano, perché la porta, che era stata fortemente serrata, non si aperse. Ecco farsi innanzi una fanciulletta di nove anni e dirgli: «Ahimè, o Campeador, buona fu l'ora in cui cingeste la spada[18]! Il Re ha proibito di ricevervi; il suo ordine scritto è pervenuto verso notte con grande precauzione in una lettera fortemente sigillata. Non oseremmo aprirvi e accogliervi per nulla al mondo; altrimenti, perderemmo i nostri beni, le nostre case e anche i nostri due occhi. O Cid, dal nostro male, voi non avete nulla a guadagnare. Non insistete, dunque. E Iddio vi assista con tutte le sue virtù sante». Così parlò la fanciulla e se ne ritornò a casa.

Ora si convinse il Cid che dal Re non poteva più sperare grazia. Si allontanò dalla porta, cavalcò per Burgos e arrivò a Santa Maria[19]. Tosto[20] smontò di sella, piegò le ginocchia a terra e si dié a pregare di cuore. Finita la prece[21], salì a cavallo e, oltrepassata la porta della città, passò il torrente di Arlanzón[22]. Si fermò vicino Burgos sulla terra ghiaiosa, piantò quivi la tenda e vi si accampò. E così il Cid, per non essere stato ricevuto da nessuno, dové scendere sulla ghiaia e [per solo conforto] ebbe d'intorno i suoi valorosi compagni. Si accampò, come se fosse stato su una montagna. Gli fu proibito di procurarsi alloggio a Burgos e nessuno colà avrebbe osato vendergli neppure la più piccola derrata[23] di quante sono cose che si possono mangiare.

(da *Il Cantare del Cid*, trad. di G. Bertoni, Laterza, Bari, rid.)

15. **ardivano:** osavano.

16. **laonde:** per la qual cosa.

17. **staffa:** arnese di metallo appeso alla sella su cui il cavaliere appoggia il piede.

18. **buona fu l'ora ... la spada:** fortunato (per la Spagna) fu il giorno in cui foste armato cavaliere.

19. **Santa Maria:** cattedrale di Burgos.

20. **Tosto:** Subito.

21. **prece:** preghiera.

22. **Arlanzón:** vicino a Burgos.

23. **derrata:** prodotto alimentare, cibo.

DAL TESTO ALLE COMPETENZE

COMPRENDERE

1. Ti presentiamo, messe alla rinfusa, le principali sequenze che riassumono in breve l'episodio. Riordinale cronologicamente, inserendo i numeri progressivi nelle caselle.

- ☐ Il Cid prega nella cattedrale di Santa Maria.
- ☐ Il Cid entra in Burgos.
- ☐ Il Cid si accampa vicino a Burgos.
- ☐ Gli abitanti di Burgos non osano offrirgli ospitalità.
- ☐ Il Cid lascia Bivar, il suo feudo natale.

ANALIZZARE

2. A Burgos nessuno offre ospitalità al Cid. Le ragioni di tale comportamento gli vengono rivelate da una «fanciulletta di nove anni». Quali sono?

3. Il Cid, nei confronti di ciò che gli sta accadendo, prova: (indica con una crocetta le risposte che ti sembrano più appropriate)

- a) indifferenza
- b) rabbia, furore
- c) dolore
- d) ribellione
- e) rassegnazione
- f) desiderio di vendetta

4. Il Cid si rivela uomo di fede e interpreta quanto gli accade come una manifestazione della volontà di Dio. Individua le parole del Cid che dimostrano ciò e trascrivile.

_____

_____

5. Il Cid è profondamente religioso, ma è anche superstizioso. Quale passo dell'episodio rivela ciò? Individualo e sottolinealo.

6. I cittadini di Burgos stimano e amano molto il Cid. Quali frasi dell'episodio confermano ciò? Individuale e trascrivile.

PRODURRE

7. SCRIVERE. Il Cid parte per l'esilio e... La partenza del Cid per l'esilio costituisce l'episodio iniziale del poema.
Una volta lasciata la città di Burgos insieme a pochi e fedeli compagni, che cosa succederà al Cid? Quali vittoriose imprese compirà? Quando e perché gli sarà concesso dal re Alfonso VI di rivedere la moglie e le due figlie? Le continue vittorie del Cid di chi susciteranno l'invidia? Come si conclude il *Cantare del Cid*?
Rispondi dopo aver letto attentamente la presentazione del poema alle pagg. 219-220.

L'EPICA RINASCIMENTALE

L'epica cavalleresca in Italia: dal Medioevo al Rinascimento

Le gesta dei paladini di Carlo Magno celebrate nel ciclo carolingio ebbero un grande successo in Francia e una notevole diffusione in tutta l'Europa, in particolare in Italia.

Il prode paladino Rolando, che in Italia prese il nome di Orlando, divenne l'eroico protagonista di straordinarie imprese cantate da giullari, poeti e cantori popolari nelle piazze e nelle corti dei prìncipi.

Con il passare del tempo, però, queste storie cavalleresche cominciarono a trasformarsi, con l'introduzione di nuovi personaggi e nuovi elementi. Alle gesta eroiche dei paladini di Carlo Magno, spinti fino al sacrificio supremo in nome della devozione a Dio, alla patria, al sovrano, si sovrapposero ben presto i motivi del ciclo bretone: l'avventura, la magia e l'amore. In particolare nel **Quattrocento** e nel **Cinquecento**, nel periodo del Rinascimento, gli **ideali di devozione e di coraggio**, che avevano dato vita alla figura del cavaliere medievale, apparivano **profondamente mutati**.

D'altra parte profondamente mutata appariva in Italia la situazione sociale e culturale: alla vita semplice, culturalmente ristretta del castello medievale, si era sostituita quella raffinata e colta delle corti signorili; per di più l'invenzione delle armi da fuoco e la diffusione di eserciti mercenari avevano finito col far perdere alla cavalleria il suo antico prestigio.

Ed ecco allora che ai giullari e ai cantori medievali succedono nel Rinascimento alcuni grandi poeti come **Luigi Pulci**, **Matteo Maria Boiardo** e **Ludovico Ariosto**, che con i loro poemi cavallereschi di amore e di avventura intrattengono e fanno divertire il pubblico delle corti. Di sicuro in questi poemi la figura del **cavaliere** appare completamente trasformata. Egli ora non è più rappresentato come l'eroe per eccellenza, il depositario di tutte le virtù, bensì come un **uomo**, con le debolezze, le passioni, i sentimenti, le difficoltà tipici degli altri uomini. E le sue gesta e le sue azioni sono prevalentemente mosse dall'**amore**, che diventa così il tema centrale di tutta la narrazione.

N. dell'Abate, Concerto, *Palazzo Poggi, Bologna.*

Ludovico Ariosto

Ludovico Ariosto nacque a **Reggio Emilia** l'8 settembre **1474**.
Iniziò i suoi studi a Ferrara. Per volere del padre studiò per cinque anni legge, ma poi si dedicò alla letteratura e alla poesia. Alla morte del padre, nel 1500, fu costretto a trovare un'occupazione presso la corte degli Estensi per provvedere al mantenimento dei suoi nove fratelli.
Fu dapprima al servizio del cardinale Ippolito d'Este e poi del duca Alfonso. Svolse molti **incarichi di carattere militare, amministrativo, politico** e divenne anche **governatore della Garfagnana**, una zona montuosa e selvatica della Toscana infestata dai briganti, dove governò per tre anni con saggezza e abilità.
Tornato a **Ferrara** nel 1525, poté finalmente comprarsi una casetta e realizzare il sogno di una **vita tranquilla**, non più turbata da fastidiosi impegni, ma tutta dedita allo studio e alla poesia.
Trascorse così, allietato dall'amore della sua donna Alessandra Benucci e del figlio Virginio, gli ultimi anni di vita, ampliando e correggendo il suo grande poema, l'*Orlando furioso*. Ariosto fece in tempo a vederlo pubblicato nell'edizione definitiva, la terza, alla fine del 1532.
Morì pochi mesi dopo, a **Ferrara**, il 6 luglio **1533**.

Orlando furioso

La struttura del poema

L'*Orlando furioso*, il capolavoro di Ludovico Ariosto, è un **poema cavalleresco** di **quarantasei canti in ottave**, cioè costituiti da strofe di otto versi endecasillabi, dette appunto «ottave»; lo schema metrico delle strofe è ABABABCC.
La struttura del poema è molto varia e dinamica: «Ogni azione si chiude senza concludersi lasciando nel lettore il desiderio di conoscerne il seguito, ma subito un'altra avventura lo affascina per lasciarlo ancora in attesa della fine, mentre un'altra ancora incalza, e quando una si conclude un'altra comincia. La struttura quindi può apparire disorganica; in realtà è questo gioco di intrecci che affascina il lettore». (C. Sambugar e D. Ermini)

La vicenda

L'*Orlando furioso* si presenta come la continuazione di un poema precedente, l'*Orlando innamorato* di **Matteo Maria Boiardo** che, sullo sfondo delle lotte tra cristiani e saraceni (musulmani), narra dell'amore di Orlando e Rinaldo, i due più valorosi paladini di Carlo Magno, per Angelica, la bellissima figlia del re del Catai (Cina).
Ludovico Ariosto inizia la sua narrazione dal punto in cui si era interrotta quella di Boiardo, ossia con i cristiani di Carlo Magno assediati dai saraceni entro le mura di Parigi. La trama si presenta estremamente complessa; tuttavia è possibile individuare **tre principali filoni narrativi**.

Jacopo Bertoja e Girolamo Mirola, Fiordelisa, Orlando, Ruggero e Brandimarte nella foresta incantata, 1569-70, Palazzo del giardino, Bologna.

La guerra tra cristiani e saraceni

La guerra, che si svolge a fasi alterne, ha il suo momento centrale nell'assedio di Parigi e si conclude con la vittoria dei cristiani e la morte di **Agramante**, re dei saraceni, ucciso da **Orlando**.

L'amore e la pazzia di Orlando

Orlando, il più nobile e valoroso dei paladini di Francia, si innamora perdutamente di **Angelica**, la bellissima figlia del re del Catai e, quando questa fugge dal campo di Carlo Magno, Orlando dimentica completamente i suoi doveri di soldato e si lancia al suo inseguimento. Dopo mille avventure, Orlando scopre che Angelica si è sposata con **Medoro**, un semplice soldato saraceno, ed è partita con lui verso il suo regno, il Catai. L'intrepido paladino non resiste al dolore e impazzisce: si strappa le vesti, sradica piante, spaventa e uccide animali e pastori, distrugge tutto ciò che incontra. A questo punto il duca **Astolfo**, a cavallo dell'Ippogrifo (cavallo alato), si reca sulla Luna per recuperare il senno di Orlando. Riacquistata la ragione, Orlando guarisce anche dall'amore per Angelica e torna a combattere contro i saraceni.

Il contrastato amore fra Bradamante e Ruggiero

Bradamante, sorella di Rinaldo e gloriosa guerriera cristiana, si innamora di Ruggiero, valoroso guerriero saraceno.
Dopo moltissime avventure e peripezie, Ruggiero, convertitosi al cristianesimo, riuscirà finalmente a sposare Bradamante.
Da tale unione avrà origine la dinastia degli Estensi. In questo modo, Ludovico Ariosto celebra la gloriosa casata di Ferrara, dalla quale discende il cardinale Ippolito d'Este, cui è dedicato il poema.

Le caratteristiche del poema

Ludovico Ariosto nel suo poema si rifà ai temi cavallereschi tradizionali, ma ne altera il valore di fondo facendo emergere una **diversa**, **più moderna concezione della vita e degli uomini**.

I grandi ideali di fede, di gloria, di virtù e di eroismo, che avevano ispirato le gesta dei paladini di Carlo Magno, sono ormai venuti meno nel periodo del Rinascimento; è naturale pertanto che Ariosto, interpretando la mentalità del suo tempo, esalti nei suoi **personaggi** non tanto la **dimensione** eroica, quanto piuttosto quella **umana**. Ecco allora che Orlando, paladino di Francia, non è più rappresentato come un valoroso difensore della fede ma come un cavaliere che lascia il campo cristiano di Carlo Magno e la difesa di Parigi, travolto dalla passione amorosa per la bellissima Angelica, figlia del re del Catai, per amore della quale diventerà addirittura «furioso», cioè pazzo.

Ariosto nel suo poema appare quindi impegnato a osservare gli uomini nei loro molteplici aspetti, nelle loro virtù, ma anche nei loro vizi, nelle loro debolezze, senza mai giudicare, ma con un atteggiamento sorridente, di comprensione e di indulgenza.

I «temi» del poema sono quelli stessi della vita di ogni giorno: l'**amore** in primo luogo, poi il **dolore**, la **gelosia**, la **lealtà**, la **viltà**, il **coraggio**, il **valore**, l'**illusione**, la **delusione**...

Infine, un altro dei motivi fondamentali del poema è il **gusto vivissimo per le avventure strane**, **fantastiche** e **meravigliose**: battaglie sanguinose, duelli terribili, improvvisi colpi di scena, ambienti incantati e fiabeschi, viaggi e peripezie in terre lontane, incontri con mostri, giganti, fate e maghi.

Ecco allora che, immersi in questa atmosfera favolosa e irreale, «i personaggi restano figure leggermente disegnate e sfumate sullo sfondo della rappresentazione e i paesaggi non hanno mai la concretezza e il realismo della natura vera, bensì piuttosto la vaghezza di uno scenario di fiaba e l'incanto di una visione idillica». (N. Sapegno)

G. Boulanger, Orlando impazzito per amore, *1650-52, Palazzo ducale, Sassuolo.*

Proemio

L'*Orlando furioso*, seguendo la tradizione classica della poesia epica, si apre con un **proemio** in cui Ariosto presenta gli **argomenti della sua opera**: le armi, le audaci imprese dei paladini cristiani in lotta contro i Mori (secondo il ciclo carolingio); le donne, gli amori, la vita cortese dei cavalieri (secondo il ciclo bretone); la pazzia di Orlando.

Segue infine la **dedica** del poema al cardinale Ippolito d'Este, protettore di Ariosto, e la glorificazione di Ruggiero, il guerriero saraceno capostipite degli Estensi.

Del tutto originale appare l'**invocazione**. Ariosto, infatti, anziché la Musa della poesia, invoca Alessandra Benucci, la donna da lui amata, nella speranza che questa non lo renda pazzo d'amore come Orlando e che gli lasci l'ingegno necessario a portare a termine il suo poema.

1

Le donne, i cavallier, l'arme[1], gli amori,
le cortesie[2], l'audaci imprese io canto,
che furo al tempo che passaro i Mori
d'Africa il mare, e in Francia nocquer tanto[3],
seguendo l'ire e i giovenil furori
d'Agramante lor re, che si dié vanto
di vendicar la morte di Troiano
sopra re Carlo imperator romano[4].

2

Dirò d'Orlando in un medesmo tratto[5]
cosa non detta in prosa mai né in rima:
che per amor venne in furore e matto[6],
d'uom che sì saggio era stimato prima;
se da colei che tal quasi m'ha fatto,
che 'l poco ingegno ad or ad or mi lima,
me ne sarà però tanto concesso,
che mi basti a finir quanto ho promesso[7].

---

1. l'arme: le imprese guerresche.

2. le cortesie: le azioni nobili, gentili, generose.

3. che furo ... tanto: che accaddero nel tempo in cui i Mori d'Africa (i Saraceni) attraversarono il mare (stretto di Gibilterra) e arrecarono alla Francia tanta rovina.

4. Agramante ... romano: i Mori seguivano il loro giovane re Agramante che si vantò (*si dié vanto*) di vendicare la morte del padre Troiano, ucciso da Orlando, muovendo guerra a Carlo Magno, imperatore del Sacro Romano Impero. (Ariosto si rifà a un episodio dell'*Orlando innamorato* di Boiardo.)

5. in un medesmo tratto: nello stesso tempo.

6. venne in furore e matto: divenne pazzo furioso.

7. se da colei ... promesso: se da colei (la donna amata da Ariosto, Alessandra Benucci) che mi ha reso quasi pazzo, per amore, come Orlando, e che a poco a poco mi consuma (*ad or ad or mi lima*) l'ingegno, me ne sarà lasciato abbastanza per portare a termine il poema che ho promesso di scrivere.

3

Piacciavi, generosa Erculea prole[8],
ornamento e splendor del secol nostro,
Ippolito, aggradir[9] questo che vuole
e darvi sol può l'umil servo vostro.
Quel ch'io vi debbo, posso di parole
pagare in parte e d'opera d'inchiostro[10];
né che poco io vi dia da imputar sono[11],
che quanto io possa dar, tutto vi dono.

4

Voi sentirete fra i più degni eroi,
che nominar con laude m'apparecchio[12],
ricordar quel Ruggier, che fu di voi
e de' vostri avi illustri il ceppo vecchio[13].
L'alto valore e' chiari gesti[14] suoi
vi farò udir, se voi mi date orecchio,
e vostri alti pensier cedino un poco,
sì che tra lor miei versi abbiano loco[15].

(da *Orlando Furioso*, canto I, Garzanti, Milano)

8. generosa Erculea prole: il poeta si rivolge al cardinale Ippolito d'Este, generoso figlio di Ercole I, duca di Ferrara, al quale il poema è dedicato.

9. aggradir: gradire.

10. posso di parole ... d'inchiostro: posso pagare solo in parte con le parole e le opere letterarie (*opera d'inchiostro*).

11. né che poco ... sono: né sono da accusare (*imputar*) che vi dia poco.

12. m'apparecchio: mi appresto, mi preparo.

13. il ceppo vecchio: il capostipite. Ruggiero, il guerriero saraceno che sposerà Bradamante, sorella di Rinaldo, viene indicato da Ariosto come il leggendario capostipite della dinastia estense.

14. chiari gesti: illustri imprese.

15. e vostri ... loco: e le vostre nobili preoccupazioni si facciano un po' da parte cosicché i miei versi trovino spazio in mezzo a esse.

DAL TESTO ALLE COMPETENZE

COMPRENDERE

1. Nelle prime due ottave Ariosto presenta gli argomenti del suo poema. Quali sono?

2. Ariosto a chi rivolge la sua invocazione?

3. Che cosa contiene la terza ottava?

4. Nella quarta ottava Ariosto esprime il suo intento di celebrare e nobilitare la gloria della casa d'Este. Secondo il poeta, chi è il favoloso capostipite degli Estensi?

La pazzia di Orlando

A metà del poema, nel ventitreesimo canto, inizia la narrazione della «grande follia» di Orlando. È il punto fondamentale dell'opera che trae il suo titolo da questo episodio. Orlando, che ha vagato per mezza Europa alla ricerca di Angelica, giunge in un bosco e vede incisi sugli alberi i nomi dell'amata e di Medoro. Proprio in quel luogo, infatti, era nato l'amore di Angelica per Medoro, un giovane guerriero saraceno. Con il dubbio che gli rode il cuore, Orlando trascorre la notte nella casa del pastore che aveva ospitato i due innamorati. Quando il pastore gli mostra il bracciale ricevuto in dono da Angelica, Orlando non ha più dubbi: fugge e sfoga in mezzo al bosco il suo dolore, finché cade spossato e giace immobile per tre giorni. Il quarto, si rialza ormai folle: butta via le sue armi, si strappa di dosso i panni, sradica alberi. Incomincia la «grande follia».

Ti presentiamo l'episodio in parte nella **versione in prosa di Italo Calvino**, scrittore contemporaneo, in parte nelle **ottave ariostesche**.

Orlando passeggiava in riva a un rivo[1]. Vede che i tronchi degli alberi sono pieni di scritte e incisioni. «Però io questa scrittura la conosco» pensa Orlando e, come fa chi s'annoia, prende distrattamente a decifrare le parole. Legge: Angelica. Ma certo, è la sua firma! Angelica era passata di lì! Intorno alla firma di Angelica, cuori trafitti, nodi che s'allacciano, colombe. Angelica innamorata? E di chi mai? Orlando non ha dubbi: «Se s'innamora non può innamorarsi che di me!».

Ma su quei cuori, su quei nodi, c'è un altro nome accoppiato a quello d'Angelica, un nome sconosciuto: *Medoro*[2]. Perché Angelica ha scritto quel nome? Perché ha scritto il nome di qualcuno che non si sa chi sia, di qualcuno che non esiste? «Forse» pensa Orlando «nelle sue fantasticherie amorose, Angelica mi ha soprannominato Medoro, e scrive Medoro dappertutto perché non osa scrivere Orlando.»

Entra in una grotta. Le pareti di roccia erano tutte istoriate di graffiti[3] e frasi tracciate col carbone o coi gessetti colorati o incise col temperino. Tutte in alfabeto arabo, si capisce. Orlando, esperto in quella lingua, tante volte s'era tratto d'impaccio nelle sue spedizioni oltre le linee nemiche. Quel che c'è scritto, dunque, per lui è chiaro: eppure vorrebbe dubitare di quel che sta leggendo. C'è scritto, in una calligrafia diversa da quella d'Angelica: «Oh, star qui con la principessa Angelica abbracciato mattina e sera... oh, com'è bello!». Firmato: «Medoro». Orlando riflette: «Dunque se Medoro sono io, e non sono stato io a scrivere questo, allora Angelica, fantasticando di star qui abbracciata con me, dev'essersi messa a scrivere queste cose con una calligrafia maschile per rappresentarsi quel che io avrei provato». La spiegazione era ingegnosa, però non stava in piedi. Ormai l'ipotesi che Medoro fosse un suo rivale, Orlando non riusciva più a scartarla. Un rivale sfortunato, naturalmente, che per dar sfogo alle sue fantasie, e per calunniare la donna che l'aveva respinto, aggiungeva il proprio nome là dove Angelica aveva firmato i suoi messaggi d'amore per Orlando. Di nuovo andava troppo lontano: qualsiasi spiegazione tentasse, a un

1. rivo: ruscello.

2. Medoro: si tratta di un giovane soldato saraceno che, ferito, era stato curato da Angelica. I due giovani si innamorano perdutamente, si sposano e partono per il Catai, paese di Angelica.

3. istoriate di graffiti: adornate di incisioni.

certo punto il ragionamento d'Orlando si rifiutava di seguire la via più semplice, e il pianto che già gli faceva groppo in gola si fermava lì. Orlando cavalca assorto: è l'imbrunire; vede in fondo alla valle un fumo che si leva d'in cima a un tetto[4]; i cani prendono ad abbaiare; risponde il mugghio d'un armento[5]. C'è una malga[6] di pastori, laggiù. Orlando, macchinalmente[7], s'avvicina, chiede asilo per la notte.

I pastori si fanno in quattro per accogliere degnamente il paladino: chi gli svita l'armatura di dosso, chi gli toglie gli speroni, chi gli lustra la corazza, chi governa il cavallo. Orlando lascia fare, come un sonnambulo; poi si corica, e resta a occhi sbarrati. Sarà un'allucinazione[8]? Quelle scritte continuano a perseguitarlo. Intorno al letto, sui muri, perfino sul soffitto, egli vede le scritte, dovunque posi gli occhi. Alza la mano per scacciarle: no, sono proprio là, tutta la casa ne è coperta. «Non puoi dormire, cavaliere?» e il pastore, udendolo smaniare[9], venne a sedersi al suo capezzale. «Se vuoi ti racconto una storia che più bella non si potrebbe immaginare. Ed è una storia vera. Pensa che in questa povera casa s'era venuta a rifugiare una principessa dell'Oriente...» Orlando è tutt'orecchi.

«E questa principessa aveva raccolto sul campo di battaglia un povero fante ferito, un ragazzotto biondo...»

E il pastore racconta a Orlando esterrefatto tutta la storia degli amori d'Angelica e Medoro, e delle loro nozze.

«Proprio in quel letto dove stai sdraiato tu, cavaliere, la principessa e il fantaccino[10] passarono la prima notte di nozze!»

Orlando salta su come punto da una vespa.

«Non mi credi, cavaliere? Guarda cosa ci ha regalato a noi poveretti, la principessa, partendo per il Catai con il suo sposo!» e mostra un braccialetto tempestato[11] di gemme. Era il braccialetto che Orlando aveva regalato ad Angelica in pegno d'amore[12]. «Ehi, fermati, cavaliere, dove vai!» Orlando era montato in sella e cavalcava nella notte urlando.

Pianse tanto che si disse: «Queste non possono essere più lacrime perché ormai devo averle versate tutte: quello che mi scende giù dagli occhi è l'essenza vitale che mi sta abbandonando».

Sospirò tanto che si disse: «Questi non possono essere sospiri perché non si fermano mai: è certamente il mio cuore che sta bruciando ed esala questo vento come per la cappa d'un camino».

Soffrì tanto che si disse: «Questo non posso più essere io perché Orlando è morto, ucciso da Angelica. Io sono il fantasma di me stesso che non potrà più trovare pace».

All'alba si ritrovò alla grotta dove Medoro aveva inciso la sua confessione: a colpi di Durindana[13] sbriciolò la roccia nelle acque della fonte che s'intorbidarono per sempre. Poi si coricò sull'erba, spalancò gli occhi al cielo e restò immobile tre giorni e tre notti senza mangiare né dormire. Al quarto giorno s'alzò, prese a spogliarsi e a gettare i pezzi d'armatura ai quattro punti cardinali. Restò nudo e senz'armi. Cominciò a svellere[14] un pino, poi una rovere[15], poi un olmo. Da quel momento la pazzia d'Orlando prese a crescere, a scatenarsi, a infuriare sui campi e sui villaggi.

4. d'in cima a un tetto: dalla sommità di un tetto.

5. il mugghio d'un armento: il muggito di una mandria di buoi.

6. malga: costruzione rustica, parte in muratura e parte in legno, per temporanea dimora di persone e bestie nel periodo dell'alpeggio, cioè del pascolo estivo del bestiame in montagna.

7. macchinalmente: meccanicamente, in modo automatico.

8. allucinazione: si ha un'allucinazione quando si percepisce come realtà ciò che è pura immaginazione.

9. smaniare: agitarsi fortemente.

10. fantaccino: fante, soldato a piedi, a servizio di un cavaliere.

11. tempestato: fittamente ornato.

12. in pegno d'amore: come garanzia del suo amore.

13. Durindana: famosa spada invincibile, già appartenuta a Ettore di Troia, finita in possesso di Orlando.

14. svellere: sradicare.

15. rovere: quercia.

132

Afflitto e stanco al fin cade ne l'erba,
e ficca gli occhi al cielo, e non fa motto[16].
Senza cibo e dormir così si serba[17],
che 'l sole esce tre volte e torna sotto.
Di crescer non cessò la pena acerba[18],
che fuor del senno al fin l'ebbe condotto.
Il quarto dì, da gran furor commosso[19],
e maglie e piastre[20] si stracciò di dosso.

133

Qui riman l'elmo, e là riman lo scudo,
lontan gli arnesi[21], e più lontan l'usbergo[22]:
l'arme sue tutte, in somma vi concludo,
avean pel bosco differente albergo[23].
E poi si squarciò[24] i panni, e mostrò ignudo
l'ispido ventre e tutto 'l petto e 'l tergo[25];
e cominciò la gran follia, sì orrenda,
che de la più non sarà mai ch'intenda[26].

134

In tanta rabbia, in tanto furor venne,
che rimase offuscato in ogni senso.
Di tor la spada in man non gli sovenne[27];
che fatte avria mirabil cose, penso.
Ma né quella, né scure, né bipenne[28]
era bisogno[29] al suo vigore immenso.
Quivi fe' ben de le sue prove eccelse[30],
ch'un alto pino al primo crollo svelse:

---

16. non fa motto: non dice parola.

17. si serba: rimane.

18. la pena acerba: l'atroce sofferenza.

19. commosso: sconvolto.

20. maglie e piastre: si tratta delle parti in ferro dell'armatura.

21. gli arnesi: alcune parti dell'armatura.

22. usbergo: corazza.

23. avean ... albergo: erano sparse ovunque nel bosco.

24. si squarciò: si strappò.

25. e mostrò ignudo ... 'l tergo: e mostrò nudo il ventre peloso e tutto il petto e la schiena (*tergo*).

26. sì orrenda ... ch'intenda: così spaventosa che nessuno sentirà mai parlare di un'altra maggiore di questa.

27. Di tor ... sovenne: Non gli venne in mente di prendere la spada in mano.

28. bipenne: scure a doppio taglio.

29. era bisogno: era necessaria.

30. Quivi ... eccelse: In questa occasione compì molte delle sue più straordinarie imprese.

135

e svelse dopo il primo altri parecchi,
come fosser finocchi, ebuli o aneti[31];
e fe' il simil[32] di querce e d'olmi vecchi,
di faggi e d'orni e d'illici[33] e d'abeti.
Quel ch'un uccellator che s'apparecchi
il campo mondo fa, per por le reti,
dei giunchi e de le stoppie e de l'urtiche,
facea de cerri e d'altre piante antiche[34].

136

I pastor che sentito hanno il fracasso,
lasciando il gregge sparso alla foresta,
chi di qua, chi di là, tutti a gran passo
vi vengono a veder che cosa è questa.
Ma son giunto a quel segno il qual s'io passo
vi potria la mia istoria esser molesta;
ed io la vo' più tosto diferire,
che v'abbia per lunghezza a fastidire[35].

(da *Italo Calvino racconta l'Orlando Furioso*, a cura di C. Minoia, Einaudi scuola,
Torino e da *Orlando Furioso*, canto XXIII, Garzanti, Milano)

31. ebuli o aneti: si tratta di ortaggi. Gli ebuli sono i sambuchi, mentre gli aneti sono piante aromatiche simili ai finocchi.

32. e fe' il simil: e lo stesso fece.

33. d'orni e d'illici: di frassini e di elci.

34. Quel ... antiche: Quello che un uccellatore che si prepari il campo sgombro per collocare le reti fa dei giunchi, delle stoppie e delle ortiche, (Orlando) faceva dei *cerri* (alberi simili alla quercia) e di altre piante antiche.

35. Ma son giunto ... fastidire: Ma sono giunto a quel punto, oltrepassato il quale, la mia storia vi potrebbe annoiare; e perciò la voglio raccontare in un secondo tempo (*diferire*), piuttosto che rischiare di infastidirvi a causa della sua lunghezza.

La pazzia di Orlando *in un'incisione di Gustave Doré, 1879.*

DAL TESTO ALLE COMPETENZE

COMPRENDERE

1. Orlando passeggia lungo la riva di un ruscello. Che cosa vede? Quali le sue considerazioni?

2. Orlando entra in una grotta. Che cosa scopre? Quali le sue ipotesi?

3. Orlando che cosa viene a sapere da un pastore? Di conseguenza, che cosa fa?

ANALIZZARE

4. Orlando, prima di soccombere alla pazzia, cerca, fin che può, di rifugiarsi dietro una costruzione di illusioni. Solo quando le illusioni non reggono più, la pazzia ha via libera e si impadronisce di lui.
   Ricostruisci le fasi della pazzia di Orlando che ti presentiamo qui di seguito alla rinfusa, inserendo un numero progressivo nelle caselle.

   ☐ Soffre e si agita perseguitato dal dubbio, dal sospetto.

   ☐ Per l'immenso dolore, resta immobile tre giorni e tre notti senza mangiare né dormire.

   ☐ Impazzisce per il dolore e sfoga la sua rabbia con cieca violenza.

   ☐ Cerca in tutti i modi di convincersi che i messaggi d'amore sono rivolti a lui.

   ☐ Preso atto della realtà, piange, sospira, prova un tremendo dolore e distrugge la roccia nelle acque della fonte.

   ☐ Vede le incisioni sugli alberi e riconosce la scrittura di Angelica.

5. Secondo te, Ariosto presenta la pazzia di Orlando con un atteggiamento: (indica con una crocetta le risposte che ti sembrano più appropriate)

   ⓐ distaccato e insensibile

   ⓑ tragico, disperato

   ⓒ partecipe al dolore del suo personaggio

   ⓓ ironico, volto a meravigliare per la grandiosità e l'esagerazione della situazione

6. Nell'ultima ottava il poeta interrompe bruscamente la narrazione perché:

   ⓐ è stanco di scrivere

   ⓑ è convinto che l'episodio della pazzia di Orlando non interessi il lettore

   ⓒ teme di infastidire il lettore facendola troppo lunga

LINGUA E STILE

7. Nelle ottave ariostesche è presente una similitudine che trae ispirazione dal mondo della caccia. Individuala e sottolineala.

8. L'iperbole è una figura retorica che consiste nell'utilizzare termini esagerati per esprimere un concetto o un'idea. Individua nelle ottave ariostesche le espressioni e i termini iperbolici utilizzati nella descrizione della pazzia di Orlando e sottolineali.

Torquato Tasso

Torquato Tasso nacque a **Sorrento** nel **1544**. Rimasto orfano della madre a soli dodici anni, seguì il padre, uomo di corte e letterato, a Urbino, a Venezia e a Padova, dove via via perfezionò i suoi studi e la sua cultura.

Nel 1565 entrò al servizio degli **Estensi** di Ferrara, bene accolto dal duca **Alfonso II** per le sue doti di eleganza e di finezza poetica. Furono quelli gli anni più felici e poeticamente più produttivi della sua vita.

Nel 1575, ultimato il suo capolavoro, la *Gerusalemme liberata*, cominciò a dare i primi segni di squilibrio nervoso. Le sue inquietudini e le sue angosce, aggravate da manie di persecuzione, esplosero in **follia** nel 1579.

Il duca Alfonso II lo fece allora rinchiudere nell'**Ospedale di Sant'Anna** dove rimase sette anni, alternando momenti di lucidità e tranquillità a momenti di cupa follia.

Rimesso in libertà nel 1586, Tasso visse per qualche tempo a Mantova dove riprese la sua attività letteraria, ma ben presto, tormentato nuovamente da terrori e incubi, cominciò a girovagare di città in città.

Concluse la sua vita travagliata a **Roma** nel **1595**, mentre si trovava ospite del monastero di Sant'Onofrio al Gianicolo.

Gerusalemme liberata

La struttura del poema

La *Gerusalemme liberata*, il capolavoro di Torquato Tasso, è un **poema cavalleresco** di **venti canti in ottave**, cioè costituiti da strofe di otto versi endecasillabi, dette appunto «ottave».

La vicenda

La *Gerusalemme liberata* ha come argomento un **fatto storico** realmente accaduto: la conquista di Gerusalemme e del Santo Sepolcro (1099), compiuta durante la Prima crociata dall'esercito cristiano comandato da **Goffredo di Buglione**.

I cristiani, guidati da Goffredo di Buglione, arrivano in vista di Gerusalemme, difesa dai saraceni del **re Aladino**. Le potenze infernali, per impedire la conquista della città, inviano al campo dei crociati la bellissima maga **Armida** che riesce a sedurre e ad allontanare dall'esercito i guerrieri più valorosi, fra cui **Rinaldo**.

Intanto **Argante**, fortissimo guerriero saraceno, sfida a duello i cristiani, fra cui **Tancredi** che rimane ferito.

La situazione dei cristiani diventa veramente critica quando Argante e **Clorinda**, valorosa guerriera saracena, riescono a incendiare la più importante torre d'assedio cristiana. Clorinda, però, viene inseguita e uccisa da Tancredi che, quando riconosce in lei la donna amata, rimane sconvolto dal dolore.

A questo punto i cristiani devono costruire un'altra torre, ma la selva da cui possono trarre il legname è sotto l'incantesimo del mago **Ismeno**. Solo Rinaldo potrebbe vincere questa magia, ma egli è prigioniero di Armida nelle Isole Fortunate. Ecco allora che Rinaldo viene liberato, torna e toglie l'incantesimo dalla selva. I cristiani, aiutati da una schiera di spiriti celesti, riescono finalmente a conquistare la città di Gerusalemme e a liberare il Santo Sepolcro.

Le caratteristiche del poema

La *Gerusalemme liberata* di Torquato Tasso, come del resto la sua vita, riflette i dubbi, le inquietudini tipiche di un'epoca storica, la **seconda metà del Cinquecento**, nella quale si avvertono i primi segni del tramonto e della crisi degli ideali del Rinascimento.

Nella seconda metà del Cinquecento, infatti, alla fiducia rinascimentale nell'uomo e nelle sue capacità creative si vanno sostituendo il clima della **Controriforma** e la mancanza di libertà religiosa, politica e culturale. In un'atmosfera simile, un poema come l'*Orlando furioso* di Ludovico Ariosto, con la sua ironia, il suo gusto del fantastico, la sua serena e armoniosa concezione della vita, non era più concepibile. La *Gerusalemme liberata*, invece, con il suo contenuto serio e importante, religioso e guerriero insieme, rispondeva perfettamente alle aspirazioni e agli ideali della Controriforma e della vittoria riportata a Lepanto (1571) dalla flotta cristiana contro quella musulmana.

Oltre ai grandi ideali di **eroismo** e di **dedizione alla fede cristiana**, Tasso lascia spazio nella sua opera anche ai temi dell'**amore** e del **sentimento**, tipici dell'età rinascimentale; tuttavia la **visione della vita** che emerge dall'intera narrazione è **amara**, **dolente**, **travagliata**.

Giambattista Tiepolo, Rinaldo e Armida sorpresi, *1757 circa, Art Institute, Chicago.*

I personaggi, infatti, appaiono tormentati, condannati a vivere in un mondo in cui tutto (eroismo, gloria, amore, bellezza, passione) è provvisorio e ingannevole e le uniche realtà sono la solitudine, la tragica delusione e la morte. Il senso di dramma e di mistero che incombe sugli uomini e sulle loro vicende finisce col rendere poco determinanti all'interno del poema gli stessi elementi del meraviglioso e del soprannaturale (le forze demoniache e magiche in favore dei saraceni e le forze celesti e sacre in aiuto dei cristiani).

Tutti questi motivi sono espressi con uno **stile mosso**, **ricco e solenne** che si avvale di un **linguaggio** letterario, lontano dall'uso parlato, caratterizzato da pause improvvise volte a creare forti tensioni drammatiche.

Proemio

Anche la *Gerusalemme liberata*, in linea con la tradizione dei poemi classici, si apre con un **proemio**.
Nella **protasi** (o enunciazione dell'argomento) Tasso espone in modo breve e rapido l'argomento che si propone di cantare, religioso ed eroico insieme; nell'**invocazione**, invece, si rivolge alla Musa, affinché ispiri il suo canto.
Segue infine la **dedica** al suo protettore, il duca Alfonso II d'Este.

1

Canto l'arme pietose[1] e 'l capitano
che 'l gran sepolcro liberò di Cristo[2]:
molto egli oprò co 'l senno e con la mano[3],
molto soffrì nel glorïoso acquisto[4]:
e in van l'Inferno[5] vi s'oppose, e in vano
s'armò d'Asia e di Libia il popol misto[6];
il Ciel gli dié favore, e sotto a i santi
segni ridusse i suoi compagni erranti[7].

2

O Musa, tu che di caduchi allori
non circondi la fronte in Elicona,
ma su nel cielo in fra i beati cori
hai di stelle immortali aurea corona[8],
tu spira al petto mio celesti ardori[9],
tu rischiara il mio canto, e tu perdona
s'intesso fregi al ver[10], s'adorno in parte
d'altri diletti, che de' tuoi, le carte[11].

1. **l'arme pietose:** le armi pie, devote dei soldati crociati perché servono a liberare il Santo Sepolcro.

2. **'l capitano … Cristo:** Goffredo di Buglione, che liberò il Santo Sepolcro (Prima crociata, 1096-1099).

3. **molto egli oprò … mano:** molto giovò all'impresa con la sua saggezza e il suo valore.

4. **glorïoso acquisto:** gloriosa conquista di Gerusalemme.

5. **l'Inferno:** le potenze infernali, demoniache.

6. **d'Asia … misto:** gli infedeli, di stirpi diverse, d'Asia e di Africa (*Libia*).

7. **il Ciel … erranti:** grazie alla protezione e all'aiuto di Dio, riuscì a ricondurre sotto le sacre insegne della Croce i suoi compagni, che si erano lasciati sviare da interessi terreni (*erranti*).

8. **O Musa … aurea corona:** il poeta non si rivolge a una divinità della mitologia classica che vive sul monte Elicona (luogo sacro ad Apollo e alle Muse, in Beozia) e si circonda la fronte di glorie (*allori*) passeggere (*caduchi*), bensì si rivolge a un'intelligenza celeste che risiede in Paradiso (*su nel cielo*) tra le beate schiere degli angeli (*in fra i beati cori*) e ha una corona d'oro fatta di stelle immortali. Secondo alcuni, la Musa invocata da Tasso è Urania, considerata come intelligenza celeste che ispira i poeti; secondo altri, è la Madonna.

9. **spira … ardori:** infondi in me ispirazioni (*ardori*) religiose.

10. **s'intesso … ver:** se unisco (*s'intesso*) elementi fantastici (*fregi*) alla verità storica (*ver*).

11. **s'adorno in parte … carte:** se arricchisco (*adorno*) in parte il mio poema (*le carte*) di piaceri terreni diversi da quelli tuoi che sono spirituali.

3

Sai che là corre il mondo, ove più versi
di sue dolcezze il lusinghier Parnaso[12];
e che 'l vero condito in molli versi,
i più schivi allettando ha persuaso[13]:
così a l'egro fanciul porgiamo aspersi
di soavi licor gli orli del vaso:
succhi amari ingannato intanto ei beve,
e da l'inganno suo vita riceve[14].

4

Tu, magnanimo Alfonso[15], il qual ritogli
al furor di fortuna e guidi in porto
me peregrino errante[16], e fra gli scogli
e fra l'onde agitato e quasi absorto[17],
queste mie carte in lieta fronte[18] accogli,
che quasi in vóto a te sacrate i' porto[19].
Forse un dì fia che la presàga penna
osi scriver di te quel ch'or n'accenna[20].

(da *Gerusalemme liberata*, canto I, Garzanti, Milano)

12. Sai ... Parnaso: Sai (o Musa) che gli uomini (*il mondo*) corrono di preferenza là dove la poesia (il Parnaso, monte sacro ad Apollo e alle Muse), allettante e piacevole (*lusinghier*), sparge maggiormente le sue dolcezze. Tasso intende qui dire che il mondo, ossia il pubblico dei lettori, ama leggere componimenti poetici piacevoli.

13. e che 'l vero ... persuaso: e (*sai*) che la verità, resa più piacevole con dolci (*molli*) versi, ha persuaso a essa anche i più restii (*schivi*).

14. così a l'egro ... riceve: nello stesso modo al fanciullo ammalato (*egro*) porgiamo gli orli del bicchiere cosparsi (*aspersi*) di piacevole liquore: intanto egli ingannato beve l'amara medicina (*amari succhi*) e, grazie all'inganno, riceve la vita, ossia guarisce.

15. Alfonso: si tratta di Alfonso II d'Este, duca di Ferrara, al quale è dedicato il poema.

16. il qual ... errante: che sottrai alle ire della sorte (*al furor di fortuna*) e conduci verso un porto sicuro me che girovago da un luogo all'altro (*peregrino errante*).

17. fra gli scogli ... absorto: agitato e quasi sommerso (*absorto*) dalle difficoltà della vita (*scogli e onde*).

18. in lieta fronte: con animo benigno.

19. che quasi ... porto: che offro a te consacrate quasi come per voto.

20. Forse un dì fia ... n'accenna: Forse un giorno accadrà che la mia penna che prevede la tua gloria futura (*presàga*) osi scrivere di te quello che per il momento (*or*) solo accenna.

DAL TESTO ALLE COMPETENZE

COMPRENDERE

1. Nella prima ottava, Tasso presenta l'argomento del suo poema. Qual è?

2. Nella seconda ottava, Tasso a chi rivolge la sua invocazione?

3. Nella terza ottava, Tasso espone una sua convinzione e cioè che: (indica con una crocetta la risposta esatta)

   a) i lettori preferiscono leggere componimenti poetici di contenuto rigorosamente storico

   b) la vera poesia ha solo lo scopo di far divertire con l'incanto della fantasia

   c) i versi carichi di dolcezza favoriscono la diffusione e la comprensione della verità

4. Nella quarta ottava, il poeta si rivolge a un illustre personaggio al quale dedica la sua opera. Di chi si tratta?

ANALIZZARE

5. Il proemio della *Gerusalemme liberata* presenta nell'invocazione un elemento di novità rispetto alla tradizione classica. Infatti, Tasso non si rivolge a una dea pagana, bensì a una divinità cristianizzata. Perché, secondo te?

6. Nell'ultima ottava, il poeta presenta se stesso come un uomo:

   a) sereno e tranquillo

   b) inquieto e sofferente

   c) sicuro e appagato

LINGUA E STILE

7. Nella quarta ottava, il nome di Alfonso è accompagnato da un epiteto, ossia da un aggettivo che descrive una particolare caratteristica del personaggio. Individua l'epiteto e sottolinealo. Quale particolare caratteristica di Alfonso vuole evidenziare?

8. Le strofe che compongono la *Gerusalemme liberata* sono ottave, cioè formate da quanti versi?
   Ciascun verso di quante sillabe è composto? Di conseguenza, come si chiama?
   Considera ora lo schema metrico della prima ottava del proemio:

   v. 1 ... capitano A
   v. 2 ... Cristo B
   v. 3 ... mano A
   v. 4 ... acquisto B
   v. 5 ... vano A
   v. 6 ... misto B
   v. 7 ... santi C
   v. 8 ... erranti C

   Quali sono i versi a rima alternata? Quali sono, invece, i versi a rima baciata?
   Verifica se questo schema metrico vale per le altre tre ottave.

La morte di Clorinda

È questo l'episodio più drammatico del poema. Clorinda, la bella e valorosa guerriera saracena di cui Tancredi è perdutamente innamorato, penetra una notte nel campo dei cristiani per incendiare una torre che avrebbe dovuto servire all'espugnazione di Gerusalemme. Insieme ad Argante, grande eroe saraceno, riesce nell'impresa, ma subito dopo l'incendio viene scoperta e inseguita dai cristiani. Mentre Argante riesce a rifugiarsi dentro le mura di Gerusalemme, Clorinda, attardatasi, rimane all'esterno e viene raggiunta da Tancredi che, non riconoscendola, la sfida a duello.

Si svolge così uno spietato combattimento che dura tutta la notte fino all'alba, quando l'eroe cristiano trafigge a morte l'intrepida guerriera.

Clorinda, morente, pronuncia solo parole di fede e chiede di essere battezzata. Levandole l'elmo per bagnarle la fronte con l'acqua del sacramento, Tancredi riconosce la donna amata e il dolore lo inchioda in un'immobilità silenziosa e disperata. Muore così la bella guerriera, porgendo a Tancredi, in segno di pace, la sua mano ormai pervasa dal gelo della morte.

64

Ma ecco omai l'ora fatale è giunta,
che 'l viver di Clorinda al suo fin deve[1].
Spinge egli[2] il ferro nel bel sen di punta,
che vi s'immerge, e 'l sangue avido beve[3];
e la veste, che d'òr vago trapunta
le mammelle stringea tenera e leve,
l'empie d'un caldo fiume[4]. Ella già sente
morirsi, e 'l piè le manca egro e languente[5].

65

Segue[6] egli la vittoria, e la trafitta
vergine minacciando incalza e preme[7].
Ella, mentre cadea, la voce afflitta[8]
movendo, disse le parole estreme;
parole ch'a lei novo un spirto ditta,
spirto di fé, di carità, di speme;
virtù ch'or Dio le infonde, e se rubella
in vita fu, la vuole in morte ancella[9].

1. che 'l viver … deve: che la vita di Clorinda deve pervenire alla sua fine.

2. egli: Tancredi.

3. e 'l sangue avido beve: e il «ferro», cioè la spada, beve avidamente il sangue di Clorinda.

4. e la veste … fiume: e la veste, che ricamata di bei fili d'oro le stringeva il petto, morbida e leggera, si inzuppa di un gran fiotto di sangue.

5. e 'l piè … languente: e non si regge più sulle gambe deboli e vacillanti.

6. Segue: Persegue, insegue.

7. preme: non dà tregua.

8. afflitta: fievole.

9. parole ch'a lei … ancella: parole che a lei ispira (*ditta*) un nuovo sentimento (*spirto*), un sentimento di fede, di carità, di speranza; virtù che ora Dio le infonde, e se durante la vita fu ribelle (alla fede cristiana), Egli vuole che in punto di morte diventi sua seguace (*ancella*).

66

«Amico, hai vinto: io ti perdón... perdona
tu ancora[10], al corpo no, che nulla pave[11],
a l'alma[12] sì: deh! per lei prega, e dona
battesmo a me ch'ogni mia colpa lave[13].»
In queste voci languide risuona
un non so che di flebile e soave
ch'al cor gli scende[14], ed ogni sdegno ammorza[15],
e gli occhi a lagrimar gli invoglia e sforza[16].

10. tu ancora: anche tu.

11. che nulla pave: che non ha paura di nulla.

12. a l'alma: all'anima.

13. dona battesmo ... lave: donami il battesimo che ogni mia colpa lavi, estingua.

14. ch'al cor gli scende: che scende nel cuore di Tancredi.

15. ammorza: smorza, placa.

16. gli occhi ... sforza: lo induce e costringe al pianto.

Gaetano Lapis, Il battesimo di Clorinda, *1730.*

67

Poco quindi lontan nel sen del monte
scaturia mormorando un picciol rio[17].
Egli v'accorse, e l'elmo empié nel fonte,
e tornò mesto al grande ufficio e pio[18].
Tremar sentì la man, mentre la fronte,
non conosciuta ancor, sciolse e scoprìo[19].
La vide, la conobbe; e restò senza
e voce e moto[20]. Ahi vista! ahi conoscenza![21]

68

Non morì già; ché sue virtuti accolse
tutte in quel punto, e in guardia al cor le mise,
e premendo il suo affanno, a dar si volse
vita con l'acqua a chi col ferro uccise[22].
Mentre egli il suon de' sacri detti sciolse[23],
colei di gioia trasmutossi[24], e rise;
e in atto di morir lieto e vivace,
dir parea: «S'apre il cielo; io vado in pace».

69

D'un bel pallore ha il bianco volto asperso[25],
come a' gigli sarian miste vïole[26]:
e gli occhi al cielo affisa[27]; e in lei converso[28]
sembra per la pietate il cielo e 'l sole:
e la man nuda e fredda alzando verso
il cavaliero, in vece di parole,
gli dà pegno di pace[29]. In questa forma
passa[30] la bella donna, e par che dorma.

(da *Gerusalemme liberata*, canto XII, Garzanti, Milano)

17. Poco quindi … rio: Poco lontano da quel luogo (*quindi*) in una rientranza della montagna
scaturiva un piccolo ruscello (*picciol rio*).

18. al grande ufficio e pio: a compiere il solenne e sacro atto del battesimo.

19. mentre … scoprìo: mentre sciolse i lacci dell'elmo e scoprì la fronte (cioè il viso) ancora
sconosciuta.

20. senza … moto: senza riuscire né a parlare né a fare il minimo movimento.

21. Ahi vista! ahi conoscenza!: Ahi atroce vista! ahi terribile riconoscimento!

22. ché sue virtuti … uccise: perché in quel momento (*in quel punto*) raccolse tutte le sue forze
(*virtuti*) e le pose a guardia del suo cuore e, soffocando il suo strazio (*affanno*), si accinse (*si volse*)
a dare, con l'acqua del battesimo, la vita eterna a colei che aveva ucciso con la spada.

23. il suon … sciolse: pronunciò le sacre parole del battesimo.

24. trasmutossi: si trasfigurò.

25. asperso: soffuso.

26. come a' gigli … vïole: come se al bianco dei gigli fossero unite delle violette.

27. affisa: rivolge.

28. in lei converso: rivolto verso di lei.

29. e la man nuda … pace: Clorinda, invece di parlare, porge a Tancredi (*cavaliero*) in segno di
pace la sua mano ormai fredda.

30. In questa forma passa: In questo modo muore.

DAL TESTO ALLE COMPETENZE

COMPRENDERE

1. Chi sono, rispettivamente, Clorinda e Tancredi, i due personaggi di questo episodio? Per quale motivo si trovano a battersi l'una contro l'altro in un furioso duello? (Rispondi consultando la presentazione del testo)

2. Ti presentiamo qui di seguito, messi alla rinfusa, i fatti narrati nell'episodio. Riordinali cronologicamente, inserendo un numero progressivo nelle caselle.

   ☐ Tancredi riconosce nel nemico morente la donna amata.

   ☐ Clorinda porge la sua mano a Tancredi, in segno di pace, e muore.

   ☐ Tancredi trafigge a morte Clorinda.

   ☐ Tancredi battezza Clorinda.

   ☐ Clorinda, in punto di morte, chiede a Tancredi di essere battezzata.

ANALIZZARE

3. Come si comporta Clorinda in punto di morte? Secondo te, quale significato assume la sua conversione al cristianesimo?

4. Qual è la reazione di Tancredi quando scopre la vera identità del suo nemico?

5. Secondo te, la drammaticità della vicenda consiste soprattutto nel fatto che: (indica con una crocetta la risposta esatta)

   ⓐ Clorinda muore

   ⓑ Tancredi è vittima inconsapevole e incolpevole di un atroce inganno

   ⓒ Clorinda e Tancredi sono nemici

6. Tasso accompagna e commenta dall'inizio alla fine le azioni, i gesti, le parole dei due personaggi con un atteggiamento:

   ⓐ distaccato

   ⓑ pacatamente ironico

   ⓒ partecipe e addolorato

LINGUA E STILE

7. Nell'ottava 69 è presente una similitudine. Individuala e sottolineala.

8. La personificazione è una figura retorica che consiste nel dare a cose e idee aspetto umano, facendole cioè agire e parlare come esseri umani. Nei seguenti versi: «Spinge egli il ferro nel bel sen di punta, / che vi s'immerge, e 'l sangue avido beve...» (ottava 64), il ferro, ossia la spada di Tancredi, viene personificato da Tasso. Infatti quale azione tipicamente umana il poeta gli fa compiere?

9. Tasso utilizza spesso la tecnica poetica dell'enjambement, che consiste nel separare due parole fortemente legate dal senso, collocandole una alla fine di un verso e l'altra all'inizio del verso successivo.
   Nei seguenti versi: «Segue egli la vittoria, e la trafitta / vergine minacciando incalza e preme» (ottava 65), «... trafitta / vergine ...» costituisce un enjambement. Perché?

Il letterato e la corte rinascimentale

Il **poema cavalleresco** nasce nel corso del Quattrocento come conseguenza della diffusione delle opere francesi del ciclo carolingio in Italia.

Il poema cavalleresco italiano fonde il tema eroico, presente nel ciclo carolingio, e il tema amoroso e l'elemento fantastico, caratteristici del ciclo bretone, elevando a **forma d'arte**, cioè nobilitando la materia cavalleresca medievale, che era rivolta a un pubblico prevalentemente popolare. Infatti, i poemi epici medievali avevano avuto un'ampia diffusione attraverso i **cantari**, narrazioni in versi recitate a voce da poeti detti **giullari** o **canterini**, che talvolta li eseguivano con l'accompagnamento musicale.

I poemi cavallereschi di età rinascimentale, invece, **sono scritti** da grandi **poeti**, come Luigi Pulci, Matteo Maria Boiardo, Ludovico Ariosto, Torquato Tasso, per i **principi** e i **Signori delle corti** e per il loro pubblico raffinato.

Tra il XV e il XVI secolo, i Signori amavano circondarsi oltre che da intellettuali anche da artisti, musicisti e uomini di scienza, ai quali offrivano ospitalità e protezione in cambio dei loro servizi; spesso, letterati e artisti celebravano la grandezza dei loro benefattori attraverso le proprie opere, come accade nell'*Orlando furioso*, che canta le origini della casa d'Este di Ferrara. È questo il fenomeno del **mecenatismo**, tipico delle corti del Quattrocento e del Cinquecento.

Per capire il contesto in cui nacque l'epica rinascimentale è dunque importante conoscere l'ambiente delle corti.

Il Palazzo Ducale a Mantova.

La carta mostra la situazione politica italiana nella prima metà del Quattrocento. All'inizio del XV secolo, a Firenze, si affermò la Signoria dei Medici, prima con Cosimo il Vecchio, poi con il nipote Lorenzo, nel ritratto qui sopra. In alto, il Palazzo Medici, a Firenze.

L'organizzazione della corte

La corte rinascimentale era costituita dall'insieme delle persone che lavoravano per il Signore e per la sua famiglia e che vivevano nel loro palazzo, i **cortigiani**. In genere, la sede della corte si trovava nella città in cui il Signore risiedeva per la maggior parte del tempo, come ad esempio Firenze per i Medici, Ferrara per gli Este o Mantova per i Gonzaga. I Signori, però, erano spesso in viaggio, sia per tenere sotto controllo i loro territori sia per motivi di svago; di conseguenza, i cortigiani si muovevano con loro e, per questo motivo, la corte è considerata un'**istituzione «mobile»**, perché coincideva con il luogo nel quale il Signore di volta in volta si trovava. I cortigiani erano innanzitutto **funzionari di governo**, incaricati di precise mansioni amministrative e politiche: ministri, consiglieri, esperti di diritto e di economia. C'erano poi gli esponenti del **clero** e i **nobili**, il cui compito era quello di tenere compagnia al Signore e ai suoi familiari: dovevano essere esperti di musica, danza e arte, saper conversare amabilmente, essere equilibrati e discreti in ogni atteggiamento.

Ludovico III Gonzaga, signore di Mantova, con la sua famiglia e alcuni cortigiani.

I Signori amavano poi circondarsi anche di **letterati** e **poeti**, **artisti**, **musicisti**, **filosofi** e **uomini di scienza**.
Nel palazzo, inoltre, vivevano le **persone di servizio** come barbieri, medici, cuochi, lavandaie, balie, guardie, giardinieri.

Il perfetto uomo di corte

Nel 1528 **Baldassarre Castiglione**, letterato e diplomatico mantovano, scrive *Il cortegiano*, un libro sulle qualità del perfetto uomo di corte.
Leggendo le pagine del Castiglione, scopriamo che i cortigiani dovevano sostenere elevate **spese di rappresentanza** per indossare sempre abiti sontuosi, realizzati con stoffe di alta qualità e impreziositi da oro e gioielli, e per disporre di camerieri personali, cavalli e carrozze.

Baldassarre Castiglione in un ritratto cinquecentesco di Raffaello Sanzio e il frontespizio de Il cortegiano.

Un letterato a corte

Il letterato al servizio di un Signore non era chiamato solo a collaborare all'organizzazione delle feste, componendo poesie d'occasione, tragedie o commedie, ma doveva svolgere anche altre mansioni nel tempo libero dallo studio e dall'attività poetica. Ariosto, ad esempio, scrive spesso dei suoi doveri verso il cardinale Ippolito d'Este; deve assisterlo anche nelle **mansioni quotidiane**: aiutarlo a vestirsi, versargli da bere, cercare per lui libri rari e preziosi. Il cardinale sembra dimenticare che Ariosto è, prima di tutto, un poeta e gli affida impegnative **missioni politiche e diplomatiche**, che lo costringono a continui viaggi, stancanti e pericolosi. Inoltre, Ippolito spesso **non gli paga lo stipendio**: in una lettera ai cancellieri del cardinale, Ariosto lamenta di essere «rimaso (ovvero "rimasto") senza un soldo» e che, se non si provvederà quanto prima a dargli il denaro che gli è dovuto, sarà costretto ad andare in giro con la misera veste di cuoio che ha indossato per tutto l'inverno e gli altri cortigiani rideranno di lui!

La vita del letterato, insomma, poteva essere molto dura. I compromessi, ai quali era necessario scendere, potevano essere tali da spingere il poeta ad avere la tentazione di abbandonare la corte in nome della difesa della propria dignità: «piuttosto ch'esser servo / torrò la povertade (ovvero "sopporterò la povertà") in pazïenza», scrive Ariosto con tono stizzito in una delle sue *Satire* (II, vv. 245-256), anche se poi alle parole non seguiranno i fatti.

Ludovico Ariosto ritratto in una stampa.

Lo studiolo

Lo **studiolo** è un piccolo ambiente raccolto, appartato che i principi e i Signori del Rinascimento facevano costruire e decorare per **raccogliervi libri e oggetti preziosi** e per coltivare i propri interessi culturali.

Uno degli studioli più noti e ben conservati è quello di **Federico da Montefeltro** nel Palazzo Ducale di Urbino: interamente rivestito di pannelli di legno intarsiati, invitava al raccoglimento e alla concentrazione.

Anche a **Mantova**, nel Palazzo Ducale, **Isabella d'Este**, sposa del marchese Francesco II Gonzaga nel 1490, fece allestire uno studiolo e, sotto, un altro ambiente denominato «Grotta», nel quale raccolse le sue collezioni.

Isabella, una delle più interessanti figure del Rinascimento per cultura e gusto di committente, utilizzava lo studiolo anche per ricevere visitatori di riguardo: non a caso, la marchesa aveva chiamato gli artisti più celebri dell'epoca, quali Mantegna, Perugino, Costa, Correggio, per abbellirlo con dipinti dedicati a temi mitologici e allegorici, tipici della raffinata cultura di corte.

Isabella d'Este in un dipinto dell'epoca e lo studiolo da lei fatto allestire nel Palazzo Ducale.

Feste e svaghi di corte

I Signori spendevano ingenti somme di denaro per mantenere le loro corti e per dare un'immagine prestigiosa di se stessi. Questo li spingeva a gareggiare nell'organizzazione di **feste**, **banchetti**, **battute di caccia**, **tornei** e **giostre**, che non costituivano, però, soltanto dei piacevoli intrattenimenti; infatti, rappresentavano anche uno **strumento di propaganda**, perché erano manifestazioni di ricchezza, potenza e fasto.

Numerose erano le occasioni per festeggiare presso una corte rinascimentale: le vittorie militari, l'arrivo di un ospite importante o, ancora, matrimoni, battesimi e altri eventi legati alla vita del Signore e dei suoi familiari.

Tutti i cortigiani erano chiamati naturalmente a partecipare in modo concreto all'organizzazione e alla realizzazione di feste e spettacoli.

I banchetti e le feste

In queste occasioni anche il cibo aveva un'importanza centrale: i sontuosi **banchetti** che accompagnavano i festeggiamenti erano a loro volta concepiti come uno **spettacolo** che si sviluppava **secondo un tema**. Sia gli ambienti sia gli arredi della tavola venivano decorati con soggetti che si accordavano con il tema scelto. Le ricche tavole, disposte a ferro di cavallo o in cerchio, erano addobbate con fiori e frutta. Anche l'**ingresso delle portate** ubbidiva

a esigenze spettacolari: piatti riccamente decorati venivano portati in tavola da camerieri in costume, secondo il tema della festa.

Durante il banchetto, i convitati erano allietati da **musicisti** e **poeti**. Spesso una **rappresentazione teatrale** segnava il momento culminante della festa: il testo messo in scena era scritto dai letterati di corte, talvolta proprio per l'occasione, e recitato dagli stessi cortigiani.

La battuta di caccia

Un altro dei passatempi tipici del periodo era la **caccia** e, in particolare, quella **con il falcone**. Il Signore, accompagnato dai cortigiani e dalle dame della corte, si recava sul luogo, generalmente un bosco, dove alcuni servitori liberavano le prede (fagiani, colombi, anatre, lepri).

La caccia aveva inizio quando il Signore toglieva al rapace il cappuccio che gli copriva la testa e lo lanciava in aria. A quel punto, egli stesso e i cortigiani a cavallo inseguivano l'uccello, pronti a raccogliere le prede che cadevano sotto i suoi artigli. Alle zampe del falcone era legato un sonaglio, che consentiva ai cortigiani di sapere sempre dove si trovasse.

Erano diffuse inoltre la **caccia al cinghiale**, con la lancia, e la **caccia ai daini e ai cervi**, con l'arco.

Sopra, cavaliere pronto alla caccia in un affresco del Palazzo della Ragione a Mantova; sotto, J. Bol e P. Gallens, Caccia al falcone.

I tornei e le giostre

Tornei e giostre erano due tipici intrattenimenti della corte rinascimentale.

Il **torneo** era un **combattimento tra squadre armate**: si svolgeva in una piazza, dove erano allestite ampie gradinate per gli spettatori e palchi per i giudici e per gli ospiti più importanti.

La **giostra**, invece, era un **combattimento individuale corpo a corpo**, nel quale i due contendenti potevano affrontarsi o a piedi o a cavallo.

I tornei e le giostre rinascimentali non erano più, come nel Medioevo, occasioni di addestramento militare in tempo di pace, ma **giochi** che consentivano al Signore e ai cortigiani di essere **cavalieri per un giorno**.

Soprattutto nella giostra, il combattimento si svolgeva secondo un copione che rievocava i **momenti salienti di antiche battaglie** in cui i due contendenti, protetti da un'armatura, si scontravano recitando la parte di due cavalieri. Il duello offriva lo spunto per mettere in scena una **rappresentazione teatrale**, una festa in maschera: le lance e le spade utilizzate dai cavalieri avevano la punta fasciata o, addirittura, non l'avevano proprio. A rendere la rappresentazione più realistica, concorreva una fastosa **scenografia**: castelli di legno dipinto, gruppi di tende, fontane, ponti, ricostruivano lo scenario della battaglia che si intendeva di volta in volta far rivivere.

Il «mestiere delle armi»

I poemi cavallereschi di età rinascimentale raccontano ancora le gesta degli antichi cavalieri: fra i temi principali dell'*Orlando furioso*, ad esempio, ci sono le imprese compiute dai paladini di Carlo Magno nella guerra contro i Saraceni. Gli eroi vestono i panni dei cavalieri medievali che, nella loro pesante armatura, combattono contro il nemico a colpi di lancia e spada.

Ai tempi di Ariosto e Tasso il modo di combattere era ormai profondamente cambiato: la **polvere da sparo**, già nota a Cinesi e Arabi, cominciò a essere utilizzata in campo militare nel corso del Quattrocento e poi in modo sempre più massiccio nel Cinquecento. Questo comportò la nascita di nuove armi, come i **cannoni** e gli **archibugi** (gli antenati dei moderni fucili). Di conseguenza, cambiò il modo di fare la guerra: le palle di cannone e le pallottole perforavano facilmente le corazze degli avversari e le armature medievali divennero inutili. La vittoria sul campo di battaglia non dipendeva più dall'eroismo e dal valore dei singoli cavalieri, che affrontavano il nemico in duelli a distanza ravvicinata, ma dalla potenza della **fanteria**, formata da soldati che combattevano a piedi impugnando gli archibugi. Il più umile fante poteva abbattere con facilità il più forte cavaliere, inutilmente difeso dalla sua pesante armatura: per questo motivo si cominciarono presto a organizzare, in appoggio alla fanteria, **reparti di cavalleria armati alla leggera**.

La forza di un esercito dipendeva, quindi, dal numero di uomini e dalla potenza delle loro armi, più che del loro valore. Nacque il **«mestiere delle armi»**: gli eserciti erano formati da soldati di professione, che combattevano, dietro compenso, per l'uno o per l'altro Signore, ed erano perciò detti **soldati mercenari**. Questi soldati, naturalmente, non erano animati dagli ideali cavallereschi della lealtà e della dedizione a una causa: erano facilmente **corruttibili** e, per un compenso più alto, potevano tradire colui per il quale stavano combattendo.

I poemi epici cavallereschi propongono, dunque, un modello non più attuale, che non trova più riscontro nel modo reale di combattere la guerra in età rinascimentale. Anche per questa ragione i poemi continuavano a essere graditi ai Signori delle corti, attratti dagli ideali cortesi del passato.

In alto, i componenti della bombarda, disegnati da Leonardo da Vinci nel suo Codice Atlantico; a lato, L. Buti, La fonderia dei cannoni, Galleria degli Uffizi, Firenze.

IL TRAMONTO DEL CAVALIERE

Miguel de Cervantes Saavedra e il *Don Chisciotte della Mancia*

Il *Don Chisciotte della Mancia*, capolavoro della letteratura spagnola, è considerato il **primo grande romanzo moderno**, nonché il romanzo più significativo del Seicento, quello cioè che meglio interpreta la crisi dei grandi ideali del Rinascimento.

Miguel de Cervantes Saavedra

La vita di Miguel de Cervantes si presenta suddivisa in due momenti: quello giovanile, dell'avventura e della smania di grandezza, e quello maturo, caratterizzato da un'affannosa ricerca di stabilità sociale e dal raccoglimento in una fervida attività artistica.

Questi due modi d'essere acquistano significato se pensiamo che Miguel de Cervantes visse proprio nel periodo in cui la Spagna passò dal fugace sogno dell'Impero universale alla crisi economica e politica di fine Cinquecento.

Miguel de Cervantes Saavedra nacque ad **Alcalá de Henares**, nella Nuova Castiglia, nel **1547** da una famiglia di umili origini.

Durante l'infanzia, seguì le peregrinazioni del padre chirurgo in varie città della Spagna. Poco più che ventenne si trasferì in **Italia**, dove visse come uomo di corte e soldato.

Nel 1571 prese parte alla vittoriosa battaglia navale di Lepanto contro i Turchi nella quale fu ferito al petto e alla mano sinistra, di cui perse l'uso.

Dopo alcuni anni, mentre stava tornando in Spagna, venne catturato dai pirati turchi che lo fecero prigioniero e lo vendettero come schiavo.

Ottenuta la libertà, tornò in patria dove svolse incarichi modesti, mal retribuiti e spesso pericolosi, tanto che venne anche coinvolto in una serie di disavventure che gli procurarono l'arresto e varie scomuniche. E fu proprio in una cella nel **carcere di Siviglia**, più «per dar passatempo allo spirito malinconico e abbattuto» che per ambizioni di successo letterario, che lo scrittore autodidatta iniziò a scrivere il suo capolavoro, l'*Ingegnoso hidalgo don Chisciotte della Mancia*, opera che passerà alla storia come uno dei più importanti romanzi della letteratura di tutti i tempi.

La prima parte dell'opera, più nota con il titolo *Don Chisciotte della Mancia*, fu pubblicata nel 1605 e ottenne un grande successo in Spagna e in tutta Europa; la seconda parte del romanzo uscì nel 1615.

Cervantes morì a **Madrid** nel **1616**.

L'influenza di questo autore sulla letteratura del suo Paese è stata tale che lo spagnolo è definito «la lingua di Cervantes».

La vicenda

Il *Don Chisciotte della Mancia* è diviso in due parti nettamente distinte e composte a molti anni di distanza tra loro.

Prima parte
(1605)

In un borgo della Mancia vive un povero *hidalgo* (nobiluomo), Alonso Quejana, totalmente assorbito dalla lettura di romanzi cavallereschi, dei quali discute lungamente con il parroco e con il barbiere. Ma, trascorrendo notte e giorno su quei libri, impazzisce e decide di farsi cavaliere errante per accrescere la sua fama e rendere onore al paese. Dopo aver dato al suo ronzino il nome di **Ronzinante** e a se stesso quello di **Don Chisciotte della Mancia**, sceglie come sua dama una contadina, cui attribuisce il nome di **Dulcinea del Toboso**. Riceve l'investitura di cavaliere da un oste, in un'osteria che egli crede un castello. Le sue prime avventure sono disastrose e così ritorna a casa, ma poco dopo riparte, accompagnato questa volta da **Sancio Panza**, un contadino trasformato in scudiero, che lo segue con il suo asino.

Ha inizio così un'altra serie di avventure: lotta contro dei mulini a vento che scambia per giganti, scambia due greggi per degli eserciti, libera alcuni galeotti subendone le conseguenze... Finalmente, dopo numerose altre avventure che finiscono quasi sempre a suon di bastonate per il povero Don Chisciotte, il parroco, il barbiere e Sancio riescono a legarlo e a portarlo a casa.

Don Chisciotte e Sancio Pancia in un'edizione del romanzo dei primi del Novecento.

Seconda parte
(1615)

Un immaginario entusiasta lettore delle avventure di Don Chisciotte, da poco stampate, lo persuade a partire di nuovo: spera, sfidandolo a duello, travestito a sua volta da cavaliere, di vincerlo e guarirlo definitivamente dalla pazzia. Ma dal duello esce vittorioso Don Chisciotte che riprende la sua vita errabonda.

Giunto a Barcellona, viene sfidato dal **Cavaliere della Bianca Luna** (cioè ancora il lettore suo ammiratore); viene ferito e, secondo i patti della sfida, torna al suo paese. Qui, colto da una febbre fortissima, rinsavisce, rinnega le passate imprese e muore fra le braccia dei suoi fedeli amici.

L'interpretazione simbolica

Tutto il romanzo può essere interpretato in chiave simbolica, come specchio di una società in crisi, in particolare della società spagnola contemporanea.

I grandi e nobili valori di eroismo, di generosità, di grandezza, sui quali si era fondata la civiltà cavalleresca, appaiono ora completamente svuotati di significato e pertanto l'umanità, frastornata, in cerca di ideali che non trova, si esalta idealizzando il passato, proprio come Don Chisciotte della Mancia.

Don Chisciotte e Sancio Panza

Don Chisciotte è sempre stato interpretato come raffigurazione dell'ideale in lotta con il reale. Ma Don Chisciotte non è completo senza Sancio Panza e questo fa sì che il romanzo abbia **due figure centrali**. Perché questo espediente? La risposta più ovvia è che l'uno senza l'altro i due eroi non sarebbero divertenti; ma le due figure, complementari come sono, servono all'autore per esprimere concetti più complessi:

▸ essi raffigurano due aspetti contrastanti dell'anima umana, l'amore per ciò che è nobile e onesto e l'amore per ciò che è semplicemente utile;

▸ Don Chisciotte è l'eroe intellettuale che evade nell'azione; ma è sogno, è follia, far combattere ciò che è scritto nei libri con la realtà! Infatti viene sconfitto;

▸ Sancio Panza è l'uomo istintivo, semplice, dotato di buon senso pratico. Infatti riesce spesso a cavarsela.

(C. Sambugar e D. Ermini)

E. Morin, Don Chisciotte combatte contro i mulini a vento, 1605-15, Mary Evans Picture Library, Londra.

L'ironia di Cervantes

Cervantes sembra assumere nei confronti del suo personaggio un atteggiamento ironico, e in chiave ironica sembra concepita tutta l'opera.

Tuttavia la sua è un'**ironia benevola**: egli non intende denigrare la cavalleria ormai inesistente nella sua epoca, e nemmeno vuole ridicolizzare i cavalieri del passato. Egli benevolmente vuole prendere in giro i suoi contemporanei attoniti e frastornati dal mondo in mutamento e quindi inclini a rimpiangere il passato, a rifiutare il reale per l'ideale. Ma soltanto un «pazzo» come Don Chisciotte può assumere atteggiamenti di un'epoca ormai superata; egli infatti rimane ammirevole e patetico nella sua fede negli alti ideali, ma le sue avventure risultano stonate e cadono nel ridicolo.

In questo senso l'ironia è saggezza: Cervantes non vuole distruggere un passato eroico, ma vuole ridimensionare le sterili evasioni, nell'ideale e nel sogno, di una società insoddisfatta e la «pazzia» diventa un pretesto efficace per rendere comici, senza offenderli, tanti Don Chisciotte della sua Spagna in crisi.

Don Chisciotte
contro i mulini a vento

In una delle sue più famose avventure, Don Chisciotte vede da lontano dei mulini a vento, li scambia per giganti e li assale, ma...

A questo punto scoprirono[1] trenta o quaranta mulini a vento che si trovano in quella campagna, e non appena Don Chisciotte li vide, disse al suo scudiero: «La fortuna va incamminando[2] le nostre cose assai meglio di quanto potremmo desiderarlo, perché guarda lì, amico Sancio Panza, che ci si mostrano[3] trenta e più smisurati giganti, con i quali ho intenzione di azzuffarmi e di ucciderli tutti, così con le loro spoglie[4] cominceremo ad arricchirci, che questa è buona guerra, ed è fare un servizio a Dio togliere questa mala semenza[5] dalla faccia della terra». «Che giganti?» disse Sancio Panza.

«Quelli che vedi là» rispose il suo padrone «dalle smisurate braccia; e ce n'è alcuni che arrivano ad averle lunghe due leghe[6].»

«Badi la signoria vostra» osservò Sancio «che quelli che si vedono là non son giganti ma mulini a vento, e ciò che in essi paiono le braccia, son le pale che girate dal vento fanno andare la pietra del mulino.»

«Si vede bene» disse Don Chisciotte «che non te n'intendi d'avventure; quelli sono giganti; e se hai paura, levati di qua, e mettiti a pregare, mentre io entrerò con essi in aspra e disugual tenzone[7].»

E così dicendo diede di sprone[8] al suo cavallo Ronzinante, senza far caso a ciò che gli gridava Sancio Panza, per avvertirlo che erano certamente mulini a vento, e non giganti, quelli che andava ad attaccare. Ma lui era talmente convinto che erano giganti che né sentiva le grida del suo scudiero Sancio, né s'accorgeva, nemmeno ora che era arrivato vicino, di ciò che erano; anzi gridava a gran voce: «Non scappate, codarde[9] e vili creature, che è un cavaliere solo chi vi attacca».

A questo punto soffiò un po' di vento e le grandi pale cominciarono a muoversi, e Don Chisciotte disse, vedendo ciò: «Quand'anche muoviate più braccia del gigante Briareo[10], me la pagherete».

Così dicendo, e raccomandandosi ardentemente alla sua signora Dulcinea[11] per chiederle che lo soccorresse in quel frangente[12], ben coperto dalla rotella[13], con la lancia in resta, spinse Ronzinante a gran galoppo e investì il primo mulino che si trovò davanti; e avendo dato un gran colpo di lancia alla pala, il vento la fece ruotare con tal furia che fece in pezzi la lancia, trascinandosi dietro cavallo e cavaliere, che rotolò tramortito per terra. Accorse ad aiutarlo Sancio Panza, con tutta la velocità del suo asino, e quando arrivò lo trovò che non era neanche in grado di muoversi: tale era il colpo che Ronzinante gli aveva dato. «Per l'amor di Dio!» disse Sancio. «Non gliel'avevo detto io che stesse bene attento a quel che faceva, che quelli erano mulini a vento, e solamente chi ce li avesse avuti in testa poteva non accorgersene?»

1. scoprirono: si tratta di Don Chisciotte e di Sancio Panza, il suo fedele scudiero.

2. va incamminando: va guidando.

3. ci si mostrano: si presentano davanti a noi.

4. con le loro spoglie: con il bottino guadagnato, sconfiggendoli.

5. mala semenza: cattiva razza, stirpe.

6. leghe: la lega è una antica unità di misura che varia, a seconda dei Paesi, da quattro a sei chilometri.

7. entrerò con essi... tenzone: ingaggerò, intraprenderò contro di essi un feroce e impari combattimento.

8. diede di sprone: spronò, incitò.

9. codarde: paurose.

10. Briareo: gigante della mitologia greca con cinquanta teste e cento braccia.

11. Dulcinea: Dulcinea del Toboso, la contadina trasformata in dama dalla sua fantasia.

12. in quel frangente: in quella difficile situazione.

13. rotella: piccolo scudo rotondo.

14. a continua vicenda: a continui mutamenti.

15. il mago ... che mi tiene: Don Chisciotte attribuisce la trasformazione dei giganti in mulini a vento a un incantesimo del mago Frestone che gli era nemico.

«Taci, caro Sancio» rispose Don Chisciotte «poiché le cose della guerra sopra tutte le altre son soggette a continua vicenda[14]; tanto più che io credo, ed è e sarà certamente così, che il mago Frestone ha convertito questi giganti in mulini, per togliermi la gloria di vincerli: tale è l'inimicizia che mi tiene[15]; ma alla resa dei conti, poco varranno le sue male arti contro la bontà della mia spada.»

«Ci pensi il Signore, che tutto può» rispose Sancio. E lo aiutò ad alzarsi.

(da *Don Chisciotte della Mancia*, trad. di V. Bodini, Einaudi, Torino, rid.)

DAL TESTO ALLE COMPETENZE

COMPRENDERE

1. Don Chisciotte scambia i mulini a vento per giganti e vuole assalirli e ucciderli: perché?

2. Alla decisione di Don Chisciotte di assalire i «giganti», come reagisce Sancio Panza?

3. Alle osservazioni di Sancio Panza, come reagisce Don Chisciotte?

4. Come si conclude lo scontro di Don Chisciotte?

ANALIZZARE

5. Quali dei seguenti aggettivi ti sembrano più adatti a definire Don Chisciotte? Quali, invece, Sancio Panza? Indicali con una freccia.

   1. realista
   2. sognatore
   3. assennato
   4. folle
   5. concreto
   6. visionario

   a. Don Chisciotte

   b. Sancio Panza

6. In questo episodio si intuisce che l'autore nei confronti del suo personaggio prova: (indica con una crocetta la risposta esatta)

   a compassione perché non riesce a vincere contro i mulini a vento

   b disprezzo perché rifiuta di prendere atto della realtà

   c una certa ammirazione perché crede, anche se da «folle», in nobili ideali

LESSICO

7. L'espressione combattere contro i mulini a vento, ormai proverbiale, che cosa significa?

DON CHISCIOTTE NELL'ARTE

Questo dipinto del grande pittore catalano **Salvador Dalí** (1904-1989) rappresenta in modo geniale la follia di Don Chisciotte. L'artista, uno dei maggiori esponenti del Surrealismo, riesce a stupire l'osservatore con immagini molto suggestive, costituite da bizzarri accostamenti di figure, sullo sfondo di scenari che evocano situazioni e atmosfere tipiche dei sogni.

In quest'opera, ad esempio, ciò che a un primo sguardo appare come un volto umano, al centro del dipinto, è in realtà un insieme di diverse immagini sapientemente affiancate e sovrapposte: sul cavallo (il collo), vi sono Don Chisciotte e Sancio Panza che, a loro volta, prestano le loro forme a diversi elementi del viso, come gli occhi, il naso, le sopracciglia.

Dietro ai due uomini, si staglia un grande mulino a vento che assume il profilo di un cranio, le cui pale, rese nel loro movimento vorticoso, danno l'idea di capelli chiari e arruffati.

In basso, le spalle sono intessute di visi dolenti, che rinviano alla sofferenza del personaggio.

Il suolo che circonda la figura è formato da teste mostruose, diaboliche, che rappresentano le insidie che Don Chisciotte, nei suoi momenti di delirio, vede in ogni cosa.

Salvador Dalí, Don Chisciotte, *1989*.

A sinistra, in alto nel cielo, si intravedono un viso di donna, forse Dulcinea, la donna amata da Don Chisciotte, e, sulla destra, quello dell'autore del romanzo, Cervantes.

---

1. Con quali particolari sono resi gli elementi del viso di Don Chisciotte?

2. Quali sono i colori dominanti del dipinto?

3. L'opera è certamente ricca e molto complessa: che tipo di sensazioni ti comunica? Confronta la tua risposta con quella dei compagni.

Don Chisciotte e i due leoni

Don Chisciotte procede lungo una strada con il fedele Sancio, quando vede venire innanzi un carro imbandierato.

Intanto era giunto il carro imbandierato sul quale non c'erano altre persone che il carrettiere a cavallo su una delle mule e un uomo seduto sul davanti.

Don Chisciotte gli si parò dinanzi e disse:

«Dove andate amici? Che carro è questo? Che cosa trasportate? E queste bandiere che voglion dire?»

«Il carro è mio» rispose il carrettiere «e sopra ci sono due gabbie con due feroci leoni, che il governatore d'Orano[1] manda a regalare a Sua Maestà, e le bandiere sono bandiere reali in segno appunto che qui dentro c'è roba che appartiene a Sua Maestà il Re.»

«E son grandi i leoni?» domandò Don Chisciotte.

«Tanto grandi» rispose l'uomo «che di così grandi non ne son mai venuti dall'Africa nella Spagna. Io sono il guardiano, e ne ho condotti degli altri, ma come questi mai. Son maschio e femmina: il maschio è in questa gabbia davanti e la femmina in quell'altra di dietro. Ora hanno fame, perché da stamani non hanno mangiato, e quindi la Signoria Vostra faccia il favore di farsi da parte, perché abbiamo bisogno d'arrivar presto dove dobbiamo dar loro da mangiare.»

«Peuh! Due leonucci a me?» disse Don Chisciotte sorridendo leggermente. «A me due leonucci? E a quest'ora? Per Dio! Glielo farò vedere a quei signori che me li mandano se io son uomo da aver paura di due leoni. Scendete, brav'uomo, e poiché siete il guardiano aprite queste gabbie e mettetemi fuori queste bestie, e in mezzo a questa campagna farò loro conoscere chi è Don Chisciotte della Mancia.»

In quel momento Sancio si accostò al gentiluomo[2] e gli disse:

«Signore, per l'amor di Dio, faccia in modo che il mio padrone non affronti questi due leoni, perché se li affronta, ci fanno a pezzi».

«Come?» rispose il gentiluomo. «Il vostro padrone è così pazzo, che voi lo credete capace di affrontare delle bestie così feroci?»

«Non è pazzo» rispose Sancio «ma temerario[3].»

«Ebbene, ci penserò io» rispose il gentiluomo e, avvicinatosi a Don Chisciotte, che insisteva col guardiano per fargli aprir la gabbia, gli disse: «Signor cavaliere, i cavalieri erranti debbono intraprendere delle avventure che offrono qualche probabilità di successo, e non di quelle che non ne hanno punte[4], perché quando il coraggio varca i limiti della temerità, è più pazzia che forza».

«Vada, vada, signore» disse Don Chisciotte. «Vada pure a divertirsi col suo perniciotto addomesticato e col suo bravo furetto[5], e lasci che ognuno faccia il suo mestiere.»

1. Orano: città dell'Algeria, Stato africano.

2. gentiluomo: si tratta di un nobile che Don Chisciotte ha incontrato per strada e che, dal colore del mantello, viene chiamato «signore dal Verde Gabbano».

3. temerario: chi affronta i pericoli in modo considerato, senza valutare i rischi che corre.

4. che ... punte: che non ne hanno affatto.

5. divertirsi ... furetto: il gentiluomo, cioè il signore dal Verde Gabbano, ama la vita tranquilla; per la caccia alleva qualche pernice da richiamo o qualche furetto, animale simile alla puzzola, addestrato a scovare lepri o conigli selvatici.

E volgendosi nuovamente al guardiano: «Giuraddio!» urlò. «Se non aprite subito le gabbie, con questa lancia v'inchiodo al carro».

Il carrettiere, che vide la ferma decisione di quel fantasma armato: «Signore» gli disse «mi faccia la carità di lasciarmi prima staccar le mule e poi mettermi in salvo con loro, avanti di dar la via ai leoni: se me le ammazzano, son rovinato per tutta la vita, perché non ho altro che questo carro e queste mule».

«Uomo di poca fede» rispose Don Chisciotte «scendi, stacca e fa' quello che vuoi. Presto vedrai che ti affatichi invano, e che potevi fare a meno di tante precauzioni.»

Il carrettiere saltò a terra, e in un baleno staccò le mule, mentre il guardiano gridava:

«Siatemi voi tutti testimoni quanti siete qui, che contro la mia volontà, costretto dalla violenza, apro le gabbie e metto in libertà i leoni, e che dichiaro fermamente a questo signore che lo tengo responsabile di tutte le disgrazie e i danni che faranno queste bestie».

Sancio si mise allora a supplicare Don Chisciotte con le lacrime agli occhi che desistesse dall'idea di quell'impresa, al cui paragone, tutte quelle che aveva compiuto nel corso della sua vita non erano state che confetti e zuccherini.

Anche il gentiluomo, il signore dal Verde Gabbano, avrebbe voluto impedirglielo addirittura con la forza, ma era armato molto peggio di lui, e poi non gli parve prudente l'azzuffarsi con un uomo completamente pazzo, come ormai giudicava Don Chisciotte. E siccome aveva ricominciato a sollecitare il guardiano e a rinnovare le sue minacce, il gentiluomo si decise a spronar la cavalla, Sancio il ciuco e il carrettiere le sue mule, e tutti cercavan d'allontanarsi dal carro più che potevano prima che i leoni saltassero fuori. Sancio piangeva il padrone per morto, perché quella volta credeva proprio che dovesse rimanere tra gli artigli dei leoni; malediceva la sua sorte e l'ora e il momento in cui gli era venuta l'idea d'entrare al suo servizio; ma intanto mentre piangeva e bestemmiava, non cessava di bastonare il ciuco perché si allontanasse dal carro.

Quando il guardiano vide che i fuggiaschi erano abbastanza lontani, ripeté a Don Chisciotte ciò che già gli aveva dichiarato e protestato,

ma quello gli rispose che aveva capito e che la facesse finita con le dichiarazioni e le proteste, perché tutto sarebbe stato inutile, e che facesse presto. Durante il tempo che il guardiano impiegò ad aprir la prima gabbia, Don Chisciotte si chiese se non fosse il caso di combattere a piedi piuttosto che a cavallo, e infine si decise a battersi a piedi, temendo che alla vista del leone Ronzinante[6] si spaventasse. Per questo saltò giù dal cavallo, buttò via la lancia, imbracciò lo scudo e, sguainata la spada, lentamente, un passo avanti l'altro, con meraviglioso sangue freddo e intrepido cuore, venne a mettersi davanti al carro, raccomandandosi sinceramente prima a Dio e poi a Madonna Dulcinea[7].

Il guardiano, avendo visto ormai Don Chisciotte in posizione, spalancò la prima gabbia dove stava, come s'è detto, il leone, il quale apparve in tutta la sua enorme grandezza e in tutto il suo spaventevole aspetto. La prima cosa che fece fu di rizzarsi e rivoltarsi nella gabbia dove era sdraiato; stese una gamba e si stirò tutto: poi aprì la bocca, sbadigliò lungamente e con quasi due palmi di lingua che tirò fuori, si pulì gli occhi e si lavò il muso: fatto questo, mise la testa fuori della gabbia e guardò da tutte le parti con occhi di bragia[8]: vista e contegno da metter spavento alla temerità in persona. Ma Don Chisciotte lo fissava intensamente con la più viva brama[9] che saltasse giù dal carro e venisse con lui alle mani, fra le quali contava di farlo a pezzi.

Fin qui arrivò l'estremo ardimento della sua incredibile follia. Ma il generoso leone, più cortese che arrogante, non badando a ragazzate né a bravate, dopo aver guardato, come s'è detto, di qua e di là, si rivoltò indietro; mostrò il deretano a Don Chisciotte e con gran flemma e lentezza tornò a sdraiarsi in fondo alla gabbia. Allora Don Chisciotte ordinò al guardiano che gli desse delle bastonate; e lo aizzasse per farlo uscire. «Questo poi no» rispose il guardiano «perché se lo fo[10] arrabbiare, il primo a essere sbranato sarò proprio io. Si contenti, signor cavaliere, di quel che ha fatto, che è tutto quello che si può dir di più in tema di bravura, e non voglia stancar la fortuna. Il leone ha la porta aperta; dipende da lui l'uscire o non uscire, e se a quest'ora non è già uscito, ormai non uscirà più per tutto il giorno. Ma la Signoria Vostra ha chiaramente dimostrata la grandezza del suo coraggio. Nessun valoroso guerriero, ch'io mi sappia, è tenuto a far di più che sfidare il nemico e attenderlo in campo aperto; e se il nemico non viene, sua è la vergogna, e chi è rimasto ad attenderlo guadagna la palma della vittoria.»

«Quest'è vero» rispose Don Chisciotte. «Serra[11] la porta, amico, e siimi testimone, meglio che potrai di quello che m'hai visto fare: cioè, che tu hai aperto al leone, che io l'ho aspettato e che non è uscito; che io ho continuato ad aspettarlo e che egli ha continuato a non uscire, e che finalmente s'è ributtato a giacere. Serra, amico, come t'ho già detto, intanto ch'io faccio segno a quelli che sono scappati e che non sono presenti, perché tornino e vengano a sentire dalla tua bocca questa mia prodezza.»

Il guardiano obbedì e Don Chisciotte, mettendo sulla punta della lancia il fazzoletto, cominciò a chiamare i fuggiaschi, i quali continuavano a fuggire. Ma Sancio poté scorgere il segnale della bandiera bianca.

6. Ronzinante: nome del suo cavallo.

7. Madonna Dulcinea: Dulcinea del Toboso, la contadina trasformata in dama dalla sua fantasia.

8. di bragia: di brace, di fuoco.

9. brama: ardente desiderio.

10. fo: faccio.

11. Serra: Chiudi.

«Ch'io possa morire ammazzato» esclamò «se il padrone non ha vinto le bestie feroci! Perché ci chiama.»

Tutti si fermarono, e videro bene che quello che faceva i segnali era proprio Don Chisciotte; quindi, un po' rassicurati, a poco a poco si riavvicinarono fin dove chiaramente udirono le grida di Don Chisciotte che li chiamava. Finalmente arrivarono dove era il carro, e allora Don Chisciotte disse al carrettiere:

«Amico, riattaccate pure le vostre mule e proseguite il vostro viaggio. E tu, Sancio, dagli due scudi d'oro per lui e per il guardiano in ricompensa del tempo che ho fatto loro perdere».

«Volentieri e molto» disse Sancio. «Ma dei leoni che n'è stato? Son morti o vivi?»

Allora il guardiano con grandi particolari raccontò come era andata a finire la cosa, esaltando come meglio poté e seppe il valore di Don Chisciotte; alla cui vista, egli disse, il leone impaurito non aveva voluto né osato uscir dalla gabbia, sebbene egli ne avesse tenuta aperta parecchio tempo la porta.

Sancio dette gli scudi, il carrettiere riattaccò le mule e il guardiano, per ringraziarlo della mancia, baciò la mano a Don Chisciotte e gli promise di raccontare quella sua prodezza anche al re, quando sarebbe giunto alla capitale.

«Allora» disse Don Chisciotte «se mai Sua Maestà domandasse chi è stato che l'ha compiuta gli direte che è stato il *Cavaliere dai Leoni*; perché d'ora in avanti voglio che in questo nome si cambi, muti e trasformi quello che ho portato finora di *Cavaliere dalla Triste Figura*. E in questo seguo l'antica usanza dei cavalieri erranti, che si mutavano il nome quando volevano o quando lor faceva comodo.»

Il carro seguitò per la sua strada e Don Chisciotte, Sancio e il signor dal Verde Gabbano seguitarono per la loro.

(da *Don Chisciotte*, trad. di F. Carlesi, A. Mondadori, Milano, 2006, rid. e adatt.)

COMPRENDERE

1. Il carro imbandierato che cosa trasporta e perché è imbandierato? (2 punti se la risposta è esatta)

PUNTI .... /2

2. Perché Don Chisciotte ordina al guardiano di aprire le gabbie dei leoni? (2 punti se la risposta è esatta)

PUNTI .... /2

VERIFICA FORMATIVA

259

3. **Che cosa teme Sancio?** (1 punto se la risposta è esatta)

- a) Teme che Don Chisciotte, dal momento che è pazzo, affronti veramente i due leoni.
- b) Teme che Don Chisciotte venga fatto a pezzi dai leoni.
- c) Teme che Don Chisciotte uccida il guardiano dal momento che si ostina a non aprire la gabbia.

PUNTI .... /1

4. **Con quale discorso il gentiluomo, cioè il signore dal Verde Gabbano, cerca di convincere Don Chisciotte a non affrontare i leoni?** (2 punti se la risposta è esatta)

PUNTI .... /2

5. **Di fronte alla follia di Don Chisciotte che insiste perché le gabbie dei leoni vengano aperte, come reagiscono rispettivamente il carrettiere, il guardiano e Sancio?** (1 punto per ogni risposta esatta)

- ▶ Il carrettiere:
- ▶ Il guardiano:
- ▶ Sancio:

PUNTI .... /3

6. **Perché Sancio, mentre cerca di allontanarsi il più possibile dal carro, maledice la sua sorte e l'ora e il momento in cui gli è venuta l'idea di mettersi al servizio di Don Chisciotte?** (1 punto se la risposta è esatta)

PUNTI .... /1

7. **Prima che il guardiano apra le gabbie, Don Chisciotte si mette «in posizione». Cioè che cosa fa? Completa le frasi.** (1 punto per ogni completamento esatto)

- **a.** Imbraccia
- **b.** Sguaina
- **c.** Mette un passo
- **d.** Si posiziona davanti

PUNTI .... /4

8. **Il guardiano spalanca la prima gabbia. Come si comporta il leone?** (1 punto se la risposta è esatta)

- a) Esce dalla gabbia, si avvicina a Don Chisciotte e lo guarda con occhi inferociti.
- b) Esce dalla gabbia, ma vi rientra subito dopo, impaurito dallo sguardo folle di Don Chisciotte.
- c) Sporge la testa dalla gabbia e, dopo aver guardato di qua e di là, si sdraia in fondo alla gabbia.

PUNTI .... /1

9. Perché, secondo il guardiano, Don Chisciotte «ha chiaramente dimostrato la grandezza del suo coraggio»? (2 punti se la risposta è esatta)

PUNTI .... /2

10. In seguito a quale segnale, Sancio e gli altri ritornano nel luogo dove c'è il carro? (1 punto se la risposta è esatta)

PUNTI .... /1

11. Il guardiano, raccontando a Sancio come si sono svolti i fatti, che cosa esalta di Don Chisciotte? (1 punto se la risposta è esatta)

a La forza immensa

b L'astuzia

c Il valore, il coraggio

PUNTI .... /1

12. Don Chisciotte quale antica usanza dei cavalieri erranti intende seguire? (1 punto se la risposta è esatta)

PUNTI .... /1

> ANALIZZARE

13. Come definiresti Don Chisciotte? (1 punto per ogni risposta esatta)

a Coraggioso

b Sconsiderato, non valuta i rischi che corre

c Ostinato

d Remissivo

e Presuntuoso

f Prudente

g Folle

h Ragionevole

PUNTI .... /4

14. In che cosa consiste la principale differenza di comportamento tra Don Chisciotte e Sancio? (2 punti se la risposta è esatta)

PUNTI .... /2

VERIFICA FORMATIVA

261

LINGUA E STILE

15. Come definiresti il linguaggio del personaggio di Don Chisciotte? (1 punto se la risposta è esatta)

a) Ricercato   b) Formale   c) Colloquiale

PUNTI .... /1

16. In questo episodio è presente la caratteristica principale dell'opera *Don Chisciotte della Mancia* e cioè: (1 punto se la risposta è esatta)

a) la suspense   b) l'ironia   c) il finale a sorpresa

PUNTI .... /1

17. Spiega il significato delle espressioni evidenziate. (1 punto per ogni risposta esatta)

a. «... che desistesse dall'idea di quell'impresa, al cui paragone tutte quelle che aveva compiuto nel corso della sua vita **non erano state che confetti e zuccherini**»: _____

b. «... con meraviglioso **sangue freddo e intrepido cuore** venne a mettersi davanti al carro»: _____

PUNTI .... /2

18. Il nome di Don Chisciotte ha dato origine all'aggettivo «donchisciottesco», che viene attribuito a chi: (1 punto se la risposta è esatta)

a) si batte con coraggio ed entusiasmo per nobili ideali

b) si getta con passione nella difesa di nobili ideali, spesso fuori da una visione realistica delle cose

c) sottovaluta, per ingenuità, i rischi e i pericoli di un'impresa

PUNTI .... /1

AUTOVALUTAZIONE

PUNTEGGIO TOTALE .... /32

▶ Il testo mi è sembrato:

☐ facile   ☐ di media difficoltà   ☐ difficile

▶ Gli esercizi mi sono sembrati complessivamente:

☐ facili   ☐ di media difficoltà   ☐ difficili

▶ Ho avuto difficoltà nel rispondere alle domande relative a:

☐ comprendere   ☐ analizzare   ☐ lingua e stile

In base alla correzione dell'insegnante, se hai ottenuto un punteggio inferiore a 19, ripassa ed esercitati ancora.

MITO ED EPICA
DIDATTICA INCLUSIVA

IL MITO

- Scheda di genere
- Racconti mitici in versione facilitata e relativi esercizi di comprensione e analisi
- Mappa concettuale attiva per la verifica delle conoscenze

L'EPICA CLASSICA *Iliade, Odissea, Eneide*

- Scheda di genere
- Concetti-chiave e personaggi principali
- Trame illustrate
- Passi epici in versione facilitata e relativi esercizi di comprensione e analisi
- Mappe concettuali attive per la verifica delle conoscenze

Questa sezione **Mito ed Epica Didattica inclusiva**, in carattere EasyReading®
ad alta leggibilità, presenta i contenuti del volume principale in **versione
semplificata e facilitata.**

Più nello specifico, propone:

- due **ampie schede di genere**, in cui sono riassunte le caratteristiche
  principali del mito e dell'epica;
- una **selezione di racconti mitici in versione facilitata** e corredati
  di **esercizi** per lo più **guidati**, di completamento e a risposta chiusa,
  volti alla comprensione e all'analisi del testo;
- una **selezione di passi epici in versione facilitata** e corredati di **esercizi**
  per lo più **guidati** e a risposta chiusa;
- la **trama dei tre poemi epici classici**, *Iliade*, *Odissea* ed *Eneide*, in **versione
  illustrata**, in modo da favorirne la comprensione mediante la riproduzione
  visiva delle tappe fondamentali della vicenda;
- **mappe concettuali** da completare, relative sia al mito sia ai tre poemi
  epici, per una verifica delle conoscenze acquisite.

Tutte queste proposte e attività, dedicate all'inclusione, consentono
all'insegnante di svolgere il **medesimo programma** con tutti gli alunni,
pur disponendo di **materiali differenziati**. L'insegnante può così realizzare
un progetto collettivo di classe, grazie al quale a tutti gli alunni sono date
pari opportunità di accesso allo studio.

IL MITO

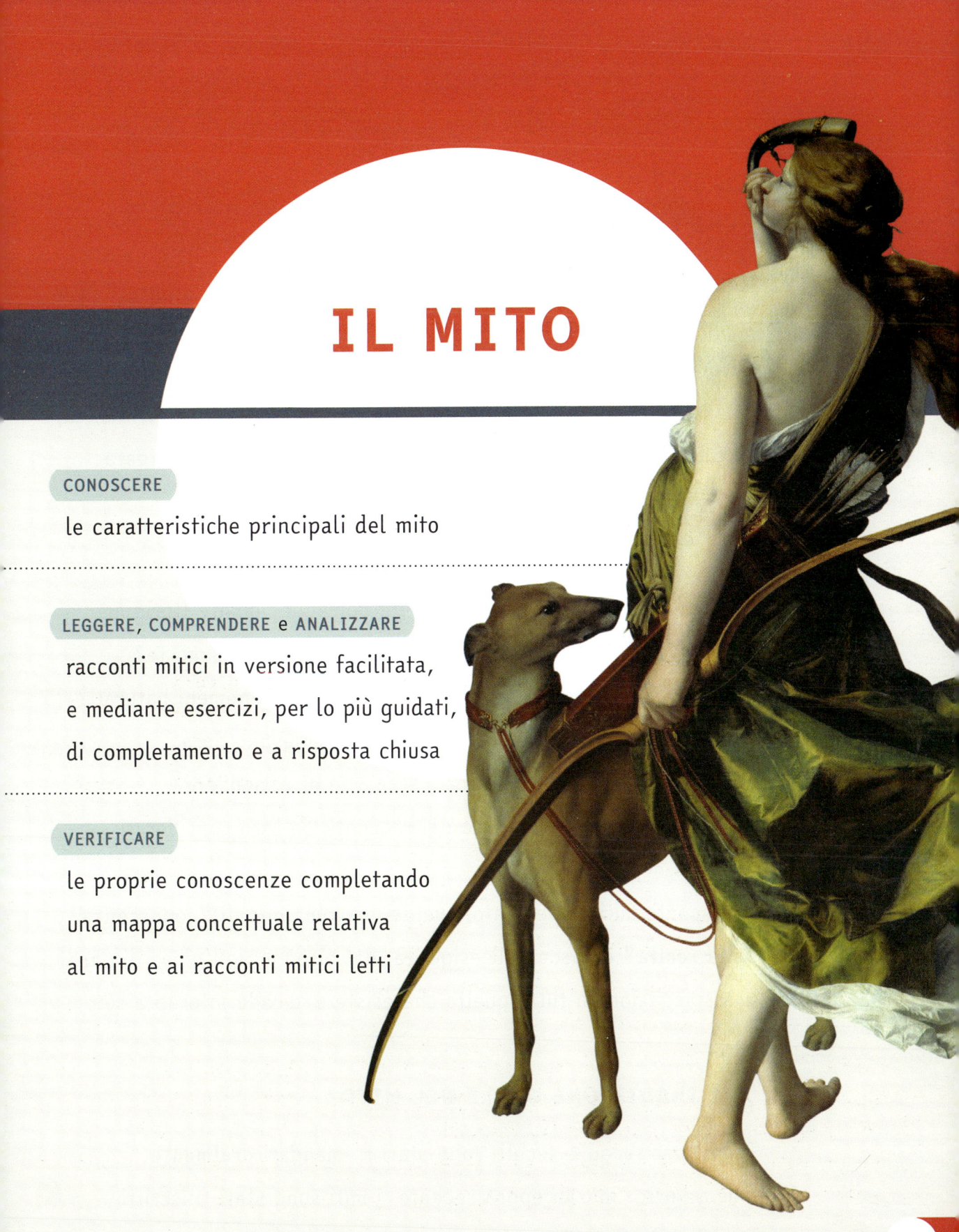

le caratteristiche principali del mito

racconti mitici in versione facilitata,
e mediante esercizi, per lo più guidati,
di completamento e a risposta chiusa

le proprie conoscenze completando
una mappa concettuale relativa
al mito e ai racconti mitici letti

IL MITO

CHE COS'È IL MITO

Il mito è un **racconto fantastico e molto antico.**

**Il mito cerca di spiegare l'origine del mondo e degli uomini
e l'origine di molti aspetti e fenomeni della realtà.**

Il mito racconta una vicenda fantastica. Questa vicenda fantastica,
però, rappresenta una storia vera per il popolo che l'ha creata.

LA FUNZIONE DEL MITO

Gli uomini antichi si sono posti delle domande: qual è l'origine
dell'universo? Qual è il significato della vita e della morte?
Qual è l'origine del sole, della luna e dei vari fenomeni naturali?
A queste domande gli uomini antichi non sapevano dare
una risposta scientifica. E così cercarono di rispondere
a queste domande attraverso dei racconti, da loro considerati
"veri" e quindi "sacri".

Il racconto mitico, pertanto, svolge una **funzione di "conoscenza
della realtà"** e nasce dall'esigenza, dal bisogno dell'uomo di dare
una spiegazione a tutto quello che esiste e accade intorno a sé.

LA TRADIZIONE ORALE DEL MITO

I miti, per secoli e secoli, sono stati tramandati **oralmente,**
cioè a voce. Solo in epoca recente, i miti sono stati trascritti,
hanno cioè assunto una forma scritta.

LE DIVERSE VERSIONI SCRITTE DI UNO STESSO MITO

Nel corso dei secoli, uno stesso mito può essere stato trascritto
molte volte, e ogni volta con delle variazioni, cioè delle modifiche.
Questo fatto spiega perché, **di uno stesso mito, si possono
avere più versioni, anche con finali diversi.**

MITI SIMILI IN POPOLI DIVERSI

Molti miti di popoli, anche lontanissimi fra loro nel tempo
e nello spazio, **hanno delle somiglianze** straordinarie.
Ad esempio, il **mito del diluvio universale** è presente
in molti miti di popoli diversi.
Probabilmente queste somiglianze derivano dal fatto che **tutti
i popoli antichi sentivano il bisogno di dare una spiegazione**
al "mistero" del mondo, a tutto quello che li circondava.

La costruzione dell'arca e il diluvio in una Bibbia del '200.

LE PRINCIPALI CARATTERISTICHE DEL MITO

LA STRUTTURA NARRATIVA

- **Situazione iniziale.**
- **Sviluppo**, in cui si narrano i fatti principali e in cui agiscono i personaggi.
- **Situazione finale o conclusione.**

I PERSONAGGI

- Uomini comuni.
- Uomini straordinari, **eroi** con poteri eccezionali.
- **Esseri soprannaturali**, come divinità o spiriti con poteri eccezionali.
- **Creature fantastiche o mostruose:** animali che parlano o giganti molto potenti.

Anfora a figure nere con Teseo che uccide il Minotauro.

IL TEMPO E IL LUOGO

- Il **tempo** è quasi sempre **indeterminato**, molto lontano.
- I **luoghi** sono quasi sempre **aperti, fantastici, immaginari** e **indeterminati.**

IL LINGUAGGIO

- **Frasi brevi e semplici.**
- **Ripetizioni**, cioè parole e frasi che si ripetono.
- **Similitudini**, cioè paragoni.

IL MITO, FONTE DI INFORMAZIONI

Dalla lettura di un mito possiamo ricavare molte informazioni relative al popolo che lo ha raccontato. Ad esempio, possiamo ricavare informazioni relative a:

- **tipo di ambiente**, **tipo di civiltà**, **tipo di società**;
- **tipo di coltivazioni** e **specie animali**;
- **religioni**, **usi**, **costumi** e **valori morali**.

TIPI DI MITO

- Miti che spiegano l'**origine del mondo e degli uomini**.
- Miti che spiegano l'**origine di fenomeni naturali**.
- Miti che spiegano l'**origine** del matrimonio o di altre **istituzioni sociali**, o l'origine di **certe pratiche religiose**.
- Miti che raccontano la **nascita** e le **imprese di dei e di eroi**.

P. Puvis de Chavannes, *Il bosco sacro caro alle Arti e alle Muse*, 1833, Washington.

Deucalione e Pirra

Da Mito
ed Epica
→ PAG. 16

Stai per leggere il **mito greco** di Deucalione e di sua moglie Pirra, unici
sopravvissuti al diluvio mandato da Zeus, re di tutti gli dei dell'Olimpo.

Zeus prova ira, rabbia per gli uomini.

Gli uomini non sono più saggi, non onorano gli dei,
non si curano delle cerimonie religiose, non provano
affetto gli uni per gli altri.

Per questi motivi, Zeus decide di distruggere gli uomini.

Zeus raduna gli dei nel suo palazzo celeste e parla così
agli dei:

« Temo, sono preoccupato per il mio regno, perché gli
uomini disprezzano le divinità e sono avidi e violenti.

Ora giuro di distruggere tutti gli uomini. È necessario
distruggere gli uomini perché non permettono agli dei
di vivere sicuri ».

Zeus così parla, e scuote la capigliatura, e la terra,
il mare e il cielo tremano.

Tutti gli dei approvano le parole di Zeus ma fremono,
sono molto agitati. Gli dei si calmano quando Zeus
promette di procreare, generare, una nuova stirpe di
uomini e di dare a questi uomini una meravigliosa origine.

Zeus, il sommo dio, pensa un momento. È incerto
se deve bruciare il mondo con la fiamma del fulmine.

Ma questa idea non gli sembra buona perché,
con il mondo, si potrebbe incendiare anche il cielo.

Zeus pensa quindi un altro modo di distruzione.

Zeus rinchiude i venti favorevoli, che rasserenano il cielo, e lascia liberi i venti che recano, portano, nuvole e piogge. Lascia libero specialmente il vento Noto. Questo vento vola via con le umide ali e con il viso coperto di nera foschia, nebbia, e provoca immense piogge che distruggono il lavoro degli agricoltori. Poi Zeus chiama i fiumi e ordina loro di inondare i campi. In breve tempo non c'è più differenza fra la terra e il mare; tutto è ricoperto dall'acqua. Tutta la natura sembra dover morire. Anche quelli che si sono salvati dall'inondazione muoiono perché non trovano più cibo.

1. Parnàso: monte della Grecia, sacro al dio Apollo.

Solo la cima del monte Parnàso[1] è rimasta scoperta dalle acque e su questa cima si è rifugiato l'uomo più giusto e religioso della terra: Deucalione, insieme con sua moglie Pirra.

Quando Zeus vede che gli unici sopravvissuti sono Deucalione e Pirra, tutti e due buoni e molto religiosi, separa le nuvole, allontana i venti e abbassa il livello delle acque. Il mare si calma e rientra nei suoi confini. I fiumi tornano nei loro letti. I colli mostrano la loro cima al di sopra delle pianure e gli alberi mostrano le loro chiome verdi in mezzo alla desolazione del fango che copre tutto.

L. Ademollo, *Deucalione e Pirra dopo il diluvio*, 1832.

271

Deucalione vede allora il mondo deserto;

piange e dice alla moglie Pirra:

«Ormai noi due siamo tutto il genere umano.

Il mare ha inghiottito, divorato, tutti gli altri esseri
umani. Neppure noi due siamo sicuri di vivere ancora,
perché le nuvole minacciose mi fanno molta paura.

Oh, se potessi formare delle immagini, delle figure
di creta e infondere l'anima dentro di loro!

Ma ecco, siamo rimasti solo noi due: così hanno voluto
gli dei».

Pirra sente queste parole del marito Deucalione

e piange.

Deucalione e Pirra decidono di rivolgersi agli dei
per avere un aiuto e vanno al santuario di Tèmide,
dea della giustizia.

Quando arrivano al santuario, si gettano a terra, baciano
la terra e invocano la protezione della dea Tèmide.

Una voce divina risponde così alle preghiere
di Deucalione e Pirra:

«Uscite da questo santuario e gettate dietro le vostre
spalle le ossa della Grande Madre[2]».

Deucalione e Pirra rimangono stupiti a questo comando.

Ma poi Deucalione dice a Pirra:

«La Grande Madre è la terra e le sue ossa sono
le pietre. A noi è stato ordinato di gettare le pietre
dietro le nostre spalle».

Così Deucalione e Pirra cominciano a camminare
e, mentre camminano, gettano le pietre
dietro di loro.

2. le ossa della Grande Madre: le pietre della terra.

Accade allora una cosa meravigliosa: le pietre cessano
di essere dure e cominciano a prendere forma umana.
In breve, per volontà degli dei, i sassi lanciati
da Deucalione si trasformano in uomini, e i sassi
lanciati da Pirra si trasformano in donne. Poi la terra,
asciugata dai raggi del sole, genera i nuovi animali.
Questi nuovi animali sono diversi da quelli
che c'erano prima. Sono più piccoli e più facili da
addomesticare e quindi sono più utili nei lavori degli
uomini. Non ci sono più i bestioni di enorme altezza
e di corporatura così grande da far paura.
Ma, accanto ad animali ancora grandi e forti, ora
nascono degli animali più piccoli. Questi possono essere
compagni degli uomini e possono diminuire le fatiche
degli uomini. In questo modo, gli uomini potranno
diventare sempre migliori e potranno sviluppare
una civiltà sempre più grande.

(da N. Terzaghi, *Miti e leggende del mondo greco-romano*,
G. D'Anna, Firenze, 1986, rid. e adatt.)

P.P. Rubens,
Deucalione e Pirra,
1636 circa, Museo
del Prado, Madrid.

DAL TESTO ALLE COMPETENZE

COMPRENDERE

1. **Rispondi alle seguenti domande.**

- Perché Zeus decide di distruggere gli uomini?

....

....

- Zeus raduna gli dei nel suo palazzo celeste: che cosa promette loro?

....

....

2. **Inserisci negli spazi le parole date.**

> Zeus – lavoro – cima – vento – Parnàso – campi – piogge

Il .... Noto provoca immense ....
che distruggono il .... degli agricoltori. Per ordine
di ...., i fiumi inondano i ....
Rimane scoperta solo la .... del monte
.... Qui si sono rifugiati Deucalione e Pirra.

3. **Zeus quando fa cessare il diluvio? (Indica con una crocetta la risposta esatta)**

- ☐ Quando vede che tutto è ricoperto dall'acqua.
- ☐ Quando vede che tutti gli uomini sono morti.
- ☐ Quando vede che gli unici sopravvissuti sono Deucalione e Pirra.

4. **Perché Deucalione e Pirra decidono di andare al santuario di Tèmide, dea della giustizia? (Indica con una crocetta la risposta esatta)**

- ☐ Perché sperano di essere aiutati dagli dei.
- ☐ Perché la dea Tèmide li ha sempre protetti.
- ☐ Perché il santuario di Tèmide è vicino al monte Parnàso.

5. Deucalione e Pirra gettano le pietre dietro di loro e accade una «cosa meravigliosa». Completa le frasi.

- Le pietre lanciate da Deucalione si trasformano in ....
- Le pietre lanciate da Pirra si trasformano in ....

6. La terra, completamente asciugata dal sole, genera dei nuovi animali. Rispetto agli animali che c'erano prima, questi nuovi animali sono: (indica con una crocetta la risposta esatta)

- ☐ più grandi e più forti.
- ☐ più piccoli e più facili da addomesticare.
- ☐ più piccoli ma più feroci.

(ANALIZZARE

7. Quali sono le caratteristiche di Zeus?
(Indica con una crocetta le risposte esatte)

- ☐ È il re di tutti gli dei.
- ☐ Non comunica, non dice le proprie decisioni agli altri dei.
- ☐ Quando parla e scuote la testa, la terra, il mare e il cielo tremano.
- ☐ È pietoso nei confronti degli uomini buoni e religiosi.

8. Quali sono le caratteristiche di Deucalione e Pirra?
(Indica con una crocetta le risposte esatte)

- ☐ Hanno paura degli dei.
- ☐ Sono buoni e giusti.
- ☐ Deucalione è più religioso di Pirra.
- ☐ Ubbidiscono al volere degli dei.

(LESSICO

9. Indica con una crocetta il significato delle parole evidenziate in rosso.

- « ... non provano affetto gli uni per gli altri »:
  - ☐ dolore
  - ☐ amore
  - ☐ gioia
- « ... gli uomini disprezzano le divinità e sono avidi e violenti »:
  - ☐ prepotenti
  - ☐ bugiardi
  - ☐ desiderosi di tutto
- « ... e infondere l'anima dentro di loro »:
  - ☐ mettere
  - ☐ soffiare
  - ☐ infilare

Eco e Narciso

Da Mito ed Epica
→ **PAG. 41**

In questo **mito greco** avvengono due metamorfosi, cioè due trasformazioni.

1. **Beozia:**
regione della Grecia.

Narciso nasce nella città di Tèspie in Beozia[1], ma si capisce che non è figlio di comuni mortali. Infatti, Narciso ha un corpo bello, proporzionato; ha un viso bellissimo; ha la pelle morbida e chiara come le limpide acque del padre, il sacro fiume Cèfiso. Inoltre, ha gli stessi occhi di colore azzurro intenso come quello della madre Lirìope, la più azzurra di tutte le ninfe[2].

2. **ninfe:**
divinità delle fonti, dei fiumi e dei laghi.

Quando Narciso è ancora in fasce, cioè è molto piccolo, l'indovino Tirèsia dice alla madre Lirìope:

« Stai attenta soprattutto che Narciso non si faccia del male con le proprie mani. Narciso potrà vivere a lungo, a condizione che non conosca se stesso ».

La ninfa Lirìope ascolta distrattamente queste parole sibilline, misteriose, e non capisce il loro significato.

A sedici anni, Narciso è un giovane libero e indipendente. Va a caccia con gli amici, suona il flauto, danza in modo elegante e, fino a tarda notte, gira per le strade di Tèspie in cerca di divertimenti e di avventure.

Narciso è bello e gentile e quindi non passa mai inosservato in nessun luogo.

Gli uomini dicono di Narciso:

« Ha il corpo di un atleta e un giorno diventerà un campione dell'Ellade, della Grecia ».

Le donne poi, giovani e meno giovani, si divorano
Narciso con gli occhi e sospirano:
«Com'è bello! Me lo sogno tutte le notti!».
Questi sussurri e sospiri arrivano all'orecchio di Narciso,
ma lui non li ascolta.
Qualche volta, infastidito, irritato, dice a se stesso:
«Io soltanto deciderò quando sarà arrivato il momento
di amare e di essere amato».
Un giorno, Narciso si trova con degli amici in un bosco
per catturare i cervi. Nel bosco, Narciso sente
un rumore di passi leggeri sul fogliame.
Il giovane allora si incuriosisce e si nasconde dietro
un cespuglio. Poi si guarda attorno e vede, nascosta
dietro un pino, una bella ninfa che lo sta spiando.
È la ninfa Eco, l'infelice Eco, figlia dell'Aria
e della Terra.
La ninfa ha tenuto nascosta un'avventura amorosa
di Zeus e così Era, la moglie gelosa e vendicativa
di Zeus, ha punito severamente la ninfa.
Da quel momento Eco non avrebbe più potuto parlare,
se non per ripetere l'ultima parola pronunciata,
detta da altri.
Narciso non conosce questo fatto e dunque si stupisce
quando chiama i compagni e sente la ninfa che ripete
le sue frasi in modo abbreviato.
«Amici, dove vi siete cacciati?»
«... cacciati?»
«Per favore, amici, fatemi un segnale...»
«... segnale».

Narciso pensa di essere preso in giro dalla ninfa,
esce dal suo nascondiglio e si rivolge alla ninfa
con parole dure:

«Perché ti prendi gioco di me?».

«... me?»

Ma Eco non ha lo sguardo di chi prende in giro qualcuno.
Anche il suo sorriso è dolce e invitante.

Narciso è stupefatto, poi si calma e sorride alla ninfa.

La ninfa, allora, si avvicina a Narciso e gli tende
tremante le braccia.

«Oh no! Ma che fai? Sei impazzita?» esclama Narciso.

«... impazzita?»

Eco piange e lacrime di dolore solcano, rigano, le sue
guance. Ma Narciso non si commuove. Senza pietà grida:
«Lasciami in pace e va'».

«... va'» ripete la ninfa con voce lamentosa.

E poiché la fanciulla non si muove e sembra immobile
come una pietra, Narciso, furioso, si allontana
e scompare nel bosco.

Eco piange e rimane a lungo nel bosco; fino a notte
alta si lamenta e ripete:

«Narcisooo... Narcisooo...».

Poi la ninfa si scioglie al calore del sole del mattino
e di lei rimane soltanto la voce: l'eco.

Artemide, la feroce dea della caccia, viene a sapere
quello che è successo alla misera Eco per colpa
di Narciso. Allora Artemide giura di vendicare Eco
e guida Narciso a una fonte di acque chiarissime.

Fa caldo e Narciso è stanco e ha sete, e così si piega

sull'acqua trasparente. Mentre si specchia, si guarda
e si riguarda con ammirazione.
«Oh, bello!» Narciso dice a se stesso, incantato
dalla sua immagine.
«Oh, bello!» Narciso ripete più volte, incapace
di staccarsi da quell'immagine che le acque della fonte
gli rimandano in mille colori.
Ormai Narciso ama pazzamente il viso che l'acqua
gli rimanda e per giorni e giorni rimane alla fonte
a specchiarsi, senza mangiare e senza dormire.
Alla fine Narciso, esausto, privo di forze, crolla
a terra e dice:
«Ahimè!» con voce debole e disperata.
La profezia dell'indovino Tirèsia si è avverata: Narciso,
conoscendo se stesso, si è perduto per sempre,
cioè è morto.
Ma gli dei generosi non lasciano Narciso solo e senza
sepoltura. Per ordine di Zeus, dal corpo di Narciso nasce
uno splendido fiore dalla bianca corolla: il narciso.

(da S. Bitossi, *Leggende dell'Ellade antica*, Fabbri Editori,
Milano, 1990, rid. e adatt.)

DAL TESTO ALLE COMPETENZE

COMPRENDERE

1. Completa le seguenti frasi che si riferiscono a Narciso.

- È nato nella città di ....
- È figlio di ....
- Il suo corpo è ....
- Il suo viso è ....
- La sua pelle è ....
- I suoi occhi sono ....

2. Narciso è libero e indipendente. Come ama trascorrere il suo tempo? (Indica con una crocetta le risposte esatte)

- ☐ Suona il flauto.
- ☐ Esce di sera.
- ☐ Va a caccia di cinghiali.
- ☐ Danza.

3. Riordina le frasi, numerandole secondo l'ordine della narrazione. L'esercizio è avviato.

- ☐ Narciso rifiuta l'amore della ninfa Eco.
- ☐ La dea Artemide guida Narciso a una fonte.
- ☐ 1 Narciso, in un bosco, incontra la ninfa Eco.
- ☐ Narciso muore ma, per ordine di Zeus, dal suo corpo nasce il fiore narciso.
- ☐ Narciso non sa che la ninfa Eco, per punizione di Era, ripete l'ultima parola pronunciata da altri.
- ☐ La ninfa Eco muore e di lei rimane soltanto la voce.
- ☐ Narciso si specchia nelle acque della fonte e rimane incantato dalla sua immagine per giorni e giorni.

(ANALIZZARE

4. La **profezia dell'indovino Tirèsia** si avvera. Infatti: (indica con una crocetta la risposta esatta)

☐ Narciso muore dopo aver conosciuto la ninfa Eco.

☐ Narciso non s'innamora della ninfa Eco.

☐ Narciso muore perché s'innamora pazzamente dell'immagine del suo viso.

5. **Eco** e **Narciso** hanno **caratteristiche simili**. Infatti, tutti e due: (indica con una crocetta le risposte esatte)

☐ sono puniti da una divinità.

☐ si trasformano in un fiore.

☐ muoiono a causa di un amore infelice.

6. Qual è lo scopo di questo mito? (Indica con una crocetta la risposta esatta)

☐ Raccontare una storia d'amore tra un giovane e una ninfa.

☐ Spiegare l'origine del narciso e dell'eco.

☐ Spiegare l'origine della sofferenza, del dolore.

(LESSICO

7. Oggi la parola *narcisismo*, che deriva da Narciso, significa: (indica con una crocetta la risposta esatta)

☐ grandissimo amore nei confronti di se stessi e delle proprie qualità.

☐ grandissimo amore nei confronti degli altri.

☐ disprezzo, odio nei confronti di se stessi.

281

MAPPA CONCETTUALE ATTIVA

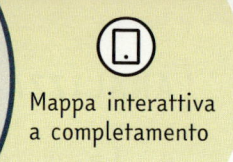Mappa interattiva a completamento

Hai studiato le caratteristiche principali del mito e hai letto due racconti mitici. Verifica ora le tue conoscenze completando la seguente mappa.

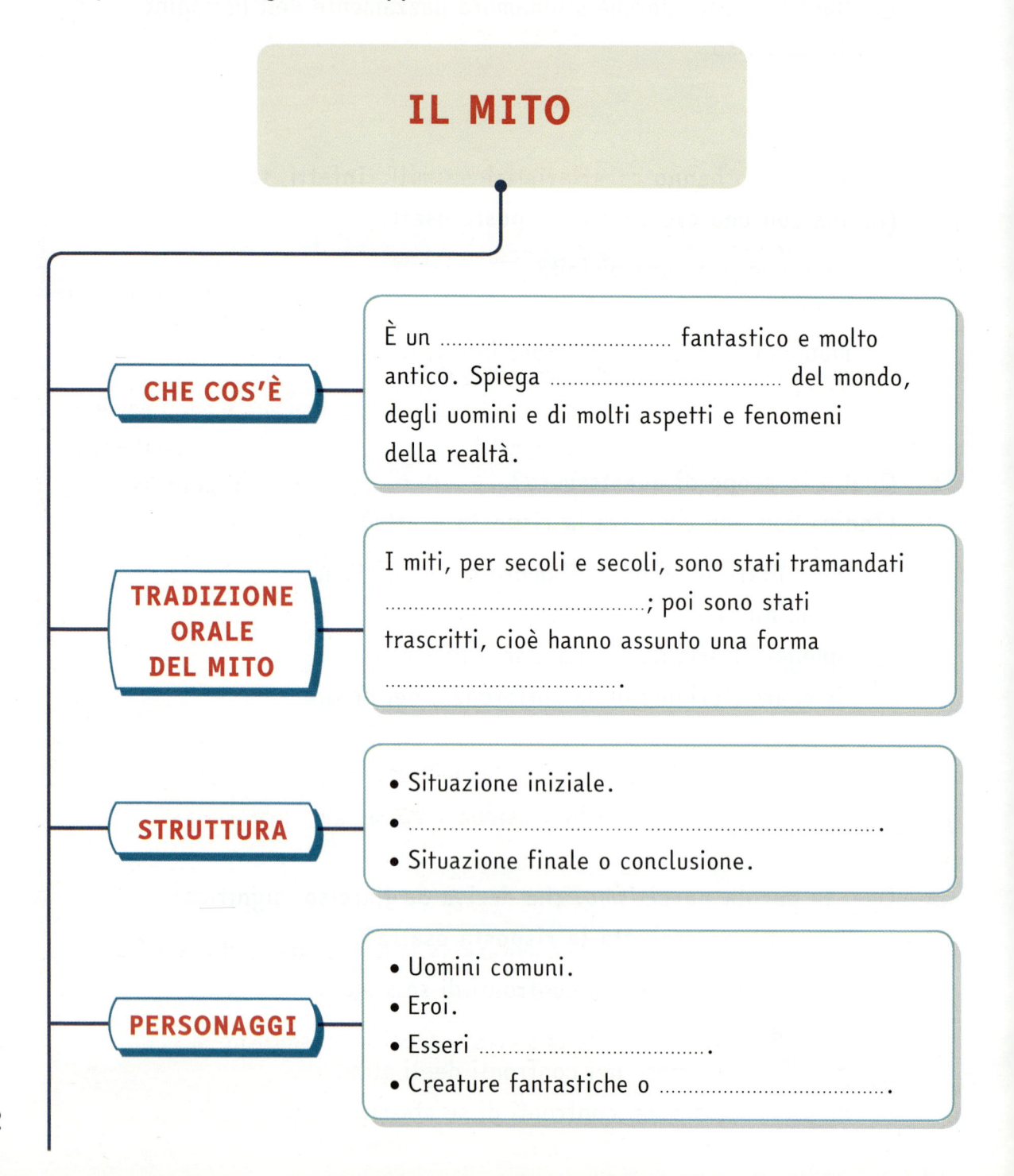

IL MITO

CHE COS'È
È un .... fantastico e molto antico. Spiega .... del mondo, degli uomini e di molti aspetti e fenomeni della realtà.

TRADIZIONE ORALE DEL MITO
I miti, per secoli e secoli, sono stati tramandati ....; poi sono stati trascritti, cioè hanno assunto una forma ....

STRUTTURA
- Situazione iniziale.
- ....
- Situazione finale o conclusione.

PERSONAGGI
- Uomini comuni.
- Eroi.
- Esseri ....
- Creature fantastiche o ....

TEMPO

Indeterminato.

LUOGO

- Aperto.
- Fantastico.
- ....

LINGUAGGIO

- Frasi brevi e semplici.
- ....
- Similitudini, paragoni.

TIPI DI MITO

Miti che spiegano:

- .... del mondo e degli uomini;
- l'origine di .... naturali;
- l'origine di istituzioni sociali o di pratiche religiose;
- la nascita e le imprese di .... e di eroi.

Hai letto due miti greci:

- **Deucalione e Pirra**, unici sopravvissuti al .... mandato dal dio Zeus;
- **Eco e Narciso**, che racconta la storia della ninfa Eco, trasformata in ...., e la storia di Narciso, trasformato in ....

L'EPICA

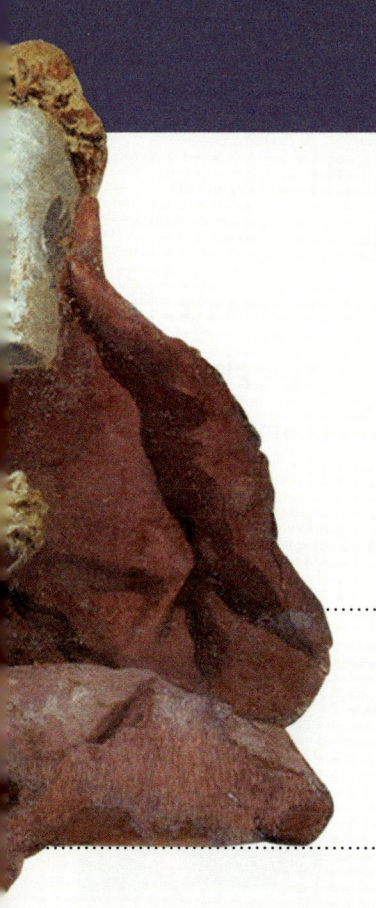

CONOSCERE

- le caratteristiche principali dell'epica
  e dell'epica classica

- le caratteristiche principali e le trame dell'*Iliade*,
  dell'*Odissea* e dell'*Eneide* con l'aiuto di disegni
  accompagnati da brevi testi

LEGGERE, COMPRENDERE e **ANALIZZARE**

passi epici in versione facilitata, e mediante esercizi
per lo più guidati e a risposta chiusa

VERIFICARE

le proprie conoscenze completando
mappe concettuali relative all'*Iliade*, all'*Odissea*,
all'*Eneide* e ai passi epici letti

L'EPICA

(CHE COS'È L'EPICA

L'epica è la narrazione poetica, cioè in versi, delle imprese gloriose, straordinarie, di un popolo, dei suoi eroi e dei suoi dei.

Tutti i popoli antichi sentono l'esigenza, il bisogno di raccontare le vicende della loro patria e le imprese gloriose dei loro eroi affinché siano conosciute dalle generazioni future.

Nei tempi antichi queste narrazioni sono trasmesse **oralmente**, di generazione in generazione, da **poeti-cantori** che, nelle piazze, nei villaggi, nelle città, recitano le loro composizioni accompagnandosi con strumenti musicali.

Solo più tardi questi canti diventano **poemi**, scritti da grandi **poeti**.

F. Boisselier, *Omero canta con la sua lira*, inizi del XIX secolo, collezione privata.

(DALL'EPICA OMERICA ALL'EPICA RINASCIMENTALE

I poemi epici **più antichi** sono l'*Iliade* e l'*Odissea*: poemi greci attribuiti al poeta **Omero**.

Il poema epico più importante della civiltà latina, romana, è l'*Eneide*, scritto dal poeta latino **Virgilio**.

Nel periodo del Medioevo (XII secolo), i poemi epici più importanti sono:

- i **poemi del "ciclo carolingio"**, che narrano le imprese di Carlo Magno e dei suoi valorosi paladini, guerrieri;

- i **poemi del "ciclo bretone"**, che narrano le avventure di re Artù e dei cavalieri della Tavola Rotonda.

Nel periodo del Rinascimento (XVI secolo), i poemi epici più importanti sono:

- l'*Orlando Furioso*, scritto da Ludovico Ariosto;
- la *Gerusalemme liberata*, scritta da Torquato Tasso.

(I TEMI DELL'EPICA

I temi principali dell'epica sono:

- il **viaggio dell'eroe protagonista**, viaggio considerato come desiderio di avventura, di nuove conoscenze o come missione da compiere;

- la **guerra** per la conquista di nuovi territori o per la difesa della propria patria;

- l'**amore**, che può portare felicità, ma anche tormento e dolore;

- il **magico**, il **soprannaturale**, rappresentato da personaggi che, con i loro poteri magici, possono ostacolare oppure aiutare il protagonista.

L'EPICA CLASSICA

CHE COS'È L'EPICA CLASSICA

Per epica classica intendiamo i **poemi epici del mondo greco e latino** e cioè l'*Iliade*, l'*Odissea* e l'*Eneide*.

LE CARATTERISTICHE DELL'EPICA CLASSICA

Le principali caratteristiche dell'epica classica sono:

- la **celebrazione delle imprese gloriose di eroi,** che possono essere uomini, dei e semidei;

- la presenza di 3 parti fondamentali:

  - il **proemio**, cioè una premessa, un'introduzione al racconto vero e proprio, nel quale viene invocata la Musa ispiratrice del poema e viene raccontato brevemente l'argomento, il contenuto del poema;

  - lo **svolgimento**, cioè la narrazione dei fatti;

  - la **catarsi**, cioè la conclusione della vicenda;

C.A. Coypel,
L'ira di Achille,
1737, Hermitage,
San Pietroburgo.

- la presenza di un eroe **protagonista**, che si distingue da tutti gli altri personaggi per il suo valore. L'eroe protagonista dell'*Iliade* è **Achille**; l'eroe protagonista dell'*Odissea* è **Ulisse**; l'eroe protagonista dell'*Eneide* è **Enea**;

- la presenza di un **antagonista**, cioè di un personaggio contro il quale il protagonista deve combattere per affermare la propria superiorità.
  Così, nell'*Iliade*, Achille deve combattere contro Ettore; nell'*Odissea*, Ulisse deve combattere contro i Proci, i principi di Itaca; nell'*Eneide*, Enea deve combattere contro Turno;

- la presenza degli **dei**, che provano gli stessi sentimenti e le stesse passioni degli uomini, e che aiutano oppure ostacolano gli eroi.

G. Romano, *Gli dei dell'Olimpo*, 1528, Palazzo Te, Mantova.

L'ILIADE

(CHE COS'È L'ILIADE

L'*Iliade* è un **poema epico greco in versi**, diviso in **24 canti** o libri.

Il titolo *Iliade* significa « vicenda di Ilio », cioè di Troia.

La città di Troia, infatti, era chiamata anche Ilio dal nome del suo fondatore Ilo.

(CHI HA SCRITTO L'ILIADE

L'*Iliade*, secondo la tradizione, è stata scritta dal poeta greco **Omero**.

Omero in una stampa dell'800.

(CHE COSA RACCONTA L'ILIADE

L'*Iliade* non racconta tutta la guerra di Troia. Racconta solo le **vicende avvenute nel corso di 51 giorni, durante il decimo e ultimo anno di guerra.**

(LA GUERRA DI TROIA NELLA STORIA

La guerra degli Achei, dei Greci, contro la città di Troia è davvero avvenuta, è una realtà storica.

La città di Troia ostacolava l'espansione commerciale degli Achei a oriente, nel mar Nero. Di conseguenza gli Achei assediarono, distrussero e incendiarono la città di Troia, probabilmente tra il 1220 e il 1200 a.C.

L'archeologo tedesco **Heinrich Schliemann** ha dimostrato
che la guerra di Troia è davvero avvenuta. Infatti Schliemann,
nella seconda metà dell'800, iniziò degli scavi sulla collina
di Hissarlik, dove doveva sorgere Troia. E qui Schliemann scoprì
i resti della città di Troia distrutta e incendiata.

LA GUERRA DI TROIA NELLA LEGGENDA

Secondo la leggenda, **la guerra di Troia è avvenuta a causa di
Paride**, figlio di Priamo, re di Troia. Paride si innamora della
bellissima **Elena**, moglie di Menelao, re di Sparta. Paride rapisce
Elena e la porta con sé a Troia.
Allora Menelao, per vendicarsi, chiede l'aiuto di Agamennone,
suo fratello, e di tutti gli altri principi achei.
Menelao e i principi achei partono, assediano la città di Troia
e la conquistano grazie all'astuzia di Ulisse.

I PERSONAGGI PRINCIPALI DELL'ILIADE

I personaggi dell'*Iliade* sono **uomini** e **dei**. Gli **uomini** hanno **caratteristiche fisiche e morali eccezionali**, **quasi sovrumane**. Gli **dei** hanno **poteri soprannaturali**, ma provano gli **stessi sentimenti**, le **stesse passioni degli uomini**.

Alcuni dei proteggono, aiutano gli Achei; altri dei proteggono i Troiani. Solo Zeus, che rappresenta la giustizia, non protegge né gli Achei né i Troiani.

I personaggi principali dell'*Iliade* sono:

- **ACHILLE:** è l'eroe protagonista, il guerriero più forte e valoroso degli Achei. È figlio di Peleo, re di Ftia in Tessaglia, e della ninfa Teti. Desideroso di gloria, è a volte crudele, spietato, ma è anche capace di profondi affetti, come quello per l'amico Patroclo.

G. Romano,
*Teti dà le armi
ad Achille*, XVI secolo,
Palazzo Ducale,
Mantova.

- **AGAMENNONE:** **è il re di Micene** e il capo supremo della spedizione degli Achei contro Troia. È molto superbo, autoritario e prepotente.

- **PATROCLO:** **è l'amico più caro di Achille.** Si distingue fra gli Achei per bontà e generosità. Viene ucciso in duello da Ettore.

- **ETTORE:** **è il più valoroso eroe troiano.** È figlio del re Priamo e di Ecuba. Ha un grande senso del dovere nei confronti della sua città, della sua famiglia e del suo popolo.

- **ANDROMACA:** **è l'amata sposa di Ettore** e la madre del piccolo Astianatte.

- **PARIDE:** **è figlio del re Priamo e fratello di Ettore.** Rapisce Elena, moglie di Menelao, re di Sparta, scatenando la guerra fra Achei e Troiani.

Un episodio dell'*Iliade*, la morte di Patroclo, in un vaso del V secolo a.C.

LA VICENDA DELL'ILIADE

L'ira di Achille e il suo ritiro dalla guerra (canto I)

▶ La guerra fra Achei e Troiani dura già da 9 anni e la città di Troia continua a resistere.

▶ Agamennone, re di Micene e capo degli Achei, ha preso come sua schiava la bella Criseide, figlia di Crise, sacerdote del dio Apollo. Agamennone non vuole restituire Criseide al padre Crise e così il dio Apollo fa scoppiare una terribile pestilenza nel campo degli Achei.

▶ Agamennone viene costretto a restituire Criseide al padre ma, in cambio, vuole Briseide, la schiava di Achille. Questa richiesta, da parte di Agamennone, provoca l'ira di Achille, il più forte e valoroso degli Achei.

▶ Achille rinuncia alla sua schiava Briseide ma, offeso e arrabbiato, dichiara che non parteciperà più alla guerra: non combatterà più contro i Troiani.

Scontri fra Achei e Troiani (canti II-XV)

▶ Avvengono numerose battaglie e molti duelli fra Achei e Troiani. Senza Achille, l'esercito acheo è debole e, ben presto, i Troiani cominciano a prevalere.

▶ Alcuni guerrieri achei vanno da Achille per convincerlo a tornare a combattere. Achille, però, rifiuta; resta fermo nella sua decisione di non partecipare più alla guerra.

▶ Intanto i Troiani riescono a respingere gli Achei fino alle loro navi. La situazione per gli Achei è molto grave: infatti, l'esercito acheo sta per essere distrutto.

La morte di Patroclo e il giuramento di vendetta di Achille (canti XVI-XIX)

▶ Patroclo, il più caro amico di Achille, chiede all'eroe di poter indossare le sue splendide armi.
Patroclo pensa che i Troiani, scambiandolo per Achille, fuggano terrorizzati.
Achille acconsente e così Patroclo indossa le armi di Achille e fa strage dei nemici.
Purtroppo, però, Patroclo viene ucciso in duello dall'eroe troiano Ettore.

▶ Achille prova un grandissimo dolore per la morte dell'amico Patroclo e giura di vendicarlo, di uccidere Ettore.

▶ Achille indossa le nuove armi che il dio Efesto ha costruito per lui e si lancia nel campo di battaglia.

Il ritorno di Achille (canti XX-XXIV)

▸ Achille fa strage dei Troiani e si avvicina sempre più alle mura di Troia.

▸ Achille affronta Ettore in duello e lo uccide.
Poi Achille lega il corpo di Ettore al suo cocchio, al suo carro da guerra, e lo trascina nella polvere attorno alle mura di Troia.

▸ Il re Priamo, pazzo di dolore per la morte del figlio Ettore, va da Achille e lo supplica di restituirgli il corpo del figlio.
Achille ha pietà del vecchio re Priamo e gli restituisce il corpo del figlio.

▸ Il poema finisce con i solenni funerali di Ettore.

Ettore e Andromaca

Da Mito ed Epica
→ **PAG. 84**

Sotto le mura di Troia gli Achei combattono valorosamente contro i Troiani. Ettore incoraggia i suoi soldati e poi rientra in città. Prima di tornare nel campo di battaglia, Ettore vuole salutare la moglie Andromaca e il figlio Astianatte.

L'incontro di Ettore con la sposa Andromaca e il figlio Astianatte

Ettore, dall'elmo splendente, partì e arrivò in breve tempo alla sua comoda casa, ma non trovò nella sala Andromaca dalle bianche braccia.

Andromaca, addolorata e piangente, stava sopra la torre delle porte Scee[1] con il bambino e un'ancella dalla bella veste.

Ettore attraversò la grande città e giunse alle porte Scee. Qui gli corse incontro la sposa Andromaca dalla ricca dote e figlia del generoso Eezìone, re di Tebe.

L'ancella teneva in braccio il bambino, ingenuo, piccolo, l'amato figlio di Ettore, simile a una bella stella.

Ettore chiamava il figlio Scamandrio[2], ma gli altri[3] lo chiamavano Astianatte[4] perché Ettore difendeva Troia da solo.

La supplica di Andromaca a Ettore

Ettore guardò il bambino e sorrise in silenzio, ma Andromaca si avvicinò a Ettore piangendo, gli prese la mano e parlò così:

« Infelice, il tuo coraggio ti ucciderà. Tu non hai pietà

1. porte Scee: le porte a difesa della città di Troia.

2. Scamandrio: "sacro allo Scamandro", fiume che bagna Troia.

3. gli altri: i Troiani.

4. Astianatte: "signore della città" perché figlio di Ettore, il solo che poteva salvare Troia.

di tuo figlio così piccolo e neppure di me disgraziata,
che presto sarò vedova perché gli Achei ti uccideranno,
saltandoti tutti addosso.

Oh, è meglio per me morire se resto senza di te,
perché, se tu muori, io non proverò più gioia, ma solo
dolore. Io non ho il padre e non ho la nobile madre.
Ettore, tu sei per me padre e nobile madre e fratello,
e tu sei il mio forte e giovane sposo.

Ah, dunque, abbi pietà, rimani qui sulla torre, non fare
di tuo figlio un orfano e non fare di me, tua sposa,
una vedova. Ferma l'esercito vicino al fico selvatico;
di là è facile assalire la città di Troia e scalare le mura».

La risposta di Ettore

E allora il grande Ettore, dall'elmo splendente, disse
ad Andromaca:

«Donna, anch'io, certamente, penso a tutto questo,
ma avrei troppa vergogna dei Troiani e delle Troiane
dalle lunghe vesti se restassi come un vigliacco
lontano dalla guerra.

E neppure il mio cuore vuole questo, perché ho imparato
a essere sempre valoroso, a combattere nelle prime file
dei Troiani, procurando così grande gloria a mio padre
e a me stesso.

Io so bene, nel mio cuore, che un giorno la sacra città
di Troia sarà distrutta e che Priamo e il suo popolo
guerriero saranno sconfitti. Ma io penso soprattutto
al dolore che proverò per te, quando qualcuno
degli Achei ti porterà via in lacrime, come schiava.

Spero, però, di essere morto; spero che la terra
mi ricopra, prima di sentire le tue grida mentre
ti portano via come schiava!».

La preghiera agli dei di Ettore per il figlio Astianatte

L'illustre Ettore parlò così e tese le braccia al figlio,
ma il bambino si girò verso il petto della balia dalla
bella cintura e gridò terrorizzato dall'aspetto del padre,
spaventato dall'armatura di bronzo, e dal pennacchio
che ondeggiava, terribile, sopra la cima dell'elmo.
Sorrise il caro padre e sorrise la nobile madre,
e subito l'illustre Ettore si tolse l'elmo dalla testa,
e lo posò scintillante per terra.
Poi Ettore baciò il caro figlio, lo sollevò fra le braccia,
e disse supplicando Zeus e gli altri dei:
«Zeus, e voi dei tutti, fate che questo mio figlio cresca
e diventi come me, glorioso fra tutti i Troiani,
pieno di forza, e che regni su Troia e che un giorno
qualcuno possa dire di lui mentre torna dalla battaglia:
"È molto più forte del padre!".
E fate, o dei, che mio figlio torni dalla battaglia
con il corpo insanguinato del nemico sconfitto
e che sua madre provi gioia nel cuore!».

Le parole di conforto di Ettore per Andromaca

Dopo queste parole, Ettore mise suo figlio in braccio
alla sposa, e lei strinse il figlio al petto profumato,
sorridendo fra le lacrime.

Ettore guardò la sposa, provò per lei tenerezza,
l'accarezzò e le parlò così:
«Infelice, non ti addolorare troppo! Nessuno, se il
destino non vorrà, potrà mandarmi nel regno dei morti.
Però ti dico che nessun uomo, sia egli valoroso o vigliacco,
può evitare la Morte, dal momento in cui è nato.
Su, torna a casa e pensa alle tue faccende, a tessere
e a filare, e ordina alle ancelle di badare al lavoro.
Alla guerra penseranno gli uomini, tutti quelli che sono
nati a Troia e io più di tutti».
L'illustre Ettore parlò così e riprese il suo elmo chiomato.
La sua sposa si avviò verso casa, ma voltandosi
indietro e piangendo molto.
E quando arrivò alla comoda casa di Ettore
massacratore, trovò dentro le molte ancelle e suscitò
in tutte loro il pianto: piangevano Ettore nella sua casa,
mentre era ancora vivo; non speravano più che sarebbe
tornato sano e salvo dalla battaglia,
che sarebbe sfuggito al furore degli Achei.

(da *Iliade*, canto VI, rid. e adatt.)

J.M. Vien,
*L'addio di Ettore
ad Andromaca*, 1786,
Musée du Louvre,
Parigi.

DAL TESTO ALLE COMPETENZE

COMPRENDERE

1. In quale luogo avviene l'incontro fra Ettore e Andromaca?
(Indica con una crocetta la risposta esatta)

- ☐ A casa di Ettore
- ☐ Sulla torre delle porte Scee
- ☐ Sul campo di battaglia

2. Che cosa dice Andromaca a Ettore? Indica con una crocetta
se le seguenti affermazioni sono vere o false.

- Andromaca accusa Ettore di non avere pietà né di lei
  né del figlio. ☐V ☐F
- Andromaca vuole che Ettore torni a combattere
  contro gli Achei. ☐V ☐F
- Andromaca dice a Ettore che molto presto gli Achei
  lo uccideranno. ☐V ☐F
- Andromaca consiglia a Ettore di schierare l'esercito
  vicino al fico selvatico. ☐V ☐F

3. Perché Ettore vuole tornare a combattere contro gli Achei?
(Indica con una crocetta la risposta esatta)

- ☐ Perché è sicuro di vincere gli Achei.
- ☐ Perché il padre Priamo glielo ha ordinato.
- ☐ Perché non è un vigliacco.

4. Ettore spera di morire prima di vedere:
(indica con una crocetta la risposta esatta)

- ☐ la città di Troia distrutta dagli Achei.
- ☐ la sua sposa portata via come schiava.
- ☐ l'esercito troiano sconfitto dagli Achei.

5. Perché Astianatte grida quando il padre Ettore gli tende le braccia?
(Indica con una crocetta la risposta esatta)

☐ Perché vuole restare in braccio alla balia.
☐ Perché non riconosce il padre vestito da guerriero.
☐ Perché è spaventato dall'armatura e dall'elmo del padre.

6. Ettore prega Zeus e gli altri dei affinché il figlio Astianatte:
(indica con una crocetta le risposte esatte)

☐ viva sempre felice.
☐ regni sulla città di Troia.
☐ trovi una sposa bella e fedele come sua madre Andromaca.
☐ si distingua da tutti gli altri Troiani per il suo valore.
☐ sia l'orgoglio della madre.

7. Ettore cerca di consolare la sua sposa Andromaca. Che cosa le dice?
(Indica con una crocetta le risposte esatte)

☐ Di non preoccuparsi perché gli dei non vogliono che lui muoia.
☐ Che tutti gli uomini, prima o poi, devono morire.
☐ Di tornare a casa e di occuparsi delle faccende domestiche.
☐ Di tornare a casa e di pregare per lui insieme con le ancelle.
☐ Che solo gli uomini devono pensare alla guerra.

(ANALIZZARE

8. Che cosa prova Ettore nei confronti della moglie Andromaca?
(Indica con una crocetta le risposte esatte)

☐ Amore ☐ Tenerezza ☐ Irritazione, fastidio
☐ Indifferenza ☐ Compassione ☐ Preoccupazione

9. Dalla lettura di questo episodio dell'*Iliade* hai potuto capire che:
(di volta in volta, indica con una crocetta la risposta esatta)

• nella società antica, la schiavitù: ☐ c'era. ☐ non c'era.
• nella società antica, le donne e gli uomini:
  ☐ avevano compiti uguali. ☐ non avevano compiti uguali.

MAPPA CONCETTUALE ATTIVA

Mappa interattiva
a completamento

Hai studiato le caratteristiche principali dell'*Iliade*: che cos'è,
i personaggi più importanti e la trama, la vicenda narrata.
Hai anche letto un episodio dell'*Iliade*.
Verifica ora le tue conoscenze completando la seguente mappa.

L'ILIADE

CHE COS'È
È un poema epico greco in ....,
diviso in .... canti.

AUTORE
L'*Iliade*, secondo la tradizione, è stata scritta
dal poeta greco ....

CHE COSA RACCONTA
Racconta le vicende della guerra di Troia avvenute
nel corso di .... giorni,
durante il decimo e ultimo anno di guerra.

REALTÀ STORICA
La guerra di Troia è davvero avvenuta. I resti
della città di Troia sono stati trovati da Heinrich
Schliemann, un .... tedesco.

LEGGENDA

Secondo la leggenda, la guerra di Troia fra Achei e Troiani è avvenuta perché il principe troiano Paride ha rapito ...., moglie di Menelao, re di Sparta.

PERSONAGGI

- L'eroe protagonista, il guerriero più forte e valoroso degli Achei è ....
- Il capo supremo della spedizione degli Achei contro Troia è Agamennone.
- L'amico più caro di Achille, che viene ucciso da Ettore, è ....
- Il più valoroso degli eroi troiani è ....
- Andromaca è la sposa di .... e la madre di Astianatte.
- Paride è il fratello di ....

TRAMA

- L'*Iliade* inizia con l'ira di .... e la sua decisione di non combattere più.
- Senza Achille, l'esercito acheo è debole. Vincono i Troiani.
- Dopo la morte di ...., Achille ritorna a combattere e fa strage dei Troiani.
- Achille uccide ....
- L'*Iliade* finisce con i funerali di Ettore.

Hai letto un episodio dell'*Iliade*:

- **Ettore e Andromaca**: Andromaca supplica Ettore di ...., ma Ettore rifiuta perché altrimenti sarebbe un vigliacco.

305

L'ODISSEA

(CHE COS'È L'ODISSEA

L'*Odissea* è un **poema epico greco in versi**, diviso
in **24 canti** o libri.

L'*Odissea* si chiama così perché il protagonista,
il personaggio principale, è Odisseo, che è il nome greco di Ulisse.

(CHI HA SCRITTO L'ODISSEA

L'*Odissea*, secondo la tradizione, è stata scritta dal poeta greco
Omero.

(CHE COSA RACCONTA L'ODISSEA

L'*Odissea* racconta l'**avventuroso
e difficile viaggio di ritorno
in patria di Ulisse, dopo la
distruzione di Troia.**
L'eroe greco Ulisse, re di Itaca,
parte da Troia per fare ritorno
a Itaca, la sua patria.
Durante il suo lungo viaggio
attraverso il Mediterraneo,
affronta molti pericoli e incontra
numerosi personaggi, spesso
magici o mostruosi.

Il ritorno di Ulisse e la vendetta
(canti XIII-XXIV).

I PERSONAGGI PRINCIPALI DELL'ODISSEA

- **ULISSE:** è il re di Itaca ed è il protagonista dell'*Odissea*.
  È un guerriero forte e coraggioso, ma è soprattutto molto
  intelligente e astuto. Ulisse è anche molto curioso, cioè vuole
  conoscere ogni cosa e, per soddisfare questa sua curiosità,
  è disposto ad affrontare rischi e pericoli.

- **TELEMACO:** è il figlio di Ulisse e di Penelope.
  Ancora giovane parte da Itaca alla ricerca del padre.
  Dopo il ritorno di Ulisse a Itaca, Telemaco aiuta il padre
  nella strage dei Proci.

- **PENELOPE:** è la moglie di Ulisse e la madre di Telemaco.
  Sopporta con coraggio i Proci che si comportano da padroni
  nella reggia di Ulisse e aspetta fedelmente il ritorno del marito.

J.W. Waterhouse, *Penelope e i pretendenti*, 1912,
Art Gallery and Museum, Aberdeen.

- **NAUSICAA: è la figlia bellissima di Alcinoo, re dei Feaci.** Quando Ulisse naufraga sulle coste della terra dei Feaci, Nausicaa lo aiuta e lo porta nel palazzo del padre.

M. Desubleo, *Ulisse e Nausicaa*, 1654 circa, Museo di Capodimonte, Napoli.

- **POLIFEMO: è il figlio di Poseidone, dio del mare.** È un **Ciclope**, un gigante mostruoso, con un solo occhio in mezzo alla fronte. Vive come un selvaggio e non rispetta né le leggi umane né le leggi divine. Viene sconfitto dall'astuzia di Ulisse.

Ulisse e i suoi compagni accecano Polifemo, in un'illustrazione ottocentesca ispirata a un vaso greco.

- **CALIPSO: è una ninfa marina bellissima.** Vive sull'isola di Ogigia e qui tiene prigioniero Ulisse per 7 anni. Calipso si è innamorata di Ulisse e quindi non vuole che l'eroe ritorni a Itaca. Calipso, però, deve ubbidire al volere di Zeus e lascia partire Ulisse.

- **CIRCE:** è una maga, esperta di filtri e di magie.

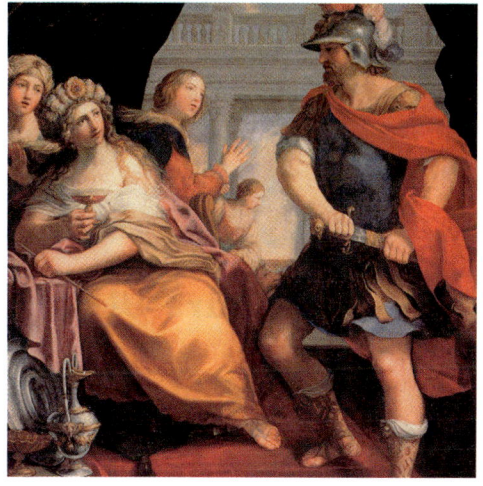

Ulisse e Circe in un dipinto del '600.

  Vive sull'isola Eéa ed è capace di trasformare gli esseri umani in animali, infatti trasforma i compagni di Ulisse in porci. Circe si innamora di Ulisse e lo trattiene con sé sulla sua isola per un anno.

- **PROCI:** sono i principi di Itaca e delle isole vicine.
  Credono che Ulisse sia morto e vivono nella sua reggia.
  Si comportano in modo superbo e violento e vogliono
  che Penelope scelga al più presto uno di loro come suo sposo.
  Al suo ritorno, Ulisse si vendica e fa strage dei Proci con l'aiuto
  del figlio Telemaco.

Anche nell'*Odissea*, come nell'*Iliade*, sono presenti gli **dei**,
in particolare:

- **ATENA:** è la figlia di Zeus e dea della saggezza.
  Protegge Ulisse sia durante il viaggio sia quando ritorna a Itaca.

- **POSEIDONE:** è il dio del mare. Odia Ulisse perché gli ha
  accecato il figlio, il Ciclope Polifemo, e quindi rende difficile
  il viaggio dell'eroe scatenando tempeste.

- **ZEUS:** è il signore dell'Olimpo e padre degli dei.
  Decide il ritorno in patria di Ulisse, prigioniero sull'isola
  della ninfa Calipso.

LA VICENDA DELL'ODISSEA

I viaggi di Telemaco alla ricerca del padre Ulisse (canti I-IV)

▶ La guerra di Troia è finita da 10 anni, ma Ulisse non è ancora tornato a Itaca, la sua patria.

▶ Intanto, nella reggia di Itaca, i Proci si comportano da padroni e così Telemaco, il figlio di Ulisse, decide di partire alla ricerca del padre.

▶ Telemaco, durante i suoi viaggi, viene a sapere che Ulisse è vivo e che si trova sull'isola di Ogigia, trattenuto dalla ninfa Calipso.

Le avventure di Ulisse (canti V-XII)

▸ Per volere di Zeus, Ulisse parte con una zattera dall'isola della ninfa Calipso.

▸ Dopo 17 giorni di navigazione, Ulisse è quasi vicino a Itaca, ma il dio Poseidone gli scatena contro una terribile tempesta.

▸ Ulisse fa naufragio sulle coste della terra dei Feaci e qui incontra Nausicaa, la figlia di Alcinoo, re dei Feaci.

▸ Nausicaa porta Ulisse alla reggia del padre e qui l'eroe viene ospitato con grandi onori. Durante un banchetto, Ulisse racconta le numerose e straordinarie avventure che gli sono capitate dopo la fine della guerra di Troia. Ulisse racconta di aver incontrato:

- i **Lotofagi**, cioè i mangiatori di loto, un frutto che fa dimenticare il passato;
- **Polifemo**, il mostruoso Ciclope con un occhio solo;
- **Circe**, la maga che trasforma in porci gli uomini che arrivano sulla sua isola;
- le **Sirene**, mostri che incantano i marinai con il loro canto dolcissimo e ingannatore;
- **Scilla e Cariddi**, due mostri molto pericolosi per i naviganti.

311

Il ritorno di Ulisse a Itaca

e la vendetta (canti XIII-XXIV)

▸ I Feaci riportano Ulisse a Itaca. Qui la dea Atena trasforma Ulisse in un vecchio mendicante per non farlo riconoscere.

▸ Ulisse incontra il figlio Telemaco e gli dice di essere suo padre, travestito da mendicante.
Padre e figlio si abbracciano e insieme progettano la vendetta.

▸ Ulisse, sempre travestito da mendicante, si presenta alla reggia e qui i Proci lo insultano e lo maltrattano. Penelope, invece, accoglie benevolmente Ulisse, ma non lo riconosce.

▶ Penelope, su consiglio della dea Atena, propone ai Proci la gara dell'arco: diventerà suo sposo chi, fra i Proci, riuscirà a tendere l'arco di Ulisse e riuscirà a far passare la freccia attraverso gli anelli di 12 scuri. Nessuno dei Proci riesce a tendere l'arco. Solo Ulisse riesce a superare la gara.

▶ Ulisse rivela la sua identità ai Proci: dice loro chi è veramente e poi, con l'aiuto di Telemaco, li uccide tutti.

▶ Anche Penelope riconosce il marito e finalmente, con l'aiuto della dea Atena, sul regno di Itaca ritorna la pace.

Ulisse e Polifemo

Da Mito ed Epica
→ **PAG. 122**

Ulisse e i suoi compagni arrivano alla terra dei Ciclopi e raggiungono la grotta dove vive il mostruoso e crudele Polifemo.

Nella grotta di Polifemo

Arrivammo presto alla grotta.

Ma il Ciclope non c'era: guidava il suo gregge
al pascolo. E dentro la grotta, guardavamo meravigliati
ogni cosa: i ripiani erano pieni di formaggi e i recinti
erano pieni zeppi di agnelli e capretti.

Qui, allora, i compagni mi pregarono di portare via
dei formaggi, e spingere fuori dai recinti gli agnelli
e i capretti e di tornare in fretta verso la nave veloce
per riprendere la navigazione. Ma io non volli ascoltare
i miei compagni (e sarebbe stata la cosa migliore);
volevo vedere il Ciclope e ricevere i doni che si fanno
agli ospiti.

Accendemmo il fuoco, offrimmo offerte agli dei,
e anche noi mangiammo dei formaggi e, seduti,
aspettammo il Ciclope.

L'arrivo di Polifemo

Il Ciclope tornò dal pascolo con un carico enorme
di legna già secca, da bruciare durante la cena,
e lo gettò nella grotta con un grande rumore.
E noi, spaventati, cercammo un rifugio nel fondo
della grotta.

Il Ciclope spinse il gregge da mungere nella grande
caverna; lasciò i maschi, capri e arieti, dentro l'alto
recinto. Poi, contro la porta della grotta, mise un enorme
masso pesante. Ventidue carri molto solidi con quattro
ruote non avrebbero potuto smuovere da terra
questo masso. Poi il Ciclope si sedette e munse,
una dopo l'altra, le pecore e le capre che belavano,
e metteva un piccolo, appena nato, sotto ogni bestia.

La richiesta di ospitalità di Ulisse

Il Ciclope accese poi il fuoco, e allora ci vide e disse:
«O stranieri, chi siete? E da dove venite navigando
per il mare? Siete forse mercanti?
O navigate alla ventura sul mare come pirati
che rischiano la vita assalendo i naviganti?».
Così il Ciclope disse, e noi sentimmo un forte colpo
al cuore, spaventati dalla sua cupa voce e dal suo
orribile viso. Ma io, che come gli altri miei compagni
avevo paura, così gli risposi:
«Siamo Achei, e partimmo da Troia verso la patria;
ma molti venti, sulla grande profondità del mare,
ci spinsero verso altre rive. E anche qui arrivammo:
ma forse era questa la volontà di Zeus.
E ora noi siamo qui e ci gettiamo alle tue ginocchia
per essere accolti da te o per avere almeno un dono,
perché è un diritto degli ospiti.
Tu, o Ciclope potente, porta rispetto agli dei.
Noi ti preghiamo e Zeus protegge chi prega e protegge
gli stranieri e vuole che gli ospiti siano onorati».

Così io dissi e il Ciclope, senza pietà nel cuore,
mi rispose:
«O straniero, o sei ingenuo come un fanciullo
o vieni da lontano, se mi preghi di temere gli dei.
I Ciclopi non si curano né di Zeus né degli altri
dei beati, perché di certo noi siamo molto più potenti
di loro. Ma dimmi dove è ancorata la tua bella nave:
forse è ancorata lontano o qui vicino?
Lo voglio sapere».
Così il Ciclope parlò cercando di provocarmi, ma io,
esperto di ogni cosa, così gli risposi con astute parole:
«Il dio Poseidone, che scuote la terra, mi distrusse
la nave, lanciandola contro gli scogli dell'isola.
Noi siamo riusciti a sfuggire alla morte violenta».

La ferocia di Polifemo e la disperazione di Ulisse e dei suoi compagni

Così io dissi e il Ciclope non rispose, non ebbe pietà.
Con un salto afferrò due miei compagni e, come cuccioli,
li sbatté a terra: e il loro cervello si sparse, bagnando
tutto intorno la terra.
E poi il Ciclope li fece a pezzi e preparò il suo pasto;
come un leone di montagna, tutto divorò: e la carne,
e le interiora, e le ossa con il midollo.
Noi, in lacrime, alzammo le mani a Zeus, disperati
nel cuore, vedendo quella strage crudele.
Poi, quando il Ciclope ebbe riempito l'enorme
sua pancia, con carne umana e purissimo latte,
si distese nella grotta, in mezzo alle greggi.

Il mattino dopo, il Ciclope divora altri due compagni
di Ulisse, blocca l'entrata della grotta con un enorme sasso
e porta le greggi al pascolo. Allora Ulisse prepara un piano
per la vendetta. Trova nella grotta un grosso ramo d'ulivo,
lo rende appuntito e poi lo nasconde.
Alla sera il Ciclope ritorna e divora altri due compagni
di Ulisse. Allora Ulisse offre al Ciclope del vino molto forte.
Il Ciclope, dopo aver bevuto una grande quantità di vino,
chiede a Ulisse di dirgli il suo nome e gli promette
un dono ospitale.

L'astuzia di Ulisse e l'accecamento di Polifemo

« Ciclope, tu chiedi il mio nome famoso e io te lo dirò.
Ma tu dammi, come hai promesso, il dono degli ospiti.
Il mio nome è Nessuno; e Nessuno mi chiamano
mia madre, mio padre e i miei compagni. »
Così io dissi e il Ciclope, senza pietà nel cuore, rispose:
« Io mangerò Nessuno per ultimo; prima mangerò
tutti i suoi compagni: questo sarà il mio dono ».
Così disse il Ciclope e cadde all'indietro. E rimase là,
con il grande collo piegato, e si addormentò.
E allora io spinsi quel palo d'ulivo sotto il mucchio
di cenere per farlo diventare infuocato, e con parole
feci coraggio ai compagni affinché qualcuno
non fosse vinto proprio ora dalla paura.
Poi, quando il palo d'ulivo stava già per bruciare,
io lo tolsi dal fuoco e mi avvicinai al Ciclope:
i compagni stavano intorno a me. Certamente un dio
ci diede molto coraggio.

Ulisse e i compagni accecano Polifemo, particolare da un'illustrazione ottocentesca.

317

I miei compagni misero la punta infuocata del palo
nell'occhio del Ciclope e io, premendo da sopra,
facevo girare il palo. E l'intenso calore del fuoco
bruciò l'occhio del Ciclope fino alle radici.
E allora il Ciclope con voce tremenda lanciò un urlo.
E la grotta rimbombò delle sue urla, e noi spaventati
cercammo un rifugio in fondo alla grotta.

La richiesta di aiuto di Polifemo

Poi il Ciclope si tolse dall'occhio il palo pieno di sangue
e lo scagliò lontano, agitando come un pazzo le mani.
E con urla, chiamò a gran voce i Ciclopi che abitavano
nelle grotte sulle cime ventose dei monti.
E i Ciclopi, chi di qua, chi di là, arrivarono e gli chiesero
restando fuori dalla grotta:
« Di che cosa ti lamenti? Che cosa di male ti è capitato,
o Polifemo, da urlare così nella notte divina e da farci
svegliare? Forse qualche nemico ruba il tuo gregge,
o forse qualcuno ti uccide con l'inganno o con la forza? ».
E così rispose il forte Polifemo dalla grotta:
« O amici, Nessuno mi uccide con l'inganno,
e non con la forza ».
E ad alta voce risposero i Ciclopi:
« Se dunque nessuno ti fa violenza, e sei solo,
questo male ti viene da Zeus e non puoi evitarlo.
E allora prega tuo padre, il dio Poseidone ».
Così i Ciclopi dissero e si allontanarono; e fu
contento il mio caro cuore. Quel nome, Nessuno,
come aveva ingannato i Ciclopi in modo astuto!

La fuga di Ulisse e dei suoi compagni

Il Ciclope si siede davanti alla grotta, pronto ad afferrare Ulisse e i suoi compagni nel caso in cui fuggano tra le pecore. Ulisse nasconde ogni suo compagno sotto tre montoni legati insieme; egli, invece, si aggrappa al ventre del montone più grosso. All'alba, i montoni escono dalla grotta per il pascolo.

Il Ciclope, tormentato da forti dolori, palpava
ogni pecora sulla groppa e non si accorse, lo sciocco,
che i compagni passavano legati sotto il petto lanoso
dei montoni. Per ultimo uscì il montone appesantito
dalla lana e da me.
Il forte Polifemo toccò il montone e gli disse:
«O mio vecchio montone, perché esci per ultimo dalla
grotta? Tu sei sempre il primo a uscire, mentre ora sei
l'ultimo. Certamente rimpiangi l'occhio del tuo padrone
che un malvagio gli tolse, con i suoi vigliacchi compagni,
facendolo prima ubriacare.
Ti dico che Nessuno non potrà sfuggire alla morte.
Oh, se tu mi potessi capire e parlare, mi diresti
dove si trova quell'uomo che fugge la mia ira!
Perché, se io trovassi quell'uomo, lo sbatterei per terra
e tu vedresti il suo cervello sparso qua e là per la grotta,
e il mio cuore avrebbe conforto del male che mi fece
Nessuno, un uomo da nulla, che non vale niente».
Il Ciclope disse queste parole e spinse il montone
fuori dalla grotta. E quando arrivammo non molto
lontani dalla grotta, io per primo lasciai il montone
e poi slegai i miei compagni.

(da *Odissea*, canto IX, rid. e adatt.)

DAL TESTO ALLE COMPETENZE

COMPRENDERE

1. Ulisse e i suoi compagni entrano nella grotta di Polifemo.
I compagni pregano Ulisse di portare via dei formaggi
e degli agnelli e di tornare in fretta alla nave.
Ulisse, però, non ascolta i suoi compagni perché:
(indica con una crocetta la risposta esatta)

- ☐ vuole offrire dei doni a Polifemo.
- ☐ vuole vedere Polifemo e ricevere da lui dei doni.
- ☐ vuole che i suoi compagni vedano Polifemo.
- ☐ vuole accecare Polifemo.

2. Polifemo arriva alla grotta. Che cosa fa?
Cerchia la frase che <u>non</u> è esatta.

- Getta il carico di legna nella grotta.
- Spinge il gregge da mungere nella grotta.
- Lascia i capri e gli arieti dentro il recinto.
- Chiude la porta della grotta con un tronco d'ulivo.
- Si siede a mungere le pecore e le capre.

3. Ulisse prega Polifemo di rispettare gli dei e gli stranieri.
Polifemo che cosa gli risponde?
(Indica con una crocetta la risposta esatta)

- ☐ Risponde che i Ciclopi hanno paura solo di Zeus.
- ☐ Risponde che i Ciclopi rispettano gli dei ma non rispettano
  gli stranieri.
- ☐ Risponde che i Ciclopi non hanno paura degli dei
  perché i Ciclopi sono più potenti degli dei.

4. Che cosa fa Polifemo a due compagni di Ulisse?
(Indica con una crocetta la risposta esatta)

☐ Uccide due compagni di Ulisse e poi li divora.

☐ Uccide due compagni di Ulisse e poi li dà in pasto alle capre.

5. Polifemo chiede a Ulisse di dirgli il suo nome. Ulisse come dice di chiamarsi?

....

6. In che modo Ulisse e i suoi compagni accecano Polifemo?

....

....

....

7. Completa la seguente frase.

Polifemo, diventato cieco, chiede aiuto ai .... ,
ma questi non lo aiutano perché Polifemo dice che ....
lo ha ingannato e gli ha fatto violenza.

8. In che modo Ulisse e i suoi compagni riescono a fuggire dalla grotta di Polifemo?

....

....

....

(ANALIZZARE

9. Sottolinea in rosso le frasi che si riferiscono a Polifemo,
in blu le frasi che si riferiscono a Ulisse.

- È molto forte.
- È mostruoso.
- È intelligente.
- Non rispetta le leggi dell'ospitalità.
- È astuto.
- È figlio del dio Poseidone.
- È curioso.
- È crudele.

Il cane Argo

Da Mito ed Epica
→ **PAG. 132**

Ulisse arriva a Itaca e, travestito da mendicante, si reca alla reggia con Euméo, il suo fedele guardiano di porci.

Mentre Ulisse ed Euméo parlavano così tra loro, un cane, che stava lì sdraiato, alzò la testa e le orecchie.

Era Argo, il cane di Ulisse, che in passato lo stesso Ulisse allevò. Ma Ulisse non poté mai cacciare con il suo cane, perché presto partì per la sacra città di Troia.

Un tempo i giovani portavano il cane a caccia di cervi, di lepri e di capre selvatiche. Ma ora Argo, lontano dal suo padrone, giaceva abbandonato sopra il letame di buoi e muli, tutto pieno di zecche[1].

E quando Ulisse gli fu vicino, ecco che il cane agitò la coda e abbassò le orecchie; ma non riuscì a muoversi di più perché era vecchio e malato.

Allora Ulisse girò gli occhi da un'altra parte e si asciugò una lacrima senza farsi vedere da Euméo, e poi così disse: «Certo è strano, Euméo, che un cane come questo venga abbandonato sul letame. Ha un bel corpo, ma non so se un tempo, oltre che bello, era anche veloce, oppure se era un cane che il padrone allevava solo per bellezza».

Ed Euméo, il guardiano di porci, così rispose a Ulisse: «Questo è il cane di un uomo che morì lontano.

Se ora questo cane avesse lo stesso corpo e la stessa forza di come lo lasciò Ulisse quando partì per Troia, ti meraviglieresti a vederlo tanto veloce e forte.

1. zecche: piccoli animali che succhiano il sangue.

Ma ora, infelice, soffre. Il suo padrone Ulisse è morto
lontano dalla patria e le ancelle pigre lo trascurano ».
Così Euméo disse ed entrò nella reggia incontro ai Proci.
E Argo, appena ebbe visto Ulisse dopo vent'anni,
morì, fu preso dalla nera morte.

(da *Odissea*, canto XVII, rid. e adatt.)

DAL TESTO ALLE COMPETENZE

(COMPRENDERE

1. **Indica con una crocetta se le seguenti affermazioni sono vere o false.**

- Ulisse, prima di partire per Troia, andava spesso a caccia
  con il suo cane Argo.   V F
- Ora Argo giace abbandonato su un mucchio di letame.   V F
- Argo riconosce il suo padrone Ulisse e gli corre incontro.   V F
- Argo non vede il suo padrone da 10 anni.   V F

(ANALIZZARE

2. **Ulisse, quando vede il suo cane ridotto in uno stato pietoso,
quale reazione ha? (Indica con una crocetta la risposta esatta)**

☐ Si arrabbia.   ☐ Accarezza il cane.   ☐ Piange.

(PRODURRE

3. SCRIVERE **Quali emozioni, sentimenti hai provato leggendo questo
episodio del fedele cane Argo?**

....

....

MAPPA CONCETTUALE ATTIVA

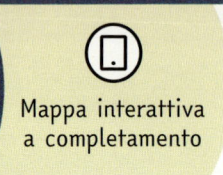

Mappa interattiva a completamento

Hai studiato le caratteristiche principali dell'*Odissea*: che cos'è, i personaggi più importanti e la trama, la vicenda narrata.

Hai anche letto due episodi dell'*Odissea*.

Verifica ora le tue conoscenze completando la seguente mappa.

L'ODISSEA

CHE COS'È
È un poema epico greco in ...., diviso in .... canti.

AUTORE
L'*Odissea*, secondo la tradizione, è stata scritta dal poeta greco ....

CHE COSA RACCONTA
Racconta l'avventuroso viaggio di ritorno in patria di ...., dopo la distruzione di ....

PERSONAGGI
- L'eroe protagonista è ...., re di Itaca.
- Telemaco è il figlio di Ulisse.
- La moglie di Ulisse è ....
- Nausicaa è la bella figlia di Alcinoo, re dei Feaci.
- .... è un Ciclope mostruoso.

- Calipso è una ninfa marina che tiene prigioniero Ulisse sull'isola di Ogigia.
- Circe è una ....
- I Proci sono i principi di Itaca che vivono da padroni nella reggia di ....

TRAMA

- La guerra di Troia è finita da 10 anni, ma Ulisse non è ancora tornato a Itaca. Si trova sull'isola di Ogigia trattenuto dalla ninfa ....
- Ulisse lascia l'isola di Ogigia e fa naufragio sulle coste dei Feaci: qui incontra ....
- Ulisse racconta al re dei Feaci le sue avventure.
- I Feaci riportano Ulisse a ....
- Ulisse, travestito da ...., si vendica dei .... e li uccide tutti.

Hai letto due episodi dell'*Odissea*:

- **Ulisse e Polifemo**: Ulisse incontra il Ciclope Polifemo, che non rispetta né le leggi umane né le leggi ....
  Polifemo divora ....
  di Ulisse, ma poi Ulisse lo fa ubriacare e lo .... Ulisse dice a Polifemo che il suo nome è ....,
  e, grazie alla sua astuzia, riesce a fuggire dalla grotta di Polifemo insieme con i suoi compagni.
- **Il cane Argo**: Ulisse, arrivato a Itaca, vede il suo cane Argo che è ....
  Argo riconosce Ulisse, sebbene siano passati .... anni, e poi ....

L'ENEIDE

CHE COS'È L'ENEIDE

L'*Eneide* è un **poema epico latino in versi**, diviso in **12 canti** o libri.
L'*Eneide* si chiama così perché il protagonista, il personaggio
principale, è l'eroe troiano Enea.

CHI HA SCRITTO L'ENEIDE

L'*Eneide* è stata scritta dal poeta
latino **Virgilio** (70-19 a.C.) per
volere dell'imperatore Ottaviano
Augusto. L'imperatore Augusto,
infatti, voleva un poema che
celebrasse, esaltasse, la **grandezza**
e **la potenza di Roma**.
Virgilio, per scrivere l'*Eneide*,
sì è ispirato ai poemi greci di Omero,
cioè l'*Iliade* e l'*Odissea*.

Il poeta Virgilio in un dipinto
del '400.

CHE COSA RACCONTA L'ENEIDE

L'*Eneide* racconta l'**avventuroso viaggio di Enea dalla sua fuga
da Troia, distrutta dagli Achei, fino al suo arrivo nel Lazio**.
Qui, nel Lazio, Enea combatte contro i popoli latini, li sconfigge
e poi sposa Lavinia, figlia del re Latino.
Dall'unione dei Troiani con i Latini nascerà una nuova stirpe
che fonderà **Roma** e dominerà il mondo per molti secoli.

(I PERSONAGGI PRINCIPALI DELL'ENEIDE

- **ENEA:** è il figlio della dea Venere e di Anchise ed è il **protagonista dell'*Eneide*.** Per volere del Fato, del destino, sopravvive alla distruzione di Troia e, dopo un lungo viaggio, fonda nel Lazio una nuova città. Da questa città discenderanno i Romani.

  Enea è un eroe coraggioso, valoroso e giusto. Rispetta sempre la volontà degli dei ed è sempre pronto a sacrificare se stesso per il bene degli altri, della comunità.

- **ANCHISE:** **è il vecchio e saggio padre di Enea.** Fugge da Troia insieme con il figlio Enea ma, durante il viaggio, muore in Sicilia. Enea incontra il padre Anchise nel regno dei morti. Qui Anchise predice a Enea il glorioso futuro di Roma.

F. Barocci, *Fuga di Enea*, 1598, Galleria Borghese, Roma. Enea ha sulle spalle il padre Anchise e accanto a sé il figlio Ascanio e la moglie Creusa.

- **IULO (o Ascanio):** è il figlio di Enea e di Creusa. È ancora molto piccolo quando fugge da Troia con il padre Enea. I suoi discendenti fonderanno Roma.

- **DIDONE:** è la regina di Cartagine. Quando Enea arriva a Cartagine, Didone se ne innamora. L'eroe, però, per volere degli dei, deve partire. Allora Didone, disperata, maledice Enea e i Troiani e poi si uccide.

- **TURNO:** è il re dei Rutuli, un popolo del Lazio. È un guerriero forte, orgoglioso e violento. Nel duello finale viene ucciso da Enea.

- **LAVINIA:** è la figlia del re Latino. Dopo la morte di Turno, sposa Enea.

A. Sacchi, *Didone abbandonata*, 1635, Musée des Beaux-Arts, Caen.

Nell'*Eneide*, le vicende umane sono regolate dal **Fato**, dal destino, al quale devono sottomettersi anche gli dei.

Nell'*Eneide* sono presenti pochi **dei**:

- **VENERE:** è la dea della bellezza e dell'amore.

  È la madre di Enea e quindi protegge e aiuta sempre il figlio.

- **GIUNONE:** è la moglie di Giove. Odia i Troiani e quindi ostacola in tutti i modi Enea.

- **GIOVE:** è il più potente dio del cielo e della terra.

  È però sottomesso alla volontà del Fato.

F. Boucher, *Vulcano porge a Venere le armi per Enea*, 1732, Musée du Louvre, Parigi.

LA VICENDA DELL'ENEIDE

Il viaggio di Enea (canti I-VI)

▶ Dopo 7 anni di viaggi sul mare, Enea e i suoi compagni,
a causa di una tempesta scatenata dalla dea Giunone, arrivano
a Cartagine, sulla costa africana.

▶ A Cartagine, Enea e i suoi compagni sono bene accolti
dalla regina Didone. Durante un banchetto, Enea racconta
a Didone la sua storia: la distruzione di Troia, la sua fuga
dalla città con il padre Anchise e il figlioletto Iulo,
il suo avventuroso viaggio fino al suo arrivo a Cartagine.

- Didone si innamora di Enea
e vuole che l'eroe rimanga
a Cartagine. Enea, però, per
volontà degli dei, è costretto
a partire. Allora Didone, per
il grande dolore, maledice Enea
e i Troiani e poi si uccide.

- Enea e i suoi compagni partono da Cartagine e arrivano
in Sicilia. Qui Enea organizza i giochi funebri in onore del padre
Anchise, morto in Sicilia un anno prima.
Poi Enea approda sulle coste dell'Italia e arriva a Cuma.
Qui Enea, accompagnato dalla sacerdotessa Sibilla, scende
nel regno dei morti e incontra l'anima del padre Anchise.
Enea chiede al padre quale sarà il suo destino e il padre
lo rassicura: i futuri discendenti di Enea fonderanno la città
di Roma e la renderanno gloriosa.

La guerra del Lazio (canti VII-XII)

▶ Enea e i suoi compagni arrivano nel Lazio e qui sono accolti amichevolmente dal re Latino.

▶ Il re Latino concede in sposa a Enea sua figlia Lavinia. Ma Lavinia era già stata promessa in sposa a Turno, re dei Rutuli. Allora la dea Giunone, che odia i Troiani, suscita contro Enea l'ira di Turno.

► Scoppia la guerra fra i Troiani e i Latini. Da entrambe le parti muoiono molti giovani valorosi, come i due amici troiani Eurialo e Niso e la fortissima guerriera latina Camilla.

► Per evitare una strage, altre uccisioni, Turno sfida Enea a duello e viene ucciso dall'eroe troiano.

La maledizione di Didone 🔊

Da Mito
ed Epica
→ PAG. 156

La regina Didone vede le navi troiane che si allontanano da Cartagine e allora
lancia una terribile maledizione contro Enea e i suoi discendenti.

La regina Didone vide da un'alta torre la bianca luce
dell'alba e la flotta troiana che si allontanava
a gonfie vele, e la spiaggia deserta e il porto vuoto
senza più marinai.
Didone, furiosa, si batté il bel petto con le mani, tre volte,
quattro volte, e si strappò i biondi capelli. Poi disse:
«O Giove, Enea andrà via? Uno straniero andrà via
senza essere punito, dopo che ha preso in giro
me e il mio regno? Se è scritto nel destino che
quell'infame di Enea raggiunga la terra e approdi
nel porto, se Giove vuole così, se il suo destino è
questo, allora io prego che Enea sia assalito in guerra
dalle armi di un popolo valoroso e, cacciato dal paese,
strappato all'abbraccio del figlio Iulo, implori aiuto
e veda la morte indegna dei suoi compagni.
E prego che Enea, dopo aver firmato un trattato
umiliante di pace, non possa godere del suo regno
né della sua vita, ma muoia in età ancora giovane
e rimanga senza sepoltura su una spiaggia deserta!
Questo io prego e dico queste mie ultime parole
con il sangue[1].
E infine voi, miei Cartaginesi, perseguitate la stirpe
di Enea e tutti i suoi futuri discendenti

1. **con il sangue:**
Didone, infatti,
sta per uccidersi.

con odio implacabile: fate questo dono

al mio povero corpo che presto sarà cenere.

Non ci sia mai, tra i nostri due popoli,

nessun amore e non ci sia mai nessun patto.

Ah, possa sorgere dalle mie ossa uno che

mi vendichi, chiunque egli sia, e perseguiti

i Troiani con le armi e con il fuoco, ora e in futuro.

Io lancio questa maledizione e prego che

i nostri due popoli siano sempre in guerra

tra loro e così anche i loro discendenti ».

Allora Didone, tremante, sconvolta per la sua atroce

decisione, si guardò attorno con gli occhi iniettati

di sangue. Le sue guance erano cosparse di macchie

bluastre e il suo viso era pallido a causa della morte

che stava per sopraggiungere.

Didone entrò nelle stanze interne della casa,

salì furibonda l'alto rogo[2] ed estrasse la spada

troiana, la spada che Enea le aveva regalato:

un regalo non richiesto per questo scopo.

« Muoio senza vendetta » disse. « Ma devo

morire. Così, anche così, scendo nel regno dei morti.

Enea, il crudele troiano, vedrà dal profondo mare

le fiamme del rogo e avrà, a causa della mia morte,

cattivi e dolorosi presentimenti. »

Mentre Didone disse queste parole, le ancelle

videro che si gettava sulla spada

e videro la lama della spada spumeggiante di sangue

e videro le sue mani sporche di sangue.

2. l'alto rogo: in precedenza Didone aveva bruciato tutti gli oggetti appartenuti a Enea nella speranza di liberarsi di lui, di non sentirsi più legata a lui.

(da *Eneide*, canto IV, rid. e adatt.)

DAL TESTO ALLE COMPETENZE

COMPRENDERE

1. Che cosa fa Didone quando vede le navi troiane che si allontanano da Cartagine?
(Indica con una crocetta la risposta esatta)

☐ Lancia una maledizione a Giove.
☐ Sale su un'alta torre e piange.
☐ Si batte più volte il petto con le mani e si strappa i capelli.

2. Didone, inizialmente, a quale divinità si rivolge e perché?

....
....
....
....

3. Didone che cosa augura a Enea? Indica con una crocetta se le seguenti affermazioni sono vere o false.

• Augura a Enea di morire in guerra insieme con il figlio Iulo.   ☐V ☐F
• Augura a Enea di essere ucciso dai suoi compagni.   ☐V ☐F
• Augura a Enea di morire giovane e senza sepoltura.   ☐V ☐F

4. Didone che cosa dice ai Cartaginesi?
(Indica con una crocetta la risposta esatta)

☐ Dice ai Cartaginesi di raggiungere Enea nell'alto mare
  e di riportarlo a Cartagine.
☐ Dice ai Cartaginesi di perseguitare Enea e i suoi discendenti.
☐ Dice ai Cartaginesi di odiare per sempre Enea ma non i suoi
  discendenti.

5. Come si uccide Didone?

....

....

....

....

....

(ANALIZZARE

6. **Didone** è: (indica con una crocetta le risposte esatte)

☐ furiosa.   ☐ vendicativa.

☐ rassegnata.   ☐ indecisa.

☐ sconvolta.   ☐ debole di carattere.

7. Didone con quali 2 aggettivi definisce **Enea**?
(Indica con una crocetta i 2 aggettivi)

☐ Infame   ☐ Crudele

☐ Pauroso   ☐ Valoroso

(LESSICO

8. Indica con una crocetta il **significato** delle parole evidenziate
in rosso.

- « ... perseguitate la stirpe di Enea e tutti i suoi futuri discendenti
  con odio implacabile »:
  ☐ grande   ☐ feroce, spietato   ☐ disumano

- « ... si guardò attorno con gli occhi iniettati di sangue »:
  ☐ spruzzati   ☐ pieni di sangue   ☐ diventati molto
  di sangue   rossi per l'ira

337

MAPPA CONCETTUALE ATTIVA

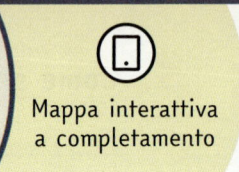

Mappa interattiva
a completamento

Hai studiato le caratteristiche principali dell'*Eneide*: che cos'è,
i personaggi più importanti e la trama, la vicenda narrata.
Hai anche letto un episodio dell'*Eneide*.
Verifica ora le tue conoscenze completando la seguente mappa.

L'ENEIDE

CHE COS'È
È un poema epico latino in ....,
diviso in .... canti.

AUTORE
L'*Eneide* è stata scritta dal poeta latino
.... per volere dell'imperatore
Ottaviano Augusto al fine di esaltare
la potenza di ....

CHE COSA RACCONTA
Racconta l'avventuroso viaggio di ....
dalla sua fuga da ....
fino al suo arrivo nel ....

PERSONAGGI

- Il protagonista è ....
- Anchise è il .... di Enea.
- Iulo è il .... di Enea.
- Didone è la regina di ....
- .... è il re dei Rutuli, un popolo del Lazio.
- Lavinia è la figlia del re Latino.

TRAMA

- Enea, dopo 7 anni di viaggi sul mare, arriva a Cartagine e qui è bene accolto dalla regina ....
- Enea parte da Cartagine e la regina ...., per il dolore, ...
- Enea arriva in Sicilia e poi a Cuma. Qui scende nel regno .... e incontra l'anima del padre .... che gli predice il suo futuro.
- Enea arriva nel Lazio e ben presto scoppia la guerra fra i Troiani e i Latini.
- La guerra finisce con il duello tra .... e Turno, e la morte di ....

Hai letto un episodio dell'*Eneide*:

- **La maledizione di Didone**: Didone vede le navi troiane che si allontanano da Cartagine e allora, furiosa, maledice .... Poi Didone si uccide con la .... che le ha regalato Enea.

339